# 锦江年鉴

## （2023）

成 都 市 锦 江 区 人 民 政 府　主办
成都市锦江区地方志编纂委员会办公室　编

方志出版社
Publishing House of Local Records

**图书在版编目（CIP）数据**

锦江年鉴 . 2023 / 成都市锦江区地方志编纂委员会办公室编 . —
北京 : 方志出版社 , 2023.12
ISBN 978-7-5144-6099-5

Ⅰ . ①锦… Ⅱ . ①成… Ⅲ . ①区（城市）—成都— 2023 —
年鉴 Ⅳ . ① Z527.14

中国国家版本馆 CIP 数据核字（2023）第 246934 号

责任编辑：王海荣
责任校对：张玉霞
责任印制：梅中英
出　版　者：方志出版社
地　　址：北京市朝阳区潘家园东里 9 号（国家方志馆 4 层）
邮　　编：100021
网　　址：http://www.zgfzcb.cn
发　　行：方志出版社图书营销中心（010-67110500）
印　　刷：成都金龙印务有限责任公司
开　　本：889 毫米 ×1194 毫米　1/16
印　　张：16.5
字　　数：690 千字
版　　次：2023 年 12 月第 1 版
印　　次：2023 年 12 月第 1 次印刷
定　　价：238.00 元

---

# 《锦江年鉴》2023卷编辑部

| | | |
|---|---|---|
| **顾　　问** | 陈志勇 | 成都市人民政府副市长、中共成都市锦江区委书记 |
| | 缪晓波 | 中共成都市锦江区委副书记、成都市锦江区人民政府区长 |
| | 王　昕 | 成都市锦江区人大常委会党组书记、主任 |
| | 张俊国 | 政协成都市锦江区委员会党组书记、主席 |

**主　　编**　黄　婉

**执行主编**　蹇一萍

**副 主 编**　赵正飞

**总　　纂**　韩　旭

**责任编辑**　韩　旭　龙倩妤

**图片编辑**　龙倩妤

**校　　对**　邓南平　罗开渝　苏栋琛　韩　旭　龙倩妤　巫静波

**设计制作**　四川方志精典文化传播有限公司

# 编辑说明

一、《锦江年鉴》以马克思列宁主义、毛泽东思想、邓小平理论、“三个代表”重要思想、科学发展观、习近平新时代中国特色社会主义思想为指导，坚持辩证唯物主义和历史唯物主义立场、观点、方法，按照“一年一鉴”要求，连续编纂出版，2023卷是锦江区第十六部地方综合年鉴。

二、《锦江年鉴》2023卷由成都市锦江区人民政府主办，成都市锦江区地方志编纂委员会办公室编纂。

三、《锦江年鉴》2023卷是一部具有纪实性、指南性、知识性的资料性工具书，力求客观记述锦江区2022年度围绕“品位锦江·幸福城区”建设，推动区域社会经济发展的实况。

四、《锦江年鉴》2023卷记录锦江区2022年政治、经济、社会、文化各领域重要时事和区域内的自然、地理情况，收录年度重要文献和统计资料，为社会各界了解和研究锦江区提供准确信息。

五、《锦江年鉴》2023卷按照体例严谨、编排系统、检索方便的要求编纂，分为综合情况、动态信息、附属资料、检索系统四大部类。综合情况的内容由区情概览和部分概述条目组成。动态信息的内容即各类年度大事要闻和其他重要信息。附属资料的内容包括统计资料、大事记、图片、文摘、附录等便览性、参考性资料。检索系统由目录和索引组成。

六、《锦江年鉴》2023卷构架依据国民经济分类标准，结合区情实际，采用分类编辑法设置类目、分目、条目。条目是基本记述单位和基本寻检单元。选材注重择大择要与常规内容相结合，所选题材新颖性与稳定性并举，兼顾“概”和“实”的特点，集信息主题、情况主题、知识主题、资料主题于一书，既相对独立，又互为策应。

七、《锦江年鉴》2023 卷设区情概览、中共成都市锦江区委员会、成都市锦江区人民代表大会、成都市锦江区人民政府、政协成都市锦江区委员会、纪检·监察、民主党派·工商业联合会、群众团体、法治、军事、经济管理、经济产业、产业功能区·国有公司、城市建设、生态环境建设、应急管理、教育、文化·社会科学·体育、卫生·计划生育、社会生活、街道共 21 个类目。另设文前彩图、特载、大事记、锦江荣誉榜·2022、统计公报、附录 6 个附属资料板块和专记栏目。索引单设。

八、《锦江年鉴》2023 卷以公报语体为主要记述语体，结合运用记叙文体和说明文体。语言文字严格使用符合国家规范的简化汉字，以现代书面语为表现方式，以第三人称表述称谓。

九、《锦江年鉴》2023 卷涉及的省、市、区党政机构名称均使用简称，如省委、省政府、市委、市政府、区委、区政府以及省司法厅、市总工会等。区级部门统一在《参编单位及人员》中标注全称和简称。

十、《锦江年鉴》2023 卷数字用法、标点符号用法分别采用国家标准《出版物上数字用法》（GB/T 15835—2011）、《标点符号用法》（GB/T 15834—2011），计量单位采用国家技术监督局 1993 年 12 月发布的《量和单位》系列国家标准。

十一、《锦江年鉴》2023 卷的文字和图片资料来自区级各部门、各人民团体、各功能区管委会、各街道办事处、各国有公司，数据由供稿单位和统计部门审定，登载资料通过供稿单位和保密部门审核，符合法定程序和出版规定。

# 《锦江年鉴》2023 卷参编单位及人员

中共成都市锦江区委办公室
（区委办公室）
李腾飞　潘泳江

成都市锦江区人大常委会办公室
（区人大常委会办公室）
邹　峰　陈　冲

成都市锦江区人民政府办公室
（区政府办公室）
吴　聪　宋正洪

政协成都市锦江区委员会办公室
（区政协办公室）
丁　元　唐　伟

中共成都市锦江区纪律检查委员会
（区纪委）
罗月敏　张海娇

成都市锦江区监察委员会
（区监察委）
罗月敏　张海娇

成都市锦江区人民武装部
（区人武部）
周凌云　朱　毅

成都市锦江区人民法院
（区法院）
傅逸雯　林　娟

成都市锦江区人民检察院
（区检察院）
唐　祥　詹　曦

中共成都市锦江区委组织部
（区委组织部）
郭夏明　任　羿

中共成都市锦江区委宣传部
（区委宣传部）
杨广玉　何玥珩

中共成都市锦江区委统战部
（区委统战部）
王　杰　赵文敬

中共成都市锦江区委政法委
（区委政法委）
庄万君　蒲姣姣

中共成都市锦江区委机构编制办公室
（区委机构编制办公室）
吴连虎　王若瑾

中共成都市锦江区委政策研究室
（区委政研室）
石　波　陈小莲

中共成都市锦江区委党校
（区委党校）
朱汉杰　谢　娟

中共成都市锦江区委社治委
（区委社治委）
郭清平　李建华

中共成都市锦江区委老干部局
（区委老干部局）
刘　浣　何李良

成都市锦江区发展改革局
（区发改局）
吴　昃　杨书钧

成都市锦江区人力资源和社会保障局
（区人社局）
吴卫波　谢　斌

成都市锦江区机关事务管理局
（区机关事务管理局）
王明春　蒋　晋

成都市锦江区教育局
（区教育局）
马　鹤

成都市锦江区民政局
（区民政局）
何婉霞　刘丽娜

成都市锦江区司法局
（区司法局）
杨　莉　刘　宇

成都市锦江区财政局
（区财政局）
徐诗静

成都市公安局锦江区分局
（区公安分局）
魏　颖　宋雅婷

成都市锦江生态环境局
（锦江生态环境局）
苟　丹

成都市锦江区住房和建设交通局
（区住建交局）
郝　华

成都市锦江区公园城市建设和城市更新局
（区公园城市局）
朱文飞　马舒琳

成都市锦江区商务局
（区商务局）
刘道宏　陈　俊

成都市锦江区投资促进局
（区投促局）
蔡梦璐

成都市锦江区文化体育和旅游局
（区文体旅局）
何　彦　杨雪莺

成都市锦江区卫生健康局
（区卫健局）
曾德勇　雷旸娴

成都市锦江区退役军人事务局
（区退役军人事务局）
李　波　李　璞

成都市锦江区应急管理局
（区应急局）
杨建军　黄　涛

成都市锦江区审计局
（区审计局）
周　易

成都市锦江区市场监督管理局
（区市场监管局）
李朝阳　黄彬彬

成都市锦江区统计局
（区统计局）
鄢　宇　蒲　玥

成都市锦江区群众工作和信访局
（区信访局）
阳运平　曾长伟

成都市锦江区金融工作局
（区金融局）
黄建东　梁嘉浩

成都市锦江区新经济和科技局
（区新科局）
魏荣昌　潘　爽

成都市锦江区医疗保障局
（区医保局）
杨培彦　杨双权

成都市锦江区行政审批局
（区行政审批局）
杜　迟　刘　恒

成都市锦江区综合行政执法局
（区综合行政执法局）
战　婕

成都市锦江区规划和自然资源局
（区规自局）
唐　嵋　黄晓熠

成都市锦江区税务局
（区税务局）
舒　磊　童昱钦

成都市锦江区档案局
（区档案局）
赵　晖　雷大秀

成都市锦江区地方志办公室
（区地方志办公室）
韩　旭　龙倩妤

成都市锦江区春熙路时尚活力区管委会
（春熙路时尚活力区）
刘　瑾　李晓欢

成都市锦江区白鹭湾新经济总部功能区管委会
（白鹭湾新经济总部功能区管委会）
魏荣昌　潘　爽

成都交子公园金融商务区锦江片区
（交子公园金融商务区锦江片区）
张继军

成都市锦江区总工会
（区总工会）
周　蕾　钟　平

共青团成都市锦江区委员会
（团区委）
郭园园

成都市锦江区妇女联合会
（区妇联）
葛琳莉　黎晓颖

成都市锦江区科学技术协会
（区科协）
李　亮　孙静雅

成都市锦江区归国华侨联合会
（区侨联）
陈　迪

成都市锦江区残疾人联合会
（区残联）
赵庆华　肖莉莉

成都市锦江区红十字会
（区红十字会）
唐　行

成都市锦江区工商业联合会
（区工商联）
魏巍爱　尹　菁

成都市锦江区文化艺术界联合会
（区文联）
何　彦　杨雪莺

成都市锦江区人民政府春熙路街道办事处
（春熙路街道）
刘　勇　袁子钧

成都市锦江区人民政府书院街街道办事处
（书院街街道）
刘永平　张恩峰

成都市锦江区人民政府锦官驿街道办事处
（锦官驿街道）
姚　晋　石楚娟

成都市锦江区人民政府牛市口街道办事处
（牛市口街道）
曹钰佳　贾　静

成都市锦江区人民政府东湖街道办事处
（东湖街道）
张兴略　韩　锐

成都市锦江区人民政府柳江街道办事处
（柳江街道）
吴胜强　乐美键

成都市锦江区人民政府成龙路街道办事处
（成龙路街道）
张　睿　饶翠萍

成都市锦江区人民政府狮子山街道办事处
（狮子山街道）
张　涛　曾治华

成都市锦江区人民政府沙河街道办事处
（沙河街道）
李　胤

成都市锦江区人民政府锦华路街道办事处
（锦华路街道）
王玲玲　李　竞

成都市锦江区人民政府三圣街道办事处
（三圣街道）
钟　勇　孙依蕾

成都锦江发展集团有限公司
（锦发展集团公司）
黎　磊

# 数字锦江 · 2022

- 政区面积：62 平方千米
- 实有人口：128.18 万人，较 2021 年增加 5.36 万人
- 地区生产总值：1304.19 亿元，同比增长 2.8%
- 一般公共预算收入：94.29 亿元，同比增长 5.4%
- 人口自然增长率：2.25‰
- 农业总产值 0.6 亿元，同比增长 0.3%
- 商品房销售面积 123.5 万平方米，同比增长 17.7 %
- 社会消费品零售总额 1314.08 亿元，同比下降 0.8%
- 世界 500 强企业：139 家
- 城镇居民人均可支配收入 57629 元，同比增长 4.1%
- 幼儿园：108 家
- 小学校：37 家
- 普通中学校：17 家
- 职业高中：2 家
- 特殊教育学校：1 家
- 在校学生：125241 人
- 医院和社区卫生服务中心：49 家
- 医护床位：11868 个
- 接待游客：2200.5 万人
- 宾馆酒店：365 家

# 深入学习贯彻中国共产党第二十次全国代表大会精神

2022 年 10 月 16 日，区委、区人大、区政府、区政协的领导干部集中收看中共二十大开幕会实况

（区融媒体中心提供）

2022 年 10 月 16 日，市民自发在锦江区春熙路步行商业街观看中共二十大开幕会实况　（区融媒体中心提供）

2022 年 10 月 25 日，锦江区传达学习党的二十大精神大会召开（区融媒体中心提供）

2022 年 10 月 26 日，成都市锦江区人民政府八届一次全体会议传达学习中共二十大精神（区融媒体中心提供）

2022 年 10 月 27 日，区人大常委会党组会传达学习中共二十大精神（区人大常委会办公室提供）

2022 年 10 月 27 日，区政协党组（扩大）会议传达学习中共二十大精神（区政协办公室提供）

# 全国文明城市创建

2022年，锦江区建立工作体系，编制《创建全国文明城市行动方案》等系列工作方案，制定测评标准，实施老旧小区专项整治提升行动等七大攻坚行动，选聘文明公益大使和市民观察员，举办“文明茶馆大家谈”等活动，投放创建类公益广告3.6万条，推动全国文明城市创建工作，通过成都市测评。

2022年8月9日，区委书记陈志勇（前右）到学道街111号院等点位督导全国文明城市创建工作
（区融媒体中心提供）

2022年5月31日，区委副书记、区政府区长缪晓波（左三）督导全国文明城市创建工作并参加“锦江区2022年极端暴雨洪涝灾害应急处置双盲演练”
（区融媒体中心提供）

2022 年 11 月 16 日，区人大常委会党组书记、主任王昕（中）到狮子山街道督导全国文明城市创建工作
（区人大常委会提供）

2022 年 8 月 9 日，区政协党组书记、主席潘雪松（左三）到成龙路街道新时代文明实践站督导全国文明城市创建工作
（区政协办公室提供）

2022 年 5 月 12 日，锦江区在新时代文明实践中心举办“文明茶馆大家谈”活动，与市民代表共商全国文明城市创建工作 （区融媒体中心提供）

2022 年 7 月，成都市田家炳中学组织学生自愿者参加全国文明城市创建活动
（成都市田家炳中学提供）

# 迎接成都第 31 届世界大学生夏季运动会

2022 年，锦江区落实四川省深入推进成都大运会筹办决战决胜动员部署大会精神和成都大运会倒计时 100 天决战决胜誓师大会精神，召开誓师大会，推动射击比赛场地和游泳比赛场地建设，举办“我为大运添光彩”等特色活动，打造府河文体广场，美化赛区环境，营造赛事营城氛围。

成都市射击射箭运动学校是成都大运会射击比赛场地
（摄于 2022 年 区融媒体中心提供）

成都市射击运动学校射击场馆
（摄于 2022 年 区融媒体中心提供）

猛追湾游泳馆赛场（摄于 2022 年 区融媒体中心提供）

猛追湾游泳馆是成都大运会游泳比赛场地　　（摄于 2022 年 区融媒体中心提供）

2022 年 2 月 17 日，锦江区银杏小学校举办“果果爱成都 助力迎大运”主题活动
（区融媒体中心提供）

2022 年 3 月 31 日，锦江区科协联合成龙路街道国槐社区举办“大运有我 科技之春”科普月主题活动，成都市锦江实验学校参加活动 （区融媒体中心提供）

2022 年 4 月，锦江区举办“我为大运添光彩”箱柜美化评选活动颁奖仪式 （区融媒体中心提供）

2022 年 5 月 4 日，锦江区沙河街道党工委联合驻区企事业单位组建五福先锋志愿服务队，举办“爱成都·迎大运——大运有我先锋领航”活动（沙河街道办事处提供）

锦华路街道柳江社区以大运会元素为主题打造的运动角——府河文体广场（摄于2022年 区融媒体中心提供）

# 天府旅游名县创建

2022年11月10日，锦江区在四川省文化和旅游发展大会上被授予“天府旅游名县”称号　（区融媒体中心提供）

“天府旅游名县”奖牌
（摄于2022年 区融媒体中心提供）

# 商贸繁华区

锦江区是国务院命名的“商贸繁华区”，有春熙路时尚商圈、锦东生态商圈、交子公园商圈，分布有春熙路、太古里等商业街以及成都国际金融中心、晶融汇广场、成都环球贸易广场、文华广场等商业地标，汇集 GUCCI、Prada 等奢侈品牌旗舰店。2022 年，持续推动“国际消费中心城市核心区”建设，引进全球首店 2 家、全国首店 97 家，新增各类首店 215 家，聚集国际一线品牌 75 个。

①｜春熙路步行商业街（摄于2022年 区融媒体中心提供）

②｜成都国际金融中心（摄于2022年 区融媒体中心提供）

③｜成都环贸ICD广场（摄于2022年 沙河街道办事处提供）

① ② ③

①｜文华广场（摄于 2022 年 区商务局提供）

②｜晶融汇广场（摄于 2022 年 区商务局提供）

③｜成都太古里步行商业街（摄于 2022 年 区融媒体中心提供）

2022年，锦江区秉持文化赋能发展理念，持续挖掘宋代成都“十二月市”历史文化底蕴，开设灯市、花市、香市、宝市、酒市等专业市集，推动文商旅融合发展。

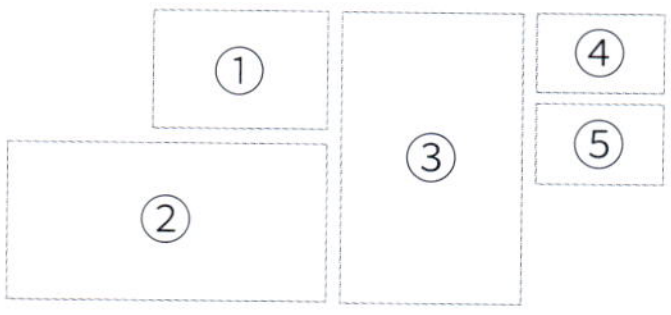


①｜2022 年 2 月，成都“十二月市·灯市”暨“春熙闹灯”活动在春熙路举办
（区融媒体中心提供）

②｜2022 年 3 月，成都“十二月市·花市”活动在天仙桥南路举办
（区融媒体中心提供）

③｜2022 年 5 月，成都“十二月市·香市”活动在晶融汇广场举办
（区融媒体中心提供）

④｜2022 年 7 月，成都“十二月市·宝市”活动在红星路步行商业街举办
（区融媒体中心提供）

⑤｜2022 年 10 月，成都“十二月市·酒市”活动在黄伞巷特色街区举办
（区商务局提供）

2022年，锦江区沿4.4千米河道打造夜游、夜市、夜展、夜秀等主题场景，优化东门码头、合江亭、安顺廊桥等点位，增设夜间旅游观光巴士，持续实施“夜游锦江”文旅项目。兰桂坊等19个点位入选“夜成都示范街区”，春熙路大慈坊创建为“国家级夜间文化和旅游消费集聚区”。

“夜游锦江”东门码头点位（摄于2022年 区融媒体中心提供）

“夜游锦江”廊桥河段　　（摄于2022年 区融媒体中心提供）

2022年8月18日，“品位锦江 畅耍夏夜”2022第三届成都夜间经济交流发展大会暨“锦江八月YE”消夏爽购节启动仪式在红星路步行商业街广场举办　　（区融媒体中心提供）

2022 年，锦江区结合城市有机更新，持续推动特色街区建设，完成华兴街民国风情街提档升级项目，建成青龙正街市井生活街区等特色街区。区域内分布邂逅广场、东门市井、大川巷、望福街、三色路等特色街区。

锦江区“1314 爱情专线”邂逅广场 （摄于 2022 年 区融媒体中心提供）

华兴街特色街区纯阳市集
（摄于 2022 年 2 月 区融媒体中心提供）

锦江区东门市井特色街区
（摄于 2022 年 区融媒体中心提供）

位于四圣祠西街谢无量旧居
（摄于 2022 年 区融媒体中心提供）

锦江区锐钯街特色街区
（摄于 2022 年 区融媒体中心提供）

锦江区三色路夜市街区　（摄于 2022 年 区融媒体中心提供）

# 公园城市示范区建设

2022年，锦江区新建“回家的路、上班的路、上学的路”30千米，改造锦江大道沿线景观点位，建成海桐街仁德足球主题公园，增设天府绿道健身空间，实施三圣花乡旅游景区近零碳排放试点项目，优化“七彩田野”景区，持续推进公园城市示范区建设。

锦江区劼人公园　（摄于2022年 区融媒体中心提供）

品位锦江

2022年12月5日，锦江区“品位锦江 幸福城区”参展项目在成都市“花漾蓉城成就梦想”主题展比赛中获金奖和最佳效果金奖、最佳匠心金奖、最佳创意金奖　　　（区公园城市局提供）

① ② ③

①｜位于金像寺路的仁德足球主题公园
（摄于 2022 年 区融媒体中心提供）

②｜入选“成都市近零碳排放景区试点单位”的三圣花乡景区
（摄于 2022 年 区融媒体中心提供）

③｜获“成都市最美道路绿化景观”称号的天仙桥南路
（摄于 2022 年 锦官驿街道办事处提供）

# 社区美空间

① ②
③

① | 位于百日红西路 212 号的“R29life+”社区美空间
（摄于 2022 年 成龙路街道办事处提供）

② | 位于东湖公园的翡翠城社区美空间——天府小院
（摄于 2022 年 东湖街道办事处提供）

③ | 位于暑袜北一街 145 号的古迹酒店入选“成都市社区美空间”
（摄于 2022 年 书院街道办事处提供）

# 学有所教

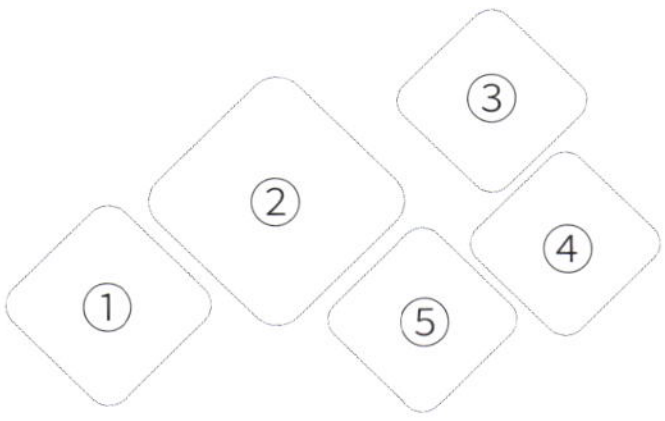


①｜成都七中育才银杏校区　（摄于2022年 区融媒体中心提供）
②｜四川师范大学附属中学校　（摄于2022年 区融媒体中心提供）
③｜成都市盐道街小学校　（摄于2022年 区融媒体中心提供）
④｜成都市第三幼儿园　（摄于2022年 区融媒体中心提供）
⑤｜成都市锦江区银杏小学　（摄于2022年 区融媒体中心提供）

厚德如盐 适融入道
盐道街小学

成都市第三幼儿园

成都市锦江区银杏小学

2022 年 6 月 1 日，成都市龙舟路小学开展“尚美龙娃艺起未来”校园文化艺术节活动（区融媒体中心提供）

2022 年 5 月，成都市第三幼儿园学前教育博物馆开馆（区教育局提供）

# 病有所医

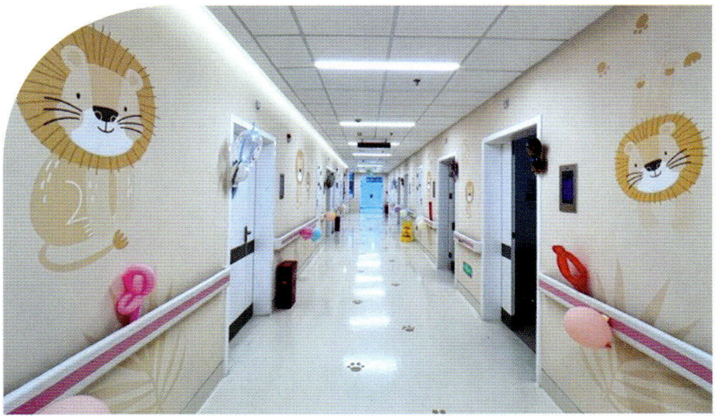

①｜成都市第二人民医院庆云院区
（摄于 2022 年 区融媒体中心提供）

②｜四川友谊医院
（摄于 2022 年 区融媒体中心提供）

③｜四川锦欣爱团国际医疗中心
（摄于 2022 年 区融媒体中心提供）

④｜位于成龙大道一段 1416 号的四川大学华西第二医院锦江院区第二住院大楼（摄于 2022 年 区融媒体中心提供）

# 群众文化活动

2022 年 1 月 19 日，锦江区三圣街道在花乡农居广场举办“成都文化四季风·民宿闹春暨我们的节日·春节”送文化下乡文化惠民活动（区融媒体中心提供）

2022 年 5 月 26 日，锦江区牛市口街道得胜街社区以文艺表演形式启动“我们的节日·端午”新时代文明实践志愿服务活动（牛市口街道办事处提供）

2022 年 5 月 31 日，锦官驿街道举办“浓情端午 粽叶飘香——锦官驿街道特色手工”活动（区融媒体中心提供）

# 目　录

## 特　载

**区委常委会工作报告**…………………………… 1
**政府工作报告**…………………………………… 5

## 专　记

**对口支援甘孜州炉霍县**
概况 ………………………………………………… 9
全域帮扶…………………………………………… 10
农牧产业发展援助………………………………… 10
返贫救助机制建立………………………………… 11
社会事业发展援助………………………………… 11
人才培训工程实施………………………………… 11
基层治理提升行动实施…………………………… 11
锦炉爱心防返贫基金……………………………… 11
“飞地＋众筹”模式创新 ………………………… 11
文化赋能乡村振兴 ……………………………… 11
文化旅游产业发展援助…………………………… 12
**对口支援成都市简阳市**
概况………………………………………………… 12
基础设施援建 …………………………………… 12
富民产业发展援助………………………………… 12
学校结对帮扶……………………………………… 12
就业帮扶…………………………………………… 12
“同心桑梓·锦绣阳光”携手行动……………… 12
“百企兴百村”行动……………………………… 13
民主党派帮扶……………………………………… 13

## 大事记

1 月 ……………………………………………… 14
2 月 ……………………………………………… 15
3 月 ……………………………………………… 15
4 月 ……………………………………………… 15
5 月 ……………………………………………… 16
6 月 ……………………………………………… 16
7 月 ……………………………………………… 17
8 月 ……………………………………………… 17
9 月 ……………………………………………… 18
10 月 ……………………………………………… 18
11 月 ……………………………………………… 18
12 月 ……………………………………………… 19

## 区情概览

**政区设置**

概况…… 21
建置沿革…… 21
政区勘界…… 22
社区设置…… 22

**自然地理**

地理位置…… 28
地形地貌…… 28
水系…… 28
气候…… 28

**人口与民族**

人口数量与分布…… 28
人口变动…… 29
年龄结构…… 29
民族结构…… 29

**历史人文**

得名由来…… 29
商贸立区…… 29
百年金街春熙路…… 29
蜀中首街东大街…… 30
中国白酒第一坊…… 30
成都现代商业发源地…… 30
世界纸币始祖交子…… 30
震旦第一丛林大慈寺…… 30
成都第一座市政公园合江亭…… 31
川戏窝子悦来茶园…… 31
成都天一阁贲园书库…… 31

**经济社会发展**

概况…… 31
产业经济质效提升…… 31
地理经济优化提升…… 32
经济发展韧性提升…… 32
楼宇经济标杆城区建设…… 32
公园城市示范区建设…… 33
社会保障能力提升…… 33
社会治理智慧化程度提升…… 33
公共服务水平提升…… 33

**精神文明建设**

概况…… 34
精神文明建设委员会会议…… 34
全国文明城市创建…… 34
全国文明校园创建…… 35
公民思想道德建设…… 35
文明实践志愿服务…… 35

**改革创新**

概况…… 35
人事制度改革…… 35
财政制度改革…… 35
行政审批制度改革…… 35
案件审判与执行改革…… 36
综合行政执法体制改革…… 36
国有企业改革…… 36
产业工人队伍建设改革…… 36
医疗卫生体制改革…… 36
教育评价改革…… 36
长期护理保险体制改革…… 37
检察工作创新…… 37
招商机制创新…… 37
就业服务机制创新…… 37
人才工作机制创新…… 37
地方志工作机制创新…… 37
党建引领教育创新…… 38

## 中共成都市锦江区委员会

**重要会议**

概况…… 39
党员代表会议…… 39
区委八届二次全体会议…… 39
区委八届三次全体会议…… 40
区委常委会会议…… 40
党史学习教育总结会…… 40

区委人大工作会议……40
区委政法工作会议……41
大运会锦江赛区誓师大会……41
区委人才工作会……41
区委工作会……42
传达学习中共二十大精神大会……42
**区委综合事务**
概况……42
目标管理……42
信息工作……42
公务接待……42
文件制发……42
**组织建设**
概况……46
党内政治生活……47
党建工作述职评议……47
党员发展……47
党员教育……47
社区党建……47
“两新组织”党建……48
机关党建……48
党史编修与研究……48
党史宣传……48
领导班子建设……49
干部考核……49
干部培训……49
“学在锦江”计划启动……50
考学、评学、述学机制……50
青年干部和后备干部培养……50
科级干部管理……50
新录用人员管理……50
课题调研……50
**宣传思想工作**
概况……50
理论学习……51
意识形态工作……51
媒体宣传……51
“非凡十年”专题活动……51
媒体采风活动……51
媒体融合发展……52
**统一战线**
概况……52
民主党派人士学习教育……52
党外干部培养……52
无党派人士调查……53
民营经济代表人士政治权利落实……53
新的社会阶层人士联谊会……53
民族宗教政策法规宣传……53
民族宗教人士爱国爱教活动……53
和谐城市民族关系构建……53
港澳台同胞和侨胞侨属政策落实……53
**政策研究**
概况……53
调研……53
**机构编制管理**
概况……54
街道赋权政策出台……54
智慧城市建设机构和职责优化……54
行业管理职责优化……54
关心下一代工作机构和职责调整……54
行政复议机构和职责明确……54
投资服务机构调整……54
都市工业投资服务中心成立……54
学校安全工作机构明确……55
未成年人救助保护中心挂牌……55
智慧化管理……55
事业单位管理……55
**保密工作**
概况……55
保密法规宣传……55
保密培训……55
互联网涉密检查……55
**老干部管理与服务**
概况……55

"追寻红色足迹 传承革命精神"培训 …… 55
"光荣在党 50 年"纪念章颁发 …… 56
老干部文体活动 …… 56
老干部登记管理 …… 56
离退休干部党支部建设 …… 56
政治待遇落实 …… 56
生活待遇落实 …… 56

**党校教育**

概况 …… 56
微党课特色课程 …… 56
党政干部培训 …… 57
社会组织培训 …… 57

**人才工作**

概况 …… 57
人才计划实施 …… 57
产业人才工作促进 …… 58
高校毕业生就业见习 …… 58
"蓉漂"党员人才合力凝聚 …… 58
"建圈强链"产业人才引进 …… 58

**巡察工作**

概况 …… 58
第一轮巡察 …… 58
第二轮巡察 …… 58

**外事与港澳事务**

概况 …… 59
涉外活动 …… 59
涉港澳活动 …… 59

## 成都市锦江区人民代表大会

**重要会议**

概况 …… 60
区八届人大第二次会议 …… 60
区人大常委会会议 …… 60

**依法监督**

概况 …… 61
经济发展环境监督 …… 61
财政运行监督 …… 61
国有资产管理监督 …… 61
审计监督 …… 61
创建工作监督 …… 61
民生政策落实工作监督 …… 62
生态环境监督 …… 62
城市品质提升工作监督 …… 62
依法治区工作监督 …… 62
立法工作监督 …… 62
干部任免工作监督 …… 62

**人大代表工作促进**

概况 …… 62
人大代表工作机制建设 …… 62
人大代表票决民生实事项目 …… 62
人大代表专业小组成立 …… 63
人大代表履职平台建设 …… 63
人大代表在行动主题活动 …… 63
人大代表风采宣传 …… 63
人大代表意见建议办理 …… 63

## 成都市锦江区人民政府

**重要会议**

概况 …… 74
区政府八届一次全体会议 …… 74
区政府八届二次全体会议 …… 74
区政府常务会议 …… 75

**区政府综合事务**

概况 …… 75
政府采购 …… 75
信息工作 …… 75
建议和提案办理 …… 75
督查督办 …… 75
文件制发 …… 75

**政务服务**

概况 …… 78
党建引领政务服务 …… 78

便民服务“三化”试点工作 …………………… 78
政务服务标准化体系建设 …………………… 79

**人事管理**

概况…………………………………………… 79
事业单位招聘 ……………………………… 79
事业单位岗位设置…………………………… 79
事业单位人员管理…………………………… 79
技能等级考试………………………………… 79
人事信息管理平台开通……………………… 79
工资管理……………………………………… 79
企业年金宣传和办理………………………… 80

**群众工作与信访**

概况…………………………………………… 80
网上信访……………………………………… 80
信访制度建设………………………………… 80
信访平台建设………………………………… 80

**机关事务**

概况…………………………………………… 80
区级单位国有资产管理……………………… 80
区级单位办公用房管理……………………… 80
公务车辆管理………………………………… 80
“节能型机关”建设………………………… 81
“节约型机关”创建 ……………………… 81


## 政协成都市锦江区委员会


**重要会议**

概况…………………………………………… 82
区政协八届二次会议………………………… 82
区政协常委会会议…………………………… 82

**政治协商**

概况…………………………………………… 83
全体会议协商………………………………… 83
常委会会议协商……………………………… 83
互动协商……………………………………… 83
专题协商……………………………………… 83
对口协商……………………………………… 84
小微协商……………………………………… 84

**民主监督**

概况…………………………………………… 84
经济发展监督………………………………… 84
社会事业发展监督…………………………… 84

**参政议政**

概况…………………………………………… 85
提案征集与立案办理………………………… 85
特色提案办理工作促进……………………… 85
应用型智库成立……………………………… 85
文史资料《锦江这十年》编印……………… 86
社情民意……………………………………… 86
调研资政……………………………………… 86
“双助”专项活动…………………………… 86

**特色活动**

概况…………………………………………… 86
书画院聘任仪式暨书画展活动……………… 87
委员讲堂活动………………………………… 87
读书活动……………………………………… 87


## 纪检·监察


**重要会议**

概况…………………………………………… 88
区八届纪委第二次全体会议………………… 88
警示教育大会………………………………… 88
腐败和作风问题专项治理工作部署会……… 89
优化营商环境专项监督工作会……………… 89

**纪检监察事务**

概况…………………………………………… 89
政治监督……………………………………… 89
正风肃纪……………………………………… 89
办案机制探索………………………………… 90
日常监督……………………………………… 90
为群众办实事………………………………… 90

廉洁文化建设……90

## 民主党派·工商业联合会

民革成都市锦江区总支部
概况……91
学习教育……91
换届选举和党员发展……92
调研资政……92
参政议政人才队伍建设……92
民盟成都市锦江区总支部
概况……92
纪念张澜诞辰 150 周年活动……92
交流学习……93
调研资政……93
防疫工作助力……93
对口支援工作助力……93
民建成都市锦江区总支部
概况……93
“民建之家”建设……93
调研资政……93
对口支援工作助力……94
防疫工作助力……94
困难群体帮扶……94
民进成都市锦江区总支部
概况……94
经济社会发展助力……94
防疫工作助力……95
宣传活动……95
农工民主党成都市锦江区总支部
概况……95
防疫工作助力……95
对口支援工作助力……95
致公党成都市锦江区支部
概况……96
主题教育活动……96
调研资政……96
九三学社成都市锦江区委员会
概况……96
调研资政……96
对口支援工作助力……97
防疫工作助力……97
成都市锦江区工商业联合会
概况……97
区工商联第七次代表大会……97
民营经济代表人士参政议政……97
民营企业家理想信念培育……97
光彩事业促进……97
服务民营经济发展……98
青年企业家商会……98

## 群众团体

成都市锦江区总工会
概况……99
区总工会四届六次全委会议……99
“濯锦工匠”命名大会……99
职工民主管理……99
职工教育……100
职工服务阵地建设……100
就业促进……100
技能培训与竞赛……100
劳模关怀……100
职工关爱……100
新就业形态劳动者建会入会……100
解决纠纷零成本……101
群团联席会议……101
“最靓箱柜”评选……101
共青团成都市锦江区委员会
概况……101
共青团重要会议……101
社区青春行动……101
青年创新创业……101
红色主题沉浸式剧本体验基地……102

**成都市锦江区妇女联合会**
概况…… 102
妇女儿童发展纲要编制工作会…… 102
妇联组织发展…… 102
妇女儿童服务阵地建设…… 102
妇女儿童维权…… 102
儿童友好专项基金…… 102
妇女就业创业…… 102
“三八红旗手”评选…… 102
女职工劳动维权联合调解中心…… 103
“蓉姐对你说”示范点位…… 103
儿童友好义集主题活动…… 103
**成都市锦江区科学技术协会**
概况…… 103
区科协第四次代表大会…… 103
科协组织建设…… 103
科普阵地建设…… 103
科普队伍建设…… 103
科普活动…… 103
“全国科技工作者日”活动…… 104
“天府科技云”服务平台建设…… 104
“科创中国”试点城市建设…… 104
**成都市锦江区归国华侨联合会**
概况…… 104
五届侨联七次全委会…… 104
侨益维护…… 104
海外华侨华人社团大会…… 104
服务社会…… 104
为侨服务平台建设…… 104
**成都市锦江区红十字会**
概况…… 105
区红十字会第五次会员代表大会…… 105
制度建设…… 105
红十字基层组织建设…… 105
人道主义援助…… 105
红十字文化宣传…… 105
红十字知识和技能竞赛…… 105
红十字培训…… 105

# 法　治

**政法**
概况…… 106
社会稳定维护…… 106
“平安锦江”建设…… 106
“法治锦江”建设…… 106
**法治政府建设**
概况…… 106
法律顾问制度落实…… 107
合法性审查…… 107
行政应诉…… 107
行政复议…… 107
法治文化阵地建设…… 107
“法润锦江”惠民工程…… 107
**公安**
概况…… 107
刑事案件侦破…… 109
治安案件查处…… 109
经济案件侦破…… 109
校园警务…… 109
出入境管理…… 109
办证中心规范化建设…… 109
警务宣传…… 109
警务督察…… 110
公安队伍建设…… 110
**检察**
概况…… 110
刑事检察…… 110
诉讼监督…… 110
行政执法与司法衔接…… 111
公益诉讼…… 111
控申检察…… 111
司法联动…… 111
检察队伍建设…… 111

检察文化建设 …… 111

法院

概况 …… 112
案件审判 …… 112
执行案件办理 …… 112
法律风险防范 …… 112
行政应诉制度建设 …… 112
司法建议 …… 112
审判监督 …… 112
法官与法警队伍建设 …… 112

司法行政

概况 …… 113
司法行政机构 …… 113
律师行业发展 …… 113
公证服务 …… 113
法律援助服务 …… 113
人民调解 …… 114
社区矫正 …… 114
安置帮教 …… 114
“三查三化三优”专项行动 …… 114
“律司行”法律服务平台 …… 114

# 军　事

人民武装

概况 …… 115
党管武装 …… 115
全民国防教育 …… 115
军事干部思想政治建设 …… 115
民兵队伍建设 …… 115
兵员征集 …… 116

人民防空

概况 …… 116
人防工程管理 …… 116
警报管理 …… 116
人民防空专业队伍建设 …… 116

# 经济管理

投资促进

概况 …… 117
外商引进 …… 118
重大产业化项目签约 …… 118

政府投资项目管理

概况 …… 119
项目情况 …… 119
资金筹集 …… 119
重大项目评审 …… 119

财政

概况 …… 124
财源和税源稳定 …… 124
非税收入促进 …… 124
支出结构优化 …… 124
“三公”经费管理 …… 124
财政监督 …… 125
债务风险防范 …… 125

税务

概况 …… 125
非税收入 …… 125
税费支持政策落实 …… 125
税收精细化管理 …… 125
税收风险管理 …… 125
税务服务 …… 126
税务宣传 …… 126
税务执法 …… 126
数字化电子发票推广 …… 126

审计

概况 …… 126
区委审计委员会会议 …… 126
财政审计 …… 126
固定资产投资审计 …… 127
民生审计 …… 127
审计执法监督 …… 127

**统计**

概况…………………………………………… 127
经济大数据平台……………………………… 127
抽样调查……………………………………… 127
基本单位名录库动态维护…………………… 127
统计执法监督………………………………… 128
行业培训……………………………………… 128
统计法规宣传………………………………… 128

**市场监督管理**

概况…………………………………………… 128
九大执法行动………………………………… 128
食品市场监管………………………………… 128
药品市场监管………………………………… 128
文化市场监管………………………………… 128
广电市场监管………………………………… 129
交通运输市场管理…………………………… 129
人力资源市场监管…………………………… 129
特种设备管理………………………………… 129
质量和计量标准化管理……………………… 129
消费者权益保护……………………………… 129
知识产权保护………………………………… 129

**国土资源管理**

概况…………………………………………… 129
耕地保护……………………………………… 130
土地利用监管………………………………… 130
土地出让……………………………………… 130
第三次全国国土调查数据发布……………… 130
农村集体土地征地拆迁……………………… 130
土地执法……………………………………… 130

**安全生产管理**

概况…………………………………………… 130
安全事故……………………………………… 130
安全管理培训………………………………… 130
安全生产督导考核…………………………… 130
暗访检查……………………………………… 130
节假日和重要节点安全防控………………… 131
重点行业领域专项整治……………………… 131
烟花爆竹安全监管…………………………… 131
安全生产专项整治三年行动………………… 131

## 经济产业

**现代农业**

概况…………………………………………… 132
企业服务保障………………………………… 132
集体经济组织管理…………………………… 132
农业展会活动………………………………… 132

**都市工业**

概况…………………………………………… 132
低效用地盘活项目…………………………… 132
都市工业空间布局调整……………………… 133
疫苗产业发展………………………………… 133

**商业**

概况…………………………………………… 133
对外贸易……………………………………… 133
春熙路商圈建设……………………………… 133
商业载体……………………………………… 133
新年消费季活动……………………………… 134
“劲爽五月”消费季活动…………………… 134
“畅耍夏夜”活动…………………………… 134
金秋消费季活动……………………………… 134
“锦上添花”促消费活动…………………… 134
十二月市……………………………………… 135

**服务业**

概况…………………………………………… 135
社区服务业发展……………………………… 135
楼宇经济……………………………………… 135
电子商务产业………………………………… 135

**房地产业**

概况…………………………………………… 135
房屋租赁备案………………………………… 135
商品房销售…………………………………… 135

**建筑业**

概况…………………………………………… 136

建筑行业行政审批…… 136
建筑结构评审…… 136
“绿色文明工地”创建…… 136
**金融业**
概况…… 137
金融业机构和经济效益…… 137
金融工作会议…… 141
金融业发展政策…… 141
普惠信贷工程…… 141
多层次资本市场服务…… 141
东大街金融业集聚发展…… 141
金融风险防控…… 141
党建引领金融业发展…… 141
金融业“建圈强链”沙龙…… 141
数字人民币推广…… 141
**旅游业**
概况…… 142
宾馆酒店…… 142
乡村旅游…… 142
三圣花乡景区转型升级…… 142
“天府旅游名县”创建…… 142
**交通运输业**
概况…… 143
客货运输市场…… 143
汽车维修行业…… 143
**文化创意产业**
概况…… 143
文创产业项目…… 143
文创人才培养…… 143
阿来书房开业…… 144
天府文创大集市活动…… 144
**高新技术产业**
概况…… 144
高新技术企业选介…… 144
梯度培育机制建设…… 144
高新技术企业认定培训会…… 144
科创主体培育…… 144
**新经济产业**
概况…… 145
新经济企业选介…… 145
机会清单项目…… 145
发展规划和政策…… 145
产业培育…… 145
企业服务…… 145
企业家沙龙活动…… 146
汇融广场企业服务中心成立…… 146
**医养产业**
概况…… 146
产业培育…… 146
项目建设…… 146
**人力资源产业**
概况…… 146
人力资源服务产业园建设…… 146
人力资源服务业调查…… 146
人力资源市场主体…… 146
人力资源企业服务…… 146

## 产业功能区·国有公司

**春熙路时尚活力区**
概况…… 147
产业体系…… 147
六大片区…… 147
产业楼宇…… 148
商圈指数发布会…… 149
**白鹭湾新经济总部功能区**
概况…… 149
规划引领…… 149
白鹭湾科技生态园建设…… 149
锦江数智产业港建设…… 149
智慧健康产业园建设…… 150
人工智能产业…… 150
重大项目建设…… 150
重要产业楼宇…… 150

成都 528 艺术东村 …… 150
华侨凤凰都市工业总部港 …… 150
白鹭湾数字新经济科创园 …… 150
中港中央公园 …… 150
新希望中鼎国际二期 …… 151
中加国际大厦 …… 151
人工智能产业协会孵化基地授牌 …… 151

**交子公园金融商务区锦江片区**

概况 …… 151
在建项目 …… 151
建成项目 …… 151

**国有公司**

概况 …… 152
锦发展集团公司 …… 152
锦发展建投公司 …… 152
锦发展生态公司 …… 152
锦发展百年春熙公司 …… 153

## 城市建设

**规划**

概况 …… 154
控制性规划调整 …… 154
空间规划 …… 154
规划审批 …… 154
市政项目审批 …… 154

**旧城改造**

概况 …… 154
老旧小区片区综合改造 …… 155
危旧房棚户区改造 …… 155
四大片区城市有机更新 …… 155
既有住宅增设电梯 …… 155
“一环路市井生活圈”建设 …… 155
“天府锦城”建设 …… 156
“四潮”场景营造 …… 156
青龙正街市井生活特色街区 …… 156

**基础设施建设**

概况 …… 156
道路建设与养护 …… 156
排水设施管理 …… 156
公共服务项目建设 …… 156

## 生态环境建设

**环境保护**

概况 …… 158
大气环境 …… 158
水环境 …… 158
环保督察 …… 158
建设项目环境管理 …… 158
企业环境信用评价 …… 158
加油站环保管理 …… 158
扬尘治理 …… 159
工业环保管理 …… 159
餐饮业油烟污染治理 …… 159
水污染防治工作部署 …… 159
土壤污染防治 …… 159
噪声污染防治 …… 159
噪声监测 …… 159
水环境监测 …… 159
燃煤整治 …… 159
柴油车辆和移动机械尾气检测 …… 160
协同降碳行动 …… 160
环保宣传教育 …… 160

**市容环境治理**

概况 …… 160
数字化城管 …… 160
网格化智慧治理 …… 160
城市管理街长制 …… 160
垃圾分类 …… 160
户外广告管理 …… 161
违法小广告清理 …… 161

共享单车停放管理…… 161
违法建设治理…… 161
背街小巷整治…… 161
铁路沿线环境治理…… 161
“两拆一增”工作推进…… 161
道路清洁…… 161
景观照明提升…… 162
临街商家外摆管理…… 162
道路美化…… 162

**水环境治理**

概况…… 162
中小河渠污染源治理…… 162
河长制落实…… 162
水岸建设…… 162

**园林绿化**

概况…… 162
城市公园建设…… 162
绿道建设…… 162
行道树增量提质…… 162
“最美”系列评选活动…… 163

## 应急管理

**应急能力建设**

概况…… 164
应急培训…… 164
应急物资管理制度…… 164
应急物资收储…… 164
街道应急救灾物资分配…… 164
智慧韧性安全城市建设…… 164

**防灾救灾**

概况…… 164
防灾减灾宣传活动…… 165
汛期防范…… 165
火灾预防…… 165
消防救援…… 165

## 教育

**教育事业促进**

概况…… 166
教育资助…… 166
校园安全…… 166
教育队伍建设…… 167
招生…… 167
学校建设…… 167
教育信息化建设…… 167
教育科研…… 167
督学…… 167
德育工作推进…… 167
劳动教育促进…… 168
艺术教育发展…… 168
“教育故事分享荟”活动…… 168
六大工程实施…… 168
学生心理健康…… 168
低碳节能主题教育…… 168

**学前教育**

概况…… 169
普惠优质发展…… 169
幼小衔接…… 169
学前教育博物馆…… 169

**义务教育**

概况…… 169
优质学校创建…… 169
优质教育链…… 170
小学德育…… 170

**普通高中教育**

概况…… 170
省级示范性普通高中创建…… 170
师德师风阵地建设…… 170

**职业教育**

概况…… 170
职业教育领域高考…… 171
“三名”工程实施…… 171

职业技能考试…………………………………… 171
**社区教育**
概况……………………………………………… 171
家庭教育………………………………………… 171
老年教育………………………………………… 171
“合伙人”服务体系…………………………… 171
能力建设项目推进实施………………………… 171
**特殊教育**
概况……………………………………………… 172
常见障碍类型学生教育研究…………………… 172
家长指导 ……………………………………… 172
学段服务拓展…………………………………… 172
融合教育教学…………………………………… 172
培智职业高中班创办…………………………… 172

## 文化·社会科学·体育

**文化**
概况……………………………………………… 173
区文化馆建设…………………………………… 173
区图书馆建设…………………………………… 173
基层文化业务培训……………………………… 173
一楼文化………………………………………… 173
全民阅读活动…………………………………… 174
“我们的节日”活动…………………………… 174
非物质文化遗产传承…………………………… 174
文艺创作 ……………………………………… 174
文艺活动………………………………………… 174
文博工作………………………………………… 175
**地方志**
概况……………………………………………… 175
地方志人才队伍建设…………………………… 175
省市工作任务完成……………………………… 175
资政作用体现…………………………………… 175
“精品年鉴品读季”活动……………………… 175
街道（社区）志编纂…………………………… 175
地情资源收集与利用 ………………………… 175
方志馆建设……………………………………… 176
年鉴编纂出版…………………………………… 176
**档案**
概况……………………………………………… 176
档案工作会……………………………………… 176
档案法规宣传…………………………………… 176
档案行政执法检查……………………………… 176
档案查询服务…………………………………… 176
特殊档案收集整理……………………………… 176
重点项目档案管理……………………………… 176
“成渝地区”档案工作合作…………………… 176
**社会科学**
概况……………………………………………… 177
社会科学普及阵地建设………………………… 177
社会科学研究课题申报………………………… 177
社会科学普及活动……………………………… 177
**体育**
概况……………………………………………… 177
体育设施建设…………………………………… 177
全民健身………………………………………… 177
青少年体育……………………………………… 177
竞技体育………………………………………… 178
学校体育………………………………………… 178

## 卫生·计划生育

**卫生**
概况……………………………………………… 179
公共场所卫生监督……………………………… 180
饮用水检测……………………………………… 180
校园卫生检查…………………………………… 180
医疗市场整治…………………………………… 180
医疗废物监管…………………………………… 180
分级诊疗………………………………………… 180
医疗人才队伍建设……………………………… 180
爱国卫生运动…………………………………… 180
疾病防治 ……………………………………… 180

疫苗接种…………………………………… 181
疾控中心建设………………………………… 181
传染病发病情况……………………………… 181
犬伤门诊建设………………………………… 181
狂犬病预防知识宣传………………………… 181
艾滋病防治…………………………………… 181
慢性病监测与管理…………………………… 181
结核病防控…………………………………… 181
寄生虫病和地方病防治……………………… 182
健康宣传教育………………………………… 182
职业健康管理………………………………… 182
中医药传承…………………………………… 182

**计划生育**

概况………………………………………… 182
人口监测数据质量管理……………………… 183
托育机构……………………………………… 183
计生利益导向………………………………… 183
托幼机构保健人员培训……………………… 183
孕产妇网格化管理…………………………… 183
优生优育……………………………………… 183

## 社会生活

**基层治理**

概况………………………………………… 184
省级街道服务管理创新试验区 ……………… 184
“幸福美好生活十大工程”推进…………… 184
示范社区建设………………………………… 185
国际化社区集群建设………………………… 185
主题社区建设………………………………… 185
智慧社区建设………………………………… 185
“微网实格”治理方案体系………………… 185
“七步工作法”实施………………………… 185
九要素模式…………………………………… 185
治理网格调整………………………………… 185
网格党组织全覆盖…………………………… 185
社区物业党建联建项目实施………………… 185
社区生活空间………………………………… 186
社工人才薪酬提升…………………………… 186
社区志愿服务………………………………… 186
民主协商示范社区建设 ……………………… 186
“蓉城幸福家·水井市井情”项目………… 186
导游志愿服务站……………………………… 186
“和善嬢嬢”志愿服务团队………………… 186
聚力企业社会服务中心……………………… 186

**社会慈善与救助**

概况………………………………………… 187
特困人员救助………………………………… 187
最低生活保障 ………………………………… 187
慈善组织活动………………………………… 187
社会关爱援助………………………………… 187
慈善宣传活动………………………………… 187

**残疾人事务**

概况………………………………………… 187
残疾人情况…………………………………… 188
区残联第八次代表大会……………………… 188
残疾人权益保障体系建设…………………… 188
残疾少年儿童康复救助……………………… 188
残疾少年儿童教育帮扶……………………… 188
残疾人就业帮扶……………………………… 188
残疾人生活救助……………………………… 188
残疾人文体活动……………………………… 189
榜样激励……………………………………… 189

**婚姻家庭**

概况………………………………………… 189
婚姻登记……………………………………… 189
最美婚姻登记处……………………………… 189
“婚姻家庭辅导进社区”活动……………… 189

**殡葬服务**

概况………………………………………… 189
文明祭扫……………………………………… 190
惠民殡葬补贴………………………………… 190
成都东郊殡仪馆……………………………… 190

**就业创业**
概况…………………………………………… 190
直播带岗活动……………………………………… 190
就业困难人员实名制管理………………………… 190
就业创业补贴……………………………………… 190
职业指导…………………………………………… 191
就业培训…………………………………………… 191
创业载体建设……………………………………… 191
筹岗机制建立……………………………………… 191
大师工作室建设…………………………………… 191
就业超市…………………………………………… 191
**社会保险**
概况…………………………………………… 192
在职人员和失业人员社保………………………… 192
工伤保险…………………………………………… 192
社保基金“管理提升年”行动…………………… 192
社保经办能力建设………………………………… 192
社保稽核…………………………………………… 192
养老金调整………………………………………… 192
机关和事业单位人员退休补贴…………………… 193
医院退休人员养老保险…………………………… 193
社保费代缴………………………………………… 193
社保精准扩面……………………………………… 193
**医疗保险**
概况…………………………………………… 193
城镇职工基本医疗保险…………………………… 193
城乡居民基本医疗保险…………………………… 193
生育保险…………………………………………… 193
医疗保障基金管理………………………………… 193
“五医一体化”行动……………………………… 193
**养老服务**
概况…………………………………………… 194
老龄人口预测……………………………………… 194
养老服务机构发展………………………………… 194
老年群体关爱……………………………………… 195
老年人助餐服务…………………………………… 195
智慧养老服务……………………………………… 195
养老服务综合体建设……………………………… 195
老年友好社会建设………………………………… 195
**退役军人事务**
概况…………………………………………… 196
就业安置…………………………………………… 196
优待抚恤…………………………………………… 196
拥军氛围营造……………………………………… 196
“四美”人物学习宣传活动……………………… 196
退役军人宣讲员队伍建设………………………… 196
“兵支书”队伍建设……………………………… 196
退役军人志愿服务队伍建设……………………… 196

# 街道

**春熙路街道**
概况…………………………………………… 197
智慧小区建设……………………………………… 197
“有盐有味办好食”项目………………………… 197
未来公园社区建设………………………………… 198
“春熙新院子”项目……………………………… 198
“春熙 · 楼小助”项目…………………………… 198
**书院街街道**
概况…………………………………………… 198
“微网实格”工作链……………………………… 198
社区养老 15 分钟服务圈 ………………………… 199
特色街区建设……………………………………… 199
老旧院落活化焕新………………………………… 199
社区集体经济路径探索…………………………… 199
**锦官驿街道**
概况…………………………………………… 199
耿家巷历史文化街区建设………………………… 199
沿河经济…………………………………………… 200
**牛市口街道**
概况…………………………………………… 200
招大引强…………………………………………… 200
老旧院落整治……………………………………… 200
潮立方……………………………………………… 200

牛市口戏场子 201
东湖街道
概况 201
发展布局 201
华润路特色街区建设 201
东湖文化艺术特色街区建设 202
沙河街道
概况 202
塔子山生态公园 203
一社区一品牌 203
小区市域社会微治理 203
狮子山街道
概况 203
静康路南片区有机更新筹备工作 203
“小狮妹”党建品牌 203
锦华路街道
概况 204
小区院落治理 204
书香社区 204
示范社区 204
示范院落 204
儿童友好社区 205
柳江街道
概况 205
重大项目建设 205
社区治理融合发展模式 206
成龙路街道
概况 206
发展定位 206
应急科普文创中心 206
党建阵地群 206
三圣街道
概况 207
三圣花乡 207
花乡坝坝茶 207
红色教育体验馆 207

## 锦江荣誉榜·2022

2022 年成都市锦江区获集体荣誉情况 208
2022 年成都市锦江区获成都市以上表彰和一等功、二等功的退役军人 210

## 统计公报

2022 年成都市锦江区国民经济和社会发展统计公报 217

## 附录

2022 年成都市锦江区领导干部任职情况 220
2022 年成都市锦江区各部门和街道领导干部任职情况 221
2022 年成都市锦江区充电站和通信业务网点分布情况 231

## 索引

A–Z 234

# Table of Contents

## Features

District Committee Standing Committee Work Report ........ 1
Government Work Report ........ 5

## Monographic Description

Pairing-assistance to Luhuo County, Ganzi Prefecture ........ 9
Pairing-assistance to Jianyang City of Chengdu ........ 12

## Chronicle of Events

January ........ 14
February ........ 15
March ........ 15
April ........ 15
May ........ 16
June ........ 16
July ........ 17
August ........ 17
September ........ 18
October ........ 18
November ........ 18
December ........ 19

## Overview of the District

The Structure of the Administrative Division ........ 21
Nature and Geography ........ 28
Population and Ethnic Groups ........ 28
History and Culture ........ 29
Socio-economic Development ........ 31
Construction of Spiritual Civilization ........ 34
Reform and Innovation ........ 35

## Jinjiang District Committee of Chengdu

Important Meetings ........ 39
District Committee General Affairs ........ 42
Organizational Building ........ 46

Propaganda and Ideological Work ························ 50
The United Front ························ 52
Policy Research ························ 53
Organization Setup and Administration ························ 54
Confidential Work ························ 55
Veteran Cadres Management and Service ························ 55
The Party School Education ························ 56
Talent Work ························ 57
Inspection Affairs ························ 58
Foreign Affairs and Hong Kong and Macao Affairs ··· 59

## People's Congress of Jinjiang District, Chengdu

Important Meetings ························ 60
Supervision According to Law ························ 61
Promoting NPC Deputies' Duties ························ 62

## People's Government of Jinjiang District, Chengdu

Important Meetings ························ 74
General Affairs of District Government ························ 75
Public Service ························ 78
Personnel Management ························ 79
Mass Work and Handling Public Complaints ························ 80
Government Offices Affairs ························ 80

## Jinjiang District Committee of Chengdu, CPPCC

Important Meetings ························ 82
Political Consultation ························ 83
Democratic Oversight ························ 84
Participation in the Administration of State Affairs ··· 85
Characteristic Activities ························ 86

## Discipline Inspection and Supervision

Important Meetings ························ 88
Discipline Inspection and Supervision Affairs ························ 89

## Democratic Parties and Federation of Industry and Commerce

Chengdu Jinjiang District General Branch of Revolutionary Committee of the Chinese Kuomintang ························ 91
Chengdu Jinjiang District General Branch of Chinese Democratic League ························ 92
Chengdu Jinjiang District General Branch of China Democratic National Construction Association ························ 93
Chengdu Jinjiang District General Branch of China Association for Promoting Democracy ························ 94
Chengdu Jinjiang District General Branch of Chinese Peasants and Workers Democratic Party ························ 95
Chengdu Jinjiang District General Branch of China Zhi Gong Dang ························ 96
Chengdu Jinjiang District General Branch of Jiu San Society ························ 96
Chengdu Jinjiang District Federation of Industry and Commerce ························ 97

## Mass Organization

Chengdu Jinjiang District General Trade Union ························ 99
Chengdu Jinjiang District Committee of the Communist Youth League ························ 101
Chengdu Jinjiang District Women's Federation ························ 102
Chengdu Jinjiang District Science and Technology Association ························ 103
Chengdu Jinjiang District Federation of Returned

Overseas Chinese ······ 104
Chengdu Jinjiang District Red Cross Society ······ 105

## Rule of Law

Politics and Law ······ 106
Law-based Government Enhancement ······ 106
Public Security ······ 107
Procuratorial Work ······ 110
Court of Justice ······ 112
Administration of Justice ······ 113

## Military Affairs

People's Armed Forces ······ 115
Civil Air Defense ······ 116

## Economic Administration

Investment Promotion ······ 117
Government investment project management ······ 119
Finance ······ 124
Tax ······ 125
Audits ······ 126
Statistics ······ 127
Market Inspection and Management ······ 128
Land and Resources Administration ······ 129
Management of Safety Production ······ 130

## Economic Industry

Modern Agriculture ······ 132
Urban Industry ······ 132
Commerce ······ 133
Service Industry ······ 135
Real Estate Industry ······ 135
Construction Industry ······ 136
Financial Industry ······ 137
Tourist Industry ······ 142
Transportation Industry ······ 143
Cultural Creative Industry ······ 143
High and New Technology Industry ······ 144
New Economic Industry ······ 145
Medical and Nursing Industry ······ 146
Human Resource Industry ······ 146

## Industrial Functional Area, State-owned Companies

Chunxi Road Fashion Vitality Zone ······ 147
Bailu Bay New Economic Headquarters Functional Area ······ 149
Jinjiang Area, Jiaozi Park Financial Business District ······ 151
State-owned Companies ······ 152

## Urban Construction

Planning ······ 154
Renovation of the Old City ······ 154
Infrastructure Development ······ 156

## Ecological Environment Construction

Environmental Protection ······ 158
City Appearance and Environmental Governance ······ 160
Water Environment Management ······ 162
Landscaping ······ 162

## Emergency Management

Capacity-building for Emergency Response ······ 164
Disaster Prevention and Relief ······ 164

## Education

Promotion of Education ········ 166
Preschool Education ········ 169
Compulsory Education ········ 169
General High School Education ········ 170
Vocational Education ········ 170
Community Education ········ 171
Special Education ········ 172

## Culture, Social Science and Sports

Culture ········ 173
Local Chronicles ········ 175
Files ········ 176
Social Sciences ········ 177
Sports ········ 177

## Health and Family Planning

Health ········ 179
Family Planning ········ 182

## Social Life

Grassroots Governance ········ 184
Social Charity and Aid ········ 187
Affairs of the Disabled ········ 187
Marriage and Family ········ 189
Funeral Services ········ 189
Employment and Entrepreneurship ········ 190
Social Insurance ········ 192
Health Insurance ········ 193
Elderly Care Services ········ 194
Veterans Affairs ········ 196

## Subdistricts

Chunxi Road Subdistrict ········ 197
Shuyuan Street Subdistrict ········ 198
Jinguanyi Subdistrict ········ 199
Niushikou Subdistrict ········ 200
Donghu Subdistrict ········ 201
Shahe Subdistrict ········ 202
Shizishan Subdistrict ········ 203
Jinhua Road Subdistrict ········ 204
Liujiang Subdistrict ········ 205
Chenglong Road Subdistrict ········ 206
Sansheng Subdistrict ········ 207

## Jinjiang Honor Roll of 2022

Collective honors won by Jinjiang District ········ 208
Retired soldiers from Jinjiang District who won above-city-level commendations and the first and second awards of Chengdu ········ 210

## Statistical Bulletin

Statistical Bulletin of National Economic and Social Development of Jinjiang District, Chengdu in 2022 ··· 217

## Appendix

Positions of leading cadres in Jinjiang District, Chengdu in 2022 ········ 220
Positions of leading cadres in various departments and sub-districts of Jinjiang District, Chengdu in 2022 ········ 221
Distribution of charging stations and communication service outlets in Jinjiang District, Chengdu in 2022 ········ 231

## Index

A-Z ········ 234

# 特 载

# 区委常委会工作报告

## ——在中共成都市锦江区委八届四次全会第一次全体会议上

（2023 年 1 月 6 日）

中共成都市锦江区委书记　陈志勇

2022 年，在以习近平同志为核心的党中央和省委、市委领导下，区委坚持以习近平新时代中国特色社会主义思想为指导，深入学习宣传贯彻中共二十大精神，全面落实习近平总书记对四川及成都工作系列重要指示精神，坚定落实党中央“疫情要防住、经济要稳住、发展要安全”重要要求，全面贯彻省第十二次党代会、市第十四次党代会精神，以建设践行新发展理念的公园城市示范区为统领，统筹疫情防控和经济社会发展，统筹发展和安全，团结带领全区干部群众攻坚克难、奋勇前行，推动“品位锦江 · 幸福城区”各项事业取得新的进展和成效。区委常委会统筹兼顾重点抓了三件大事。

一是深入学习宣传贯彻中共二十大精神和习近平总书记来川视察的重要指示精神，坚定推动党中央和省委、市委的重大决策部署在锦江区落地落实。坚持把迎接和学习宣传贯彻中共二十大精神作为首要政治任务和鲜明工作主线，组织区委理论学习中心组集中专题学习 15 次，开展全覆盖、分众化、互动化宣讲。组建宣讲团，下设 16 个分团。成立基层宣讲小分队 45 个。由区领导率队前往一线，深入新时代文明实践中心、社区、企业、学校、楼宇商圈开展主题宣讲 100 次。区融媒体中心开设专版专栏，全方位、多角度宣传中共二十大精神，引导广大干部群众深刻领悟“两个确立”的决定性意义，坚定贯彻落实习近平总书记来川视察的重要指示精神，坚定用马克思主义中国化时代化最新成果武装头脑、指导实践、推动工作，确保锦江区现代化各项事业始终沿着习近平总书记指引的方向坚定前行。围绕学习宣传贯彻中共二十大精神和省委、市委的全会精神，广泛开展“促发展惠民生防风险”调研实践活动，形成高质量调研成果23篇，主动在服务“国之大者”“省之大计”“市之大事”中找定位、强担当，推动上级各项决策部署落地生根、见行见效。

二是以超常举措应对多重困难挑战，凝心聚力打赢疫情防控攻坚战。改革发展的挑战多、考验大、任务重，面临高温、限电、疫情等多重考验叠加，在市委坚强领导下，在全区上下共同努力下，锦江区经受了困难考验，抵御了风险冲击，保持了经济平稳发展和社会大局稳定。面对“2·20”“4·01”“7·15”“7·22”“8·25”等多轮本土疫情冲击，锦江区坚决贯彻落实习近平总书记关于“人民至上、生命至上”重要指示精神，以战促治，持续提升区域应急管理能力、智慧治理能力和基层动员能力。特别是面对来势凶猛的“8 · 25”疫情，区委坚决扛起疫情防控重大政治责任，在市委、市政府主要领导带头直插一线督导指导下，区领导分片带队组成“内圈工作队”，在“听得见炮声”的地方设立前线指挥部，7323名机关党员干部尽锐出战，主动进入高中风险区，2292名市级单位党员干部下沉一线、日夜奋战，广大白衣天使逆向出征，志愿者向险而行，各方力量迅速集结，只为守护祥和安宁。全力保障市民生活，千方百计保供保医，确保17家重点商超、323家连锁超市、103家社区菜市不闭店不歇业，在全区农贸市场仅剩8家营业的情况下仍然保障了物资供应充足，累计发放蔬菜包41.8万份、中秋慰问礼包9.6万份，确保了市民生活秩序井然和城市运行稳定有序。根据“二十条”“新十条”防控政策，动态优化调整防疫措施，强化老年人、儿童、慢性基础性疾病患者等重点人群防护和救治，全力保障群众就医用药，建成投用2家“平疫结合”的健康驿站、储备1000个床位，全力推进疫苗接种工作，最大程度保障人民生命安全和身体健康。

三是全面推动高质量发展。召开区委常委会（扩大）会议，举办全区领导干部读书班，深入研读和领会《成都建设践行新发展理念的公园城市示范区总体方案》，系统谋划具有支撑性引领性的重大举措。聚焦“三个做优做强”，以建设国际消费中心城市核心区、国际交流交往引领区为抓手，启动春熙路时尚商圈整体策划，春熙路时尚商圈入围全市24个“三个做优做强”示范片区；锚定重点片区和项目集群引领带动作用，策划实施锦江城市会客厅、白鹭湾科技生态园等重点项目133个，持续提升城市核心功能、特色功能、基本功能。聚焦产业“建圈强链”，以建设国家人工智能创新应用先导区为契机，召开产业“建圈强链”推进会、高质量发展都市工业推进会等会议，错位打造三大产业功能区，加强链主企业专项培育、重点领域补链强链、重大项目攻坚会战，“1+3+3”现代产业体系加快构建。聚焦“智慧蓉城”建设，锦江城运中心初步建成，区、街道两级城运平台互联互通，全面推行“三融合、四统一、一平台”网格化智慧治理体系，接入智慧应用场景18个，加快推进城市运行“一网统管”、政务服务“一网通办”、经济运行“一屏统调”、公共服务“一网通享”、社会诉求“一键回应”，城市治理体系和治理能力现代化水平不断提升。

2022年，区委常委会坚持稳中求进工作总基调，紧密结合实际，统筹推进政治、经济、社会、文化、生态文明和中共建设。预计全年地区生产总值1310亿元，增长3%；社会消费品零售总额1344亿元，增长1.5%；服务业增加值1170亿元，增长3.5%；固定资产投资356亿元，增长7.5%；一般公共预算收入94.29亿元，增长5.4%；区级税收79.97亿元，增长6.8%。在2022年赛迪百强区中，锦江区位居全国第66位，较2021年上升3位。

一是千方百计聚人气、促消费。面对多轮疫情冲击，始终坚定信心决心，聚焦做优做强时尚消费引领核心功能，加快建设国际消费中心城市核心区，持续激发消费活力、释放消费潜力。深入实施品牌聚集战略，新引进各类首店97家，举办首秀首发首展和时尚活动17次，消费引领力持续提升。发展夜间经济、周末经济、户外经济，建成春熙路灯市、华兴街桂市等“十二月市”特色街巷4条，升级推出“四潮专线”沉浸式消费场景，精心打造春台市锦、纯阳市集等夜间集市。春熙路商圈成功创建的首批“全国示范智慧商圈”，入选“四川十大产业园区”。围绕春节、国庆等重要时间节点，以“逛春熙、游锦江、品美食”为主题，策划推出“金秋消费季”“国庆欢乐购”等系列促消费活动。推动线上线下消费融合发展。充分发挥“消费券+交子券”拉动作用，政府会同头部平台投入600万元，撬动商家投入补贴8000万元。“交子券”作为全国唯一区县案例，被商务部列入“2022年全国诚信兴商典型案例”。创建“天府旅游名县”，成为“国家全域旅游示范区”和“天府旅游名县”的双料冠军。

二是全力以赴抓项目、促投资。主动服务城市发展战略，聚焦战略政策红利释放，强化项目策划储备、招引促建，新增入库博瑞科创园等101个项目，兴锦·新同缘等25个在建项目提速增效，环贸ICD等37个产业项目竣工投用，天府茂业城、白鹭湾科技生态园等百亿级项目加快成势。强化片区综合开发，盘活中鼎国际二期、华侨凤凰等低效工业用地14万平方米，推动诺迪康药业等40.53万平方米科研用地调整为一类工业用地，全力支持诺迪康、生研所等企业实施工业技改项目，预计完成工业投资20.2亿元。全力以赴助企纾困，落实“区领导+工作专班+街道”分类走访模式，制定锦江区“助企惠企32条”“稳增长45条”“纾困13条”，兑付政策资金2.2亿元，惠及企业5.2万家，新登记市场主体4.5万家。

三是持之以恒抓开放、增活力。主动服务融入新发展格局，加快推进国际城市会客厅等国际交往平台建设，积极参与国际交流合作，深化与重庆市渝中区、南充市高坪区等友好城区协同联动，携手渝中区首创首发“成渝双城核心商圈指数”。大力实施招才引智行动，完善“龙头企业+产业基金+领军人才+招商大使”工作模式，开展“云招商”活动26次、“云洽谈”活动39次，新引进高能级项目131个。其中50亿级制造业项目3个、30亿级服务业项目2个。全年预计外商投资实际到位32亿元，外商直接投资1.75亿美元。外贸进出口额110亿元。新增外资企业248家。深入实施“锦遇良才·筑梦之江”行动计划，引育国家和省市区级专家人才152人、高级职称人才306人、产业人才1.2万人。持续优化营商环境，编制《锦江区“十四五”国际化营商环境建设规划》，开展国家级政务服务标准化项目试点，深入推进“放管服”改革，政务服务事项网上可办率100%，全程网办率96.2%，“最多跑一次”事项达100%。

四是强化宣传思想文化工作。坚持举旗帜、聚民心、育新人、兴文化、展形象，持续增强宣传思想文化工作的针对性、生动性和实效性，为建设“品位锦江·幸福城区”提供坚强思想保证和强大精神力量。牢牢掌握意识形态工作领导权，全面落实意识形态工作责任制，对71家区级部门和街道全覆盖开展意识形态工作督查，加强校园、媒体、互联网等阵地管理，全区意识形态领域保持向上向好态势。深化“锦江融媒”矩阵建设，多维度展示锦江高质量发展新成就。全力做好争创全国文明典范城市工作，建立健全区领导牵头督导、“四个一”常态推进机制，开展“七大攻坚行动”，完成整治提升22个农贸市场，全面提升市民文明素质和城市文明程度。紧扣世界文创名城建设主线，全力推动数字传媒产业发展，培育新华文轩成为全省首个百亿级文创企业，文创产业规模在五城区保持领先地位。全力推进文化传承创新，开展“锦江艺术季”“走基层”文化惠民等活动70次，实施“品锦江”文化品牌建设项目，成功创建为“全省体育产业创新实验区”。

五是精益求精优功能、提品质。坚持生态优先、绿色发展，统筹推进“四大结构”优化调整，持续做美城市形态、做优生态环境、提质城市功能。厚植公园城市生态本底，加快推进华熙528等3个公园城市示范片区建设，锦江体育公园、动感熊猫体育公园建成投运，活水公园、东湖公园提档升级，锦江合江亭至东风大桥段入选全市首批“幸福河湖”。新建小游园6个，建成“回家的路”“上班的路”“上学的路”50条，打造“金角银边”示范点位25个，绿化覆盖率达47.2%，路网密度达8.42千米/平方千米。加快推进城市有机更新，推动三圣花乡站、锦江宾馆站、四川师大站等TOD项目综合开发，实施锦江大道改造提升工程，推进四圣祠、耿家巷、东光片区更新项目，打造“两拆一增”点位80个，完成老旧小区“四位一体”改造项目30个、危旧房棚户区改造项目4个，五福苑小区治理模式获成都市最佳老旧小区改造奖。抓好中央、省环保督察和长江经济带生态环境问题整改，打好污染防治攻坚战，完成71.53万平方米环城生态公园交地和39.66万平方米保留区域耕地复垦复耕工作，持续推进幸福梅林提档升级，实施再生水综合利用工程，有序推进东湖、梅香湖生态修复等水生态治理项目，市级考核断面水质达标率100%，空气质量优良天数达276天。

六是用心用情惠民生、增福祉。认真践行以人民为中心的发展思想，深入推进“幸福美好生活十大工程”，实施教育、医疗、养老等“十大提升计划”，高质量完成36个省市民生项目，入选2022年“赛迪全国幸福百强区”，居全省第1位、全国第12位。创新构建“锦江就业超市”智慧服务体系，汇泉路社区获评“第五批国家级充分就业社区”，城镇登记失业率控制在2.02%，预计城镇居民人均可支配收入同比增长4.5%。推进“五项管理”“双减”落地见效，新建、改扩建学校（幼儿园）12所，新增学位9500个，建成全国首家学前教育博物馆，“双减”工作在全省交流经验，入选全国首批“义务教育优质均衡先行创建区”。大力推进“健康锦江”建设，“五医联动”医疗卫生健康服务体系加快构建，顺利通过“全国基层中医药工作先进单位”复审，“133”智慧养老服务体系和儿童关爱保护体系不断完善，新建社区养老服务综合体4个，未成年人关爱保护示范点位29个，升级打造老年人助餐服务点21个，新打造智慧养老院4个，实现特殊困难老人家庭适老化改造应改尽改。全力攻坚超期过渡安置问题，建成“锦城逸景”二期安置房，完成超期过渡安置1442户5072人，环城生态公园超期过渡人员安置率100%。倾情倾力做好对口支援甘孜州炉霍县工作，实施炉霍县“1314爱情专线”、高原特色蔬菜现代农业产业园等援建项目16个，定点支持简阳市镇金镇13个村集体发展现代农业产业，面积233万平方米。

七是慎终如始保安全、守底线。牢固树立总体国家安全观，积极探索超大城市中心城区治理新路径，以高效能治理保障城市安全、社会安定、市民安宁。加强基层治理能力建设，优化“街道呼·部门应”基层运行机制，有效处置各类呼叫事项12万件，办结率达100%。做细做实“微网实格”，完成“三四一”网格化智慧治理体系改革试点工作，“小牛哥”融入基层治理案例入选“2022年度全国社会治理创新案例”，国企兜底管理94个“三无”院落实践获中国幸福社区范例奖。强化法治宣传教育，创新打造“律司行”品牌，锦官驿、五福桥2个社区通过“全国民主法治示范社区”复核。健全“平安锦江”工作体系，认真履行安全生产党政同责制度，全面开展燃气安全摸排整改“敲门行动”，区领导分片包干，全区各机关党组织和党员8000人下沉小区院落开展敲门摸排工作，确保排查不留盲点、不留死角；全区未发生较大及以上生产安全事故，通过国务院安委会安全生产和消防工作考核巡查，国槐社区获“全国综合减灾示范社区”称号。深化群体性矛盾风险攻坚化解，推进信访“治重化积”、包案接访，区领导一线接访120次，接待来访群众16批159人，带案下访43次，处置各类群体性事件99件147次，稳控率100%。

八是深入推进全面从严治党。全面贯彻新时代党的建设总要求，层层压实管党治党责任，严格执行新形势下党内政治生活若干准则，不断推进政治谈话全覆盖，引导广大党员干部坚定拥护“两个确立”、坚决做到“两个维护”。出台激励“二十条”，鲜明政治过硬、业绩突出、群众公认、清正廉洁用人导向，从招商引资、产业发展、基层治理等一线提拔干部66人、进一步使用15人。深入实施“学在锦江”干部能力提升专项行动，举办“锦江论坛”专题培训、异地专题培训、业务实操辅导34期，调训干部6000人。实施基层党建整体提升工程，推动春熙路、沙河—东湖2条基层党建示范带加速成形，春熙路商圈入选“全省两新组织党建示范商圈”。制定巡察工作五年规划，完成八届区委第一轮巡察，对3个区级部门、3个街道及下辖23个社区开展“政治体检”。常态化开展政治监督，问责履职不力党员领导干部11人，查处曝光违反中央“八项”规定精神案件12件，查处疫情防控责任落实不到位、泄露敏感信息等问题8个。深入推进党风廉政建设和反腐败斗争，给予132人党纪政务处分，移送司法机关9人。聚焦“十大领域”，查处群众身边腐败案件29件，移送司法机关4人。

2022年，区委总揽全局、协调各方，不断加强和改进党委领导方式和执政方式，进一步提高科学决策、民主决策、依法决策水平。支持区人大及其常委会、区政协依法依章程履行职责、区政府依法行政、区纪委（监委）和法检两院依法履职，支持各民主党派基层组织、区工商联和无党派人士履职尽责，支持群团组织有效发挥桥梁纽带作用，加强新的社会阶层人士、港澳台侨及海外等领域统战工作，深入开展民族团结进步创建工作，依法规范管理宗教事务，做好离退休干部服务管理，党管武装工作和国防后备力量建设得到切实加强，“双拥”工作不断深化。

2022年，区委常委会高度重视自身建设，始终以“五个走在前列”的昂扬姿态，充分发挥“把方向、绘蓝图、做决策、保落实”作用，确保现代化建设行稳致远、追赶跨越、形成示范。强化政治建设，在学思践悟、知行合一上走在前列。坚持把深入学习宣传贯彻中共二十大精神和习近平总书记重要讲话精神作为常委会会议第一议题，完整、准确、全面贯彻新发展理念，在对表落实中切实提高政治判断力、政治领悟力、政治执行力。提升能力素养，在改革创新、攻坚克难上走在前列，坚持扑下身子察实情、现场办公解难题、“四不两直”强督导，在经济、科技、生态、金融等领域改革创新，在促发展、重民本、防疫情、护稳定等方面攻坚克难，带动形成唯实唯先、善作善成的工作作风，营造务实进取、创先争优的浓厚氛围。强化宗旨意识，在永葆初心、为民惠民上走在前列，坚持以人民为中心的发展思想，走好新时代线上线下群众路线，深入实施“幸福美好生活十大工程”，用心用情用力解决人民群众急难愁盼问题，切实把发展红利、建设成果转化为人人可感可及的美好体验。强化大局观念，在高效协同、整体联动上走在前列，坚决遵守区委工作规则和常委会议事决策规则，严格落实“三重一大”事项集体决策制度、分工分级负责制度和党政联席会等制度，凝心聚力服务大局，推动各项工作为一域争光、为全市添彩。涵养清风正气，在遵规守纪、严于律己上走在前列，坚持把纪律和规矩挺在前面，认真落实中央“八项”规定及其实施细则精神，驰而不息整治“四风”，带头精文减会、优化调研督查，切实为基层减负松绑，严格遵守廉洁从政各项规定，以实际行动推进党风政风持续好转。

# 政府工作报告

## ——在锦江区第八届人民代表大会第三次会议上

（2023 年 2 月 8 日）

成都市锦江区人民政府区长 缪晓波

2022 年，区政府在市委、市政府和区委领导下，在区人大常委会、区政协的监督支持下，始终坚持以习近平新时代中国特色社会主义思想为指导，深入学习贯彻中共二十大精神和习近平总书记对四川工作的系列重要指示精神，落实党中央、国务院、省委、省政府、市委、市政府和区委各项决策部署，团结依靠干部群众，履行政府职能，完成区八届人大一次会议确定的主要目标任务。

锦江区面对 5 轮本土疫情、高温限电、消费持续不振等情况，落实“疫情要防住、经济要稳住、发展要安全”重大要求，保障社会大局平安稳定、主要经济指标稳中有进、高质量发展态势持续向好。地区生产总值 1304.2 亿元，同比增长 2.8%；服务业增加值 1169.97 亿元，同比增长 2.6%；固定资产投资 356.27 亿元，同比增长 7.6%；社会消费品零售总额 1314.1 亿元，同比增长 -0.8%；城镇居民人均可支配收入 57629 元，同比增长 4.1%；一般公共预算收入 94.29 亿元，同口径增长 5.4%，其中区级税收 79.97 亿元，同口径增长 6.9%。多项主要经济指标居成都市 5 个中心城区前列，社会消费品零售总额连续 19 年居全市第 1 位。在 2022 年“赛迪百强区”中位列全国第 66 位，在 2021 年前进 3 位的基础上再次前进 3 位，是 2018 年榜单发布以来的最高位次；在“赛迪幸福百强区”中位列全国第 12 位、西部地区第 1 位。

### 一、全面落实区委决策部署，“品位锦江·幸福城区”扎实推进

#### （一）区域经济实力持续增强

“一二三三”空间功能布局逐步成型。春熙路时尚商圈“一个极核”继续引领，经济贡献占比保持在 55% 以上，“四潮专线”沿线新增全球首店 2 家、各类首店 97 家；呈现“十二月市”特色街巷 4 条；“交子券”作为全国唯一区县级地方政府案例入选商务部 2022 年全国“诚信兴商典型案例”；首发“成渝双城核心商圈指数”，春熙路商圈成功创建全国首批示范智慧商圈。东大街、锦秀绿道 2 条轴线建设提速，高标准规划建设东大街国际消费动力轴六大片区，完成投资 19.2 亿元；高标准编制锦秀绿道都市文旅活力轴规划方案，沿线包装策划重点项目 51 个，总投资 200 亿元。锦江、沙河、环城“三条生态带”品质提升，东湖风景区创建为省级水利风景区，环城生态公园拆迁交地 71.53 万平方米。春熙路、白鹭湾、交子公园三大功能区提能增效。春熙路时尚活力区规划“一核五区”功能布局，梳理重点片区项目集群 28 个、总投资 478 亿元；白鹭湾新经济总部功能区推动 5 宗土地上市，建成投用产业载体 21 万平方米。锦江大道示范段改造完成，入选住建部、工信部“智慧城市基础设施与智能网联汽车协同发展试点项目”。联合中国联通、蜀道集团等头部企业成立智能网联研究院。交子公园金融商务区（锦江片区）出让土地 10.2 万平方米，落地高能级企业 5 家，全年投资 8 亿元。

“1+3+3”现代产业体系不断优化。人工智能创新应用主引领作用不断显现，三大主导产业和三大特色产业活力涌现。现代商贸业转型提升，通过互联网实现的零售额同比增长超 90%，现代商贸业营收增长 1.5%。新兴金融业持续增长，新增深南科技等四板挂牌企业 17 家，新兴金融业营收增长 8%。数字传媒业稳步增长，新增数字传媒类企业 150 家，数字传媒业营收增长 8.5%。都市工业提质增效，引进川投新能源总部等高能级工业项目 45 个，德诚珠宝西南总部和香港金贵祥珠宝黄金交易中心进驻梨花街“七宝市”，都市工业营收增长 10%。都市医养业快速增长，加快推进德胜智慧医疗产业大厦等 16 个产业化项目建设，都市医养业营收增长 14.2%。都市文旅业承压发展，编制“一廊七景一地”锦江旅游总体规划，创建为“天府旅游名县”，成为全省 6 个“国家全域旅游示范区”和“天府旅游名县”双料冠军之一。

市场主体持续健康发展。新增市场主体 4.51 万家。其中“四上”企业新增 107 家，高新技术企业达 266 家。“五级培育”企业茁壮成长，四川锦欣集团公司通过股权并

购，康养业务规模翻倍；延长壳牌营收突破100亿元；成都生研所、核工业西南院、电信五所营收分别突破50亿元、30亿元、10亿元，发展为行业龙头企业；引进云天励飞等“专精特新”企业9家，新增营收破1000万元的高成长性创新企业20家。招商引资“三问”机制成效显现，实际到位内资206亿元，外商投资32亿元；对外直接投资1.75亿美元，完成进度居成都市5个中心城区第1位。楼宇经济“四率”持续提升，楼宇入驻率、入区率、入库率、纳税率同比提高0.7%、1.54%、1.42%、6.96%；税收亿元楼宇26幢，新增税收5000万元楼宇3幢。

（二）城市功能品质不断提升

城市规划高标准编制。优化城市设计引导控规调整和业态更新，高标准编制锦江区未来公园社区总体规划和白鹭湾科技生态园等片区城市设计，高水准完成梅林东片区等项目控规调整。

城市建设高品质推进。基础设施加快补齐，启动三圣综合体等公建配套设施项目27个，建成洪柳东综合体等项目10个；公园体系加快建设，春熙路商圈“城市森林”高质量呈现，新增“回家的路”“上班的路”“上学的路”50条。

城市更新高站位推动。优化城市更新领导小组架构，推动743个无专业物业小区和94个“三无”院落实现物业全覆盖，完成30个老旧小区“四位一体”改造，完成29个农贸市场基础硬件设施提升改造项目。

城市管理高效能实施。“三四一”网格化智慧治理体系改革完成试点任务，划分微网格4217个，配备微网格长（员）7268人，“微网实格”治理架构基本形成；“智慧锦江”城市运行平台建成区级事件枢纽，与“12345”热线、“大联动·微治理”“数字城管”平台对接，实现城市运行动态感知目标。

（三）改革创新成效逐步显现

目标考核导向鲜明。推行“拼经济、占大头的目标考核机制，街道、部门、国企经济指标权重分别提升16.6个百分点、17个百分点、13个百分点；推行“多劳多得”的税收分成机制，街道招引企业新增全口径税收达2021年的2.7倍，新增区级税收同比增长65%。

财政投融资体系运行良好。推进以项目为牵引的财政投融资体系建设，推出三批次政府性投资项目240个，同比增长54.84%；总投资406.89亿元，同比增长72.16%。争取对上补助资金4.47亿元，同比增长10.6%；争取债券资金12.08亿元，同比增长125%。

国企改革取得突破。国有资产加速壮大，锦发展集团公司资产规模增至1248亿元，居全省行政区国企规模前列，获AAA级国内信用评级、惠誉BBB-国际信用主体评级；专业能力稳步提升，锦发展集团公司与珠海华发、五冶集团等企业合作开发项目13个；融资能力不断增强，新增融资213.31亿元，融资综合成本同比下降0.1个百分点。

营商环境持续优化。举办“区长咖啡”活动27次，为196家企业解决诉求问题406个；出台“助企惠企32条”“稳增长45条”“纾困13条”，兑付政策资金2.2亿元，惠及企业5.2万家；国家级政务服务标准化试点工作通过验收。

创新要素加速集聚。绘制“锦江人才地图”，引进产业人才1.2万人，协同引进重大校企合作项目10个；“四上”企业研发投入28亿元，同比增长29.2%；技术合同成交额127亿元，居成都市5个中心城区第2位。

（四）民生福祉水平显著增进

社会保障坚实有力。就业保障更精准，聚焦高校毕业生、农民工、退役军人、城镇困难人员“四类重点群体”构建“锦江就业超市”服务体系，城镇登记失业率降低至2.02%；住房保障更扎实，筹集保障性租赁住房4936套，商品房销售123.5万平方米，同比增长17.7%，是成都市5个中心城区中唯一增长城区；社会救助更便捷，标准化助推困难群体救助体系建设入选中国标准化工作典型案例；对口帮扶更有效，启动实施川西北高原特色蔬菜现代农业产业园等援建项目16个；社保医保更普惠，城乡居民养老保险待遇享受覆盖率达100%；依法做好退役军人保障，打造退役军人就业创业基地，提供各类岗位5300个。

公共服务优质均衡。医疗、医保、医药、医养、医惠“五医联动”医疗服务体系便民高效，11家二级乙等以上医院开通“网上看病、在线买药、送药上门”便民服务；一个智慧养老平台、三类养老供给服务、三种养老需求服务“133”养老服务体系更加完善，建成社区养老服务综合体4个，完成空巢独居老人家庭智慧物联设备安装2200户；学校教育、家庭教育、社区教育“三教融合”教育服务体系扩容提质，建成学前教育博物馆，通过“全国义务教育优质均衡发展区”省级督导评估。

文明理念融入生活。市场环境更加诚信守法，培育“放心舒心消费示范单位”9家；人文环境更加健康向上，“小牛哥”快递物流行业融入基层治理案例入选“2022年度全国社会治理创新案例”；生活环境更加舒适宜居，新增全民健身场地5万平方米，锦江体育公园、动感熊猫体育公园建成开放。

（五）社会平安大局和谐稳定

疫情防线持续守严。全力战胜前所未遇的5轮本土疫情，保障群众身体健康和生命安全；开发“电子哨兵”等五大智慧防疫应用场景，坚持“不加码、不走样”落实防控方案，快速恢复生产生活秩序。

安全底线全面筑牢。持续深化“平安锦江”工作体系，将每周暗访曝光机制推广到11个街道，生产安全事故亡人控制数居全市第1位，获“全市应急管理、安全生产和消防安全工作担当作为先进集体”称号；“迎峰度夏”期间，被市委、市政府评为“应对极端灾害天气能源电力保供工作突出贡献集体”；道路交通安全事故亡人数同比下降48.9%，降幅居全市第1位；有力守护重要会议期间社会大局和谐稳定，专项维稳工作得到市委、市政府的充分肯定。

生态红线绝不失守。推动央督、省督反馈问题整改销号工作和长江经济带整改任务，空气质量综合指数居成都市5个中心城区第2位，全区3个市级考核断面水质达标率100%；油烟噪声投诉量同比减少45.9%，生活垃圾、医废垃圾、危险废物无害化处理率100%；启动50个入河排口视频监控系统等智慧监管设备布点安装项目。第三轮省督案件总数较第二轮下降50%。

耕地红线寸土不让。动真碰硬推进“大棚房”问题专项清理整治行动，完成环城生态公园保留改造区域耕地复垦复耕任务，遏制“撂荒”和“非粮化”现象。

## 二、主动接受各方监督，“民主监督·依法行政”生动实践

（一）依法接受人大监督

区政府坚持将人民代表建议和人大监督作为开展工作的重要方向和强大动力，及时回应、认真办理收集到的157条人民代表建议，按时办结率100%、满意率100%。

攻坚超期过渡安置问题。主动邀请区人大常委会重点监督超期过渡安置问题，以攻坚克难的决心魄力，完成超期过渡安置任务，安置1442户5072人，环城生态公园超期过渡人员安置率100%。

突破“锦二区”学位不足问题。针对市、区人大代表关于“锦二区”学位不足的意见建议，通过将二类住宅用地调规后异地新建龙王庙正街小学，结束该校“院坝小学”历史，学校面积扩大1.78倍，新增学位1800个。梅林东片区配套小学等4所学校用地面积扩大3.8万平方米，为未来教育留足发展空间。

改善华西附二院锦江院区交通拥堵问题。就区人民代表多次反映的华西附二院片区拥堵问题，通过紫檀街单向行驶、院区停车区即停即走改造、规划3个停车场、协调周边小区共享停车位等方式，缓解院区周边交通拥堵状况。同时编制三圣花乡片区4个重点拥堵区域交通组织优化方案。

统筹推进“老旧小区”改造。采纳区人民代表关于老旧小区改造并有机利用的建议，计划用三年时间改造184个老旧小区。已完成30个老旧小区改造任务，惠及1.1万个居民家庭。同时将老旧小区改造为青年创新创业公寓，预计提供474套2.3万平方米房源，每月平均租金低于1500元。

（二）主动接受政协监督

区政府坚持将政协提案作为重要的任务来源和智慧源泉，深入学习、认真办理收集到的199件政协委员提案，按时办结率100%、满意率100%。

有效激活攀成钢商圈。吸纳区政协委员对攀成钢商圈定位和激活的建议，推动多个商业项目提速建设，成都环贸广场开业，文华广场入驻率88%，环球汇商业项目1号楼结构封顶，商圈活力逐渐显现。

支持“专精特新”企业发展。就区政协委员对“金融支持‘专精特新’企业发展”的建议，“锦易贷”为8家“专精特新”企业和1933家中小微企业融资18.79亿元。

完善“交子券”机制。结合区政协委员对完善交子券机制促消费倍增的建议，以“交子空间”平台建设为抓手，推动交子券信用机制社会化、市场化并促进消费倍增。春熙路商圈入选“全国首批智慧商圈”，在全国项目评选中名列前茅。

（三）积极接受司法监督

区政府坚持把“府院联动”“府检联动”作为推进法治政府建设的重要抓手，支持区法院改善办公用房，会同区检察院推进行政争议实质性化解，办理防范电信诈骗、打击非法金融放贷、保护隐私权等司法建议4条，办理长江经济带生态环境保护、电动车消防安全、雨污混排等检察建议51条。

星汇广场历史遗留问题取得突破。区政府和区法院成立企业破产处置府院联动机制领导小组，推动停工四年的星汇广场项目建设，为全省“长期未结破产案件化解”提供经验。

网约房行业管理更加规范。根据区检察院发出的工作提醒和专业

分析，将网约房等文娱旅游服务业态管理作为社区治理的重要内容，编制《网约短租房管理规范指引》，系统整治重点楼宇重复投诉等问题。朗御大厦在2022年第三轮省督中实现“零投诉”目标。

（四）广泛接受群众监督

区政府坚持用心回应群众诉求，让公权力始终为老百姓服务。

做好群众信访答复工作。全年处理群众信访事项3293件，及时受理率100%，按期办结率100%，群众满意率98.8%，“治重化积”重复信访事项综合化解率100%，获“四川省信访工作先进集体”称号。

做好“12345”热线办理工作。受理市委书记信箱案件2715件、市长信箱案件1.01万件、“12345”热线反馈案件17万件，及时回复率100%、群众满意率95.2%。

做好网络舆情回应工作。办理网上信访案件2003件、人民网网民留言案件1186件、“麻辣社区”网民留言案件1379件、“问政四川”网民留言案件2497件，及时回应并妥善处置网络舆情。

## 三、持续加强自身建设，“民之所盼·政之所向”务实有为

（一）为民服务法治水平切实增强

全过程依法决策。制定《重大经济事项决策规定实施细则》，建立覆盖重大经济事项提出、论证、审查、研究、决定、出台政策的全流程制度。

全方位依法执法。建立执法队伍动态管理台账，梳理整治群众身边“可视”“有感”腐败和作风问题210个。

全层级依法办事。行政机关负责人出庭率100%，被诉案件总数为五城区最少；区政府和区政府系统各单位法律顾问工作机制全覆盖，创新建立司法所参与街道合法性审查工作机制。

全社会依法普法。组织开展各类法治宣传教育活动984次，水井坊社区、五福桥社区获“全国民主法治示范社区”称号。

（二）为民服务效能作风务实改进

攻坚精神充分展现。长期想办难办而未办的“三无”院落物业服务、农贸市场系统整治、社区日间照料中心供给不足等难题得以推动解决，多年停滞的红照壁地块和攀成钢商圈重点项目取得突破性进展。

干事效率持续提升。持续深化“红白榜”制度，贯彻落实“精文减会”要求，以区政府、区政府办名义的发文数量同比减少15%，以区政府常务会议套开各类会议27次。

终端问效切实加强。坚持以“每周督查”“每月调度”压茬推进重点工作，优化完善区政府系统督查督办机制，全年跟踪督办事项2600件。

（三）为民服务廉洁底线扎实筑牢

严抓党风廉政。压实区政府领导班子成员党风廉政建设和反腐败工作主体责任，支持区纪委、区监委立案查处政府系统各类作风和腐败案件51件。

严控财政支出。“三公”经费等一般性支出在年初预算基础上进一步压减30%，民生支出占一般公共预算支出比重保持在70%左右。

严格审计监督。各单位审计监督制度全覆盖，推动审计监督结果与纪检监察、巡察督察、组织人事共享机制建设。

同时，国防动员有序有力，连续6年获“成都市征兵先进单位”称号。民兵预备役工作取得实效，在基干民兵军事训练大比武中排名全市前列。民族宗教工作提质创优，汇泉路社区创建为“四川省社区级铸牢中华民族共同体意识教育基地”；职工权益有力保障，新就业形态劳动者建会入会工作走在全省前列；青年工作扎实开展，“青年之家”服务青年人才8000人次；妇女儿童关爱落实到位，成立女职工劳动维权联调中心，创建儿童友好社区22个；科普工作开创新局，编制全民科学素质行动规划纲要实施方案，创建为“全国科普示范区”；为侨服务再上台阶，建成中国侨联新侨创新创业基地，支持侨资项目华侨凤凰都市工业创新港加快建设；残疾人事业优质发展，“星空里”辅助性就业基地得到市政协主要领导肯定，并在全市推广；红十字事业稳步发展，举办成德眉资红十字志愿服务联盟成立大会；商会工作细致周到，打造区“商事商会调解中心”服务工作平台；机关事务保障到位，党政机关办公用房权属统一登记工作走在全市前列。

### 锦江区调度元旦节期间重点工作专题会召开

1月4日，锦江区召开调度元旦节期间重点工作专题会。区委书记陈志勇出席会议并讲话。区委副书记、区政府区长缪晓波主持会议。部分街道办事处负责人汇报节日期间重点工作。会议通报旅游、消费、疫情防控等情况，提出“防疫情、抓项目、惠民生”的要求。

# 专 记

## 对口支援甘孜州炉霍县

【概况】2022年，锦江区募集社会帮扶资金315万元，按2021年区级财政收入的5‰拨付援助资金2141万元，追加标准外财政资金568万元，支持甘孜州炉霍县（以下简称炉霍县）实施干部人才公寓、“文化活动周”等项目，完成7类16个援建项目建设任务。民生产业项目使用资金的占比达95.28%。落实主要领导对接会商联席会议制度，两地党政一把手交流互访4次，出席联席会议3次、活动2次。区委常委会会议和区政府常务会专题研究对口支援工作各1次。召开其他专题会、对接协商会4次。编制第六批对口支援工作队干部人才“传帮带”工作实施方案，采取“一带一”和“一带多”的方式，安排第六批33名对口支援干部人才结对帮带40名炉霍县干部人才，参与炉霍县党建引领基层治理、宗教治理、办学治校等工作。组织区级部门27家、街道办事处11家、学校19家、医院3家、企业20家、社会组织2家开展结对帮扶工作，与炉霍县24家县级部门、15个乡镇、18家学校、4家医院建立结对帮扶关系，开展爱心捐赠、招商引资、文化交流、以购代帮等活动43次。省民政厅向民政部推荐锦江区“飞地＋众筹”公益慈善项目，参加民政部举办的第十二届“中华慈善奖”评选表彰活动，成为候选对象。区委统战部获“2021年度巩固拓展脱贫攻坚成果同乡村振兴有效衔接工作突出单位”“成都市对口支援十周年先进集体”称号。

**表1　2022年成都市锦江区第六批对口支援炉霍县工作队干部人才情况表**

| 序号 | 姓名 | 性别 | 派出单位和职务 | 挂职单位及职务 |
|---|---|---|---|---|
| 1 | 胡　军 | 男 | 锦官驿街道党工委委员、街道人大工委主任，二级调研员 | 对口支援工作队领队，炉霍县县委常委、县政府副县长 |
| 2 | 孙红松 | 男 | 锦江区退役军人局党组成员、副局长 | 中共炉霍县委办公室副主任 |
| 3 | 刘　云 | 男 | 中共锦江区委办公室法制科负责人 | 炉霍县政府办公室副主任 |
| 4 | 郑孝恒 | 男 | 锦江区牛市口街道办事处综合办公室主任 | 中共炉霍县委组织部副部长 |
| 5 | 向　杨 | 男 | 锦江区社保局机关事业保险科科长 | 炉霍县发改局副局长 |
| 6 | 高俊国 | 男 | 锦江区财政局债务管理科二级主任科员 | 炉霍县财政局副局长 |
| 7 | 陈鑫杨 | 男 | 中共锦江区委党校社会组织培训科科长 | 炉霍县经济信息和商务合作局副局长 |
| 8 | 刘斌誉 | 男 | 锦江区审计局社保与企业审计科科长 | 炉霍县新都镇党委副书记 |

续表 1

| 序号 | 姓名 | 性别 | 派出单位和职务 | 挂职单位及职务 |
|---|---|---|---|---|
| 9 | 马永成 | 男 | 锦江区锦华路街道办事处便民服务中心服务部负责人、三级主任科员 | 炉霍县雅德乡党委副书记 |
| 10 | 臧 涛 | 男 | 锦江区三圣街道办事处综合办公室二级主任科员 | 炉霍县虾拉沱镇党委副书记 |
| 11 | 孙赤睿 | 男 | 锦江区柳江街道办事处四级调研员 | 炉霍县水利局副局长 |
| 12 | 赵 奎 | 男 | 锦江区规自局征地事务中心信访办公室副主任、机关党委副书记 | 炉霍县自然资源局副局长 |
| 13 | 刘旭刚 | 男 | 锦江区住建交局四级主任科员 | 炉霍县交通运输局副局长 |
| 14 | 王富强 | 男 | 锦江区成龙路街道办事处便民服务中心工作人员 | 炉霍县市政管理所副所长 |
| 15 | 邓 超 | 男 | 锦江区新经济和科技局办公室工作人员 | 炉霍县经济合作和电商物流服务中心副主任 |
| 16 | 周 屹 | 女 | 成都肛肠专科医院肛肠科副主任、主治医师 | 炉霍县人民医院副院长 |
| 17 | 陈小朝 | 男 | 成都肛肠专科医院副院长，副主任医师 | 炉霍县人民医院副院长 |
| 18 | 李艳羽 | 女 | 成都肛肠专科医院肛肠科主治医师、副主任医师 | 炉霍县藏医医院副院长 |
| 19 | 邓维东 | 男 | 四川友谊医院护士长、主管护师 | 炉霍县藏医医院副院长 |
| 20 | 陈 南 | 女 | 锦江妇幼保健院产房护士长，主管护师 | 炉霍县卫生健康局副局长 |
| 21 | 黄丹琼 | 女 | 盐道街小学锦馨分校语文教师 | 炉霍县牧区寄宿制小学教务处副主任 |
| 22 | 龚红阳 | 男 | 锦江实验学校音乐教师 | 炉霍县牧区寄宿制小学德育处副主任 |
| 23 | 余建国 | 男 | 成都市天涯石小学逸景分校职工 | 炉霍县新都小学总务处副主任 |
| 24 | 欧阳海 | 男 | 四川师范大学附属中学外国语学校 | 炉霍县中学教务处副主任 |
| 25 | 曾昭玲 | 女 | 四川师范大学附属中学 | 炉霍县中学教务处副主任 |
| 26 | 刘高原 | 男 | 成都市第十七中学 | 炉霍县中学教师 |
| 27 | 刘 瞳 | 男 | 成都市第三中学 | 炉霍县中学德育处副主任 |
| 28 | 谢玉军 | 男 | 成都市田家炳中学 | 炉霍县中学第一届玉锦班班主任 |
| 29 | 姚 玲 | 女 | 锦江区教育科学研究院附属中学 | 炉霍县中学教师 |
| 30 | 张国斌 | 男 | 成都市七中育才学校 | 炉霍县教育和体育局副局长 |
| 31 | 张明富 | 男 | 成都市现代职业技术学校 | 炉霍县新都小学教务处副主任 |
| 32 | 杨 静 | 女 | 成都市娇子小学 | 炉霍县牧区寄宿制小学教师 |
| 33 | 叶 静 | 女 | 成都市锦江区教育科学研究院附属小学 | 炉霍县新都小学德育处副主任 |

**【全域帮扶】** 锦江区商会、协会、民主党派、科研单位、企业响应全域帮扶号召，参与对口帮扶工作。组织五冶集团公司、荣新集团公司、刘家花园餐饮有限公司、成都三千米甜蜂业有限公司等行业领先企业和四川泌尿外科医院、成都市乡村旅游商协会到炉霍县考察，为炉霍县引进邛崃市黑虎蓝海公司，动员正信光电、和泰嘉盛投资、锦华汽车、保利汽车等10家民营企业到炉霍县投资兴业。募集270万元社会资金和价值100万元的援助物资。

**【农牧产业发展援助】** 锦江区发挥地域比较优势，帮助炉霍县农业、畜牧业、加工产业"强链补链"，开拓市场。引进邛崃市黑虎蓝海公司，与炉霍县国有平台公司签署投资协议。协议投资金额3亿元，共同组建四川圣洁康源生态农业发展有限公司，择高原现代农业飞地产业园B区建设高标准设施农业蔬菜产业园。投资4000万元，建成蔬菜大棚100个，产出高原大番茄，产值750万元。产品销往成都、重庆、浙江等地。投入帮扶资金400万元，支持甘孜州牦牛产业集群炉霍产业园改造设备，帮助园区酪蛋白产品出口韩国，惠及农牧民3000户，每户平均增收4800元，实现“一年双翻番”目标。投入1000万元，支持炉霍县在鲜水河、泥曲河的河谷地带改造低效林，建设经济林栽培基地。对接省农科院、省林科院、省中医院等科研机构，帮助炉霍县开发雪域俄色茶饮料、中药饮片等产品，择春熙路、太古里商业街区等地开展展销活动，推介“雪域俄色”品牌。

锦江区为炉霍县引进的黑虎蓝海农业产业基地项目　（摄于2022年 区委统战部提供）

**【返贫救助机制建立】** 锦江区帮助炉霍县构建返贫救助机制，发动参加结对帮扶活动的企业、街道办事处、民主党派基层组织、商会、协会开展“回头看、回头帮”工作，开展以购代帮等活动，帮扶41个村。锦江区第六批对口支援炉霍县工作队会同炉霍县各部门开展走访活动，监测脱贫不稳定户、边缘易致贫户、突发严重困难户191户857人。发动爱心人士开展“送温暖行动”。动员企业接收炉霍县的务工人员，举办招聘会，提供就业岗位109个，帮助20名炉霍县务工人员就业。

**【社会事业发展援助】** 锦江区采取组团式、校对校、院对院方式，开展送医送教、跟岗学习、教学指导、巡回义诊等活动，帮助炉霍县推动社会事业发展。在炉霍县各医院带岗操作示范221次，开设医疗卫生学术讲座12次，指导炉霍县各医院完成手术200次，点评病例2500个。

**【人才培训工程实施】** 锦江区继续实施“十百千人才培训工程”，编制炉霍县干部人才年度培训计划，安排炉霍县干部人才到4个区级部门、7家医院、4家学校挂职锻炼。开展医护人员业务培训36次，培训炉霍县医护人员750人。开展特色教学活动10次，为炉霍县培训教育人才200人。

**【基层治理提升行动实施】** 锦江区构建“1+4+N”党建帮扶模式，在炉霍县瓦达村实施以党员教育、产业发展、基层治理、群众服务等为一体的民族地区综合性党建示范项目，帮助炉霍县提升党建引领基层治理的水平。“1+4+N”是指以加强党组织建设和激发党组织活力为核心，搭建党支部、合作社、企业、农户四方联动平台，培育多个特色党建品牌。锦江区携手炉霍县开展“文化进社区、进乡村”等活动24次，帮助炉霍县弘扬社会主义核心价值观，激发农牧民参与乡村振兴的积极性。

**【锦炉爱心防返贫基金】** 锦江区追加标准外财政资金100万元，与炉霍县共同设立锦炉爱心返贫救助基金。6月，锦江区社会各界募捐帮扶资金210万元，注入锦炉爱心返贫救助基金，资助因病因灾返贫群众和困难学生。防返贫救助基金使用资金130万元，救助炉霍县困难群众119人。

**【“飞地＋众筹”模式创新】** 锦江区持续利用“飞地＋众筹”产业帮扶模式，推动炉霍县经济发展。为炉霍县41个重点帮扶村选聘荣誉村长，为炉霍县产业发展筹人、筹资、筹智，推动乡村产业振兴工作。荣誉村长为炉霍县募集产业帮扶资金50万元，帮助炉霍县开辟销售渠道10个，销售文创产品、农副产品，销售额500万元。会同盛煌农业公司开创“飞地＋共享”模式，利用公司运营的炉霍县飞地产业园区修建共享大棚20个。探索个人定制式农业模式，实施“飞地＋商业租赁”“飞地＋代建代管”等项目。

**【文化赋能乡村振兴】** 锦江区借助“云端上的艺术馆”平台优势，以文化赋能乡村振兴。采取“艺术＋”和“＋艺术”方式，发掘炉霍县乡土文化资源，带动炉霍县乡村建设。邀请40名艺术家到炉霍县采风创作。在成都第三大街美术馆举办“云端上的艺术馆·天空的装饰者”赋能乡村振兴——锦江区对口支援炉霍县十周年国家级非遗郎卡杰唐卡艺术展。在太古里商业街区、春熙路、红星路步行商业街广场举办“鲜水首城·锦绣炉霍——文化交流周”暨招商引资推介会。活动期间，展示霍尔古舞、炉霍山歌、唐卡艺术等文化元素，展销雪域俄色茶、青稞面、霍尔番茄、郎卡杰唐卡等特色产品。锦江区70家企业派出代表参加活动。

锦江区援建的瓦达民宿项目 （摄于2022年 区委统战部提供）

【文化旅游产业发展援助】锦江区投入1150万元，支持炉霍县新都一村、新都二村、瓦达旅游新村以及“交纳最美藏寨”“塔瓦星空帐篷”2个旅游点位完善旅游设施，帮助瓦达、宗塔、交纳3个景区创建国家AAA级旅游景区。借鉴“1314爱情专线”成功经验，投入250万元，支持炉霍县建设“1314”网红打卡点，帮助炉霍县发展文化旅游产业。

（廖若男、赵文敬）

## 对口支援成都市简阳市

【概况】2022年，锦江区根据国家乡村振兴战略部署，落实对口帮扶资金200万元，推进“同心桑梓·锦绣阳光”携手行动和“百企兴百村”行动，发动区级部门、街道办事处以及社会各界力量，持续对口支援成都市简阳市（以下简称简阳市）城市建设、产业发展、社会事业发展、基层治理。

【基础设施援建】锦江区投入帮扶资金30万元，实施贵平寺河沿线路灯项目，在贵平寺河沿线安装路灯设备104套。投入帮扶资金20万元，实施贵平寺河绿化项目，实施贵平寺河周边绿化改造项目，安装休息凳，为居民提供休闲场所。投入帮扶资金26.35万元，为简阳市镇金社区九组的85个农村家庭安装自来水设备。

【富民产业发展援助】锦江区按照区委“支持简阳市富民产业发展”的部署，投入帮扶资金5万元，聘请专业机构为简阳市南山坳村检测土壤质量，为种植业发展夯实基础。投入帮扶资金118.65万元，为简阳市镇金镇13个村（社区）共同成立的四川绿晨聚源农业发展有限公司购买机械设备。四川绿晨聚源农业发展有限公司利用帮扶资金263万元，在红庙山村、黄家厅村、镇金社区、南山坳村种植水稻、小麦、大豆、蔬菜，种植面积233万平方米。组织专家团队和成都OST传媒公司到简阳市涌泉镇凉塘村开展科技兴农工作，考察小龙虾养殖基地、大耳羊养殖基地、鼓楼生态家庭农场，在基础设施建设、农业前沿技术等领域提供智力支持。为简阳市引进四川金安特农业股份有限公司，促成企业与简阳市镇金镇政府签署建立种子科研创新基地及粥用米深加工中心战略合作协议。

【学校结对帮扶】锦江区协调成都师范学校附属小学校华润分校与简阳市镇金镇小学校建立结对帮扶关系。成都师范学校附属小学校华润分校的3名干部和2名骨干教师托管镇金镇小学校。

【就业帮扶】锦江区在简阳市镇金镇举办现场招聘会。参加招聘会的15家企业提供暖通技术员、生产操作工、保洁主管、接待员等岗位686个。现场发放宣传资料1000份，为800名求职者提供就业咨询服务，有61名求职者与招聘企业达成就业意向。

【“同心桑梓·锦绣阳光”携手行动】锦江区11个街道办事处在简阳市镇金镇开展“强村带弱村”活动，帮扶简阳市镇金镇的省级重点帮扶村和9个市级重点提升村。成龙路街道办事处组织党员到红庙山村开展支部活动，出资3000元为村民购买口罩等防疫物资和书籍。春熙路街道总府路社区、书院街街道五昭路社区、成龙路街道华新社区、三圣街道海棠社区组织干部职工到简阳市镇金镇帮扶重点村调研，慰问困难党员家庭5个，发送价值1000元的慰问品。各街道干部职工购买价值5万元的山羊肉、鸡肉。区委统战部到牌坊村慰问6个困难家庭，发送价值3000元的慰问品。

【“百企兴百村”行动】锦江区各街道办事处动员企业以产业投资、岗位提供、商贸流通、资源开发、智力支持、公益捐赠、农产品消费等方式支持简阳市乡村振兴。三圣街道办事处动员四川奥新锦能新能源科技有限公司购买干家沟村价值1万元的农副产品，东湖街道办事处协调基准方中建筑设计股份有限公司购买南山坳村饲养的跑山鸡，成龙路街道协调四川中烟工业有限责任公司调研赵家社区路灯项目。成都星巴克咖啡有限公司募集26207.8元，为简阳市老龙乡九年义务教育学校安装篮球场设备和安防设施。

【民主党派帮扶】民盟锦江区总支部向简阳市镇金镇捐赠防返贫爱心资金31.5万元。提供帮扶资金10.5万元，按每个家庭2500元标准，向42个脱贫家庭发放帮扶金。与简阳市镇金镇初级中学签署爱心助学协议，向学校捐赠助学金1.5万元。开展定点帮扶捐赠活动，按每人每年5000元标准，定向捐助简阳市中学校2名贫困学生。向简阳市中学校捐赠口罩1万个。向简阳市镇金镇小学校捐赠价值3.6万元的运动服、书包。区政协常委龚明向简阳市老龙乡九年义务教育学校捐赠图书251册。

（廖若男、赵文敬）

## 陈志勇调研对口支援工作 参加对口支援工推进会

6月15日，区委书记、区对口支援甘孜州炉霍县领导小组组长陈志勇到炉霍县高原现代农业产业园、高原现代林业产业园、干酪素厂、和瓦达村、布麦贡村考察对口帮扶工作，听取“1314爱情线”网红打卡点、新村民宿、教育联区等援建项目推进情况汇报，慰问对口支援的干部人才。6月16日，锦江区和炉霍县共同召开2022年对口支援工作推进会。会议在炉霍县召开，同步举行锦江区支援炉霍县资金捐赠仪式，向炉霍县捐赠专业技术人才公寓建设项目资金、爱心慈善基金、农牧民住房受灾防止返贫救助基金、锦炉爱心助学基金和乡村振兴产业发展资金。陈志勇指出，要继续弘扬脱贫攻坚精神，持续巩固脱贫攻坚成果，接续推进乡村振兴，构建产业互补、人员互动、技术互学、观念互通、作风互鉴、发展共赢的对口支援新格局，携手共同富裕。

2022年6月16日，锦江区·炉霍县2022年对口支援工推进会在炉霍县召开　（区融媒体中心提供）

# 大事记

## 1月

**1日** “爱成都·迎大运——夜游锦江”街头艺术展演活动在东门市井街区、三圣花乡广场、Cosmo天廊广场、“1314爱情专线”邂逅广场等点位同步启动，举办吉他弹唱、手鼓表演、琵琶古筝合奏、乐队演出等街头文艺活动，营造出浓厚的新年氛围，满足广大市民群众的精神文化生活。

**7日** “幸福成都·美在文明”成都市志愿服务展示交流活动暨友善公益园开园仪式在锦江区东部副中心市政景观公园举行，发布园区IP主题形象设计方案，倡导以熊猫IP传播志愿者精神，向入选2021年成都市“四个十佳”志愿服务先进典型的锦江区“魅力总府有你有我”春熙商圈志愿联盟、四川（北京同仁堂）大药房有限公司、锦江区关爱团志愿服务队队员曾和陶以及入选2021年成都市新时代文明实践精品范例的锦江区翡翠城社区新时代文明实践站“一家园帮帮团”等8个案例实施单位颁奖。

**8日** 地处锦江区攀成钢商圈的永辉超市锦江区文华广场店开业，经营商品种类达2万种。

**10日** 国家发展改革委社会发展司发布首批55个国家级旅游休闲街区公示名单，建街历史达到98年的锦江区春熙路入选。媒体作出“春熙路街区是成都的颜值担当”的评价。

**14日** 区委八届二次全体会议暨经济工作会议召开。区委书记陈志勇代表区委常委会作工作汇报。会议总2021年经济工作，安排2022年工作。

**19日** “成都文化四季风·民俗闹春”系列活动暨2022年锦江区“我们的节日·春节”送文化下乡——文化惠民志愿服务活动在三圣街道花乡农居广场启动，表演锣鼓、舞龙、舞狮等传统节目。

**21日** 锦江区“小企业·大未来”2022年第1期“区长咖啡”活动举办，邀请新冠疫情期间不裁员降薪的10家中小企业和为中小企业提供金融服务的银行参加活动，与参加活动的企业和银行代表讨论“疫情下如何为中小企业纾困解难”话题，提出人才招聘、疫情防控、城市建设等方面的建议。

**24日** 锦江区“温暖过冬·幸福过节”交子券发放仪式在梓潼街39号舞东风超市举行。设主会场和10个分会场，每个街道的舞东风超市分店设爱心专柜，向567名特殊困难群众每人发放价值100元的交子券。

**26日** 锦江区“干净迎新年、温暖回家路——青春志愿·爱在锦江”志愿服务活动在成都城东客运中心举办，组织青年志愿者为旅客提供服务，协助车站开展清洁卫生、咨询引导、疫情防控等工作，向返乡务工人员赠送春联。

**27日** 以“品位锦江 千年烟火·乐享成都 幸福城区”为主题的锦江区“嗨购春熙十二月——新春消费季”活动启动暨成都十二月市博物馆开馆仪式举行，发布交子券春节期间促消费系列活动，在成都十二月市博物馆播放创意动画视频节目《千年烟火·雅集拾锦》，演出舞蹈剧《十二望春》。媒体称“锦江区再现宋代十二月市是传承古代市集文化，新植现代商业理念的举措，是文化赋能经济的成功案例，营造了新场景、新消费、新机遇，体现了推门就是美好生活的愿景”。

## 2月

3日 《夜游锦江 非遗文创市集年味十足》《锦江河畔年味浓 生态人文和谐相融》2档节目在中央电视台《早间新闻》栏目和《晚间新闻》栏目播出，展示锦江区迭代升级的游玩业态、游河路线以及汉服游船秀、水上剧本杀、古彩戏法等“夜游锦江”项目3.0版本。

10日 锦江区携手喜马拉雅、成广喜马2家公司联合出品的《美好生活·云听锦江》电台，自2021年12月23日上线50天，播放量突破100万次，成为锦江区新的旅游名片。

15日 锦江区元宵节游乐会在春熙路商圈那里广场启动，在春熙路中山广场、红星路步行街广场、那里广场设打卡点位和传统民俗活动展示体验区，举办赏花灯、游乐会、猜灯谜等民俗活动，演出《桐叶传情》等穿越情景剧。

15日 锦江区红十字会第五次会员代表大会召开，聘请区委书记陈志勇和区委副书记、区政府区长缪晓波为名誉会长，选举万科为会长、张笛为常务副会长，大会审议通过《锦江区红十字会第四届理事会工作报告》《锦江区红十字事业发展规划纲要（2021—2025年）》。

16日 锦江区燃气安全大检查工作启动。街道办事处干部和派出所民警会同成都燃气集团公司、成都液化气公司的专业人员到院落、楼宇、餐饮店铺、学校、幼儿园、单位食堂、居民家庭开展入户排查整治工作，讲解用气安全方法，发送“燃气安全明白卡”，与居民和商家签订安全用气告知书。

18日 融入大熊猫、火锅、川剧变脸等成都文化元素的乐高品牌中国西部城市首店在成都太古里商业街区开业，为成都注入“娱乐式零售”新概念，呈现时尚品牌与文化元素共融的特色，成为网红打卡点。

25日 采取“线上＋线下”同步方式的“千年交子·数币锦江”2022锦江区跨时代出行数字人民币主题活动启动，彰显“开启纸币历史的千年‘交子’和开创未来的数字人民币完美结合”理念，引导市民了解交子文化和数字人民币。参加活动的市民达13万人。

## 3月

18日 锦江区集中开工重大项目21个，总投资190亿元。

25日 成都市深化快递物流业党建工作现场会暨表扬“蓉城先锋·最美骑手”大会在锦江区东湖公园艺术展演中心召开，省现代物流发展促进会、省供应链服务行业协会、市物流协会和中国邮政、顺丰速运、京东等13家物流行业协会和企业派出代表出席会议，现场启动成都市深入推进党建引领快递物流业参与社区治理、社会综合治理双线融合项目。

25日 成都市第31届世界大学生夏季运动会锦江赛区决战决胜誓师大会召开。

26日 成都许燎源现代设计艺术博物馆获“全国版权示范单位”称号。

27日 锦江区发动志愿者和学生，开展大运会场馆美化活动，以彩绘方式美化射击场馆和游泳场馆周边配电箱体，营造“人民城市人民建、人民城市人民管、人民城市人民爱”的全民参与氛围，成为锦江区“我为大运添光彩——最靓箱柜”评选活动的系列活动之一。

28日 “品位锦江·幸福城区”锦江区2022年招商引智推介会暨一季度重点项目签约仪式在成都交子公园举行，介绍“再造一个春熙路商圈，再建一个产业锦江”的发展目标以及产业人才招引举措，发布《2022年锦江区投资指南》和锦江区招商引智产业地图，邀请40家企业参加活动。

29日 区工商业联合会第七次代表大会召开。审议区工商联第六届执行委员会工作报告，选举产生区工商联(总商会)第七届常务委员、区工商联（区总商会）第七届领导班子成员。

29日 区委八届三次全体会议召开。会议审议《锦江政党代表会议工作建议方案》。

29日 锦江区春熙路时尚活力区入选“四川十大产业园区”。

29日 市城乡社区发展治理委员会公布2021年成都市“幸福生活·美好社区”微更新项目竞赛活动获奖名单。锦江区“晨晖社区爱乐园”“第三大街社区美术馆”2个项目分获一等奖、三等奖。

## 4月

1日 中共锦江区代表会议召开，选举14名锦江区出席中国共产党成都市第十四次代表大会代表。

2日 区委人才工作会议召开，

作出“学习贯彻中共十九届六中全会精神和习近平总书记关于新时代人才工作的重要论述精神，落实中央和省委、市委人才工作会议部署，实施人才引领发展战略，争创全省人才工作先行区”的部署。

**5日** 锦江区与农业银行成都分行共同举办“浓情相伴·邂逅锦江”数字人民币主题活动。

**8日** 市委城乡社区发展治理委员会、市体育局表彰市级“示范社区运动角”获奖项目。锦江区成龙路街道“国槐社区运动角”获一等奖，三圣街道“洪柳东运动角”获二等奖，锦华路街道“柳江社区运动角”获三等奖。

**11日** 区科协第四次代表大会召开，审议通过《奋进新征程、抢抓新机遇、建功新时代——为高质量建设品位锦江·幸福城区贡献智慧和力量》的工作报告以及会议决议，审议通过《实施〈中国科学技术协会章程〉细则的实施意见》，选举产生第四届委员会成员。

**12日** 区总工会第四届六次全委会召开。

**21日** “送政策、送服务、解难题”锦江区2022年第三期“区长咖啡”活动举办，应邀参加活动的10家企业针对《锦江区贯彻落实成都市〈支持市场主体健康发展促进经济稳定增长政策措施〉的实施办法》及锦江区“1+3+3”产业政策体系建设提出意见和建议。

**27日** 锦江区印发《贯彻落实成都市〈支持市场主体健康发展促进经济稳定增长政策措施〉的实施办法》，出台32条扶持政策。

## 5月

**5日** 锦江区春熙路街道总府路社区入选全国学雷锋志愿服务“四个100”先进典型名单，获“最美志愿服务社区”称号。

**5日** 位于锦江区汇泉南路459号的成都市文化馆向社会开放。

**10日** 区政府、成都生物制品研究所、核工业西南勘察设计研究院、电信科学技术第五研究所共同举行十亿级效益科研机构签约仪式，开启锦江区“科创育未来”产业升级模式。

**13日** “赢在成都——数字文创有温度”青年创业沙龙活动在桉树林创客空间举办，四川师范大学、成都东门市井文化旅游有限公司、成都校元传媒科技有限公司、字节跳动内容合作创新创作空间的代表参加活动，分享数字科技助力、绘画数创产品开发、匠人孵化等内容。

**19日** 成都市特色商业街协会发布首期30条商业街的“烟火指数”，锦江区远洋太古里商业街入选“成都市最具烟火气街区”，华熙528街区入选“成都市最具特色烟火街区”。

**20日** 新鸿基地产、恒兆基业地产联合开发的成都环球贸易广场开业，是锦江区攀成钢商圈开业的第一个大型购物中心。

**20日** 锦江区“锦遇良缘”第二届集体婚礼颁证仪式暨数字人民币主题活动启动。

**30日** 成都市第三幼儿园打造的学前教育博物馆开馆，内设“中国风”“树基源”“三幼潮”“儿童乐”“未来兴”5个场馆，陈列学前教育百年变迁的文物。

## 6月

**1日** 位于锦江区成龙大道一段1416号的四川大学华西第二医院锦江院区第二住院大楼启用，成为西南地区首家植入“艺术设计疗愈”理念的花园式公立医院，体现关爱生命的人文情怀。

**7日** 成都市“党建引领律司行·同筑平安幸福区”党建品牌发布会活动在锦江区举办，发布锦江区党员律师志愿者品牌“律司行”，向首批“律司行”党建驿站授牌，向党员志愿者代表颁发证书。区司法局、成都市律师协会锦江分会、锦官驿街道办事处签订三方协议，共同推动“律司行”品牌建设。

**14日** “万企同行 职等你来”锦江区百日万企高校毕业生招聘活动举办。

**15日** 锦江区三圣街道喜树路社区职工之家、成龙路街道枫树社区OST网络营销员职工之家、牛市口街道“小牛哥·刹一脚”爱心智慧驿站成为四川省工会新就业形态劳动者建会入会工作现场推进会的观摩点位，接待参会代表。

**16日** 锦江区·炉霍县2022年对口支援工作推进会召开，同步举行锦江区支持炉霍县资金捐赠仪式，向炉霍县捐赠专业技术人才公寓建设资金、农牧民住房受灾防止返贫救助资金、产业发展资金。

**17日** 锦江区“领导干部上讲台大课堂暨人工智能创新应用”专题培训班开班，为参训干部讲授人工智能的定义与内涵、规律和趋势等内容。

**18日** 锦江区“赋能建圈强链助力产业发展”人才招聘会举办，提供就业岗位400个。

18日　锦江区“十二月市·扇市”在红星路步行商业街时代百盛广场开市。现场设置文创商品市集，融合讲座、小型音乐会、街头文化表演等活动，同步推出“春熙达人锦江GO”的2.0版本，启动与高德地图、曹操出行、T3出行3家企业联合举办的线上“暑期游”交子券活动。

24日　市委组织部牵头的“喜迎二十大寻找党员好榜样”故事会展播活动在锦江区举办。成都平原片区的区（市）县委组织部党员教育中心负责人和巡讲队伍代表参加活动，以情景剧、舞蹈、诗歌朗诵等形式宣传“小牛哥先锋车手”志愿服务队先进事迹和“全国抗击新冠肺炎疫情先进个人”获得者、“感动中国”候选人、“全国劳动模范”获得者、“全国优秀共产党员”获得者的先进事迹。

24日　市金融局、区直机关工委、区金融局、中商银行成都春熙支行联合举办的“笃行不怠担使命踔厉奋发新征程”主题党日活动在工商银行交子金融教育示范基地启动。活动以革命歌曲为载体，回顾百年党史和中国金融发展历程，弘扬爱国精神。

28日　区政协联合成龙路街道华新社区开展的“读习语 诵经典”阅读活动在方所太古里旗舰店揭幕，参加活动的中共党员诵读《习近平用典》等书籍。

29日　锦江区和大邑县推进产业“建圈强链”暨助力区域招商引智合作协议签约仪式举行，共同推动产业生态圈建设、产业协作发展、公共服务和人才交流等领域合作。

30日　“政企校携手发力护航大学生就业”锦江区2022年第五期“区长咖啡”活动举办。成都八角沃克文化传媒有限公司等10家企业派出代表参加活动，交流人力资源产业园建设等内容。

30日　“喜迎二十大 奋进新征程”锦江之夜——2022年锦江区市民音乐厅庆七一交响音乐会在成都市妇女儿童中心举办，演奏《说句心里话》《映山红》等曲目。

## 7月

2日　区总工会“夏季送清凉”活动启动，向医护人员、公安民警、环卫工人、建筑工人、新闻工作者发送“夏季清凉礼包”。

2日　位于春熙路步行商业街的京东新百货全国首店开业。

3日　市妇联、区政府主办的“同筑幸福之家·童享锦江未来——蓉城幸福家·儿童友好义集”活动在华熙528广场举办，区妇联承办活动，各学校学生表演情景剧、舞蹈等节目，向7家企业颁发“儿童友好企业”奖牌，向5个家庭颁发“最美家庭”证书。

8日　拉夫劳伦之家西南首店在太古里商业街区开业，是国内首家纯粹美式、复古风的Double RL精品店，提供沉浸式数字购物体验服务。

12日　锦江区三圣花乡旅游景区成为成都市近零碳排放景区试点区域，沙河街道塔子山社区成为成都市近零碳排放社区试点单位。

20日　区政府印发《锦江区贯彻落实成都市〈增强发展韧性稳住经济增长若干政策〉的实施办法》，出台政策45条。

22日　成都市首个优秀社区创业指导服务中心在锦江区三圣街道喜树路社区挂牌，是锦江区采取政府主导、市场主体、街道共建方式，依托社区党群服务中心打造的就业创业服务综合体，集公共就业服务、创新创业孵化、职业技能培训三大功能于一体。

26日　“向往的生活在成都”2022最成都生活美学新场景发布暨暑期游启动仪式在锦江区“山上文明里”举行，推介“心选美食”“心选好宿”“心选好游”“心选好购”“新选运动”5个主题和100个涉及吃、住、行、购、娱的新场景。

27日　中国城区经济高质量发展研究报告发布，锦江区名列迪赛全国百强区66位，较2021年上升3位，是锦江区连续第五年入选迪赛全国百强区。

29日　区政府与四川省投资集团公司战略合作协议签约仪式举行，锦华路街道办事处与四川川投新能源有限公司同场签订投资服务协议。

## 8月

9日　中国邮政旗下的熊猫邮局暑袜街旗舰店试运营，融合晚清至民国时期的成都邮政文化元素和大熊猫文化元素，成为特色文创品牌。

11日　“小牛哥”党员榜样分享会活动在牛市口街道“小牛哥刹一脚”爱心智慧驿站举办，为全国文明城市创建工作助力。

18日　“品位锦江·畅耍夏夜”2022第三届成都夜间经济交流发展大会暨“锦江八月YE”消夏爽购节在红星路步行商业街广场揭幕，《成都夜间经济发展报告》发布，夜食、夜购、夜娱、夜读、夜宿系列促消费活动以线上线下同步的方式启动，塑造品牌化、差异化夜间消费场景。

18日 以“公园美学新场景·都市田园新体验”为主题的锦江亲子文旅生活季活动在三圣花乡旅游景区的天际线露营地启动，发布“都市生活、魅力锦江”“诗意田园浪漫锦江”“多元碰撞、活力锦江”3条文旅线路，推出芙蓉国粹川剧秀、动感熊猫运动公园等消费场景，发送价值100万元的交子券，成都香格里拉大酒店、三只小蜜蜂乐园同步开展路演活动。

18日 “成渝地·巴蜀情——成德眉资”文旅交流联动暨2022“成都文化四季风·音乐消夏”集中示范活动在三圣街道“喜乐荟”揭幕，省、市、区的文化馆和区文体旅局、区志愿服务总队、区文化馆志愿服务队共同承办活动，是“文化惠民·艺术共享”2022年锦江区“蓉城艺夏——全民艺术普及月”系列活动之一。

## 9月

2日 工商银行锦江支行开通“流动汽车银行”，方便群众在疫情期间办理存款和取款业务。

23日 省文化和旅游厅公布第四批天府旅游名县名单，锦江区入选。

23日 锦江区创建全国科普示范区工作通过省级验收。

28日 锦江区在人民南路二段、蜀都大道、一环路、红星路、顺江路等13条主干道的灯杆悬挂国旗，营造国庆节氛围。

28日 锦江区校外艺术类培训机构联合组建志愿服务队，下设爱心帮扶、物资配送、采样服务、文明劝导、义务巡逻5个分队，协助社区开展防疫工作。

29日 市委宣传部、市精神文明建设办公室、市委社治委公布100个“无疫社区”创建单位推荐名单，锦江区总府路社区等6个社区入选。

30日 位于仁恒置地广场的茑屋西南首店开业，集书店、咖啡店、文创店于一体。

## 10月

1日 “夜游锦江”项目更新，活水公园至天府熊猫塔游船航线以及升级版“火锅巴士”游线、星巴克移动咖啡车线路开通，“花灯夜游”“潮玩集市”等体验活动在合江亭、东门大桥等码头举办，“十二月市·兰桂酒市”开市。

11日 锦江区推进“成渝地区双城经济圈”建设工作座谈会召开，听取区发改局负责人汇报锦江区产业“建圈强链”情况和融入“成渝地区双城经济圈”工作情况，听取成都雨前科技有限公司汇报“关于推进锦江区产业‘建圈强链’的调查与思考”和“锦江区深度融入‘成渝地区双城经济圈’的路径研究”2个课题的调研情况。

12日 区政协“笔墨同心 喜迎二十大”书画展揭幕，《锦江赋》《锦绣炉霍》等作品40件展出。

12日 锦江区与四川省农业科学院工作座谈会召开，交流农资市场片区有机更新、现代农业科技经济区建设、对口援建等合作事宜。

13日 区政协面向社会征集八届二次会议提案线索活动启动，是区政协提案贴近民生、汇聚民意、集中民智的工作创新。

16日 区委、区人大常委会、区政府、区政协的班子成员集中收看中共二十大开幕会电视实况节目。

19日 四川省市场监督局受国家标准化委员会委托，组织专家验收组到锦江区政务服务中心，从“综合一窗”标准化改革、“互联网+”智慧政务、标准化管理运行机制、标准化服务“好差评”机制四个方面考核验收国家级第六批社会管理和公共服务综合标准化试点项目，锦江区通过考核验收。

25日 锦江区传达学习中共二十大精神大会召开，传达中共二十大报告精神、十九届中央纪委工作报告精神、党章修正案精神以及省市传达学习中共二十大精神的会议精神。

26日 区政府八届一次全体会议召开，学习中共二十大精神，传达省委工作会议和省政府十二届十次全会精神、市委工作会议和市政府十三届九次全会精神，传达区委工作会议精神，审议《关于2022年1—9月疫情防控和经济社会发展情况的报告》讨论稿，各副区长部署分管工作。

## 11月

3日 位于成都远洋太古里商业街区的路易威登餐厅开业，是路易威登品牌在中国的首家餐厅。

4日 区八届人大二次会议开幕，应到人民代表256人，实到226人，听取区政府1—9月疫情防控和经济社会发展情况报告，表决通过《锦江区人民代表大会八届二次会议选举办法》草案，讨论第八届区人大常委会主任候选人名单，推选总监票人、监票人。

**4日** 区政府与汇丰人寿保险有限公司、汇丰保险经纪有限公司签署投资合作协议，引进2家企业的省级分支机构。

**4日** 锦江区“品位锦江·幸福城区”主题展园获“公园城市·花漾蓉城”2022年成都花展最佳效果金奖、最佳匠心金奖、最佳创意金奖。

**5日** 锦江区“建设都市精品型天府旅游名县，推动经济社会高质量发展”在新华网主办的第九届文化和旅游融合发展与创新论坛活动中入选“文化和旅游新发展典型案例”。锦江区获“2022年文化和旅游高质量发展先进单位”称号。

**6日** 锦江区“深入挖掘交子文化，创新呈现诚信消费体系”在商务部举办的第五届中国国际进口博览会活动中入选“诚信兴商典型案例”。

**9日** 区政协应用型智库和参政议政人才库建成，首批纳入27名行业领军人才和专家学者。

**10日** 四川省文化和旅游发展大会宣布第四批“天府旅游名县”名单，锦江区入选。

**11日** 锦江区和甘孜州炉霍县共同主办的“鲜水首城·锦绣炉霍”文化交流暨招商引资推介会召开。“鲜水首城·锦绣炉霍——文化交流周”活动在春熙路步行商业街同步启动。霍尔古舞、炉霍山歌、唐卡等艺术展示活动在成都远洋太古里商业街区举办。

**16日** 锦江区“强国复兴有我”系列活动之“翰墨锦江·丹心颂党”学习宣传贯彻中共二十大精神书法篆刻作品展在成都市文化馆举办，展出作品100件。

**16日** “初心永恒不负荣光”2022年度锦江区“最美退役军人”“最美拥军人物”“最美军嫂”“情系国防好家庭”发布仪式举行。

**18日** 锦江区高质量发展都市工业·推进全市制造强市建设大会召开，传达成都市推进制造强市建设大会精神，作出“以‘建圈强链’理念加快发展都市工业”的部署。

**20日** 市政府办公厅通报表彰2021年度经济社会发展重点工作担当作为先进区（市）县。锦江区获“成都市国际消费中心城市建设先进区”称号。

**22日** 位于三色路333号、总投资10亿元、占地2.75万平方米的锦江区白鹭湾数字新经济科创园项目动工。

**23日** 锦江区第六届“濯锦工匠”命名大会在成都交子公园召开，发布《锦江区“濯锦工匠”礼遇服务十条政策措施实施办法》，向65名“濯锦工匠”获得者颁发证书和奖杯。

**25日** 锦江区选送11个社区参加成都市“公园城市·花惠万家”社区花园创建评选活动。沙河街道静康社区获一等奖，成龙路街道卓锦城社区、书院街街道庆云社区获二等奖，锦官驿街道交子社区、大慈寺社区和锦华路街道柳江社区获三等奖，其他参评社区获优秀奖。

**26日** 锦江区“创新消费供给，做强商圈极核，聚力打造国际消费中心城市核心区”在中国城市产业发展论坛活动中入选“产业高质量发展创新案例”。

## 12月

**2日** 锦江区现代农业招商引智推介活动暨重大项目集中签约仪式在第八届四川农业博览会现场举行。区公园城市局、省农业科学院农业资源与环境研究所签署合作协议。

**3日** 四川省专精特新中小企业名单发布。锦江区选送的成都蓉奥科技有限公司等12家企业进入名单。

**4日** 锦江区入选“赛迪投资竞争力百强区”。

**5日** 锦江区入选“全国县域经济百强区”。

**6日** 锦江区第五届“民间河长”聘任仪式举行，向10名河长颁发聘书。

**9日** 第十九届成都国际美食节暨“锦上添花”锦江区“川味暖冬”市井文化节在东门市井商业街启动，推出“晒太阳·啖三花”茶饮集市，“围炉煮茶”成为网红打卡消费项目。

**10日** 锦江区春熙路商圈入选“全国示范智慧商圈”，位于红星路步行商业街的成都国际金融中心入选“全国示范智慧商店”。

**12日** “活力商圈·渝加繁荣——成渝双城核心商圈指数”发布活动在锦江区举办。世邦魏理仕公司发布指数和重庆市解放碑—朝天门商圈、成都市春熙路商圈6个创新探索项目。

**14日** 为期五天的“魅力天府·云裳成都——成都时装周”活动在锦江区红星路步行商业街广场启动，每日一个主题。即“天府之魅”“传承之美”“经典之色”“崛起之力”“未来之裳”。活动期间，举办成都时尚产业论坛、项目对接会、品牌发布会、设计师作品秀等12次活动以及6次快闪创意活动。活动由市政府主办，区政府、成都时尚产业协会承办，采取线上线下同步方式开展。

**16日** “锦江艺术季——诗琴

画韵”大型晚会在锦江区开心麻花剧场举办。以“礼赞新时代 奋进新征程”为主题，以交响乐演奏、诗歌朗诵、歌曲演唱、舞蹈表演等方式展示“锦江春色”“锦城丝管”“锦江放歌”“锦绣河山”四大篇章，穿插书画名家作品展。活动由区委宣传部、区文体旅局主办，区文联、四川当代油画院承办。

**20日** 区政府八届二次全体会议召开，学习贯彻中共二十大精神、中央经济工作会议精神、省委十二届二次全会精神，总结区政府2022年工作，部署2023年工作。

**25日** 区政协八届二次全体会议开幕，应到政协委员258人，实到214人，审议通过会议议程，听取区政协常委会工作报告、提案工作报告，区政府区长说明政府工作报告的编制情况及主要内容。

**26日** 区政协八届二次会议闭幕，应到政协委员258人，实到209人，审议通过会议决议和提案审查报告，表彰2022年政协工作先进集体、先进个人。

**26日** 全国人工智能与数字化转型产才融合发展高峰论坛暨数字化转型与人工智能产业人才基地建设启动仪式在锦江区“元宇宙”线上会议平台举办，开展“人工智能与数字化人才赋能产业数字化与企业数字化转型”演讲活动，向上汽集团公司培训中心等首批7家产业人才基地授牌，宣布启动2023年首届全国智能化人才发展大会筹备工作。

（龙倩妤）

## 锦江区“诗情画韵”大型晚会

12月16日，锦江区在开心麻花剧场举办“诗情画韵”大型晚会。活动以“礼赞新时代 奋进新征程”为主题，分为4个篇章。分别是《锦江春色》《锦城丝管》《锦江放歌》《锦绣河山》。活动采取交响乐演奏、诗歌朗诵、电子显示屏播放、网络直播的方式，线下线上同步展示锦江之美、城市之美，展现锦江区经济社会高质量发展成果和人文风貌。成都交响乐团到场演奏《成都》《太阳出来喜洋洋》《红旗颂》等经典曲目，穿插展出马一平、高小华、梁时民、许燎源等艺术家的130件美术作品。

2022年12月16日，成都市锦江区“诗琴画韵”大型晚会举办　　（区融媒体中心提供）

# 区情概览

## 政区设置

【概况】2022年，锦江区位于成都市区东南部，区域面积62平方千米。东与成都市成华区交界，东南与成都市龙泉驿区相连，南与成都市双流区毗邻，西与成都市武侯区隔河相望，西北与成都市青羊区接壤，北与青羊区、成华区相连。北面另以华星路为界，与成华区隔河相望。辖春熙路、书院街、锦官驿、牛市口、东湖、沙河、狮子山、锦华路、柳江、成龙路、三圣11个街道，下设76个社区。

【建置沿革】锦江区范围设治于秦惠文王后元十一年（前314年），为蜀郡附郭县。唐贞观十七年（643年），成都县析置蜀县。唐乾元元年（758年），更名华阳，隶剑南道成都府。前后蜀时期，隶益州成都府。两宋，隶成都府路成都府。元代，隶四川等处行中书省。明洪武九年（1376年），隶四川布政使司。清康熙九年（1670年），并归成都县。清雍正五年（1727年），恢复县治。清嘉庆年间，改隶成都府成绵龙茂道。清光绪年间，为川西道治下。1914年，改隶西川道。1928年，城区部分并入市区。1929年，省辖华阳。1937—1938年，县署外迁牛市口、琉璃场。1950年，华阳县改设成都市第一区，辖城区东南部。1953年，成都市第一区更名东城区，治东桂街、汪家拐街、状元街、东辕门、西御街、江南馆街、东糠市街、东丁字街、贵州馆街、天涯石北街、书院西街、梓潼桥街、总府街、南暑袜街、王家坝街、锐钯街16个街道。1990年12月30日，裁撤东城区，属地大部分并金牛区三圣、琉璃场2个乡划设锦江区，治62平方千米，辖人民南路、东丁字街、盐市口、春熙路、王家坝街、梓潼桥正街、和平街、天涯石北街、东糠市街、锐钯街、莲花池街、芷泉街、均隆街、伴仙街、东风南路、牛市口、沙河堡、琉璃、高店子19个街道和琉璃场、三圣2个乡。1991年1月，成立中共锦江区委、锦江区人民政府，驻书院南街47号。1993年，琉璃场乡更名琉璃乡。2001年9—11月，撤销人民南路、青石桥、王家坝、梓潼桥正街、和平街、天涯石北街、东糠市街、锐钯街、芷泉街、均隆街、伴仙街、东风南路12个街道建置，改设督院街、盐市口、春熙路、书院街、合江亭、水井坊、牛市口、龙舟路、双桂路、莲新、沙河、东光、狮子山13个街道，保留琉璃、高店子2个街道。2004年12月，撤销琉璃、三圣2个乡和琉璃、高店子2个街道建置，琉璃乡和琉璃街道属地分设柳江街道、成龙路街道，三圣乡和高店子街道属地局部划出，大部分区域改设三圣街道。辖街道16个。2005年，撤村并组，设城市社区46个，重组自然村16个。区委、区政府迁至南三环路二段1号。2017年，改设82个社区和7个筹备社区。2019年12月，调整街道建置，改设11个街道76个社区。其中督院街、盐市口2个街道撤销，主体并入春熙路街道；原属春熙路街道的华兴街片区划入书院街街道。合江亭、水井坊2个街道撤销，大部分属地合并，设置锦官驿街道；原属合江亭街道的部分区域划入春熙路街道。东光街道撤销，设东湖街道。龙舟路、双桂路、莲新3个街道撤销，属地分别划入牛市口街道和东湖街道。柳江街道部分区域划出，设锦华路街道。保留春熙路、书院街、牛市口、沙河、狮子山、柳江、成龙路、三圣8个街道建置。

**【政区勘界】** 锦江区东部区域的书院街、锦官驿、牛市口、沙河、成龙路5个街道以新华桥、三槐树路、迎晖路、双桂路为界，分别与成华区的猛追湾街道、双桥子街道、万年场街道、保和街道毗邻。东南部区域的成龙路、三圣2个街道以驿都大道为界，与龙泉驿区大面街道相连。南部区域的三圣、柳江2个街道以成都绕城高速公路、大安桥路外延为界，与高新区中和街道、天府新区新兴街道接壤。西北区域的春熙路、书院街2个街道以南大街、红照壁街、人民南路一段、东御街、人民中路一段、大有巷、顺城大街、提督街、太升南路、玉沙路为界，与青羊区太升路街道、草市街街道、西御街街道、汪家拐街道交界。西部区域的春熙路、锦官驿、牛市口、东湖、锦华路、柳江6个街道以国华街、翠柳湾路、科创路、翠风路、河滨路、顺江路为界，隔锦江与高新区桂溪街道、火车南站街道以及武侯区跳伞塔街道、致民路街道、小天竺街道相望。北部区域的书院街街道以红星路一段为界，与青羊区太升路街道交界。北部区域的书院街街道经红星路一段、红星桥，与成华区猛追湾街道相连。局部区域以华星路为界，与成华区猛追湾街道隔河相望。

**【社区设置】** 锦江区春熙路街道设督院街、总府路、盐市口、盐道街4个社区。书院街街道设福字街、庆云、五昭路、华兴街4个社区。锦官驿街道设崇德里、合江亭、大慈寺、交子、点将台、水井坊6个社区。牛市口街道设水碾河路南、华成路、九眼桥、莲桂西路、得胜街、一心桥、莲花、锦东、紫东、龙舟10个社区。东湖街道设观音桥、东怡、永兴、石牛堰、河滨、翡翠城、锦华7个社区。沙河街道设沙河、静康、塔子山、牛沙路、五福桥、汇泉路、双桂路7个社区。锦华路街道设琉璃、柳江、金象花园、凯天、晨辉、皇经、经天7个社区。柳江街道设锦阳、锦逸、锦馨、棬子树、包江桥、祝国寺6个社区。成龙路街道设华新、水杉、卓锦城、国槐、香樟、皇经楼、蓝谷地、粮丰、枫树9个社区。三圣街道设幸福、红砂、驸马、万福、江家堰、大安桥、喜树路、栀子街、白桦林路、海棠路10个社区。

**表2　2022年成都市锦江区社区勘界情况表**

| 序号 | 社区 | 面积（平方千米） | 勘界 | 所属街道 |
|---|---|---|---|---|
| 1 | 督院街社区 | 0.56 | 东至红星路四段，南至锦兴路，西至顺城大街、大业路，北至东大街上东大街段、东大街城守东大街段 | 春熙路街道 |
| 2 | 总府路社区 | 0.69 | 东至红星路三段，南至东大街上东大街段、东大街城守东大街段，西至顺城大街，北至提督街、蜀都大道总府路 | 春熙路街道 |
| 3 | 盐市口社区 | 0.55 | 东至顺城大街、大业路，南至新光华街，西至东华门街、天府广场东、人民南路一段，北至大有巷 | 春熙路街道 |
| 4 | 盐道街社区 | 0.65 | 东至红星路四段，南至锦江，西至上南大街、中南大街、下南大街，北至红照壁街、新光华街、锦兴路 | 春熙路街道 |
| 5 | 福字街社区 | 0.36 | 东至锦江，南至蜀都大道大慈寺路，西至红星路二段，北至武成大街 | 书院街街道 |

续表 2

| 序号 | 社区 | 面积（平方千米） | 勘界 | 所属街道 |
|---|---|---|---|---|
| 6 | 庆云社区 | 0.37 | 东至锦江，南至武成大街，西至红星路二段，北至三槐树路 | 书院街街道 |
| 7 | 五昭路社区 | 0.44 | 东至锦江，南至三槐树路，西至红星路一段，北至锦江 | 书院街街道 |
| 8 | 华兴街社区 | 0.63 | 东至红星路二段，南至蜀都大道总府路，西至冻青树街、暑袜北一街、暑袜北二街，北至玉沙路 | 书院街街道 |
| 9 | 崇德里社区 | 0.36 | 东至义学巷、耿家巷、下莲池街、东南里，南至锦江、红石柱横街，西至红星路四段，北至东大街下东大街段、拱背桥街 | 锦官驿街道 |
| 10 | 合江亭社区 | 0.29 | 东至锦江，南至锦江、拱背桥街，西至义学巷、耿家巷、下莲池街、东南里，北至东大街下东大街段、红石柱横街 | 锦官驿街道 |
| 11 | 大慈寺社区 | 0.49 | 东至锦江，南至东大街下东大街段，西至红星路三段，北至蜀都大道大慈寺路 | 锦官驿街道 |
| 12 | 交子社区 | 0.23 | 东至点将台街、较场坝中街，南至东大街芷泉段、东大街紫东楼段，西至锦江，北至蜀都大道东风路 | 锦官驿街道 |
| 13 | 点将台社区 | 0.30 | 东至一环路东四段，南至东大街紫东楼段、东大街牛王庙段，西至点将台街、较场坝中街，北至蜀都大道东风路 | 锦官驿街道 |
| 14 | 水井坊社区 | 0.53 | 东至一环路东五段，南至锦江，西至锦江，北至东大街芷泉段、东大街紫东楼段、东大街牛王庙段 | 锦官驿街道 |
| 15 | 水碾河路南社区 | 0.41 | 东至一心桥横街、水碾河南路、宏济中路、宏济上路，南至锦东路，西至一环路东四段、一环路东五段，北至蜀都大道水碾河路 | 牛市口街道 |
| 16 | 华成路社区 | 0.36 | 东至经华南路，南至锦东路，西至一心桥横街、水碾河南路，北至蜀都大道水碾河路 | 牛市口街道 |
| 17 | 九眼桥社区 | 0.45 | 东至一心桥南街、宏济新路、新桂村西五街，南至锦江，西至宏济上路、宏济中路，北至锦东路 | 牛市口街道 |
| 18 | 莲桂西路社区 | 0.52 | 东至莲桂南路、莲花西路，南至锦江、龙舟路，西至新桂村西五街、莲桂西路，北至新桂巷、莲桂西路 | 牛市口街道 |
| 19 | 得胜街社区 | 0.25 | 东至二环路东四段，南至锦东路，西至经华南路，北至蜀都大道水碾河路 | 牛市口街道 |

续表 2

| 序号 | 社区 | 面积（平方千米） | 勘界 | 所属街道 |
|---|---|---|---|---|
| 20 | 一心桥社区 | 0.18 | 东至海椒市街，南至莲花北路，西至一心桥南街，北至锦东路 | 牛市口街道 |
| 21 | 莲花社区 | 0.22 | 东至海椒市街，南至莲桂西路，西至莲花西路、宏济新路，北至莲花北路 | 牛市口街道 |
| 22 | 锦东社区 | 0.15 | 东至二环路东四段，南至海椒市东街，西至海椒市街，北至锦东路 | 牛市口街道 |
| 23 | 紫东社区 | 0.20 | 东至二环路东四段，南至莲桂东路，西至海椒市街，北至海椒市东街 | 牛市口街道 |
| 24 | 龙舟社区 | 0.40 | 东至二环路东四段，南至龙舟路，西至莲桂南路，北至莲桂东路 | 牛市口街道 |
| 25 | 观音桥社区 | 0.43 | 东至净居寺路，南至沙河，西至东光街、东光北二巷，北至净居寺西街 | 东湖街道 |
| 26 | 东怡社区 | 0.36 | 东至东光街、东光北二巷，南至沙河，西至锦华路一段，北至净居寺西街 | 东湖街道 |
| 27 | 永兴社区 | 0.31 | 东至净居寺路，南至净居寺西街，西至锦华路一段，北至二环路东五段 | 东湖街道 |
| 28 | 石牛堰社区 | 0.48 | 东至橡树林路，南至二环路东五段，西至锦江，北至锦江 | 东湖街道 |
| 29 | 河滨社区 | 0.32 | 东至二环路东五段，南至二环路东五段，西至锦江、橡树林路，北至龙舟路 | 东湖街道 |
| 30 | 翡翠城社区 | 0.83 | 东至石牛堰、锦华路一段，南至沙河，西至锦江，北至二环路东五段、华润路 | 东湖街道 |
| 31 | 锦华社区 | 0.67 | 东至锦华路一段，南至华润路，西至石牛堰，北至二环路东五段 | 东湖街道 |
| 32 | 沙河社区 | 0.63 | 东至静沙北路，南至静康路，西至沙河，北至下沙河铺街 | 沙河街道 |
| 33 | 静康社区 | 0.51 | 东至下沙河铺街和静康路交会处，南至静康路，西至静沙路，北至中沙河铺街、下沙河铺街 | 沙河街道 |
| 34 | 塔子山社区 | 1.14 | 东至锦江区与成华区保和街道斑竹社区交界线，南至上沙河铺街、中沙河铺街、下沙河铺街、静明路，西至沙河，北至迎晖路 | 沙河街道 |
| 35 | 牛沙路社区 | 0.53 | 东至沙河，南至净居寺路，西至二环路东四段，北至牛沙路 | 沙河街道 |
| 36 | 五福桥社区 | 0.65 | 东至沙河，南至牛沙路，西至二环路东四段，北至通宝街 | 沙河街道 |
| 37 | 汇泉路社区 | 0.61 | 东至汇泉北路、沙河，南至通宝街，西至二环路东四段，北至通汇街、通源街 | 沙河街道 |

续表 2

| 序号 | 社区 | 面积（平方千米） | 勘界 | 所属街道 |
|---|---|---|---|---|
| 38 | 双桂路社区 | 0.59 | 东至沙河，南至通汇街、通源街，西至汇泉北路、二环路东四段，北至双桂路 | 沙河街道 |
| 39 | 四川师大社区 | 1.00 | 东至菱窠路与菱安路以及菱安路与锦绣大道交会处，南至菱窠路与锦绣大道以及华润幸福里二期北面围墙与静安路交会处，西至华润幸福里二期北面围墙与静安路、菱安路交会处，北至菱窠路与菱安路以及菱安路与华润幸福里二期东面围墙交会处 | 狮子山街道 |
| 40 | 花果社区 | 0.43 | 东至菱窠路，南至静远路，西至成龙大道，北至驿都大道静康路 | 狮子山街道 |
| 41 | 菱窠社区 | 0.55 | 东至佳宏南横街、菱窠东路、菱窠东路与劼人路交会处，再至静明路与静康路交会处；南至菱窠路与锦绣大道交会处，再至锦绣大道与佳宏南横街交会处；西至菱窠路；北至静康路与菱窠路交会处，再至静康路与静明路交会处 | 狮子山街道 |
| 42 | 万科城花社区 | 0.38 | 东至菱安路，南至静远路、花果新居围墙，西至静安路，北至静渝路 | 狮子山街道 |
| 43 | 佳宏路社区 | 0.31 | 东至驿都大道静明路，南至锦绣大道，西至佳宏南横街，北至劼人路 | 狮子山街道 |
| 44 | 金像寺社区 | 1.10 | 静宁路与铁路内侧护栏交会处沿铁路内侧护栏至静平路与铁路内侧护栏交会处以北；静平路与铁路内侧护栏交会处沿静平路、静缘路，至静缘路与沙河东河岸线交会处以东；静缘路与沙河东河岸线交会处沿沙河至净居寺路与沙河东河岸线交会处以南；净居寺路与沙河东河岸线交会处沿净居寺路、静安路、静宁路至静宁路与铁路内侧护栏交会处以西 | 狮子山街道 |
| 45 | 琉璃社区 | 1.10 | 东至锦华路二段，南至南三环路三段，西至洗瓦堰，北至科创路、琉璃一街 | 锦华路街道 |
| 46 | 柳江社区 | 0.46 | 东至锦华路二段、琉璃路，南至科创路、琉璃一街，西至锦江，北至沙河、锦绣大道 | 锦华路街道 |
| 47 | 金象花园社区 | 0.41 | 东至锦华路二段、晨辉北路，南至锦绣大道，西至琉璃路，北至沙河、晨辉路 | 锦华路街道 |
| 48 | 凯天社区 | 1.00 | 东至洗瓦堰，南至南三环路三段，西至锦江，北至科创路 | 锦华路街道 |
| 49 | 晨辉社区 | 0.63 | 东至静平路，南至锦绣大道、晨辉路，西至锦华路二段、晨辉北路，北至沙河 | 锦华路街道 |
| 50 | 皇经社区 | 0.56 | 东至经天东路，南至经天二街、仁居路，西至锦华路二段，北至锦绣大道 | 锦华路街道 |

续表 2

| 序号 | 社区 | 面积（平方千米） | 勘界 | 所属街道 |
|---|---|---|---|---|
| 51 | 经天社区 | 0.64 | 东至经天东路，南至南三环路二段，西至锦华路二段，北至仁居路、经天二街 | 锦华路街道 |
| 52 | 锦阳社区 | 3.95 | 东至锦阳社区与三圣街道江家堰社区、幸福社区交界线，南至锦阳社区与三圣街道江家堰社区交界线以及锦江区与高新区中和街道朝阳社区交界线，西至锦阳社区与祝国寺社区、包江桥社区交界线，北至锦江大道、锦阳社区与棬子树社区交界线以及锦阳社区与成龙路街道华新社区交界线 | 柳江街道 |
| 53 | 锦逸社区 | 0.65 | 东至锦逸社区与成龙路街道华新社区、皇经楼社区交界线，南至锦江大道，西至皇经楼路，北至南三环路二段 | 柳江街道 |
| 54 | 锦馨社区 | 0.40 | 东至玉树路，南至锦江大道，西至锦馨社区与包江桥社区交界线，北至桐云路 | 柳江街道 |
| 55 | 棬子树社区 | 1.10 | 东至皇经楼路、棬子树社区与成龙路街道华新社区交界线，南至桐云路、棬子树社区与锦阳社区交界线，西至锦华路三段、棬子树社区与包江桥社区交界线，北至南三环路二段 | 柳江街道 |
| 56 | 包江桥社区 | 3.58 | 东至包江桥社区与棬子树社区、锦馨社区、锦阳社区交界线，南至包江桥社区与祝国寺社区交界线，西至锦江，北至南三环路三段 | 柳江街道 |
| 57 | 祝国寺社区 | 2.30 | 东至祝国寺社区与锦阳社区交界线，南至锦江区与高新区中和街道新民社区、朝阳社区交界线，西至锦江，北至祝国寺社区与包江桥社区交界线 | 柳江街道 |
| 58 | 华新社区 | 2.06 | 东至成龙大道，南至锦江大道以及华新社区与柳江街道锦阳社区交界线、华新社区与三圣街道幸福社区交界线，西至金像寺路、华新社区与皇经楼社区交界线、华新社区与柳江街道锦城逸景社区和棬子树社区交界线，北至静逸路 | 成龙路街道 |
| 59 | 水杉社区 | 0.91 | 东至锦江区与成华区保和街道斑竹社区交界线，南至南三环路一段、东三环路五段，西至水杉社区与国槐社区交界线，北至成绵乐高铁 | 成龙路街道 |
| 60 | 卓锦城社区 | 0.58 | 东至海棠路，南至锦江大道，西至成龙大道，北至南三环路二段 | 成龙路街道 |

续表 2

| 序号 | 社区 | 面积（平方千米） | 勘界 | 所属街道 |
|---|---|---|---|---|
| 61 | 国槐社区 | 0.66 | 东至国槐社区与水杉社区交界线，南至南三环路一段、南三环路二段，西至玉兰街，北至成绵乐高铁、合欢树街 | 成龙路街道 |
| 62 | 香樟社区 | 0.72 | 东至锦江区与龙泉驿区大面街道洪柳社区交界线，南至茶花街、喜树路、百日红中路，西至锦江大道，北至锦江区与龙泉驿区大面街道东洪社区交界线 | 成龙路街道 |
| 63 | 皇经楼社区 | 1.07 | 东至龙兴大道静宁路、金像寺路、皇经楼社区与华新社区交界线，南至南三环路二段、皇经楼社区与华新社区交界线，西至经天东路、皇经楼社区与柳江街道锦逸社区交界线，北至成绵乐高铁 | 成龙路街道 |
| 64 | 蓝谷地社区 | 0.48 | 东至玉兰街，南至南三环路一段、合欢树街，西至龙兴大道静宁路，北至成绵乐高铁 | 成龙路街道 |
| 65 | 粮丰社区 | 1.03 | 东至驿都大道、锦江区与龙泉驿区大面街道东洪社区交界线，南至锦江大道，西至百日红西路，北至南三环路一段、东三环路五段 | 成龙路街道 |
| 66 | 枫树社区 | 0.73 | 东至百日红西路，南至锦江大道，西至海棠路，北至南三环路一段 | 成龙路街道 |
| 67 | 幸福社区 | 1.84 | 东至黉柏路，南至驸江路，西至幸福社区与柳江街道锦阳社区交界线、幸福社区与成龙路街道华新社区交界线，北至锦江大道、滨湖路 | 三圣街道 |
| 68 | 红砂社区 | 1.78 | 东至红砂社区与龙泉驿区大面街道天鹅湖村交界线，南至红砂社区与万福社区、驸马社区、白桦林路社区交界线，西至银杏大道，北至红砂社区与龙泉驿区大面街道洪柳社区交界线 | 三圣街道 |
| 69 | 驸马社区 | 2.76 | 东至陡沟河，南至驸马社区与江家堰社区交界线，西至驸马社区与幸福社区交界线，北至黉柏路、成龙大道 | 三圣街道 |
| 70 | 万福社区 | 2.40 | 东至经开区西五路，南至蓝顶二期路，西至新机场高速路，北至花卉路 | 三圣街道 |
| 71 | 江家堰社区 | 2.25 | 东至江家堰社区与驸马社区交界线，南至陡沟河以及江家堰社区与大安桥社区交界线，西至江家堰社区与柳江街道锦阳社区交界线，北至江家堰社区与幸福社区交界线 | 三圣街道 |

续表 2

| 序号 | 社区 | 面积（平方千米） | 勘界 | 所属街道 |
|---|---|---|---|---|
| 72 | 大安桥社区 | 2.62 | 东至大安桥社区与天府新区新兴街道庙山社区交界线，南至大安桥社区与天府新区新兴街道庙山社区交界线，西至大安桥社区与高新区中和街道朝阳社区交界线，北至大安桥社区与江家堰社区交界线 | 三圣街道 |
| 73 | 喜树路社区 | 0.38 | 东至喜树街，南至成龙大道，西至锦江大道，北至茶花街 | 三圣街道 |
| 74 | 栀子街社区 | 0.60 | 东至银木街，南至滨湖东路，西至锦江大道，北至成龙大道、喜树路、百日红中路 | 三圣街道 |
| 75 | 白桦林路社区 | 0.40 | 东至花博路，南至黄柏路，西至桦树街，北至成龙大道 | 三圣街道 |
| 76 | 海棠路社区 | 0.62 | 东至银杏大道，南至成龙大道，西至银木街，北至百日红中路以北海棠路社区与龙泉驿区大面街道洪柳社区交界线 | 三圣街道 |

（何婉霞、刘丽娜）

## 自然地理

**【地理位置】** 锦江区位于成都市城区东南部，区域面积 62 平方千米。地处北纬 30° 40′、东经 104° 04′。东与成华区交界，东南与龙泉驿区相连，南与高新区毗邻，西与武侯区隔河相望，西北与青羊区接壤，北与青羊区、成华区相连，北界华星路边界与成华区隔河相望。

**【地形地貌】** 锦江区地形以平原和丘陵为主，地处成都平原东部和龙泉山脉西部边缘的延伸地带，东部高、西南部低，西北部地势平坦，平均坡度 3‰～5‰，平均海拔 500 米。最低处是柳江街道祝国寺社区，海拔 495 米；最高处是三圣街道凉风顶，海拔 543 米。

**【水系】** 锦江区河渠 13 条，水系为长江流域的岷江水系。地面径流有府河、南河、沙河、南支三渠、洗瓦堰渠、陡沟河（别称石湃渠），每年平年供水量 9400 万立方米。地面径流中水年 7650 万立方米，偏枯年 3825 万立方米，枯水年 765 万立方米。另有洪家冲、驸马、潘家沟、红庙子 4 条排洪渠和秀水河、石牛堰、砖头堰。府河、南河、沙河为城市生态用水，渠堰用作蓄水和泄洪。

**【气候】** 锦江区属亚热带湿润季风气候，终年温暖湿润，四季分明。每年平均气温 16.2℃，每年平均降雨量 800 毫米至 1000 毫米，每年无霜期大于 300 天。每年平均日照时数达到 1239 小时，每年日照率 28%，相对湿度 82%。有夏无酷暑、冬无严寒的气候特征。

（韩旭、龙倩妤）

## 人口与民族

**【人口数量与分布】** 2022 年，锦江区实有人口 128.18 万人，较 2021 年增加 5.36 万人。其中户籍人口 245751 户 67.47 万人，较 2021 年增加 1.62 万人，平均每户 2.75 人；流动人口 60.71 万人，较 2021 年增加 3.74 万人。实有人口数量最多的街道是成龙路街道，实有人口 17.41 万人。户籍人口数量最多的街道是三圣街道，户籍人口 10.76 万人；流动人口数量最多的街道是成龙路街道，流动人口 11.60 万人。人口密度 2.06 万人 / 平方千米。人口密度最大的街道是书院街街道，人口密度为 5.76 万人 / 平方千米。

表 3　2022 年成都市锦江区各街道人口情况表

| 街道 | 总人口（人） | 外来人口（人） | 户籍人口（户 / 人） |
|---|---|---|---|
| 春熙路 | 56712 | 19040 | 12665/37672 |
| 书院街 | 103560 | 33479 | 18549/70081 |
| 锦馆驿 | 88288 | 38242 | 17939/50046 |
| 牛市口 | 158384 | 67993 | 34723/90391 |
| 东　湖 | 139471 | 63506 | 30358/79565 |
| 沙　河 | 129045 | 56472 | 28719/72573 |
| 狮子山 | 97959 | 52308 | 16861/45651 |
| 锦华路 | 100971 | 57736 | 18064/43235 |
| 柳　江 | 64295 | 37903 | 5439/23392 |
| 成龙路 | 173149 | 65593 | 44143/107556 |
| 三　圣 | 169953 | 111832 | 18309/58121 |

【人口变动】2022 年，锦江区迁入人口 19748 人，迁入率 2.96%；迁出人口 6185 人，迁出率 0.93%。出生人口 7432 人，死亡人口 7808 人，增长 –376 人，人口自然增长率 –0.56‰，呈负增长态势。

【年龄结构】2022 年，锦江区 0 岁至 17 岁人口 18.09 万人，占比 14.11%；18 岁至 34 岁人口 37.73 万人，占比 29.43%；35 岁至 59 岁人口 49.48 万人，占比 38.6%；年满 60 岁人口 22.88 万人，占比 17.86%。流动人口中的 18 岁至 59 岁的男性流动人口 23.27 万人，女性流动人口 24.58 万人，男女性别比为 94。

【民族结构】2022 年，锦江区少数民族人口 26766 人，占比 2.08%。主要分布在成龙路、沙河、狮子山 3 个街道。人口数量排名前十的少数民族依次是回族、彝族、藏族、土家族、满族、羌族、苗族、蒙古族、壮族、布依族，占少数民族人口的 88%。人口数量最少的少数民族是乌孜别克族和阿昌族，各有 1 人。

表 4　2022 年成都市锦江区数量前十的少数民族人口情况表

| 序号 | 民族 | 人口数量（人） |
|---|---|---|
| 1 | 回　族 | 4314 |
| 2 | 彝　族 | 3763 |
| 3 | 藏　族 | 3569 |
| 4 | 土家族 | 3317 |
| 5 | 满　族 | 2623 |
| 6 | 羌　族 | 1878 |
| 7 | 苗　族 | 1780 |
| 8 | 蒙古族 | 1161 |
| 9 | 壮　族 | 904 |
| 10 | 布依族 | 455 |

（魏颖、宋雅婷）

## 历史人文

【得名由来】锦江区得名于流经区域内的锦江。东晋常璩《华阳国志》有“冰乃壅江作堋，穿郫江、检江，别支流双过郡下，以行舟船”的记载。锦江始于秦昭襄王三十年至秦孝文王元年（公元前 277 年至公元前 250 年），由蜀郡太守李冰主持开凿。东汉时期，蜀锦兴起。二江之郫江流经城西南的河段（南河）以洗濯蜀锦著名，享誉“濯锦之江”，故称锦江。至宋代，府河流经城东的河段亦为沿岸工坊濯锦之地。1991 年，成都市区划调整，裁撤东城区，置城区大部分并金牛区琉璃场、三圣 2 个乡划设新城区，取意“濯锦之江源远流长”，命名锦江区。

【商贸立区】锦江区古为华阳县，人口兴旺，商业繁荣。东汉时期，盐市口等区域已是人口聚居地。至唐代，古华阳县列为全国 85 个望县之一，呈现商贾云集、百业兴盛的局面，被誉为川西“首善之区”，享有“天下繁侈”的赞誉。晚清至民国时期，华阳一地成为中国西部地区的现代商业的发祥地。全国四大劝业场之一的成都劝业场和春熙路相继建成，与东大街传统商业贯通，奠定了成都乃至中国西南地区商贸中心的地位。1991 年，锦江区建区，被国务院确定为“商贸繁华区”。2005 年，设中央商务区、创意产业商务区、生态商务区、金融街商务区、沙河商务商业区 5 个功能区。商贸繁华的历史优势得以延续，现代商贸业和现代服务业在锦江区崛起，为锦江区赢得“中国现代服务业十强区”“香港企业内地投资热点城区之首”等称号。2014 年，锦江区在成都中央商务区的基础上整合春熙路、大慈寺、水井坊、合江亭 4 个片区，构建成都中央商务商业区。2015 年，完成春熙路商气东移工程，建成成都太古里商业街区，汇集 GUCCI、Prada 等奢侈品牌旗舰店，以“快要慢活”的经营风格开启成都商业新模式。以太古里为核心的大慈寺红星路新百亿商圈形成。汇集春熙路商圈、盐市口商圈、大慈寺红星路商圈的锦江区成为西部地区人流量以及物流、资金流、信息流集中度最高的城区。2022 年，春熙路大慈坊创建为“国家级夜间文化和旅游消费集聚区”。

【百年金街春熙路】春熙路在成都乃至全国商界有“百年金街”盛誉，迄今已建成 97 年。春熙路分东、南、西、北四段，交会处建有街心花园，后扩建为广场。居中安放著名雕塑家刘开渠设计铸塑的孙中山铜像。1924年，署理四川军政的杨森推行马路新政，撤除清臬台衙门，修建马路，贯通商业场和东大街的商机人气。12月，马路南、北段建成。1925年1月，举行开街仪式。前清举人江子虞取《道德经》中“众人熙熙，如享太牢，如春登台”之意，为新马路命名“春熙”。春熙路开街后迅速成为商业聚集地，汇聚“精益眼镜”“龙抄手”“德仁堂”“胡开文”“诗婢家”等众多知名老字号商家。建成至今，春熙路一直是成都商业繁荣的标识，现已发展成为现代化、国际化大型商圈，国际、国内的高端品牌聚集。2005年，春熙路被《新周刊》选定为“中国商业第三街”，与上海南京路、香港铜锣湾、北京王府井齐名。2012年，中国商业步行街工作委员会授予春熙路“中国著名商业步行街”称号。春熙商圈每日平均人流量达20万人，节假日达50万人。

**【蜀中首街东大街】** 锦江区东大街兴于唐玄宗幸蜀时期。唐玄宗敕建大慈寺，东大街作为旧城往外东方向延伸的主干道，兴起成都最早的集贸市场，史称“十二月市”。每月开设一个专业市场，正月灯市、二月花市、三月蚕市、四月锦市、五月扇市、六月香市、七月七宝市、八月桂市、九月药市、十月酒市、十一月梅市、十二月桃符市。五代时期，古大慈寺以南的东大街始有夜间市场，创中国夜市之先。清雍正七年（1729年），四川巡抚宪德用原明朝蜀王府倒塌的城墙砖铺砌东大街，建成可排抬4辆宽轿的街道。东大街末段开设官盐店，带动商业发展，称盐市口。绸缎商帮、湖绉商号、玉器商帮、栏杆业商户、银号帮、药材帮、白纸帮、店帮、油米帮、茶叶帮、扇庄帮、金号帮、夏布帮、盐酒帮、大绸帮、丝烟帮、炭帮、刀剪帮等商会行帮齐聚东大街，促使东大街成为成都平原的商业中心。清末，陕西到成都捶制金箔的客商选择连接东大街的小街道设铺，从事金属制品加工销售业务。至民国初年，东大街一带成为成都金店银楼集中区域。20世纪30年代，西中东大街分设25家银行、34家票号，成为成都现代金融业发源地。李劼人在文学作品中予以东大街“蜀中首街”的美誉。

**【中国白酒第一坊】** 锦江区水井街酒坊遗址享有“中国白酒第一坊”的美誉。1998年，水井坊遗址现世，发现面积1700平方米。遗迹包括晾堂3座、酒窖8口、灶坑4座、灰坑4个、灰沟1条、蒸馏设备冷凝器基座、路基、石条墙基、木柱及柱础。1999年，完成遗址发掘工作。业界称“一醒惊天下”。2000年，水井街酒坊遗址入选“1999年中国十大考古新发现”，国家文物局认定水井坊遗址为古代酿酒和酒肆唯一实例，称水井坊遗址的史学价值与“秦始皇兵马俑”媲美。2001年，国务院批准水井街酒坊遗址为全国重点文物保护单位。2001年6月25日，水井坊遗址载入“世界吉尼斯之最”，被称为“世界上最古老的酿酒作坊”。2006年，水井街酒坊遗址列入中国申报世界文化遗产预备名录。

**【成都现代商业发源地】** 清光绪三十三年（1907年），四川劝业道筹备成都劝工场，组建成都建筑股份有限公司。清光绪三十四年（1908年），筹股金四万两白银，在总府路与华兴街之间老盐店地皮上修建成都劝业场。清宣统元年（1909年），成都劝业场建成开业。内场全长330米，分前场和后场，中有东、西2条支路。前场口南向总府路，后场口北向华兴街。建筑式样效仿古仿埃风格，前后场口设有栅门。场内铺房一楼一底，二层为走马转阁楼，设店铺150间。场内西北角安设40千瓦电机，供场内照明。另在前后场口悬挂球形电灯，引人关注。劝业场的电灯开启成都民用电灯时代。劝业场首开商贾集中经营模式，成为成都最早的商业中心和现代商业发源地，与京、津、鄂三地的劝业场并列中国四大劝业场。清宣统二年（1910年），劝业场更名商业场。

**【世界纸币始祖交子】** 交子堪称世界第一张纸币，诞生于成都，较西方国家的纸币早700年。锦江区的均隆街是交子发行管理机构所在地。北宋景德年间，益州知府张咏整顿交子发行事宜，交由成都16户富民经营交子铺。经过一段时间，因铺户中有挪用资金和兑换拖欠引起诉讼等行为，导致纠纷不断。北宋天圣元年（1023年），交子改为官营，设益州交子务于均隆街，发行官交子。交子务由京官任监官，置抄纸院，严格印制过程，避免伪造。每张交子各有固定的票面金额，每三年发行一次，为一届。宋仁宗后，交子推广到陕西、河东、京西等地区。北宋崇宁四年（1105年），宋朝中央政府下令各路更用交子。史有“交子之法，久为民便”的记载。

**【震旦第一丛林大慈寺】** 锦江区大慈寺始于魏晋时期，兴于唐代，有“震旦第一丛林”之誉。南宋《五灯会元》

记载，魏晋时期，印度宝掌僧人东游成都，曾住大慈寺。唐玄宗幸蜀，御书“敕建大圣慈寺”，规模千亩，设 96 院，占半城之地。《西游记》唐三藏的原型人物玄奘法师曾驻足大慈寺修法。大慈寺曾有唐代宫廷画师绘制的壁画 13996 幅，题材涉及宗教画、人物画、花鸟画和山水画，苏东坡赞为“精妙冠世”。大慈禅茶始于唐代无相禅师，以 12 道工序与禅机结合，开创无上法门。大慈禅茶堂堪称成都历史最悠久的茶馆。以后历代，大慈寺均为成都著名寺院，与文殊院、昭觉寺并称“成都三大寺”。

**【成都第一座市政公园合江亭】** 合江亭始于唐贞元元年（785 年），由西川节度使韦皋兴建，位于郫、检二江汇合处，有解玉溪于大慈寺南来汇流，时称“解玉双流”。唐时合江亭是繁华热闹的码头渡口，舟楫停泊。合江亭侧建芳华楼，遍植花草，以梅为最，成为一郡之胜地，名为合江园，为成都史上最早的市政公园。晚唐节度使高骈改道二江，合江园成为宴饮吟诗之处。南宋时，成都知府吕大防修缮，重植梅花，作为船官治事所。南宋末年，合江亭毁于战火。1989 年，恢复唐宋旧观。

**【川戏窝子悦来茶园】** 清乾隆末年，四川戏曲界名角魏长生召集川剧艺人在华兴中街修建老郎庙，将每年农历六月二十四日定为会期。华兴街成为近代新派川剧在成都的聚点，民间称为川剧窝子。清光绪末年，四川劝业道推行“娼、场、唱、厂”新政。“唱”计划的主要内容是改良川剧。劝业道道台周善培主持拆除老郎庙，委派蜀商樊孔周原址修建内设剧场的悦来茶园。清光绪三十四年（1908 年），悦来茶园落成。剧场设三百席，戏台前与西侧有耳楼，左、后、右三方设楼厢，堂座与楼厢均分设正座、楼座、普通座。悦来茶园开戏后，女人不能出入戏园子的陈旧规矩就此终结。男宾客由华兴街出入，坐厢堂；女宾客从梓潼街出入，坐楼厢。大汉军政府都督尹昌衡的母亲曾携家眷到悦来茶园看戏，开男女宾客混堂观戏的先河。郭沫若《反正前后》有“成都最首出的新式茶园，名悦来茶园……很有些像日本的帝国剧场”的描述。1954 年，悦来茶园更名锦江剧场。1984 年，锦江剧场改建，恢复悦来茶园名称。1997 年，在锦江剧场原址建成成都市川剧艺术中心。

**【成都天一阁贲园书库】** 锦江区贲园书库有“成都天一阁”美誉。清朝末年至民国初期，盐商严雁峰购买子龙塘侧景勋楼（原为成都将军岳钟琪府邸），仿照皇家档案馆样式改建书库，取名贲园。1924 年，贲园书库落成，由严雁峰过继子嗣严谷荪打理。贲园书库藏书量达到 30 万卷，与天一阁的藏书量不相伯仲。文化界认为，天一阁代表的是中原的凝重博大之气，贲园代表巴蜀自由不羁、张弛有道的开放之气。全国有名的刻书匠人在贲园指导刻书，致贲园的精刻善本享誉世界。贲园的“渭南严氏精刻善本”被英国大英博物馆、美国国会博物馆收藏。

（韩旭、龙倩妤）

## 经济社会发展

**【概况】** 2022 年，锦江区按照“疫情要防住、经济要稳住、发展要安全”的要求，推动公园城市示范区建设，提高就业、住房、养老等民生领域的保障能力，深化党建引领社会治理工作，提高教育、医疗、养老、文化、体育等领域的公共服务水平，实现疫情防控和经济社会发展“双胜利”目标。在赛迪百强区中排名全国第 66 位，较 2021 年上升 3 位。在赛迪“幸福百强区”中排名全国第 12 位、西部地区第 1 位。地区生产总值 1304.19 亿元，同比增长 2.8%；服务业增加值 1169.97 亿元，同比增长 2.6%；固定资产投资 356.27 亿元，同比增长 7.6%；社会消费品零售总额 1314.1 亿元，同比下降 0.8%；一般公共预算收入 94.29 亿元，较 2021 年同口径增长 5.4%；城镇居民人均可支配收入 57629 元，同比增长 4.1%。四圣祠片区等 4 个片区的城市有机更新项目按计划推进，覆盖 2088 个家庭的住宅排水管网病害治理项目完成。城市公园体系、养老保障体系、就业超市服务体系、标准化助推困难群体救助体系、智慧治理体系开始形成。

**【产业经济质效提升】** 锦江区持续优化“1+3+3”现代产业体系，按照“打造产业链，融入生态圈”的思路，推动人工智能、现代商贸、新兴金融、数字传媒、都市工业、都市文旅、都市医养产业发展。区级重点产业融入成都市数字经济、绿色低碳、新消费生态圈，建设金融科技、美食产业链主要承载地和高端软件、大数据与人工智能、金融科技、生态环保、旅游、体育产业链协同发展地。永辉超市、成都生物制品研究所等 11 家企业进入成都市链主企业名单，形成重点产业比较竞争优势。人工智能产业方面，以锦江软件园为载体，建成新华之星人工智能专业楼宇，进驻凝思软件、强联智创等科技企业40家。高新技术产业营收195亿元，技术合同成交额127亿元。现代商贸业方面，同步推动限额以上和限额以下商贸企业发展，引导商贸企业建立线上线下销售模式，通过互联网实现的零售额同比增长90%，现代商贸业营收增长1.5%。金融业方面，拓展数字人民币在文化旅游、医疗康养、公共服务、民生消费等领域的应用场景，实施平安金服风险管理智能金融项目，引进财达证券四川省分公司等7个金融项目和深南科技公司等17家挂牌企业，金融业营收增长8%。数字传媒产业方面，建成四川国际传播中心，实施封面数字艺术空间建设项目，引进数字传媒企业150家，数字传媒业营收260亿元。都市工业方面，实施四川中烟成都烟厂建设项目、诺迪康新活素三期建设项目、成都生物制品研究所疫苗生产线建设项目，工业投资30亿元，工业技改投资21亿元，都市工业营收增长10%。都市医养产业方面，营造均隆街"十二月市·药市"等场景，推动德胜智慧医疗产业大厦等16个项目建设，引进永爱康养心安总部等2个高能级项目。医养业产值120亿元，同比增长14.2%。都市文旅产业方面，编制"一廊七景一地"旅游总体规划，川报博物馆等4个重大项目开工，创建为"天府旅游名县"。

**【地理经济优化提升】** 锦江区根据产业分布，提升"一圈两轴三区"的地理经济能级。"一圈"即春熙路商圈。以"国际消费中心城市核心区"建设为抓手，提升春熙路商圈极核功能。"四潮专线"沿线新增首店99家，成都十二月市博物馆开馆，建成春熙路灯市等十二月市特色街巷4条，"交子券"运营案例入选"全国诚信兴商典型案例"，春熙路商圈创建为"全国示范智慧商圈""全国旅游休闲街区"，成都国际金融中心获"全国示范智慧商店"称号。"两轴"即东大街国际消费动力轴、锦秀绿道都市文旅活力轴。东大街国际消费动力轴沿线建成环球贸易广场等6个产业化项目，成都市空压机厂地块项目等7个项目开工；编制锦秀绿道都市文旅活力轴规划方案，包装天际线露营地二期项目等51个重点项目。"三区"即春熙路片区、白鹭湾片区、交子公园片区。梳理春熙路时尚活力区项目集群28个，总投资478亿元；引进落地北京泡泡玛特西南总部等高能级重大项目3个，投资额10.9亿元。白鹭湾新经济总部功能区立足"一道九园"，策划"锦江软件园"产业品牌，上市土地5宗27.33万平方米，开工建设的产业载体达到107万平方米，建成产业承载空间21万平方米，锦江大道示范段改造项目入选"全国智慧城市基础设施与智能网联汽车协同发展试点项目"，白鹭湾科技生态园入选"成都市未来公园社区项目"。交子公园金融商务区锦江片区出让土地10.2万平方米，引进高能级企业和"专精特新"企业5家，交子公园特色金融街等7个项目开工，梦工场四期项目主体完工，交子公园东区投入使用。

**【经济发展韧性提升】** 锦江区从市场主体培育、招商引资、企业服务、惠企政策四个方面提升经济发展韧性。新增市场主体4.51万家，新增规模以上工业企业、资质等级建筑业企业、限额以上批零住餐企业、国家重点服务业企业107家。引进云天励飞等"专精特新"企业9家，新增20家营收达到1000万元的成长型创新型企业。四川锦欣集团公司以股权并购方式拓展康养业务规模，"延长壳牌"营收突破100亿元，成都生物制品研究所营收突破50亿元，核工业西南院营收突破30亿元，中国电信五所营收突破10亿元。招商引资领域，调整对外开放工作领导小组组织架构，引进21个链主和链属企业的投资项目，引进8个产业链关键配套项目，引进国内资金206亿元、外资32亿元。企业服务方面，举办"区长咖啡"活动27次，为196家企业解决问题406个；升级"交子普惠"金融服务平台，帮助1933家中小微企业融资18.79亿元。惠企政策方面，出台"助企惠企32条""稳增长45条""纾困13条"等政策，采取"线上+线下"结合的方式解读政策，制发"助企纾困政策明白卡"7.25万个，发放政策支持资金2.2亿元、稳岗补贴8000万元，惠及企业5.2万家。减税降费金额达到11亿元，退税9.5亿元，缓税缓费2.4亿元，惠及纳税主体21.3万家。

**【楼宇经济标杆城区建设】** 锦江区出台《促进楼宇经济高质量发展的扶持政策》，发挥春熙路盐市口商圈、攀成钢商圈、东村商圈、交子公园商圈的聚合辐射能力，推动"中西部楼宇经济高质量发展标杆城区"建设。建成商业商务楼宇150幢，商务商业总面积1000万平方米。新增税收5000万元楼宇3幢，税收达1亿元的楼宇26幢。甲级写字楼17幢。进驻楼宇的世界500强企业136家、国际知名品牌运营商659

家、外资企业400家、全球服务机构12家、领事馆10家、外国签证中心12家。楼宇入驻率同比增长0.7%，入区率同比增长1.54%，入库率同比增长1.42%，纳税率同比增长6.96%。

【公园城市示范区建设】锦江区编发《贯彻落实〈成都建设新发展理念的公园城市示范区行动计划（2021—2025年）〉的实施方案》，采取“清单制+责任制”模式，推进168个重点项目建设，推进5个重点试点示范领域工作，形成7个推进方案和7项经验成果。《四川改革动态》第36期登载《成都市锦江区构建“133”智慧养老服务体系》，《成都改革》第27期登载《锦江区创新探索全龄友好公园社区建设路径聚力实现“推门就是美好生活”》。同时编制未来公园社区总体规划和白鹭湾科技生态园城市设计方案、林家坝片区城市设计方案，调整梅林东片区、博瑞印务、市二医院地块等项目的控制性规划，调整白鹭湾科技生态园绿轴以南80万平方米控制性规划。践行绿色发展理念，通过优化产业结构，推动低碳发展。编制生产性服务业占比提升方案，推动信息服务业等6个低能耗细分领域产业发展，生产性服务业在服务业的占比提升至51.2%；统筹推进环城生态区土地综合整治和高标准农田建设，发展景观农业、休闲农业等新业态。促进能源供需行业低碳转型发展，实施蓉东变电站、金融城变电站、国网四川省电力公司成都供电公司电力配网等项目建设，新增充电桩600个。实施四圣祠片区有机更新等4个重点项目，统筹推进近零碳、运动健康、儿童友好等7类9个主题社区建设，改造老旧小区30个、农贸市场29个，既有住宅增设电梯165台，启动三圣综合体等公建配套项目27个，洪柳东综合体等10个项目竣工，改造一环路点将台片区、水碾河路南片区、水井坊片区的空间品质，建成国际妇幼康养特色街区、望福街特色街区，在纯阳观片区、青龙正街片区实施风貌提升示范街巷建设，完成宏济新路等6条背街小巷环境综合治理任务。建成春熙路“城市森林”项目，推进华熙528等3个公园城市示范片区建设，新增“回家的路”“上班的路”“上学的路”50条30千米，黄葛树街、海桐街等6个点位的社区公园建成开放，改造锦江大道沿线8个景观点位，新增天府绿道健身空间10处。通过“两拆一增”，拆除违法建筑22万平方米、围墙11507米，新增开敞空间34.2万平方米，建成“金角银边”点位25个。提升锦江体育公园周边环境，新增立体绿化1.3万平方米，“静美岁月”等8个阳台获“成都市最美阳台”称号。

【社会保障能力提升】锦江区构建就业超市服务体系，开发线上人才信息化服务平台，开展“成德眉资幸福行”等招聘活动，构建全时全域、线上线下、就近就便的就业服务格局。培育“春熙达人”等技能品牌，动态消除零就业家庭，新增就业16429人，城镇登记失业率降至2.02%。筹集保障性租赁住房4936套，发放公租房租赁补贴1395万元，惠及家庭1827户。建成锦城逸景二期安置房，安置1442户5072人。环城生态公园超期过渡人员住房安置率100%。遵循普惠原则，推动养老保险事业和医疗保险事业发展。城乡居民基本医疗保险参保率98%，养老保险参保率94.18%，城乡居民养老保险待遇享受覆盖率100%。健全兜底保障、综合救助、慈善关爱于一体的社会救助体系，建成社会救助综合服务平台，标准化助推困难群体救助体系建设案例入选“中国标准化工作典型案例”。

【社会治理智慧化程度提升】锦江区发挥党建引领作用，遵循“共建、共治、共享”理念，实施智慧治理体系建设，提升社会治理水平。建成智慧锦江城市运行平台，与数字城管等平台链接，对接物联感知设备7万台，汇聚数据2.7亿条。建成网格化智慧治理体系，划定一般网格990个、专属网格85个、微网格4072个，分派微网格员7268人。持续优化“街道呼·部门应”服务基层运行机制，呼叫清单包含事项由45个增至121个，处置呼叫事件12万件。实行物业管理的小区院落1173个，实现全覆盖目标。五福苑小区治理项目获成都市最佳老旧小区改造奖，华宇嘉苑等3个小区获“成都市信义治理示范小区”称号，“锦绣得胜·烟火之戏”等6个项目入选“成都市社区生活服务好项目”，“小牛哥”党建引领快递物流行业融入基层治理项目入选“全国社会治理创新案例”。

【公共服务水平提升】锦江区优化教育、医疗、养老、文化等领域的资源配置，提升公共服务水平。教育领域，持续推动“全国五育并举人才培养实验示范区”建设，新建和改扩建学校、幼儿园12家，增加学位9500个。建成托育机构44家，提供婴幼儿照护名额3098个。新增市级新优质学校4家、市级一级幼儿园5家，建成学前教育博物馆，优质学前教育资源覆盖率98%，通过“全国义务教育优质均衡发展区”省级评估，《破解老城区教育优质均衡难题》被新华社《高管信息》登载。医疗领域，构建网格化城市医联体，建成11家互联网医院，实现“网上看病、在线结算、送药上门”目标。养老领域，构建智慧养老服务体系，建成社区养老服务综合体4个，建成颐康养老中心等智慧养老院4个，为2200户空巢独居老人家庭安装智慧物联设备，为600个失能、半失能老年人家庭实施照护床位改造，特殊困难老人家庭实现适老化改造应改尽改目标。文化领域，构建“15分钟公共文化服务圈”，成都市文化馆新馆、牛市口戏场子等群众文化阵地建成开放，方所书店等6家单位入选“最成都生活美学新场景”，东门市井街区入选“成都市市级文创特色街区”。全民健身领域，新增体育场地5万平方米，建成锦江体育公园、动感熊猫体育公园，形成“社区10分钟健身圈”，开展全民健身活动220次。

（吴畏、杨书钧）

## 精神文明建设

【概况】2022年，锦江区落实市委创建全国文明城市的决策部署，召开精神文明建设委员会（扩大）会议和20次文明城市工作调度会。明确“创建为民、创建惠民、创建靠民”的工作思路，按照“举旗帜、聚民心、育新人、兴文化、展形象”的要求，学习实践科学理论、宣传宣讲党的政策，培育践行主流价值、丰富活跃文化生活、持续深入移风易俗，实施新时代文明实践中心建设。依托沙河街道天府家风博物馆，采取“姓氏+”形式，开展家风家训宣传教育活动，传承中华民族传统家庭美德。继续推进社会、学校、家庭“三位一体”协调育人机制建设，从社会公德、职业道德、家庭美德、个人品德四个方面开展未成年人思想道德建设。开展“强国复兴有我”宣传教育活动，帮助青少年塑造崇德向善、明德惟馨的价值观。推动红色场馆建设，举办“法典晨读”“红馆光影记”等主题活动，培育青少年群体的家国情怀。

【精神文明建设委员会会议】6月22日，锦江区召开精神文明建设委员会（扩大）会议。区精神文明委员会主任、区精神文明委员会第一副主任、区人大常委会党组书记、区政协主席、区精神文明委员会副主任以及各街道党政主要负责人、区级部门主要负责人参加会议。会议学习习近平总书记推动精神文明建设的重要论述精神，动员社会各界高质量开展全国文明城市创建工作，安排工作任务。

【全国文明城市创建】锦江区建立“1+6+7”工作体系，推动全国文明城市创建工作。即创建指挥部1个、工作机制6个、工作专班7个。其中6个工作机制包括区委、区政府主要领导每周调度机制，分管区领导现场督导机制，点位责任机制，文明细胞建设机制，整改项目投融资机制，公众参与机制。在建立工作体系基础上编制《创建全国文明城市行动方案》《创建全国文明城市“七大攻坚行动”方案》《农贸市场专项整治提升行动方案》《创建全国文明城市小区（院落）攻坚行动方案》，实施“七大攻坚行动”。即农贸市场专项整治提升行动，背街小巷专项整治提升行动，市政基础设施专项整治提升行动，老旧小区专项整治提升行动，交通秩序专项整治提升行动，市民文明素养专项整治提升行动，文明城市测评督导追责行动。制定《2022年全国文明城市创建实地考察内容及标准》《2022年全国文明城市创建测评考核办法》，常态化检查24类必检型场所和农贸市场等4类随机点位，形成督促整改台账。投放全国文明城市创建类公益广告3.6万条，选聘60名文明公益大使和市民观察员。5月11日，盐市口商圈党群服务中心承办“文明茶馆大家谈”主题活动。市民代表应邀参加活动，为创建全国文明城市建言献策。文

2022年5月11日，“文明茶馆大家谈”主题活动举办　（区精神文明建设办公室提供）

明公约签约仪式同步举行，市民代表发出“共创文明城市、共享城市文明”倡议。锦江区完成成都市创建全国文明城市测评工作，创建市级文明单位5家，审核省级文明单位17家、市级文明单位64家。锦江区10个示范点位达标。

【全国文明校园创建】6月，锦江区落实省精神文明建设委员会办公室《关于对我省全国文明校园及创建全国文明校园先进学校开展督查的通知》精神，开展全国文明校园创建活动。成都七中育才学校水井坊校区申报全国文明校园，成都市盐道街小学申报全国文明校园先进学校。9月，接受省精神文明建设委员会办公室督查，递交创建资料。11月8日，召开文明校园创建工作推进会，安排创建工作。

【公民思想道德建设】锦江区编制学习宣传贯彻中共二十大精神项目清单，组织青年社会组织成员、少先队辅导员、青年志愿者座谈学习心得。举办“青春锦江·逐梦远航”庆祝中国共青团成立100周年主题展活动，发动中小学校开展“学习二十大、永远跟党走、奋进新征程”主题教育实践活动。发挥“文明大讲堂”“道德讲堂”的平台作用，开展思想道德宣讲活动700次。持续推进未成年人思想道德建设，入选“成都好人”的群众10人。成都市盐道街小学校学生林听获“全国新时代好少年”称号。获“四川省新时代好少年”称号的少先队队员1人，获“成都市新时代好少年”称号的少先队队员4人。

【文明实践志愿服务】锦江区实施新时代文明实践中心（所、站）标准化建设，建成中心、所、站88个。开展文明实践志愿服务活动8500次，宣讲理论知识、政策法规，宣传疫情防控的先进典型事迹。开展新时代文明实践志愿服务项目大赛，培育“小牛哥先锋骑手”“五福先锋志愿服务队”等文明实践志愿服务品牌52个。挖掘志愿服务先进典型，参加全国学雷锋志愿服务评选活动。总府路社区获“最美志愿服务社区”称号，唐建获“四川省最美志愿者”称号，唐建、刘建国和翡翠城社区入选“成都市四个十佳优秀典型”。

（王昌宇、牟白）

## 改革创新

【概况】2022年，锦江区落实中央和省委、市委的各项改革部署，按照“深化改革、创新发展”的要求，持续推动财政体制改革、行政审批制度改革、国有企业改革、产业工人队伍建设改革，创新招商机制、就业服务机制。以改革创新为抓手，优化政务环境、营商环境，为经济社会建设增加活力。报送改革方面的工作信息16条。《四川改革动态》采用1条，《成都改革》采用3条。编印《锦江改革》15期，宣传改革创新的典型事迹。“深化一窗受理改革赋能政务服务案例”入选“成都市优化营商环境建设优秀案例”，《人民日报》等媒体报道锦江区打造全龄友好公园社区的工作经验。

【人事制度改革】3月24日，市委组织部批准锦江区承担“成都市转业军官作用发挥”“成都市公务员轮岗体验机制”“成都市跨单位统筹转任激活力”“公务员职级晋升积分制实施”“成都市公务员专项考核”5个试点项目。“锦江区选调生及新录用公务员培养管理使用机制”入选“2022年成都市公务员队伍建设创新工作试点项目”。7月13日，市委深化改革委员会批准“锦江区探索人才服务市场化机制”列入“成都市党的建设制度微改革项目”。

【财政制度改革】锦江区深化以绩效为导向的财政预算制度改革，使用预算管理一体化平台，强化项目全周期绩效管理。推动部门整体绩效改革，完善部门重点履职差异化绩效指标体系。针对1455个项目，组织70家区级单位开展绩效自评。重点评价民生事业、疫情防控、产业发展等重点领域的39个项目和15家区级单位的整体支出情况。同时完善绩效激励约束机制，开展绩效运行监控和中期预算评估。将部门支出进度、绩效评估评价结果与预算安排挂钩，预算平均审减率达21%。

【行政审批制度改革】锦江区修订《企业住所（经营场所）申报登记制实施方案》，建立企业住所（经营场所）申报登记制。深化“容缺受理”机制，建立“可缺审批”机制。政务服务中心的企业开办综合服务窗口升级为“绿色专窗”，提供“直通车”服务。简化百分之四十的审批流程，推广电子证照，与武侯区、成华区、金牛区、青羊区联合建立跨地域协同管理服务模式。开发餐饮企业禁止选址清单平台，匹配禁选地址，推动餐饮服务业油烟污染防治前端治理。开发危险化学品智慧申办平台，录入危险化学品2828种，为申报危险化学品经营资格提供数据支撑。编制“一件事”事项清单，录入“一件事一次办”事项10个，重构业务流程，实现“减环节、减时间、减材料、减跑动”目标。出台《即审即勘服务管理办法》，实现“全程网办”目标，彻底解决“反复跑”等行政审批痛点问题。

【案件审判与执行改革】区法院推进案件繁简分流改革，开创以分调裁审机制为主体、以“简案快审”和“类案专审”为辅助的审判模式。同时强化流程管理，建立以审管部门为枢纽，以法官案件管理为架构，由庭长、院长分层施治的工作格局。自主研发办案业绩考核评估辅助平台，构建一体量化的业绩考核体系。通过平台测算工作量，调剂人案比。持续深化“3+1”改革，以民事庭审优质化改革为引领，推动刑事案件庭审实质化、行政案件庭审优化、案件执行一体化改革。使用电子存单兑付执行案款，当事人在全国银行网点实时就近领取案款目标实现，形成案款高效兑付的“锦江经验”。设立集中送达中心，遵循“送审分离”原则，创建“数据平台＋人员服务外包＋业务流程管理”模式，平均送达周期14.5天。成立运行司法释明中心，组建法治指导员团队13个，增聘特邀调解机构4个、调解员18人，建立合作关系的纠纷调解平台达到18个，服判息诉达90%。

【综合行政执法体制改革】锦江区持续推动综合行政执法体制改革，建立区应急管理局、区应急管理综合行政执法大队“局队合一”体制。区应急管理综合行政执法大队为区应急局所属的副处级行政执法机构，人、财、物由区应急局统一管理，以区应急局名义统一执法。主要承担法律法规赋予应急管理部门的危险化学品、烟花爆竹、矿山、工贸等行业领域的安全监管职能，负责地质灾害、水旱灾害、森林草原火灾的应急抢险工作和防震减灾工作，履行认为造成森林草原火灾的行政处罚、行政强制职责。

【国有企业改革】锦江区以国有企业治理体系和治理能力现代化建设为抓手，推动国有企业改革。健全以管资本为主的国有资产监管体制改革和以效率为导向的国资经营评价制度改革，优化国有资本战略布局和国有企业产业发展结构，引导国有企业从单纯的基础设施承建商向城市综合运营商转型。锦发展集团公司的资产规模由整合重组前的725亿元增至1263亿元，获AAA级主体信用评级。

【产业工人队伍建设改革】锦江区明确产业工人队伍建设改革工作要点，编制《进一步发挥企业主体作用加快壮大高素质产业工人队伍专项行动方案》，构建产业工人队伍建设改革政策支持体系。同步建立产业工人队伍建设改革台账，纳入企业11家。11月11日，召开产业工人队伍建设改革工作会议。区委常委、区总工会主席、区产业工人队伍建设改革工作领导小组组长杨世映讲话。会议邀请省总工会专家，采取以会代训形式，开展专题培训。会议学习贯彻习近平总书记致首届大国工匠创新交流大会贺信精神，传达全国、四川省、成都市的产业工人队伍建设改革会议精神。纳入产业工人队伍建设改革台账的企业派出代表参会，有2名企业代表交流经验。《成都改革》2022年第14期登载锦江区产业工人队伍建设改革工作经验文章。

【医疗卫生体制改革】锦江区制定《深化医药卫生体制改革“五医一体化”行动方案（2022—2024年）》，与成都市第二人民医院签署网格化城市医联体合作协议。区域内14家社区卫生服务中心与成都市第二人民医院的检查结果互相认定，区域内达到二级乙等资质的医院可提供“线上＋线下”诊疗服务。开通“掌上医院”手机平台，开设门诊综合服务站，建成“互联网医院”10家。其中有四川友谊医院智慧病房、成都西囡妇科医院智慧药房、四川锦欣妇女儿童医院智慧门诊和智慧病房、成都锦欣精神病医院智慧医疗心身病房。四川友谊医院推出48小时复诊免挂号费政策，为就医群众提供实惠。

【教育评价改革】锦江区深化“四川省教育评价改革试验区”建设，印发《中小学（幼儿园）评价改革实施意见》，确定重点观测点157个。其中幼儿园观测点37个、义务教育阶段学校观测点42个、普通高级中学校观测点42个、中等职业学校观测点36个。依据观测结果评价不同学段教育机构工作，评价范围覆盖公办、民办学校和幼儿园，形成校（园）自评报告123份。参加成都市中小学教育质量综合评价结果运用优秀案例评选，获一等奖15个、二等奖19个、三等奖13个。其中成都市盐道街小学528校区的“五育‘盐币’存‘银行’，争做综合素质‘大富翁’五育融合的小学游戏化综合素质评价”、区教育科学研究院附属小学的“‘多·安’点赞 幸福成长——小学生综合素质评价”、成都师范附属小学万科分校的“从‘知识通关’走向‘素养培育’小学低段素养导向的综合评价”等案例获学校典型案例一等奖，锦江区外国语小学教师杨萍执笔的《以评助劳 以劳塑品——四维劳动教育评价体系》和四川师范大学附属中学教师赵顺蓉执笔的《以活动为载体，推进班级学生综合素质评价工作》获教师典型案例一等奖。

【长期护理保险体制改革】锦江区实施长期护理保险经办体制改革，调整管理主体，明确长护险经办管理由区医保局主导，经办机构与区医保合署办公。扩大受益面，将中度失能人员纳入保障范围，组织居家护理人员培训，增加护理频次，向失能参保人群提供护理服务。截至 12 月，分布入住类长期护理机构 7 家、居家上门类护理机构 5 家、培训机构 1 家，有 2543 人享受长期护理待遇，平均每月支付护理金 350 万元。

【检察工作创新】锦江区检察机关组建“锦绣芳华”妇女权益保护办案团队，联合街道办事处和妇联、民政局、公安分局、法院、律师协会等单位开展涉案妇女综合帮扶、法治宣传等工作，打击侵害妇女权益刑事犯罪，救助受害女性，搭建女性权益保护平台，构筑妇女权益保护屏障。成立企业合规试点工作领导小组，与 14 家区级部门联合召开涉案企业合规第三方监督评估机制管理委员会成立大会暨第一次联席会议。对接财政局、税务局、市场监督局等部门，制定合规考察方案，开创合规模式。

【招商机制创新】锦江区组建市级重点产业链招商专班，由区政府分管副区长担任“链长”，产业部门和投促部门负责人作为专班负责人，对接市级部门。同时以产业发展、企业诉求、项目需求为导向，优化专项政策。制定产业链招商方案，编制“强链补链”重点目标企业表，绘制重点产业链招商引智地图，聚焦产业链上下游企业，针对白鹭湾科技生态园、交子公园金融商务锦江片区等高能发展区间开展招商活动。重点引进高能级 500 强企业、中央国有企业、上市公司，构建“一个链主企业引领带动一条产业链发展”的格局。疫情期间，开创“云推介”模式，在街道办事处、功能区管委会、产业部门、平台公司建成 20 个“云上洽谈室”，利用互联网开展“云会见”“云签约”工作。

2022 年 5 月 5 日，锦江区“千名党员教师进社区”主题活动举办

（成都市天涯石小学校逸景分校提供）

【就业服务机制创新】锦江区创新就业服务机制，探索高校毕业生就业服务新路径。建立“公共服务 + 市场服务”模式，开展缺失信息调查补充、街道社区拉网排查、部门协同精准帮扶等工作，编制基础台账、就业台账、跟踪台账、服务台账，登记未就业高校毕业生 1173 人，掌握未就业高校毕业生的就业意愿、就业去向、就业需求。人社局、民政局等部门建立协同机制，筛查 159 名无法联系的高校毕业生，落实 33 人的去向。

【人才工作机制创新】锦江区按照成都市人社事业发展部署，创新建立“四联一会”工作机制，探索人才供需精准对接的新路径，为构建“1+3+3”产业体系提供人才支撑。通过运行“四联一会”工作机制，政府就业服务、企业用工需求、人才求职意愿等要素有效对接、精准匹配的预期目标实现。“四联一会”即人力资源服务联盟、人才发展联盟、HR 联盟、职业培训联盟以及联席会议。

【地方志工作机制创新】锦江区创新建立志书编修横向联合工作模式，采取地方志工作部门与有修志需求的区级部门共同编纂的方式推动修志工作。区地方志办公室与区政协文史委合作编纂《锦江十年图志》，展示锦江区十年建设与发展变化；与区委统战部联合编纂《锦江区对口支援志》，反映锦江区对口支援的工作与成绩；与区文体旅局联合编纂《锦江文物志》，记录建区三十年的文博事业发展与文物古迹情况。

【党建引领教育创新】锦江区提出“党建引领教育创新”的思路，以民办学校为试点，开创“三个同步”工作法。即培育指导，促使党组织工作孵化成形；结对联姻，推动党建工作标准化发展；个性塑造，凸显党建工作品牌特色。工作经验在成都市民办教育党建和思政工作座谈会上交流。成都市盐道街小学等学校采取校社联动方式开展“千名党员教师进社区”活动，宣讲教育政策，普及家庭教育知识，听取群众意见。活动列入“我为群众办实事十佳优秀案例”。锦江区5个校社联动项目创建为市级示范项目，成都师范附属小学、成都市盐道街小学、成都市娇子小学、成都师范附属小学华润分校、成都市第三幼儿园、成都七中育才学校、成都市天涯石小学昭忠祠分校、四川师范大学附属中学获“成都市党建标准化建设示范校”称号。成都师范附属小学华润分校、田家炳中学的党建工作案例列入“中国教育报社2022年全国中小学党建创新案例”。

（韩旭、龙倩妤）

## 锦江区承办“成渝双城核心商圈指数”发布会

12月12日，重庆市渝中区政府、成都市锦江区政府在锦江区春熙路承办活力商圈·渝加繁蓉活动，发布“成渝双城核心商圈指数”，推介重庆解放碑—朝天门商圈和成都春熙路时尚商圈的成都“时尚春熙”平台、成都十二月是博物馆、成都远洋太古里、重庆来福士、重庆绿色金融大道、重庆“云端经济”6个探索创新项目，推介“双12”联动优惠活动，开启两大商圈联动模式。指数显示，“成语核心商圈”具有协同发展、包容开放的特质，商圈融合度表现突出，智慧商圈建设、数字消费、文旅活力方面特色明显，在优质商业坪效、亿元级商业数量等方面具备优势。媒体指出，活动是成都、重庆两地在双循环背景下引领相向发展、共同打造具有巴蜀特色的国际消费目的地的创新探索，是加快“成渝地区双城经济圈”建设的创新实践。

2022年12月12日，锦江区承办活力商圈·渝加繁蓉“成渝双城核心商圈指数”发布会　　（区融媒体中心提供）

# 中共成都市锦江区委员会

## 重要会议

【概况】2022年，锦江区召开党员代表会议，选举出席成都市党代会代表。区委召开全体会议2次、常委会会议41次，学习习近平总书记系列重要讲话精神和重要指示精神，传达中共二十大精神和中央、省委、市委的重要会议精神，总结和研究、部署锦江区各领域重要工作，审议通过重要文件。

【党员代表会议】4月1日，锦江区召开党员代表会议。区委书记陈志勇主持会议。会议选举产生14名锦江区出席成都市第十四次党代会的代表。会议强调，当选代表务必永葆对党忠诚的政治定力，永葆服务群众的为民本色，高质量建言献策，自觉遵规守纪，发挥共产党员先锋模范作用。会议要求锦江区的中共党员不忘初心、牢记使命，履职尽责、担当作为，以实际行动迎接中共二十大和省第十二次党代会、市第十四次党代会召开。区领导缪晓波、王宏斌、潘雪松、吴斌、刘刚毅、余家洪、杨世映、黄婉、罗明俊出席会议。

2022年4月1日，中国共产党成都市锦江区代表会议在锦江会议中心召开

（区委组织部提供）

【区委八届二次全体会议】1月14日，区委召开八届二次全体会议暨经济工作会议。学习习近平新时代中国特色社会主义思想和习近平总书记指示四川及成都工作的系列重要精神，传达中共十九届六中全会精神、中央经济工作会议精神和省委十一届十次全会精神、省委经济工作会议精神、市委十三届十次全会暨市委经济工作会议精神。区委书记陈志勇代表区委常委会作工作报告，说明《关于进一步激励全区广大党员干部传承红色基因担负时代使命在新征程上展现新作为的实施意见（讨论稿）》。区委副书记、区政府区长缪晓波说明《关于贯彻落实〈以实现碳达峰碳中和目标为引领优化空间产业交通能源结构促进城市绿色低碳发展的决定〉的实施方案（讨论稿）》。会议通过《关于进一步激励全区广大党员干部传承红色基因担负时代使命在新征程上展现新作为的实施意见（草案）》《关于贯彻落实〈以实现碳达峰碳中和目标为引领优化空间产业交通能源结构促进城市绿色低碳发展的决定〉的实施方案（草案）》《中国共产党成都市锦江区第八届委员会第二次全体会议决议（草案）》，审议通过锦江区推荐的四川省出席中共二十大代表候选人建议名单和锦江区推荐的成都市出席中共二十大代表候选人建议名单。会议讨论2022年锦江区经济工作要点，总结

2021年经济工作，安排2022年经济工作。会议作出“巩固深化党史学习教育成果，加强和改进新时代党的建设，提升干部队伍建设水平，促进区域绿色低碳发展”的部署。会议提出“坚持以建设践行新发展理念的公园城市示范区为统领，围绕‘品位锦江·幸福城区’总体目标，高质量建设更加美丽、更具活力、更有品位、更具幸福感的现代化国际化锦江”的要求。出席会议的区委委员39人、候补区委委员7人。列席会议人员119人。包括非区委委员和候补区委委员的一级巡视员、二级巡视员、区人大常委会副主任、区政府副区长、区政协副主席、其他市管干部、区人武部部长、各街道党政主要负责人、区纪委常委、区监委委员、区委各巡察组组长、区人大各专委会主任、区人大常委会各工委主任、区人大常委会驻会委员、区政协各工作机构主要负责人、区政协各专委会主要负责人、区政协专职常委、区级各部门主要负责人、区属国有公司主要负责人、区第八次党代会部分代表、非公有制经济组织和社会组织的党组织书记或出资人。

【区委八届三次全体会议】3月29日，区委召开八届三次全体会议。区委书记陈志勇主持会议。区委常委、组织部部长、社治委主任余家洪说明锦江区出席成都市第十四次党代会代表候选人预备人选建议名单和《锦江区党代表会议工作建议方案》。会议采取投票方式确定锦江区出席成都市第十四次党代会代表候选人预备人选，审议《锦江区党代表会议工作建议方案》。出席会议的区委委员39人、候补区委委员7人。

【区委常委会会议】区委召开常委会会议41次（八届区委常委会第七次会议至第四十七次会议）。会议学习习近平总书记系列重要讲话精神、指示精神和重要论述精神，传达中共二十大精神、全国人民代表大会和全国政协会议精神、中央纪委十九届六次全会精神，传达省委、市委的全体会议以及省市其他重要会议精神，学习省委和市委主要领导讲话精神，开展党史学习教育民主生活会，讨论和审议《区委关于贯彻落实〈市委关于新时代坚持和完善人民代表大会制度加强和改进人大工作的实施意见〉的实施方案（送审稿）》《关于贯彻落实〈以实现碳达峰碳中和目标为引领优化空间产业交通能源结构促进城市绿色低碳发展的决定〉的实施方案（讨论稿）》《2022年锦江区经济工作要点（讨论稿）》《锦江区重大经济事项决策规定实施细则（试行）（送审稿）》《锦江区关于网格化智慧治理体系建设的实施方案（送审稿）》《2022年度“有事来协商”平台小微协商计划（送审稿）》《锦江区创建2021—2025年度第二批全国科普示范县（市、区）工作方案（送审稿）》等区人大常委会党组、区政府党组、区政协党组和区级部门党组提交的重要文件，审议干部工作，听取经济社会建设的各项重要工作汇报，研究和部署锦江区党的建设、区委巡察、疫情防控、产业“建圈强链”、功能区建设、招商引资、营商环境提升、区属国有企业改革、产业人才引进、全国文明城市创建、基层治理、环境保护、公园城市示范区建设、大运会场景营造、粮食安全、耕地保护、群团建设等重点工作。

【党史学习教育总结会】1月13日，区委召开锦江区党史学习教育总结会。学习习近平新时代中国特色社会主义思想，传达中共十九届六中全会精神和中央、四川省、成都市的党史学习教育总结会议精神，总结锦江区党史学习教育工作，激励中共党员弘扬建党精神，担当作为，为建设“更加美丽、更具活力、更有品位、更具幸福感的现代化国际化锦江”提供支撑。区委书记陈志勇，区委副书记、区政府区长缪晓波，区人大常委会党组书记、主任王宏斌，区政协党组书记、主席潘雪松，区委副书记吴斌出席会议。区委常委刘刚毅、彭洪泽、刘嘉聪、余家洪、杨世映、黄婉、唐勇、罗明俊，区人大常委会副主任邹燕、吴文辉、张卫东、唐高原，区政府副区长郑麟、周晓、万科、兰华娟，区政协副主席朱波、杨小明，区法院院长李科，区检察院检察长赵峰出席会议。区级各部门主要负责人、各街道主要负责人、锦发展集团公司主要负责人参加会议。

【区委人大工作会议】3月11日，区委召开人大工作会议。与会人员学习习近平新时代中国特色社会主义思想，传达中共十九届六中全会精神和中央人大工作会议精神、省委人大工作会议精神、市委人大工作会议精神，学习贯彻习近平法治思想和习近平总书记坚持和完善人民代表大会制度的重要思想，提出“坚持中国共产党对人大工作的领导，坚持和完善人民代表大会制度，发挥人大及其常委会人民民主的作用，加强新时代人大工作，推动人大工作与时俱进、创新发展、走在前列，为高质量建设‘品位锦江·幸福城区’提供保障”的要求。区委书记陈志勇，区委副书记、区政府区长缪晓波，区人大常委会党组书记、主任王宏斌，区政协党组书记、主席潘雪松，区委副书记吴斌，区委常委刘刚毅、彭洪泽、刘嘉聪、余家洪、杨世映、黄婉、唐勇、罗明俊，区人大常委会副主任邹燕、刘平、吴文辉、张卫东、唐高原，区政府副区长游锦、郑麟、周晓、万科、兰华娟，区政协副主席朱波、刘琳、宋宗铭、张晓惠、杨小明、杨洪，区法院院长李科，区检察院检察长赵峰出席会议。区人大常委会办公室、区政府办公室的主要负责人，区政协秘书长，区政协办公室主要负责人，区级各部门主要负责人、各街道党工委书记和人大工委主要负责人，锦发展集团公司主要负责人，区人大各专委会主任、副主任，区人大常委会各工作机构主任、副主任，区人大常委会驻会常委，区纪委和区监察局驻区人大机关纪检监察组组长，驻区部队人大工作负责人参加会议。

2022年3月24日，区委政法工作会议召开　　（区委政法委提供）

【区委政法工作会议】3月24日，区委召开政法工作会议。区委常委、政法委书记刘刚毅，区政府副区长郑麟、李科、赵峰出席会议。区委政法委委员和区委办公室、区政府办公室、区总工会等36家区级部门和群团单位分管负责人出席会议。各街道分管负责人出席会议。会议学习习近平总书记指示政法工作的重要精神和中央、省委、市委的政法工作会议精神，总结锦江区2021年的政法工作，安排锦江区2022年政法工作。

【大运会锦江赛区誓师大会】3月25日，区委召开第三十一届世界大学生运动会锦江赛区誓师大会。传达四川省深入推进成都大运会筹办决战决胜动员部署大会精神和成都大运会倒计时100天决战决胜誓师大会精神，学习《成都大运会赛事筹办工作作风“九坚持”“九严禁”》。锦江赛区委员会办公室负责人汇报锦江赛区工作情况，锦江赛区医疗和疫情防控工作组、安保和维稳工作组、后勤保障工作组、交通保障工作组、环境品质提升工作组、锦发展集团公司、成都射校射击场馆中心、猛追湾水球场馆中心的负责人分别汇报筹备工作情况。区委书记陈志勇，区委副书记、区政府区长缪晓波，区人大常委会党组书记、主任王宏斌，区政协党组书记、主席潘雪松，区委副书记吴斌，区委常委刘刚毅、彭洪泽、刘嘉聪、余家洪、杨世映、黄婉、唐勇、罗明俊，区人大常委会副主任邹燕、张卫东，区政府副区长游锦、郑麟、周晓、万科、兰华娟，区政协副主席朱波、杨洪出席会议。吴斌主持会议。

【区委人才工作会】4月2日，区委召开人才工作会。向参会代表发送《锦江区人才发展“十四五”规划（征求意见稿）》《锦江区“锦遇良才·筑梦之江”行动计划（征求意见稿）》《成都市锦江区人才政策指南》，宣布锦江区2021年入选国家高层次人才特殊支持计划、天府青城计划、“蓉漂”计划的人才名单和“产业生态圈领军人才”“双百工程优秀人才”“蓉贝软件人才”的入选者名单，宣布锦江区第一批获奖励、补贴的企业人才名单，向2021年国家高层次人才特殊支持计划入选者、四川锦美环保股份有限公司总裁、四川国测检测技术有限公司总经理赵希锦等13名入选2021年国家人才计划、四川省人才计划、成都市人才计划、锦江区人才计划的人才献花。高层次人才代表、“蓉漂计划”专家、中国五冶集团有限公司高级工程师杨健等5名人才代表发言。区委书记陈志勇讲话。区委副书记、区政府区长缪晓波主持会议。会议指出，要学习领会习近平总书记在新时代人才工作方面的新理念，贯彻落实中央和省委、市委的人才工作会议精神，加强党对人才工作的领导，实施人才引领发展战略，争创“四川省人才工作先行区”。区人大常委会党组书记、主任王宏斌，区政协党组书记、主席潘雪松，区委副书记吴斌，区委常委刘刚毅、彭洪泽、刘嘉聪、余家洪、杨世映、黄婉、唐勇、罗明俊，区政府副区长游锦、郑麟、周晓、万科、兰华娟，区法院院长李科，区检察院检察长赵峰出席会议。各街道党工委主要负责人、区委人才工作领导小组成员单位主要负责人、获奖人才代表、驻区大学和科研单位负责人、产业人才代表、教育界人才代表、科技界人才代表、文化界人才代表、医学界人才代表参加会议。

【区委工作会】7月31日，区委召开工作会，学习习近平总书记到四川省视察的重要指示精神，贯彻落实省市党代会精神和省委、市委的工作会议精神，总结和分析锦江区上半年推动经济社会发展的各项工作，研究和部署下半年重点工作。会议提出“确保完成全年经济社会发展目标任务，做优做强‘主干’城市中心城区核心功能，高质量建设‘品位锦江·幸福城区’，迎接中共二十大召开”的要求。区委书记陈志勇讲话。区委副书记、区政府区长缪晓波，区人大常委会党组书记、主任王昕，区政协党组书记、主席潘雪松，区委副书记吴斌，区委常委刘刚毅、彭洪泽、刘嘉聪、余家洪、杨世映、黄婉、唐勇、罗明俊，区人大常委会副主任邹燕、刘平、吴文辉、张卫东，唐高原，区政府副区长游锦、郑麟、周晓、万科、兰华娟，区政协副主席朱波、刘琳、宋宗铭、张晓惠、杨小明、杨洪，区法院院长李科，区检察院检察长赵峰出席会议。区级各部门的主要负责人，各街道的党政主要负责人，各功能区管委会的主要负责人，锦发展集团公司的主要负责人参加会议。

【传达学习中共二十大精神大会】10月25日，区委召开传达学习中共二十大精神大会。区委书记陈志勇主持会议。区委副书记、区政府区长缪晓波传达中共二十大精神以及省、市召开的传达学习中共二十大精神大会精神。陈志勇讲话，提出“五个牢牢把握”的要求。即“牢牢把握过去五年工作和新时代十年伟大变革的重大意义，把握习近平新时代中国特色社会主义思想的世界观和方法论，牢牢把握以中国式现代化推进中华民族伟大复兴的使命任务，牢牢把握以伟大自我革命引领伟大社会革命的重要要求，牢牢把握团结奋斗的时代要求”。陈志勇指出，锦江区要主动服务“国之大者”“省之大计”“市之大事”，以建设践行新发展理念的公园城市示范区为统领，推动高质量发展，创造高品质生活，实施高效能治理，推进全面从严治党各项工作。会议要求锦江区各部门、各街道要采取宣讲、调研等方式，宣传、学习、讨论中共二十大精神，用政治眼光观察和分析经济社会问题，从讲政治的高度思考和推动经济建设、全国文明城市创建工作、疫情防控工作、社会稳定维护工作，促进经济社会高质量发展。

（崔言新、周莉）

## 区委综合事务

【概况】2022年，锦江区编发《锦江要讯》55期、增刊20期，向中共中央办公厅、省委办公厅、市委办公厅报送信息458条，接待来访团队12个219人。加强目标管理，细化分解目标管理任务66项134条。以区委、区委办公室名义制发文件94份。召开传达学习中共二十大精神大会、区党代会、区委全体会议、区委常委会会议等重要会议。

【目标管理】锦江区编制2022年区级目标任务清单，研究成都市区（市）县目标绩效考评体系，细化分解66项134条目标任务，印发年度市级主要工作目标任务分解表。根据成都市下达的重点经指标目标，分解下达2022年地区生产总值目标任务、招商引资目标任务、部分重点经济指标目标任务等重点经济指标目标任务。

【信息工作】锦江区向市委办公厅上报送信息389条，市级刊物采用锦江区信息141条；向中共中央办公厅、省委办公厅上报信息69条，省级刊物采用锦江区信息10条，中央级刊物采用锦江区信息3条。其中3条信息获市委领导批示，完成年度信息工作任务。市委办公厅授予区委办公室“向市委报送信息工作先进单位”称号。

【公务接待】锦江区接待福建省、重庆市、福州市的3个党政代表团，接待129人；接待沈阳市和平区党政代表团12名成员；接待四川省广安市广安区、广元市利州区、巴中市通江县、成都市龙泉驿区的党政考察团，接待45人；接待市级以上调研团队2个9人。另接待荷兰驻重庆总领馆外事考察团成员4人；接待重点企业代表团的20名成员。

【文件制发】锦江区以区委名义制发《关于进一步激励全区党员干部传承红色基因担负时代使命在新征程上展现新作为的实施意见》等文件，以区委办公室名义制发《关于印发〈2022年全区经济工作要点〉的通知》等文件，通过文件形式统筹部署学习贯彻习近平总书记重要指示精神、干部思想政治建设、区委及常委会重要工作、依法治区工作等年度重大工作。

**表 5　2022 年中共成都市锦江区委文件制发情况表**

| 序号 | 发文时间 | 发文字号 | 文件标题 |
|---|---|---|---|
| 1 | 1 月 27 日 | 锦委发〔2022〕1 号 | 关于进一步激励全区党员干部传承红色基因担负时代使命在新征程上展现新作为的实施意见 |
| 2 | 6 月 21 日 | 锦委发〔2022〕3 号 | 关于认真学习宣传贯彻省第十二次党代会精神的通知 |
| 3 | 6 月 28 日 | 锦委发〔2022〕4 号 | 关于印发《中共成都市锦江区委工作规则》的通知 |
| 4 | 6 月 28 日 | 锦委发〔2022〕5 号 | 关于印发《中共成都市锦江区委常委会议事决策规则》的通知 |
| 5 | 6 月 30 日 | 锦委发〔2022〕6 号 | 关于印发《成都市锦江区法治宣传教育第八个五年规划（2021—2025 年）》的通知 |
| 6 | 6 月 30 日 | 锦委发〔2022〕7 号 | 关于认真学习贯彻习近平总书记来川视察重要指示精神的通知 |
| 7 | 7 月 29 日 | 锦委发〔2022〕8 号 | 关于推进 2022 年全面从严治党、党风廉政建设和反腐败工作的意见 |
| 8 | 10 月 11 日 | 锦委发〔2022〕9 号 | 关于印发《锦江区深入学习贯彻习近平总书记来川视察重要指示精神推动实现全年经济社会发展目标任务的实施方案》的通知 |

**表 6　2022 年中共成都市锦江区委办公室文件制发情况表**

| 序号 | 发文时间 | 发文字号 | 文件标题 |
|---|---|---|---|
| 1 | 2 月 11 日 | 锦委办〔2022〕1 号 | 关于印发《2022 年全区经济工作要点》的通知 |
| 2 | 5 月 30 日 | 锦委办〔2022〕3 号 | 关于印发《锦江区区属企业领导人员管理办法（试行）》的通知 |
| 3 | 7 月 22 日 | 锦委办〔2022〕4 号 | 关于印发《锦江区人才发展“十四五”规划》的通知 |
| 4 | 7 月 22 日 | 锦委办〔2022〕5 号 | 关于印发《锦江区“锦遇良才・筑梦之江”行动计划》的通知 |
| 5 | 10 月 28 日 | 锦委办〔2022〕6 号 | 关于印发《成都市锦江区民生实事项目人大代表票决制工作办法（试行）》的通知 |
| 6 | 11 月 22 日 | 锦委办〔2022〕7 号 | 关于印发《成都市锦江区档案事业发展“十四五”规划》的通知 |
| 7 | 11 月 24 日 | 锦委办〔2022〕8 号 | 关于印发《成都市锦江区重大经济事项决策规定实施细则（试行）》的通知 |
| 8 | 1 月 5 日 | 锦委办发〔2022〕1 号 | 关于调整区领导对口联系街道工作的通知 |
| 9 | 1 月 7 日 | 锦委办发〔2022〕2 号 | 关于成立锦江区推荐提名四川省出席党的二十大代表、成都市出席省十二次党代会代表和选举锦江区出席第十四次党代会代表工作领导小组的通知 |
| 10 | 1 月 11 日 | 锦委办发〔2022〕3 号 | 关于表扬 2021 年度锦江区对口支援甘孜州炉霍县先进单位的通报 |
| 11 | 1 月 19 日 | 锦委办发〔2022〕4 号 | 关于印发《锦江区 2022 年贯彻落实第八次党代会重点工作（项目）清单》的通知 |
| 12 | 1 月 19 日 | 锦委办发〔2022〕5 号 | 关于撤销及变更部门区级议事协调机构的通知 |
| 13 | 1 月 21 日 | 锦委办发〔2022〕6 号 | 关于设立区林长、区副林长及区林长制办公室的通知 |
| 14 | 1 月 24 日 | 锦委办发〔2022〕7 号 | 印发《关于 2022 年信访难案和信访重点人员区级领导包案》的通知 |
| 15 | 1 月 24 日 | 锦委办发〔2022〕8 号 | 关于优化调整第 31 届世界大学生夏季运动会锦江赛区委员会组织架构的通知 |
| 16 | 1 月 26 日 | 锦委办发〔2022〕9 号 | 关于调整区委人民武装委员会暨区国防动员委员会人员组成的通知 |

续表 6

| 序号 | 发文时间 | 发文字号 | 文件标题 |
|---|---|---|---|
| 17 | 1月27日 | 锦委办发〔2022〕10号 | 关于做好锦江区灵活从业人员服务管理工作的通知 |
| 18 | 2月16日 | 锦委办发〔2022〕12号 | 印发《关于贯彻落实〈中共成都市委关于以实现碳达峰碳中和目标为引领优化空间产业交通能源结构促进城市绿色低碳发展的决定〉的实施方案》的通知 |
| 19 | 2月16日 | 锦委办发〔2022〕13号 | 关于立即开展安全隐患全面工作的通知 |
| 20 | 2月18日 | 锦委办发〔2022〕14号 | 关于印发《贯彻落实〈关于以场景营城助推美丽宜居公园城市建设的实施意见〉的任务分工方案》的通知 |
| 21 | 2月28日 | 锦委办发〔2022〕15号 | 关于印发《锦江区产业功能区管委会区级部门区属国有公司税源建设激励奖补实施办法》的通知 |
| 22 | 2月28日 | 锦委办发〔2022〕16号 | 关于印发《锦江区街道经费保障与激励奖补实施办法》的通知 |
| 23 | 3月4日 | 锦委办发〔2022〕17号 | 关于表扬四圣祠片区城市有机更新项目2021年度搬迁腾退工作先进单位及先进个人的通报 |
| 24 | 3月10日 | 锦委办发〔2022〕18号 | 关于印发《2022年度政协协商计划》《2022年度有事来协商平台小微协商计划》的通知 |
| 25 | 3月23日 | 锦委办发〔2022〕20号 | 关于调整锦江区疫情防控领导小组及疫情防控指挥部组成人员及职责的通知 |
| 26 | 3月23日 | 锦委办发〔2022〕21号 | 关于贯彻落实《成都市加强对"一把手"和领导班子监督的责任清单》的通知 |
| 27 | 3月23日 | 锦委办发〔2022〕22号 | 关于印发《成都市锦江区政协提案办理协商实施细则》的通知 |
| 28 | 3月23日 | 锦委办发〔2022〕23号 | 关于印发《锦江区提升招商质效优化营商环境行动方案》的通知 |
| 29 | 4月5日 | 锦委办发〔2022〕26号 | 关于印发《锦江区2022年重点项目计划暨重大项目攻坚大会任务分解方案》的通知 |
| 30 | 4月9日 | 锦委办发〔2022〕29号 | 关于印发《锦江区2022年民主党派基层组织会议协商计划》的通知 |
| 31 | 4月14日 | 锦委办发〔2022〕30号 | 关于持续做好已入驻世界500强企业联系服务工作的通知 |
| 32 | 4月15日 | 锦委办发〔2022〕31号 | 关于调整设立成都市锦江区智慧锦江建设领导小组的通知 |
| 33 | 4月19日 | 锦委办发〔2022〕32号 | 关于分解下达锦江区2022年省市民生实事目标任务的通知 |
| 34 | 4月21日 | 锦委办发〔2022〕33号 | 关于表扬2021年度全区信息调研工作先进单位和先进个人的通报 |
| 35 | 4月29日 | 锦委办发〔2022〕34号 | 关于印发《锦江区关于网格化治理体系建设的实施方案（试行）》的通知 |
| 36 | 5月13日 | 锦委办发〔2022〕35号 | 关于印发《锦江区群团纽带工程2022年工作方案》的通知 |
| 37 | 5月18日 | 锦委办发〔2022〕36号 | 关于更名调整成都市锦江区民营经济和中小企业发展领导小组的通知 |
| 38 | 5月19日 | 锦委办发〔2022〕37号 | 关于认真学习宣传贯彻市第十四次党代会精神的通知 |
| 39 | 5月23日 | 锦委办发〔2022〕39号 | 关于印发《学习贯彻成都市第十四次党代会精神宣讲方案》的通知 |
| 40 | 5月23日 | 锦委办发〔2022〕40号 | 关于表扬2021年锦江区环城生态公园建设先进单位和先进个人的通报 |
| 41 | 5月30日 | 锦委办发〔2022〕42号 | 关于调整锦江区关心下一代工作委员会的通知 |
| 42 | 6月6日 | 锦委办发〔2022〕43号 | 关于开展"促发展惠民生防风险"调研实践活动的通知 |
| 43 | 6月10日 | 锦委办发〔2022〕44号 | 关于印发《锦江区深入落实产业建圈强链行动推进产业高质量发展的实施方案》的通知 |

续表 6

| 序号 | 发文时间 | 发文字号 | 文件标题 |
|---|---|---|---|
| 44 | 6 月 30 日 | 锦委办发〔2022〕45 号 | 关于印发《锦江区深入开展为民惠企服务实施方案》的通知 |
| 45 | 6 月 30 日 | 锦委办发〔2022〕46 号 | 关于印发《2022 年全区开展常态化政企交流工作方案》的通知 |
| 46 | 7 月 4 日 | 锦委办发〔2022〕47 号 | 关于做好学习贯彻习近平总书记来川视察重要指示精神和省第十二次党代会精神宣讲工作的通知 |
| 47 | 7 月 4 日 | 锦委办发〔2022〕48 号 | 关于表扬 2017—2021 年科普工作先进单位的通报 |
| 48 | 7 月 11 日 | 锦委办发〔2022〕49 号 | 关于成立锦江区推进成都市儿童友好城市建设工作领导小组的通知 |
| 49 | 7 月 12 日 | 锦委办发〔2022〕50 号 | 关于印发《四圣祠片区城市有机更新项目搬迁腾退专项推进组设置方案》的通知 |
| 50 | 7 月 23 日 | 锦委办发〔2022〕52 号 | 关于印发《关于组建智慧锦江运行平台的工作方案》的通知 |
| 51 | 7 月 26 日 | 锦委办发〔2022〕53 号 | 印发《关于拓展新时代文明实践中心建设的实施方案》的通知 |
| 52 | 8 月 3 日 | 锦委办发〔2022〕54 号 | 关于优化调整智慧锦江建设领导小组工作架构的通知 |
| 53 | 8 月 15 日 | 锦委办发〔2022〕57 号 | 关于印发《锦江区贯彻落实〈成都市建设践行新发展理念的公园城市示范区行动计划（2021—2025）〉实施方案》的通知 |
| 54 | 8 月 16 日 | 锦委办发〔2022〕58 号 | 关于印发《贯彻落实省第十二次党代会、市第十四次党代会重大部署责任分工方案》的通知 |
| 55 | 8 月 25 日 | 锦委办发〔2022〕60 号 | 关于区委办公室领导分工调整的通知 |
| 56 | 8 月 25 日 | 锦委办发〔2022〕61 号 | 关于成立锦江区社会面清零攻坚行动领导小组的通知 |
| 57 | 9 月 19 日 | 锦委办发〔2022〕62 号 | 印发《关于建立锦江区社会发展治理专项激励资金激励机制的意见》的通知 |
| 58 | 9 月 26 日 | 锦委办发〔2022〕63 号 | 印发《关于进一步明确〈中共成都市委关于开展政治谈话工作的实施意见〉有关事项》的通知 |
| 59 | 9 月 26 日 | 锦委办发〔2022〕64 号 | 关于印发《贯彻落实〈关于以“九责工作法”促进党风廉政建设主体责任落实的意见〉的实施方案》的通知 |
| 60 | 9 月 27 日 | 锦委办发〔2022〕65 号 | 关于成立区委全民国防教育工作领导小组的通知 |
| 61 | 9 月 30 日 | 锦委办发〔2022〕67 号 | 关于印发《“春熙路时尚商圈”建设工作方案》的通知 |
| 62 | 9 月 30 日 | 锦委办发〔2022〕68 号 | 关于成立“春熙路时尚商圈”建设工作领导小组的通知 |
| 63 | 9 月 30 日 | 锦委办发〔2022〕69 号 | 关于表扬 2021 年度全区档案工作先进集体和先进个人的通报 |
| 64 | 10 月 14 日 | 锦委办发〔2022〕70 号 | 关于认真组织收听收看习近平总书记在中国共产党第二十次全国代表大会上的报告的通知 |
| 65 | 10 月 20 日 | 锦委办发〔2022〕71 号 | 关于印发《锦江区街道办事处经费保障与激励奖补实施办法》的通知 |
| 66 | 11 月 7 日 | 锦委办发〔2022〕73 号 | 关于印发《锦江区加快推进成都国家人工智能创新应用先导区建设三年行动计划（2022—2024 年）》的通知 |
| 67 | 11 月 9 日 | 锦委办发〔2022〕74 号 | 关于开展建设“天府成都·品位锦江”突出贡献奖先进集体和先进个人评选表彰工作的通知 |
| 68 | 11 月 9 日 | 锦委办发〔2022〕75 号 | 印发《关于深化党建引领社区“微网实格”治理机制的实施方案》的通知 |
| 69 | 11 月 10 日 | 锦委办发〔2022〕76 号 | 关于调整区领导对口联系街道工作的通知 |
| 70 | 11 月 11 日 | 锦委办发〔2022〕77 号 | 关于印发《锦江区学习宣传贯彻党的二十大精神总体安排》的通知 |
| 71 | 11 月 14 日 | 锦委办发〔2022〕78 号 | 关于印发《锦江区天府绿道建设三圣片区指挥部设置方案》的通知 |

续表 6

| 序号 | 发文时间 | 发文字号 | 文件标题 |
|---|---|---|---|
| 72 | 11 月 21 日 | 锦委办发〔2022〕81 号 | 关于印发《区领导督导党的二十大精神学习宣传贯彻工作方案》通知 |
| 73 | 11 月 24 日 | 锦委办发〔2022〕82 号 | 印发《关于进一步推进离退休干部融入城乡社区发挥作用工作的实施意见》的通知 |
| 74 | 12 月 2 日 | 锦委办发〔2022〕83 号 | 关于印发《锦江区关于 2022 年自然资源督察发现问题整治整改工作方案》的通知 |
| 75 | 12 月 19 日 | 锦委办发〔2022〕84 号 | 关于对区政协八届一次会议以来提案办理先进单位和先进个人进行表扬的通报 |
| 76 | 12 月 26 日 | 锦委办发〔2022〕85 号 | 关于对 2022 年度人大代表建议先进承办单位进行表扬的通报 |
| 77 | 12 月 26 日 | 锦委办发〔2022〕86 号 | 印发《关于调整锦江区建设践行新发展理念的公园城市局示范领导小组的通知》《锦江区建设践行新发展理念的公园城市示范区推进机制》等文件的通知 |
| 78 | 12 月 26 日 | 锦委办发〔2022〕87 号 | 关于表扬 2021 年度目标绩效考评先进单位的通知 |
| 79 | 12 月 30 日 | 锦委办发〔2022〕89 号 | 关于做好 2023 年元旦春节期间有关工作的通知 |

（崔言新、周莉）

## 组织建设

【概况】2022 年，锦江区承办省委组织部主办的“喜迎二十大·寻找党员好榜样”故事会展播等活动，打造党课品牌，推动党员教育。以“微党校”建设为载体，构建党员教育阵地体系。以基层党建整体提升工程为抓手，推动社区党建工作和“两新组织”党建工作，开创“楼小助”商圈楼宇党建模式，探索电商直播行业党建工作路径。“开发红色剧本体验课程，探索场景化党员教育新模式”“构建 1+4+N 党建帮扶模式，点燃乡村振兴红色引擎”等 29 个项目列为“2022 年度市级基层党建工作创新项目”，获第三届中国幸福社区范例奖。举办“新征程奋力担当·机关党建谱新篇”主题展播等活动，推动机关党建规范化建设。坚持开展党史研究、编修、宣传工作，编印《中国共产党锦江执政实录（2021）》，开展党史“七进 +”等特色活动。坚持新时代“好干部”标准和区委用人导向，持续优化局级领导班子结构，提升领导班子整体效能。承担市级公务员专项考核试点工作任务，践行干部队伍考评机制，营造实干氛围。落实区委激励干部的文件精神，坚持干部婚嫁生育必访、因病住院必访、因公受伤必访，以及家属生病住院必访、家庭发生重大变故必访的“五必访”制度和干部荣誉退休、考核评优的喜报制度。启动“学在锦江”干部能力提升行动三年计划，提高干部的能力素质。开设干部培训班 22 期，培训党政干部 1242 人。开展“成渝互派”等干部挂职锻炼工作，培养青年干部，储备后备干部。按照区委“推进高素质专业化公务员队伍建设五项工程”的决策部署，优化科级干部管理制度，激励科级干部履职尽责。同时优化新录用人员管理机制，实现“人岗匹配”目标。坚持开展重大课题调研工作，完成省委党校和市委党校下达的课题调研任务，撰写《在打造国际消费中

2022 年 1 月 27 日，锦江区 2021 年度各街道党工委书记和区级有关部门党（工）委（党组）书记抓基层党建工作述职评议会召开　（区委组织部提供）

心城市背景下成都市建设顶级商圈研究》等调研文章，为区委、区政府决策施政提供参考。

**【党内政治生活】** 1 月 28 日，区委落实党内政治生活制度，以党史学习教育为主题，召开区委常委班子民主生活会。会议通报区委常委班子民主生活会整改措施落实情况和区委常委班子成员征求意见建议情况。会议提出“拓展党史学习教育成果，在履职尽责促发展、牢记宗旨为人民、服务大局强担当、勇于斗争正风纪上走在前列，从党的百年奋斗历程中汲取智慧和力量，为成都建设践行新发展理念的公园城市示范区贡献力量”等要求。

**【党建工作述职评议】** 1 月 27 日，区委召开 2021 年度各街道党工委书记和区级部门党（工）委党组书记抓基层党建工作述职评议会。各街道党工委书记、区委“两新”工委负责人、区教育局党组书记、区住建交局党组书记、锦发展集团公司党委书记到会述职，区直机关工委、区民政局、区司法局、区财政局、区公园城市局、区卫健局、区市场监管局、区公安分局、成都市春熙路时尚活力区管委会、成都市白鹭湾新经济总部功能区管委会、成都七中育才学校向会议递交党组织书记述职报告。3 月 29 日，区委召开 2021 年度区直机关党组织书记抓党建工作述职评议会议。区委组织部、区检察院、区退役军人局、区机关事务局、区金融工作局、区行政审批局的机关党组织书记述职，汇报机关党建工作。会议民主评议 6 名区级机关党组织书记的述职情况。另有35家单位向会议递交述职报告。

2022 年 11 月 25 日，锦江区“献礼二十大 党课开讲啦”党课赛课活动暨“微党校”岗位练兵活动启动

（区委组织部提供）

**【党员发展】** 2022 年，锦江区发展中共党员 264 人，中共党员人数达到 37868 人。其中 35 岁及 35 岁以下年龄的中共党员 6998 人，占比为 18.48%；大专及大专以上学历的中共党员 25874 人，占比为 68.33%；女性党员 16551 人，占比为 43.71%；“两新”组织党员 5788 人，占比为 15.28%。

**【党员教育】** 锦江区承办省委组织部主办的成都平原片区“喜迎二十大·寻找党员好榜样”故事会展播活动，开展“献礼二十大·党课开讲啦”党课赛课活动，打造“濯锦之江·党建论坛”“机关课堂 +”等党课品牌。成都市盐道街小学校党委制作的《以立德之道、赓续精神血脉》党课视频入选“四川省书记讲党课 60 讲”。采取订单式、专班制等方式开展基层党务工作者线下培训活动 6 次，利用互联网开展基层党组织书记培训 2000 次。举办主题征文比赛、党务知识竞赛等庆祝中国共产党成立 101 周年活动 100 次。建成市级“微党校”中心校 1 所、市级党员教育基地 2 个、区级“微党校”中心校教学点 15 个、基层微党校 247 个，形成党员教育阵地体系。以李劼人事迹为蓝本，以红色剧本情景演绎方式开设党员教育培训课程，得到省委常委、市委书记施小琳肯定性批示。开发微党课课件《新时代党章守护人》《说党章》。锦江区“开发红色剧本体验课程，探索场景化党员教育新模式”入选“2022 年度市级基层党建工作创新项目”。组建春熙嬢嬢、小牛哥等 30 个宣讲队，开展中共二十大精神宣讲活动 300 次。开设入党积极分子和预备党员示范培训班 2 期，培训 284 人。锦江区入选“2022 年度党员教育工作十佳县”。锦江区党员教育工作综合排序列成都市各区、市、县第 1 位。

**【社区党建】** 锦江区编制基层党建整体提升工程三年实施方案，明确七大工程的具体任务。探索建立社区物业党建联建“一主导三服务”模式。即党委、政府引领主导，物业机构靠前服务、社会组织补充服务、国有企业兜底服务。9 月 28 日，锦江区社区物业党建联建“一主导三服务”路径入选第六届“全国基层党建创新典型案例”。9 月 29 日，锦江区社区物业党建联建“一主导三服务”路径获第三届中国幸福社区范例红色物业范例奖。《中国组织人事报》等媒体登载专文 200 篇，报道锦江区“三建三促”工作经验。“三建三促”指建组织，促党建覆盖；建公司，促难点共管；建机制，促治理共商。印发《小区（网格）党支部工作十法》，推动党建引领老旧小区改造治理。五福苑小区获成都最佳老旧小区改造奖。选送41个党建项目参加党建工作示范项目评选活动，有10个项目进入市级评审环节，另有5个项目参加全国基层党建创新典型案例展播。汇泉路社区等11个社区和红星国际小区等12个小区分获“2021年度成都市党建引领城乡社区发展治理示范社区”“2021年度成都市党建引领城乡社区发展治理示范小区”称号。

**【“两新组织”党建】** 锦江区承办成都市深化快递物流业党建工作现场会，启动外卖送餐员群体党建试点工作。锦江区外卖送餐员群体党建工作入选“全国社会治理创新案例（2022）”，获全国奖项2个。探索电商直播行业党建工作路径，OST传媒机构的党建工作经验在成都市各区县和市级部门交流。建立“楼小助”红色速办服务机制，推动商圈楼宇党建工作。打造“律司行”“盐小校社联动”等行业党建品牌，成都嘉祥外国语学校党建经验在成都市各区县和市级部门交流。6月28日，锦江区“蓉漂”综合党委获“成都市十佳示范基层党组织”称号。9月，“小牛哥”党建案例入选“全国社会治理创新案例（2022）”。11月15日，春熙路商圈获四川省第三批“两新组织党建示范商圈”称号。12月，“小牛哥”党建案例入选“国家治理(基层党建)创新经验案例”。锦江区“春熙·楼小助”工作入选“2022年度全国百个两新党建创新案例”。

**【机关党建】** 锦江区开展“奋进新征程·机关心向党——喜迎二十大、学习二十大、贯彻二十大”活动，开展“新征程奋力担当·机关党建谱新篇”主题展播活动9次。实施机关党建规范化建设全面提升行动，开展区直机关党建巡察暨机关党建突出问题专项整治，指导16个机关党组织换届选举和届中改选工作。区直机关推动学思践悟的学习模式被省直机关工委推广。发布直联共建资源和需求清单，统筹56个机关党组织的95项资源和76个社区党组织的121项需求，建立“三联三促”直联共建机制，形成“机关党建+服务民生”“机关党建+服务企业”典型案例。“三联三促”指联组织，促党建赋能；联资源，促服务下沉；联党员，促作风转变。以“机关会客厅”“部门转转会”“党务微沙龙”为载体，创立“一厅一会一沙龙”机关党建品牌。以“亮品牌、亮阵地、亮项目和提服务”为内容，实施“三亮一提”行动。知识产权“添翼”工程、“锦楼荟”党建服务等26项机关党建工作成为典型案例。

**【党史编修与研究】** 锦江区持续推动党史编修工作，编纂《中国共产党锦江执政实录(2021)》，撰写《铭记革命先烈，赓续红色血脉》等理论文章。市委党史研究室《岁月留痕》收录区委组织部选送论文4篇，《李劼人传》入选《成都革命历史人物传（精选）》。

**【党史宣传】** 锦江区开展党史“七进+”“四史一起学”系列活动，组建春熙孃孃、锦官君、小狮妹等11个党史宣讲队，采取线下讲堂、线上直播、红色剧本情景演绎等形式促进党史学习教育。中央党史研究室、省委党史研究室采用锦江区党史工作信息17条。区委党史研究室获“成都市党史工作先进单位”“成都市信息工作先进单位”称号。

**表7　2022年成都市锦江区基层党建七大工程一览表**

| 序号 | 工程名称 | 主要任务 |
| --- | --- | --- |
| 1 | 凝心铸魂工程 | 1. 健全新思想常态化学习体系<br>2. 健全新思想全覆盖培训体系<br>3. 健全新思想多场景教育体系 |
| 2 | 领导能力提升工程 | 1. 强化街道党工委统筹协调作用<br>2. 提升社区党组织服务群众能力<br>3. 健全行业系统党组织领导机制<br>4. 优化新兴领域党组织领导方式 |

续表 7

| 序号 | 工程名称 | 主要任务 |
|---|---|---|
| 3 | 织网强基工程 | 1. 强化各级党组织纵向贯通<br>2. 深化各类党组织横向互动<br>3. 推动新兴领域党建扩面提质 |
| 4 | 党建赋能工程 | 1. 党建引领提升新兴领域发展内生动力<br>2. 强党兴链增强产业体系发展动能<br>3. 助企优服促进商圈楼宇街区高质量发展 |
| 5 | 党建引领工程 | 1. 深化党建引领小区协商共治机制<br>2. 强化党建引领网格治理机制<br>3. 完善“以战促治、平战结合”应急管理机制 |
| 6 | 骨干力量锻造工程 | 1. 培养素质优能力强的街道骨干队伍<br>2. 培养想干事能干事的社区领军队伍<br>3. 培养走在前作表率的过硬党员队伍<br>4. 培养专业化职业化的党务工作者队伍 |
| 7 | 夯基固本工程 | 1. 完善党群阵地体系<br>2. 加快智慧党建应用<br>3. 健全财力支撑机制 |

**【领导班子建设】** 锦江区坚持“新时代好干部”标准，坚持“政治过硬、业绩突出、群众公认、清正廉洁”的用人导向，在招商引资、产业发展、城市更新、基层治理、网络信息等领域的一线岗位选拔使用干部。区委常委会研究干部任免事项 10 次，涉及干部 254 人。从重点工作一线提拔干部 66 人，进一步使用干部 15 人，有 27 名区管干部晋升职级，接收团职军转干部 6 人。加强换届后领导班子分析研判，开展领导班子全覆盖日常考察，掌握各单位领导班子运行情况。撰写《全区局级领导班子日常考察情况报告》，分析局级领导班子运行和干部队伍建设情况，发现存在问题，提出工作思路，为区委决策提供参考。制定《区属国企领导人员管理办法》，规范管理国有企业领导班子。

**【干部考核】** 锦江区践行公务员平时考核制度，推荐书院街街道为市级公务员平时考核联系点，得到市委组织部认定。承担市级公务员专项考核试点工作任务，编制锦江区公务员专项考核工作方案。以 8 月 25 日发生的新冠疫情为切入点，考核干部在防疫工作中的能力。并以防疫工作考核为试点，探索公务员专项考核路径。开展 2021 年度干部考评工作，考核处级领导干部 485 人，评为优秀等次的 121 人、合格等次的 364 人。考核公务员 2501 人，有 454 人达到优秀等次。其中获嘉奖公务员 372 人，记三等功公务员 82 人，不称职公务员 2 人，不确定等次的公务员 12 人。

**【干部培训】** 锦江区开设学习贯彻中共二十大精神轮训班，开设学习贯彻中共十九届六中全会精神和省市全会精神专题培训班 7 期，开设处级领导干部进修班。选送领导干部参加省级和市级培训班 45 期，调训干部 890 人。持续推进干部党性

2022 年 6 月 29 日，锦江区 2022 年中青年干部培训班开班式举行　（区委组织部提供）

教育，开设新任基层党组织书记培训班、基层党员示范轮训班及机关党建工作专题培训班等培训班6期，微信公众号“锦学”专栏推送中共二十大精神和中共十九届六中全会精神的学习内容138期。强化干部专业能力，在东南大学、山东大学等高校开设“人工智能”“都市医养高地建设”等异地培训班4期，联合区委政法委、区执法局、区总工会等单位在浙江大学、厦门大学等高校开设“学习贯彻习近平法治思想”“基层工会改革创新”等培训班4期。提升干部履职能力，联合区委党校开设新录用公务员初任培训班、社区党组织书记履职能力提升专题示范培训班等主体班12期，开设疫情防控、办公软件操作等专题培训班13期。拓宽干部视野，利用“锦江论坛”开展“公园城市建设”“基层治理现代化”等业务工作培训19次，利用“濯锦讲堂·云课堂”开展培训12次。开展公务员网络培训6期，培训干部3000人。

**【“学在锦江”计划启动】** 锦江区启动“学在锦江”干部能力提升行动三年计划。采取统筹性指导、开放式引导、个性化主导相结合的方式，引导干部培养自主学习习惯。组织区级各单位开展学习活动210次，营造常态化学习氛围。

**【考学、评学、述学机制】** 锦江区强化考学、评学、述学机制，通过考试、测试手段提升学习实效。组织94名干部参加四川省拟任领导职务任职资格考试，组织107名干部参加四川省新任领导干部政治理论水平测试。同时在区级培训中增设学习测验环节，组织闭卷考核19次。

**【青年干部和后备干部培养】** 锦江区践行年轻干部储备机制，开展“成渝互派”“双百计划”等干部挂职锻炼工作，开设中青年干部培训班，强化干部队伍梯次建设。选派10名年轻干部到市级部门和其他区县挂职锻炼，选派400名年轻干部参加“天府旅游名县”创建、四圣祠片区有机更新、大运会筹备、区委巡察等工作，分层分类将表现突出的干部纳入优秀干部人才库。

**【科级干部管理】** 区委作出推进高素质专业化公务员队伍建设“五项工程”决策，实施素能提升工程、实施结构优化工程、实施管理增效工程、实施暖心激励工程、实施夯基固本工程。区委组织部制定《关于加强高素质专业化濯锦骨干队伍建设的十条措施》，推进市委组织部公务员队伍建设创新试点工作，开展公务员职级晋升积分制项目试点工作、跨单位统筹转任激活力项目试点工作、转业军官作用发挥项目试点工作、公务员轮岗体验机制项目试点工作。坚持人岗相适原则，调动干部67人，跨区调动干部7人，跨单位统筹选拔科级干部8人。坚持实干实绩导向，制定职级晋升政策，发挥职级激励作用，激励科级干部履职尽责。完成公务员登记和调任手续，登记干部107人，调任干部3人。

**【新录用人员管理】** 锦江区编制新录用人员“五统”方案。即统招、统管、统训、统分、统用新录用人员，含选调生、公招参公人员。针对到村任职选调生实施“风筝式”培养计划。“风筝式”指选调生驻村期间的管理模式从接收地单向培养转向“接收地+派员地”双向培养，实现“风筝高飞不断线，异地管理不断档”目标。构建新录用人员“1+3+N”培养管理制度体系。“1”指1个实施方案。即《锦江区新录用人员“统招、统管、统训、统分、统用”实施方案》。“3”指3个操作办法。即《锦江区新录用公务员试用期满考核办法》《关于实施新录用人员成长“引路人”计划的通知》《关于实施到村任职选调生“风筝”式培养的通知》。“N”指岗前培训、重点专训、轮岗锻炼等特色方法。编制专业干部人才需求清单，精准招选干部88人。

**【课题调研】** 锦江区确定“成渝地区双城经济圈”建设方面的调研课题，形成《“成渝地区双城经济圈”背景下中心城区高端资源要素集聚转化的难点及对策研究》《做优做强国际交流交往核心功能促进高质量发展的调查研究》，完成2022年度四川省党校（行政院校）课题调研任务。“新时代建立健全新型经济组织和社会组织中党的组织机构研究”列入“成都市党校领域庆祝中国共产党成立100周年校院项目”。“打造城市会客厅做优做强国际交流交往核心功能”“在打造国际消费中心城市背景下成都市建设顶级商圈研究”在2022年度成都市党校（行政院校）重点调研课题评选活动中获优秀评价。

（郭夏明、任羿）

## 宣传思想工作

**【概况】** 2022年，区委理论学习中心组开展集中学习15次，统筹安排区级部门党组织、街道党工委、国有企业党组织、社区党组织的理论学习。秉持“市县联动、服务基层、链接全国”的融媒体发展思路，推动融媒体矩阵建设。推送文稿 3.2 万篇，开设《党的二十大特别报道》《学习贯彻省委十二届二次全会精神》《学习贯彻市第十四次党代会精神》《拼经济搞建设抓发展》《众志成城 坚决打赢疫情防控攻坚战》等专题栏目 70 个。落实中央和省、市的宣传工作会议精神，开展“非凡十年”、媒体采风等宣传活动。获“四季旅行·美好生活记录者特别奖”“千城早餐·第五季征集活动最佳剪辑奖”等奖项。

【理论学习】锦江区组织区委理论学习中心组成员集中学习习近平新时代中国特色社会主义思想、中共二十大精神、习近平总书记到四川省视察的重要指示精神。选择网络安全、乌克兰危机、数字文明城市、中心城区核心功能等领域的重点课题，邀请专家学者开设讲座，专题辅导。印发《2022 年全区党委（党工委、党组）理论学习中心组专题学习安排意见》，统筹安排区级部门党组织、街道党工委、国有企业党组织、社区党组织的理论学习。组建区委宣讲团和基层特色宣讲小分队，采取分众形式开展理论宣讲活动 1000 次。宣讲中共二十大精神、习近平总书记到四川省视察的重要指示精神、四川省第十二次党代会精神、成都市第十四次党代会精神，宣讲中央和省委、市委、区委的重大决策。“学习强国”学习平台采用锦江区信息 200 条。锦江区 33821 名中共党员纳入“学习强国”学习平台组织架构，占比 90.54%，达到市级考核要求。

【意识形态工作】锦江区落实意识形态和网络意识形态工作责任制，

2022 年 8 月 23 日，学习贯彻习近平总书记来川视察重要指示精神和省第十二次党代会精神市委宣讲团宣讲报告会召开
（区委宣传部提供）

建立意识形态工作联席会议制度，开展专题研究、形势研判、定期通报等工作。开展意识形态年度督查和专项检查，规范化管理微博、微信、微视频、移动客户端等新媒体平台，覆盖 61 家区级部门和 11 个街道。

【媒体宣传】锦江区采取形象推广、即时新闻、视频、海报等形式，联合媒体单位，利用电视、报纸、期刊等传统媒体和微信、微博、智能手机第三方应用程序等新媒体宣传习近平总书记到四川省视察的重要指示精神、中共二十大精神，宣传锦江区公园城市示范区建设、“天府旅游名县”创建、社区发展治理等情况。截至 12 月，发布信息 5600 条。其中《人民日报》、新华网等媒体发布锦江区信息 500 条。中央电视台《新闻联播》《朝闻天下》《新闻 30 分》《新闻直播间》等栏目播出《锦江河畔年味浓，生态人文和谐相融》《关注城市一刻钟便民生活圈》《老房换“新装”老旧小区“改”出新生活》等 23 条锦江区新闻。“学习强国”学习平台发布《成都锦江：“互联网 +”打造智慧就业新引擎》《“大白”送“大白”封控区的暖心一幕》等 5 篇专文。选择商业街区、城市干道、公园景区、小区院落投放公益广告、设置主题景观，宣传习近平新时代中国特色社会主义思想、中共二十大精神。

【“非凡十年”专题活动】锦江区以宣传中共二十大精神为契机，与央广国际、成都电视台以及《四川日报》《华西都市报》《成都日报》《成都商报》等媒体共同策划“非凡十年”专题传播活动，发表《踔厉奋发勇毅前行，谱写新时代“品位锦江·幸福城区”奋斗篇章》《向高而攀、迎新而变，非凡十年绘就“幸福锦江”新画卷》《聚力“推门就是美好生活”》《锦江：乘风而起、破浪前行，高质量建设“品位锦江·幸福城区”》《锦江：十年突破“三个千亿”，助力成都建设国际消费中心城市》《非凡十年——成都锦江区高质量建设“品位锦江幸福城区”》等专文，宣传锦江区现代化国际化形象。

【媒体采风活动】6 月 2 日，锦江区联合新华网开展创建“天府旅游名县”媒体采风活动。新华网、央广国际、四川发布、川观新闻、锦观新闻等互联网媒体登载《成都锦江区：做优公园城市乡村表达 打造都市田园游新样本》《成都市锦江区：都市田园旅游不断焕发新活力》等专文40篇，报道锦江区“进可都市退可田园，推门就是美好生活”的风貌，为锦江区创建“天府旅游名县”助力。

【媒体融合发展】锦江区依据《成都市关于加快推进媒体深度融合发展的实施办法》，编制新媒体改进提升工作方案，优化融媒体中心规章制度，明确“传播锦江声音、讲好锦江故事、擦亮锦江名片”的工作思路，推动媒体融合发展。利用手机客户端“锦界”、微信公众号“锦江发布”、微博账号“品位锦江”、微视账号“锦江融媒”、锦江有线电视、《成都锦江》构建全媒体传播体系。“锦界”发布信息1.3万条、短视频540个，线上直播54次。编印《成都锦江》46期，登载文稿900篇。锦江有线电视《锦江新闻》栏目播出294期，报道新闻1764条。“锦界”关注量9.4万人，“锦江发布”关注量15.6万人，“品位锦江”关注量44.2万人，“锦江融媒”关注量4248人。媒体矩阵的每日阅读量突破10万次。同时采取短视频发布、网络直播等方式，推出互动式、服务式、体验式节目，发布文稿3.2万篇。区融媒体中心与区委组织部联合开展“蓉城暖蜂行动 · 寻找最美骑手”活动，发布市民、骑手、企业“三访三谈”系列短视频，网络投票数达347万票。与区文体旅局联合，采取线上直播、短视频征集、海报发布等形式开展中秋节主题宣传活动，征集短视频100个。区融媒体中心制作的4个作品点击量达到100万次。中央电视台采用锦江区融媒体制作的短视频15个。另有20个短视频获各级新闻奖。新华社授予区融媒体中心“四季旅行 · 美好生活记录者特别奖”“千城早餐 · 第五季征集活动最佳剪辑奖”。省委宣传部授予区融媒体中心“时代光影 · 百部川扬——网络视听作品征集大赛提名奖”。

（杨广玉、何玥珩）

## 统一战线

【概况】2022年，锦江区坚持把民主党派人士和党外代表人士纳入干部教育培训工作，组织民主党派人士和党外代表人士参加“矢志不渝跟党走、携手奋进新时代”等主题活动和各类干部培训班，帮助民主党派人士和党外代表人士提高思想政治水平和业务工作能力。加强民营经济代表人士的发现、培育、使用、管理、联系工作和教育培训工作，落实非公有制经济代表人士政治权利。宣传民族宗教政策法规，提升党员干部的民族宗教工作能力。落实港澳台同胞和侨胞侨属政策，维护港澳台侨合法权益，开展川港澳台青少年志愿服务、侨法宣传沙龙、平安儿童训练营、交通安全训练营等活动10次。各民主党派成员列席区委、区政府重要会议10次。指导成都市第三中学校创建“全国民族团结进步示范学校”，指导沙河街道汇泉路社区建设铸牢中华民族共同体意识教育基地。市委、市政府授予区委统战部“成都市对口支援十周年合作典范”称号。锦江区“飞地+众筹”公益慈善项目入选“中央党校基层党建与民生发展优秀案例”，获第十二届中华慈善奖。

【民主党派人士学习教育】锦江区各民主党派基层组织开展“矢志不渝跟党走、携手奋进新时代”等主题活动60次，选派6名民主党派成员参加省级和市级培训。各民主党派基层组织召开支部会议，举办讲座、分享会活动140次，学习贯彻习近平总书记在加强统一战线工作方面的重要论述精神，传达中央和省委、市委、区委的重要决策部署以及重要会议精神、重要文件精神。

【党外干部培养】锦江区利用“濯锦 · 云课堂”“党课共享 · 党史开讲啦”等互联网培训平台培训党外干部，选派党外干部参加锦江区处级领导干部读书班、中共十九届六中全会精神轮训班、锦江论坛活动，选拔6名党外干部参加党外代表人士进修班、“成都市党外干部菁英培养工程”，培训党外干部120人。提拔处级党外干部1人、副处级党外干部2人。锦江区处级党外干部

2022年“Panda成都 · 华教云课堂”在成都市盐道街小学卓锦分校举办　（区委统战部提供）

9 人、副处级党外干部 10 人。其中 6 名处级党外干部任副区级职务。

【无党派人士调查】锦江区按照中央统战部提出的“分级开展无党派人士政治面貌认定工作”的要求，依据无党派人士考察推荐流程，向市委统战部推荐无党派人士 20 人。

【民营经济代表人士政治权利落实】锦江区建立民营经济统战工作协调机制，向成都市光彩事业促进会和市工商联推荐 14 名会员提名人选，完成 36 名民营经济代表人士综合评价工作。推荐民营企业家参加民营企业坚定理想信念专题研讨班，学习民营经济发展的方针政策。开展民营企业走访活动，向民营企业赠送“助企纾困政策明白卡”1300 个。

【新的社会阶层人士联谊会】3 月 24 日，锦江区新的社会阶层人士联谊会召开学习全国两会精神专题会，邀请第十三届全国政协委员蓝逢辉解读全国两会精神。参会的新的社会阶层人士以“聚焦两会精神，强化使命担当”为主题发言，交流心得体会。

【民族宗教政策法规宣传】锦江区依托蓉城先锋综合教育培训服务平台，将“铸牢中华民族共同体意识——学习 2021 年中央民族工作会议精神”纳入领导干部网络培训班和公务员网络培训班课程。举办民族团结进步创建工作专题培训会，省民宗委监督检查处处长、全国民族团结进步促进协会会员洛绒卓玛开设“深化民族团结进步创建工作，铸牢中华民族共同体意识”主题讲座，区级部门和街道办事处的分管负责人参加培训。组织区级部门、街道、社区负责民族宗教工作的干部开展民族宗教业务专题培训 13 次，培训干部 190 人。

【民族宗教人士爱国爱教活动】锦江区宗教界挖掘教义教规中利于社会和谐、时代进步、健康文明的内容，开展爱国爱教活动。拨付宗教活动场所财政资金 36.5 万元，支持大慈寺维修基础设施，打造“生态鲜花寺院”。基督教恩光堂的讲经布道活动融入《诗经》《道德经》《论语》等国学典籍的内容，以国学兴趣课堂等活动为载体，弘扬传统文化。大慈寺挖掘禅茶文化，打造具有巴蜀文化特色的茶馆，开展“社会主义核心价值观进茶馆”活动。

【和谐城市民族关系构建】锦江区开展“民族团结进步创建进学校、进社区、进企业、进医院”活动，持续推动和谐城市民族关系构建工作。区委统战部、区民宗局指导成都市第三中学校建立“课堂教学、课外实践、互动交融”教学模式，推动民族团结进步教育立体发展。按照“各美其美，美美与共”的目标，支持成都市第三中学校建设“民族团结和美校园”，创建“全国民族团结进步创建示范学校”。指导成都锦欣医疗投资管理集团有限公司创建“四川省民族团结进步示范企业”。探索城市社区开展“铸牢中华民族共同体意识”宣传教育工作，选择沙河街道汇泉路社区建设成都市铸牢中华民族共同体意识宣传教育基地。

【港澳台同胞和侨胞侨属政策落实】锦江区落实华侨和台湾同胞子女的高考和中考加分政策以及华侨华人接受义务教育政策，协调解决港、澳、台、侨同胞的合理诉求 20 次。开展“送政策、促互动、解难题——服务港澳台侨资企业大走访”活动，推介锦江区在现代商贸、人工智能、新兴金融等领域的发展机遇。开展“Panda 成都·华教云课堂”，采用线上教学方式，开设四川清音、四川金钱板等非遗课程。锦江区 1 所小学校与西班牙 2 所华文教育学校结对共建，传播中华传统文化。承办省、市、区三级政协机关和省侨联主办的“喜迎二十大·奋进新征程”读书活动，有 50 名政协委员参加活动。

（古斌、赵波）

## 政策研究

【概况】2022 年，锦江区根据经济建设和民生事业发展需求，针对“成渝地区双城经济圈”建设、公园城市示范区建设、国际消费中心城市核心区建设、国际交流交往引领区建设、智慧锦江建设等重点领域和产业“建圈强链”、现代产业体系构建等重要工作，确定调研课题，采取深入基层、深入一线的方式开展调研活动，研究政策和举措，撰写调研报告等专项文稿 200 篇，为区委制定政策提供依据。

【调研】锦江区聚焦国际消费中心城市核心区等重点工作开展调研活动，撰写《更好统筹疫情防控和经济社会发展加快建设国际消费中心城市核心区》《站立时尚高地构建消费引领建设世界一流商圈做强国际消费中心城市极核》等调研报告，为区委制定经济促进决策提供参考。

（石波、陈小莲）

## 机构编制管理

【概况】2022年，锦江区依据《中国共产党机构编制工作条例》，落实区委机构编制委员会审议通过事项，创新重点领域体制机制，构建简约高效基层管理体制，构建“照清单履职、依清单办事、按清单追责”的职能精细化管理体系，出台街道赋权实施细则，推动政府职能转变。同时针对人才缺口增加事业编制，优化公益机构职能体系；开展选人用人专项巡察、机构编制管理和执行情况专项审计等工作，提高机构编制工作规范化水平。精简街道机构，撤销书院街、东湖、沙河3个街道的清扫队。修订和公布30个区级部门的权责清单，推动行政权力依法公开运行。加强互联网单位名称管理，维护已注册的中文域名256个，新注册中文域名6个。完成事业单位法人年报工作。区委机构编制办公室获“2022年度民生领域事业编制管理创新工作先进单位”“2022年度创新基层管理体制机制工作先进单位”“2022年机构改革评估试点工作先进单位”“2022年度深化综合行政执法改革工作先进单位”“2022年度机构编制实名制管理工作先进单位”“2022年度推进模范机关建设工作先进单位”等称号。

【街道赋权政策出台】锦江区持续推动基层扩权赋能，出台《成都市锦江区赋予街道对部门派出机构工作考核权和主要负责人任免建议权的实施细则》《成都市锦江区赋予街道规划编制和项目验收参与权的实施细则》《成都市锦江区赋予街道对需要部门协同解决事项统筹协调和综合管理权的实施细则》《成都市锦江区赋予街道对事关群众利益重大决策和重大项目建议权的实施细则》《成都市锦江区赋予街道对派驻基层执法力量统一指挥协调权的实施细则》，分2批赋予街道县级行政权力50项，提升街道在逆向评估、统筹调度、决策参与等方面的话语权，彻底解决“看得见的管不着，管得着的看不见”等问题。其中第一批赋权17项，第二批赋权33项。包括自然资源、城市管理、应急管理等领域的县级行政权力。同时按照“一支队伍管执法”的要求，完善综合执法衔接配合机制，确保执法行为依法依规。按照“管理体制扁平化、资源要素集聚化、平台功能一体化”的要求，推进区级和街道级的“智慧蓉城”机构职能体系建设，提升基层治理绩效。

【智慧城市建设机构和职责优化】锦江区将行政审批局承担的牵头推进智慧城市建设、公共数据资源发展应用、网络理政平台诉求受理转办以及考核的职责划入政府办公室。区政府办公室增加牵头推进智慧城市建设，拟订和落实公共数据资源发展政策，公共数据资源收集、管理、开放、应用，区委书记信箱、区长信箱、区长公开电话等网络理政平台的诉求受理、转办、考核等职责。同时成立区智慧蓉城运行中心，为区政府直属处级公益一类事业单位，由区政府办公室代管。承担区城运中心平台建设、运行、维护等事务性工作，拟订智慧平台发展战略、规划以及实施方案，负责重点领域应用场景体系建设，拟订数据资源管理标准。区大数据和智慧城市建设中心并入区智慧蓉城运行中心。

【行业管理职责优化】锦江区按照“供、排、净、治”一体化改革要求，优化水务管理体制，将排水行业监督管理职能划入综合执法局。同步细化综合执法局、住建交局在涉水项目建设方面的职责分工。将综合执法局承担的绿地、小游园、行道树的日常管理维护职责划入区公园城市局。区公园城市局统一负责园林绿化行业监管和绿地、树木管护工作。明确区住建交通局、区综合执法局在市政设施管护方面的职责分工。

【关心下一代工作机构和职责调整】锦江区调整关心下一代工作委员会主要负责人，由区委常委、组织部部长兼任。区关心下一代工作委员会办公室调整至区委老干部局。区委老干部局增加关心下一代工作委员会的职能职责。

【行政复议机构和职责明确】锦江区明确司法局为政府行政复议机构，履行区政府行政复议机构职责，办理区政府的行政复议事项，对外使用“成都市锦江区人民政府行政复议办公室”名称和印章。

【投资服务机构调整】锦江区提升投资服务中心行政级别，由副处级单位调整为处级单位，为区政府直属公益一类事业单位，由投促局代管。同步撤销区投资服务第三中心、区投资服务第四中心。

【都市工业投资服务中心成立】锦江区组建都市工业投资服务中心，为经信局下属副处级公益一类事业单位。区都市工业投资服务中心承担都市工业、信息产业等领域的产业投资促进和招商引资服务保障工作，研究产业生态、产业政策。区新兴产业信息中心的机构和人员编制并入区都市工业投资服务中心。

【学校安全工作机构明确】锦江区构建学校安全工作机构职能体系，在教育保障中心增设教育安全事务中心，增加学校安全工作职责。中小学校和规模较大幼儿园在内设机构数额内统筹设置安全工作机构，规模较小幼儿园明确兼管安全工作的部门。

【未成年人救助保护中心挂牌】锦江区成立未成年人救助保护中心，在区流浪乞讨人员救助管理分站挂牌。区儿童福利服务指导中心摘牌。未成年人救助保护中心主要承担流浪乞讨人员的临时救助和未成年人救助保护等职能。

【智慧化管理】锦江区优化机构编制实名制综合管理平台的操作流程，建成“流程可见、时限可控、责任可溯、闭环可查”的数字化编制管理模式，用编审核、编制调配、下编审核等业务线上办理目标实现。主动对接市委机构编制委员会办公室机构编制实名制管理新平台建设工作，配合开展数据更新、模拟运用等前置工作，为机关、事业2条审核流程并行以及机构、编制、人员多套应用平台通办夯实基础。同步完善实名制管理信息平台中各部门机构名称、人员编制、领导职数等信息。

【事业单位管理】锦江区依托“事业单位在线”网站，向社会公布2021年度事业单位法人年报信息。采用“线上＋线下”结合的方式，会同青羊区、成华区、武侯区、金牛区开展事业单位法人公示信息抽查工作，抽查环卫清运中心、天涯石小学校逸景分校等5家事业单位的法人信息。截至12月，新设事业单位13家，变更登记信息的事业单位15家，注销事业单位6家，办理15家事业单位的统一社会信用代码信息变更手续。

（马力、张琳）

## 保密工作

【概况】2022年，锦江区落实“清单＋责任”工作制度，明确保密工作主体责任，落实监督检查制度，加强宣传教育，实现“保密安全零事故”目标。省委保密委办公室、省国家保密局、省人社厅授予区保密局“四川省保密工作先进集体”称号。

【保密法规宣传】4月15日，锦江区开展“国家安全日”全民保密法治宣传活动。在区委和区政府的集中办公区以及各街道办事处办公区张贴保密法规宣传海报、标语，在锦江电视台、“锦抖看”抖音平台和春熙路商圈的10个电子显示屏播放保密工作宣传片。

【保密培训】锦江区分2批组织59名干部职工参加省市保密教育培训。组织66家单位参加国家保密局开设的保密教育线上培训班。10月17日，召开保密警示教育培训会。参会人员135人。

【互联网涉密检查】锦江区开展互联网电脑和党政网电脑在线保密检查，检查电脑2614台，首检合格率100%，优秀率77.8%。安装非涉密网络保密安全平台客户端3000个，销毁的非密文件。

（崔言新、周莉）

## 老干部管理与服务

【概况】2022年，锦江区登记离退休干部744人。接待离退休干部100人，为老干部解读政策，化解矛盾，确保老干部队伍稳定。改造老干部活动中心，提高老干部文体活动服务质量。实施离退休干部党支部标准化建设，推动党建引领老干部管理服务工作。落实老干部政治待遇和生活待遇，组织老干部学习培训，与街道、社区结对开展“我为群众办实事”主题活动10次。邀请老干部参加秋游、书画比赛、文艺演出等活动。省委组织部、省委老干部局、省人社厅授予区委老干部局“四川省老干部工作先进集体”称号，市委老干部局授予区委老干部局“成都市老干部工作重点任务完成情况先进单位”“成都市老干部宣传思想工作优秀单位”“成都市老干部工作重点课题调研优秀组织单位”“成都市离退休干部‘喜迎二十大礼赞新时代’文艺表演优秀组织单位”“成都市喜迎中共二十大胜利召开知识竞赛优秀组织单位”称号。

【“追寻红色足迹 传承革命精神”培训】6月21—24日，锦江区组织47名离退休干部党务工作者到中共四川省巴中市委党校开展“追寻红色足迹 传承革命精神”暨锦江区2022年离退休干部党务工作培训活动，提高离退休干部党务工作者党性修养。

【"光荣在党 50 年"纪念章颁发】6 月 29 日，锦江区举行"光荣在党 50 年"纪念章颁发仪式。向 14 名来自区级机关、事业单位、区属企业的离退休中共党员颁发纪念章。获纪念章的离退休中共党员分别是刘富林、邹泽彬、沈玉珍、唐瑞琼、苏永兰、沈成明、黄国秉、张秀兰、高贵州、王士瑛、吴建其、周继坤、郭晋川、王豫生。

【老干部文体活动】锦江区组织老干部开展"迎接中共二十大"书画比赛、摄影比赛、主题征文等活动，邀请老干部参加"永远跟党走·唱响中国梦——喜迎二十大"文艺演出、"我看乡村发展变化"主题考察、钓鱼比赛、棋牌竞技赛等活动，举办"喜迎新春佳节，品位美好生活"迎春庆祝活动，开设老干部手机摄影培训班。

【老干部登记管理】锦江区依托"蓉城金秋"离退休干部服务管理平台建成离退休干部数据库，录入离退休干部基础信息。登记管理的区委、区人大常委会、区政府、区政协的区级退休干部和副区级退休干部 52 人，区级各单位的处级退休干部 374 人、副处级退休干部 283 人，区级单位的行政编制离休干部 11 人、事业编制离休干部 2 人，区属企业的离休干部 1 人、市属企业下放管理的离休干部 8 人、易地安置的离休干部 13 人。

【离退休干部党支部建设】锦江区推动离退休干部党支部标准化建设，指导离退休干部党组织开展组织生活会、主题党日等活动，将离退休干部党组织的党建骨干培训纳入区委组织部干部教育培训计划。锦江区 16 个离退休干部党支部完成换届工作，选举产生新一届党支部班子成员。各支部增设纪律检查委员。

【政治待遇落实】锦江区依托离退休干部微党校、离退休干部党支部，采取专题辅导、集中培训等形式，组织离退休干部参加学习、培训等活动和重要会议 90 次，学习习近平新时代中国特色社会主义思想，宣传中共二十大精神和中央的重要政策，传达省委、市委、区委的重要决策部署。为 470 名离退休干部订购《成都日报》《中国老年报》《晚霞报》，向老干部发送《习近平谈治国理政》(第四卷)等读本 1200 册，利用离退休干部 QQ 群、微信群推送学习资料。

【生活待遇落实】锦江区回应老干部的"看病难"诉求，协调医院开辟"离退休干部就医绿色通道"。组织处级和副处级退休干部体检，为区级和副区级离退休干部送药上门 312 次。采取"一人一策"的方式，向离退休干部提供精准服务 37 次，帮助离退休干部解决生活困难。开展离退休干部帮扶活动，帮助 9 人，使用帮扶金 4.6 万元。落实退休干部门诊医疗补贴政策，向新中国成立初期参加革命工作的部分退休干部兑现门诊医疗补贴金 20 万元。慰问离退休干部 955 人，慰问离世老干部家属 21 人。

（刘浣、何李良）

## 党校教育

【概况】2022 年，锦江区落实《中共中央党校（国家行政学院）工作条例》《县级党校（行政学校）规范运行暂行办法》精神，坚持"党校姓党"基本原则，开展党政干部培训、社会组织培训，承办县级党校特色办学主题研讨暨成都市第一片区党校研讨交流活动，完成中组部特约基层干部培训网络课程。成都社会组织学院入选《四川省专业化能力培训机构备案目录》，特色教材入选《全国干部教育培训好教材推荐目录》。区委党校获"2019—2021 年度成都市文明单位"称号。

【微党课特色课程】锦江区开发微党课特色课程"新时代党章守护人"和"说党章"，在"献礼二十大·党课开讲啦"赛课活动暨 2022 年度"微

2022 年 6 月 29 日，锦江区"光荣在党 50 年"纪念章颁发仪式举行　（区委老干部局提供）

党校”岗位练兵活动中获二等奖和三等奖。“开发红色剧本体验课程，探索场景化党员教育新模式”入选“2022年度市级基层党建工作创新项目”。

【党政干部培训】锦江区发挥党校教育平台作用，举办党政干部专题培训班24期，培训党政干部1526人。其中处级以上领导干部“学习贯彻中共十九届六中全会和省市全会精神”专题培训班7期，培训451人；处级领导干部进修班1期，培训25人；主要领导干部读书班1期，培训130人；中青年干部培训班1期，培训47人；重大决策部署专题研讨班2期，培训47人；入党积极分子和预备党员示范培训班2期，培训284人；新任基层党组织书记培训班1期，培训60人；社区党组织书记进修班2期，培训76人；“锦江论坛”活动2期，培训225人。

【社会组织培训】锦江区发挥成都社会组织学院全国社会组织教育培训基地的平台作用，举办党建引领社会组织参与基层治理专题示范培训班、政协委员红色教育和乡村振兴学习考察培训班、党建带妇建专题示范培训班、民营企业家理想信念主题教育培训班，承办成都市村党组织书记抓党建促乡村振兴专题示范培训班、成都市“两新”组织专职党务工作者专题示范培训班，培训293人。

（朱汉杰、谢娟）

## 人才工作

2022年10月15日，锦江区2022年中青年干部培训班开班　（区委党校提供）

【概况】2022年，锦江区发挥高校毕业生就业见习基地的平台作用，向高校毕业生提供就业见习机会。政务服务中心的人才服务窗口提供档案服务、户口服务、党工服务、就业服务等7类28项服务，办理业务41498件。新增技能人才6201人。其中高技能人才2586人。外地到锦江区落户的各类人才4459人。

【人才计划实施】3月22日，省委深化改革委员会批准区委组织部承担探索人才服务市场化机制试点工作任务。4月2日，区委召开人才工作会议。锦江区按区委人才工作会议部署，制订锦江区“锦遇良才·筑梦之江”行动计划，编制人才发展“十四五”规划，重构人才工作格局。与市人才公司合作，成立锦江人才发展公司。创新人才引育机制，评选锦江区第六届“濯锦工匠”65人，奖励产业优秀人才258人，兑付奖金789万元。引进高端人才152人，培育市级产业领军人才7人。通过人才带动，落地市级招才引智高能级项目4个。开展“蓉漂人才荟”、产才融合发展高峰论坛等活动110次，引进重点项目61个，引进产业人才1.2万人。建成省级和国家级人才平台11个，实施的3个项目入选“成都市国家区块链创新应用试点项目”。助力工业和信息化重点领域人工智能产业人才基地建设，开展人才培训93次，覆盖各类人才4216人。完善人才服务保障，建设2100平方米的人才综合服务中心，筹建保障性租赁住房4936套、人才公寓500套，支持总部企业为44名人才购买人才公寓，帮助67名人才子女解决入学问题。锦江区“蓉漂”人才综合党委获“全市十佳示范基

2022年4月2日，区委人才工作会议召开　（区委组织部提供）

层党组织”称号。7月12日，锦江区“成立人才发展公司，构建市场化人才服务机制”和“探索构建以薪定才市场化评价机制”2个项目入选“成都市2022年度揭榜挂帅人才创新项目”。12月12日，锦江区“构建四维一体市场化人才评价机制”入选“成都市要素市场化配置改革试点项目”。

2022年11月5日，2022年锦遇良才——“建圈强链”产业人才锦江区专场招聘会举办

（区人社局提供）

**【产业人才工作促进】** 锦江区开展产业人才可获得率专题研究工作，到186家重点企业调研。根据重点企业人才现状、引才渠道以及人才获得方向和路径等情况建立产业人才库，绘制重点企业人才需求地图，发布“人才开发指引”。储备产业人才4.7万人，为重点企业、重大项目提供专属人才推介服务1780次。

**【高校毕业生就业见习】** 锦江区利用楼宇人才服务站、HR联盟（政府倡导和发起，提升人力资源管理服务水平的平台型组织）微信群等资源，采取线上线下相结合的方式，推送高校毕业生就业见习基地的申报程序、职能职责、就业见习人员补贴发放政策与流程等信息。同时鼓励符合条件的企业参加见习基地申报工作。锦江区认证见习基地44个，募集就业岗位578个。接收高校毕业生档案2992份，拨付高校毕业生就业见习补贴122万元，解决363名高校毕业生的就业见习问题。高校毕业生见习人数、见习补贴金额居成都市5个中心城区第一位。

**【“蓉漂”党员人才合力凝聚】** 锦江区遵循“分类管理、志趣相投、动态调整”原则，成立“蓉漂”人才党委和4个党支部，聚集“蓉漂”人才中的中共党员256人。印发《“蓉漂”党员管理规定》，建立“蓉漂”党员人才电子档案，绘制“蓉漂”党员人才流动地图，组织“蓉漂”党员人才开展党建活动，增强“蓉漂”党员人才归属感和凝聚力。6月，市委组织部授予锦江区“蓉漂”人才党总支部“蓉城先锋·十佳示范基层党组织”“蓉城先锋·示范基层党组织”称号。

**【“建圈强链”产业人才引进】** 锦江区发挥“锦遇良才”活动品牌优势，针对企业用工需求，制订“建圈强链”产业人才引进计划。举办“建圈强链”产业人才现代商贸业专场招聘会、“赋能建圈强链·助力产业发展”人才招聘会等招聘活动44次，参会企业537家，提供就业岗位18703个，与1708名求职人才达成就业意向。

（谢斌、李小兵）

## 巡察工作

**【概况】** 2022年，区委深化省委巡视反馈问题整改工作，编制巡察工作五年规划，安排纪委领导班子成员担任巡察办公室主任，建立巡察组组长负责制，开展2轮常规巡察工作，强化巡察整改和成果运用工作。区领导带队反馈巡察意见6次。巡察组组长负责制实体化工作入选“成都市巡察创新工作”。

**【第一轮巡察】** 3月，区委启动第一轮巡察。监督检查街道和区级部门6个、社区23个，发现贯彻落实上级决策部署不到位等问题473个，移送问题线索25条。区级部门、街道的问题线索分别增长264%和87%。由区领导带队，向被巡察党组织反馈巡察意见，督促被巡察党组织整改。

**【第二轮巡察】** 10月，区委启动第二轮巡察。监督检查区级部门9个，发现宗旨意识淡化、担当意识不足等问题374个，移送问题线索31条。另针对新华之星大厦B幢装修改造项目开展专项巡察。发现锦发展集团公司在项目推进过程中不够重视等问题6个，移送问题线索1条。由区领导带队，向被巡察党组织反馈巡察意见，督促被巡察党组织整改。

（罗月敏、张海娇）

# 外事与港澳事务

【概况】2022年，锦江区完成国际交往中心策划工作，向成都市提出申请，将国际交往中心项目纳入成都市“十四五”国际对外交往中心建设规划。举办“家在成都”中外人士金秋运动会、“欧洲文化季”等国际交流活动。整合外事、外资、外宣等资源，在百扬大厦建设对外交流中心，搭建具有“城市推介、会议会展、文化推介”功能的国际合作平台，助力国际交流交往引领区建设。

【涉外活动】锦江区对接省市外事工作部门、商务部门、投促部门和各国领事馆，探索“外事+”模式，举办“卢旺达咖啡快闪”“陆港枢纽青白江·百年春熙购全球”“蓉欧产业对话——中荷城市更新”等国际交流活动38次。斯洛文尼亚驻华大使馆以信件方式感谢锦江区为举办“欧洲文化季”成都·卢布尔雅那当代版画交流展付出的努力。

【涉港澳活动】6月11日，锦江区举办庆祝香港回归25周年“2022港蓉健步周”启动仪式。8月17日，参加香港特别行政区成立25周年“饮歌”香港电影音乐会。8月27日，协办庆祝香港回归25周年“国风港潮·蜀我有戏”快闪活动。10月31日，参加“川渝”粤港澳企业家合作联盟2022年年会暨“海联金桥”助力高质量发展论坛系列活动，与德国卡尔斯集团公司签署投资合作协议。11月8日，参加香港经济贸易处举办的“蓉享乐味”活动。

（玉露、刘晓艳）

卢旺达传统舞蹈表演

1月14日，卢旺达咖啡快闪活动开幕式在锦江区成都远洋太里举行，向成都消费者推介卢旺达咖啡文化。卢旺达驻华大使詹姆斯·基莫尼奥出席开幕式。活动由卢旺达驻华大使馆主办，上海旺达中邦文化传播有限公司承办。

卢旺达驻华大使詹姆斯·基莫尼奥致辞

参加活动的成都市民

# 成都市锦江区人民代表大会

## 重要会议

【概况】2022年，锦江区召开八届人民代表大会第二次会议，选举第八届区人大常委会主任。区人大常委会召开组成人员会议8次、主任会议10次，学习贯彻习近平总书记“坚持和完善人民代表大会制度”的重要思想，学习法律法规，审议区政府、区检察院、区法院的工作报告14次，决议事项7项。

【区八届人大第二次会议】11月4日，区八届人大召开二次会议第一次全体会议。应到人大代表265人，实到人大代表226人，符合法定人数。大会执行主席、主席团常务主席王昕主持开幕大会。执行主席、主席团常务主席陈志勇、吴斌、余家洪、邹燕、刘平、吴文辉、张卫东、唐高原、罗培民出席会议。区政协党组书记、主席潘雪松和不是锦江区第八届人大代表的区委、区政府、区政协领导以及区人武部部长应邀列席会议。区政府区长作锦江区2022年1—9月疫情防控和经济社会发展情况报告。会议表决通过《区八届人民代表大会第二次会议选举办法（草案）》。各代表团分组讨论《区政府2022年1—9月疫情防控和经济社会发展情况的报告》，讨论第八届区人大常委会主任候选人名单，推选总监票人、监票人。11月5日，区八届人大召开二次会议第二次全体会议。应到人大代表265人，实到人大代表230人，符合法定人数。大会主席团常务主席、闭幕会执行主席陈志勇主持会议。大会主席团常务主席、闭幕会执行主席王昕、吴斌、余家洪、邹燕、刘平、吴文辉、张卫东、唐高原、罗培民出席会议。区委副书记、区政府区长缪晓波，区政协党组书记、主席潘雪松应邀出席会议。会议表决通过总监票员名单、监票员名单。采取无记名投票方式，选举王昕为第八届区人大常委会主任。举行宪法宣誓仪式，第八届区人大常委会主任王昕宣誓。陈志勇讲话，王昕作表态发言。

【区人大常委会会议】锦江区人大常委会召开会议8次（八届区人大常委会第一次会议至第八次会议）。会议学习《中华人民共和国选举法》《中华人民共和国反电信网络诈骗法》等法律法规，传达学习十三届全国人大第五次会议精神和中央、省委、市委、区委的人大工作会议精神，补选5名锦江区出席成都市第十七届人民代表大会代表，补选

2022年11月4日，成都市锦江区第八届人民代表大会第二次会议召开

（区人大常委会办公室提供）

1名区人大代表，接受1名人大代表辞职申请，依法终止3名区人大代表资格，审议同意《区人大常委会2022年工作要点（草案）》《区人大法制和监察委员会关于2021年度开展规范性文件备案审查工作情况的报告》《区人大常委会人事代表工作委员会关于人大代表之家、人大代表联络站建设情况的报告》《锦江区法治宣传教育第八个五年规划（2021—2025年）（草案）》《成都市锦江投资发展集团有限责任公司关于2021年度审计整改工作情况的报告》《区法院关于深化诉源治理工作的报告》《区政府关于锦江区2021年财政决算（草案）和2022年1—6月财政预算执行情况的报告》等重要文件，审议干部任免工作4次。

（邹峰、陈冲）

2022年12月21日，区人大常委会组织人民代表到百扬大厦视察楼宇经济发展情况

（区人大常委会办公室提供）

## 依法监督

**【概况】** 2022年，区人大常委会坚持“围绕中心、服务大局”的工作理念，对表对标中央和省委、市委、区委加强与改进人大工作的要求，把握“稳中求进”工作总基调，采取重点监督与持续监督相结合的方式履行监督职责，跟踪监督经济运行和社会建设情况，监督148名国家机关工作人员和人民陪审员任免工作，推动法律实施、问题解决、工作改进，助力锦江区经济社会高质量发展。

**【经济发展环境监督】** 区人大常委会审议《锦江区2021年国民经济和社会发展计划执行情况及2022年国民经济和社会发展计划的报告》，提出“要在机制创新上发力突破，优化政策、融资、营商环境，激发经济增长内生动力”的意见。开展“做优做强时尚消费引领”课题研究，组织人大代表视察楼宇经济、餐饮行业、都市工业、直播行业、电子商务产业等经济领域以及“证照分离”改革等重点工作，检查“助企惠企32条”落实情况，助推经济高质量发展。

**【财政运行监督】** 区人大常委会依法审查2021年区级财政预算执行情况、2021年区级财政决算、2022年区级财政预算、2022年1—6月区级财政预算执行情况、2022年财政预算调整情况、2022年政府债务限额情况。听取锦江区隐性债务化解工作报告，监督政府债务情况。依法检查财政预决算信息公开情况，督促整改问题21个。持续开展预算联网监督工作和财政支出绩效评价监督工作，督促政府部门执行财政预算，提高财政资金使用效益。

**【国有资产管理监督】** 区人大常委会审议《区政府2021年度国有资产管理情况的综合报告》《区政府2021年度行政事业性国有资产管理情况的专项报告》，提出“健全国有资产管理机制，优化行政事业性国有资产管理，持续深化国资国企改革，优化国有资本战略布局，规范国有自然资源管理”等意见。监督成都市锦发展百年春熙有限责任公司运营情况和国有资产管理情况，提出“提升企业运营能力，解决发展中存在的突出问题，改进国有资产管理”的意见。

**【审计监督】** 区人大常委会审议《区政府2021年度区级预算执行和其他财政收支的年度审计工作报告》，监督区政府2021年度审计整改工作情况。组织干部到成都市青白江区、金堂县检查4个区级储备粮承储仓库的整改工作。检查区财政局等12家被审计单位，督促各单位整改问题152个。审议《成都市锦江发展集团公司2021年度审计整改工作情况的专项报告》《区工商联2021年度审计整改工作情况的专项报告》，开展满意度测评工作，推动审计问题整改工作。

**【创建工作监督】** 区人大常委会对照“天府旅游名县”创建标准，组织人大代表明察暗访、座谈交流，撰写调研报告，提出“天府旅游名县”创建建议。检查农贸市场、老旧院落等“全国文明典范城市”创建工作中存在突出问题的点位，向街道办事处反馈问题，跟踪问题整改情况。

**【民生政策落实工作监督】** 区人大常委会组织人大代表到9所学校和培训机构调研，了解“双减”政策落实情况。审议《区政府义务教育“双减”政策落实情况的报告》，提出“正视问题，让教育回归本真，推动‘双减’政策落到实处”的要求。梳理1991—2022年涉及计划生育工作的100份规范性文件，依法保障“三孩生育”政策推行。

**【生态环境监督】** 区人大常委会助推中央和四川省环保督察及重点案件“回头看”工作，组织人大代表视察区环卫清运中心垃圾压缩站、成都卷烟厂，监督垃圾站异味扰民、烟厂排放气体污染、牛沙横街与牛沙后街油烟扰民等问题的整改工作，提出“持续巩固整改成果，建立常态化工作机制，加强生态环境治理”等建议。

**【城市品质提升工作监督】** 区人大常委会组织人民代表到马家沟片区、劼人公园、晨晖路公园、锦江体育公园等点位视察城市环境品质提升工作，提出“压实主体责任，推动重点项目建设，推动产城融合”的建议。组织人大代表视察四圣祠片区、水碾河路南片区的城市有机更新项目实施情况，提出“提升城市永续发展空间承载能力”等意见。

**【依法治区工作监督】** 区人大常委会审议通过《锦江区法治宣传教育第八个五年规划(2021—2025年)》，依法作出开展“八五”普法工作的决议。组织人民代表视察易燃易爆物品和有毒有害物品经营管理单位，督促政府部门落实监管职能和保障措施。开展法律法规落实情况执法检查工作，检查《中华人民共和国土地管理法》《中华人民共和国退役军人保障法》《四川省粮食安全保障条例》实施情况。规范人大信访渠道，办理上访案件42件。依法开展规范性文件备案审查工作，督促区政府、区法院、区检察院报备规范性文件7份，报备率和及时率100%。审议《区监察委员会关于整治群众反映强烈问题工作情况的报告》，敦促解决群众反映强烈问题，维护群众合法权益。审议《区法院关于深化诉源治理工作的报告》，推动矛盾纠纷源头预防化解工作，助力司法服务环境建设。审议《区检察院关于聚力推进检察建议工作的报告》，助推检察建议工作机制建设。

**【立法工作监督】** 区人大常委会坚持“广开言路，倾听民意”的工作理念，发挥街道人大工委的前哨作用和“人大代表之家”联系群众的平台作用，发动人大代表和群众参与立法监督工作，为省市人大立法调研和法律法规修订建言献策。按照《四川省街道人大工作条例(草案)》《成都市消防条例修正案(草案)》等8个地方性法规立法工作安排，组织人大代表开展立法前调研、评估和立法后意见征询工作，收集群众意见和建议66条。同时协助市人大常委会推动基层立法联系点建设，新建成龙路街道基层立法联系点。

**【干部任免工作监督】** 区人大常委会依法监督80名国家机关工作人员和68名人民陪审员任免工作，监督检查干部任前法律知识考试、法律职务任前资格审查、拟任职人员个人述职、审议票决等工作，组织47名拟任人员参加任前法律知识考试，组织31名干部参加宪法宣誓仪式。

（邹峰、陈冲）

## 人大代表工作促进

**【概况】** 2022年，区人大常委会建立人大代表联系选民制度等6项工作制度，强化人大代表履职保障。坚持以人民为中心的发展思想，推动“人大代表之家”和市人大常委会基层联络点建设，推进民生实事项目人民代表票决制工作，制定《关于进一步做好人大代表工作的实施意见》，成立人大代表专业小组，开设人大代表和人大工作者能力提升班，推动人大代表履职能力建设。发挥人大代表主体作用，激发人大代表履职热情。

**【人大代表工作机制建设】** 区人大常委会制定人民代表工委工作规则，建立区人大常委会组成人员联系人大代表制度、人大代表培训工作制度、人大代表联系选民制度，印发《锦江区人大代表履职积分管理办法》《锦江区人大常委会关于优秀建议和先进承办单位的评选办法》，以“组合拳”方式，构建人大代表工作常态机制。

**【人大代表票决民生实事项目】** 区人大常委会落实省委办公厅《关于在县乡两级开展民生实事项目人大代表票决制工作的指导意见(试行)》

精神和区委主要领导批示精神，专题研究民生实事项目人民代表票决制工作，征求区政府、区人大各专委会、街道人大工委的意见，拟制《锦江区民生实事项目人民代表票决制工作办法（试行）》，报请区委常委会审定后印发。明确票决制工作程序、时间、步骤、责任单位，形成“民生实事项目代表定，项目实施代表督，项目效果代表评”的工作闭环。区人大常委会依照《锦江区民生实事项目人大代表票决制工作办法（试行）》，督促候选项目征集工作，为民生民意与区政府重点民生项目精准对接助力。

2022 年 7 月 15 日，人民代表到“春熙·幸福里”开展“走基层送服务，办实事解难题，献良策促发展”专题调研活动
（区人大常委会办公室提供）

**【人大代表专业小组成立】** 区人大常委会落实成都市人大办公厅《关于组建市人大代表专业小组和开展代表专业小组活动的意见》精神，针对人民代表组成结构、专业特点，遴选 118 名人大代表组建第八届区人民代表大会代表专业小组 8 个，激活人大代表的行业优势和专业优势。

**【人大代表履职平台建设】** 区人大常委会落实省市人大常委会规范“家、站”建设的指导意见精神，持续推动“人大代表之家”和人大代表联络站建设。3 月，区人大常委会副主任吴文辉带领区人大常委会人大代表工作委员会成员到 11 个街道调研“家、站”建设建设情况，与街道、社区的负责人交流，形成《关于锦江区“人大代表之家”和人大代表社区联络站建设情况的报告》。截至 12 月，锦江区建成“人大代表之家”12 个。其中街道“人大代表之家”11 个、驻区部队“人大代表之家”1 个。建成人大代表社区联络站 76 个，实现社区全覆盖目标。春熙路街道“人大代表之家”、沙河街道汇泉路社区人大代表联络站、三圣街道喜树路社区人大代表联络站启动人大代表服务选区选民特色品牌培育试点工作。各“家、站”组织人大代表培训、视察调研、座谈交流，学习习近平新时代中国特色社会主义思想以及习近平总书记指示四川工作的系列重要精神，学习中共二十大精神以及市委、区委的重大决策，学习《中华人民共和国全国人民代表大会和地方各级人民代表大会选举法》等法律法规，通报区人大常委会的重点工作安排情况。同时落实人大代表接待日制度，开展选民接待活动 279 次，接待选民 1700 人，收集选民意见建议 508 条，帮助群众解决问题 371 个，社会问题协调解决率 73%。

**【人大代表在行动主题活动】** 区人大常委会以“走基层送服务，办实事解难题，献良策促发展”三大专项行动为抓手，持续开展“我为群众办实事——人大代表在行动”主题活动。组织人大代表开展活动 373 次。动员人大代表主动为群众做好事，办实事，解难事。人大代表走访、接待群众 3123 人，走访企业 864 家，收集民生改善和企业纾困解难等方面问题 214 个，帮助解决问题 152 个，提交意见建议 189 条。8—9 月，成都“8·25”疫情期间，各级人大代表响应市人大常委会号召，以志愿者身份投入社区防疫工作，践行人大代表的责任担当。

**【人大代表风采宣传】** 区人大常委会把人大代表风采宣传工作列为年度特色工作，利用“锦江人大”微信公众号、《锦江人大工作简报》，联合成都电视台第三频道宣传人民代表履职尽责事迹。推送反映人大代表联系群众、支援防疫、为民办实事的新闻稿 60 篇，报道陈朝珍、张睿、罗睿、周文雯、苟候才等先进典型人物。区人民代表大会八届二次会议期间，举办大型图片展活动，展出 100 名人大代表履职情况的照片。

**【人大代表意见建议办理】** 区人大

常委会人大代表工作委员会与区委督查室、区政府办公室配合，确定人大代表建议的主办单位和协办单位，分类交办人大代表意见建议涉及事件236件。区人大各专委会研究确定城市有机更新、新能源汽车充电设施建设、统筹教育资源配置等5个方面的20件重点督办建议，督促办理单位落实办前、办中、办后与人大代表沟通的“三见面”工作制度和办理工作“回头看、回头查”制度，提高办理质量。截至12月22日，办结人大代表建议185件，占建议总数的78.1%。人大代表满意率100%。

**表8　2022年成都市锦江区人大代表议案办理情况表**

| 序号 | 议案名称 | 议案类型 | 办理状态 | 主办单位 |
|---|---|---|---|---|
| 1 | 关于提升新居院落管理的建议 | 社会事业类 | 办结 | 锦华路街道办事处 |
| 2 | 关于助力攀成钢片区高质量发展、打造未来可持续发展的商业中心及社区典范的建议 | 经济类 | 办结 | 区投促局 |
| 3 | 关于提升大观堰生态公园品牌的建议 | 社会事业类 | 办结 | 狮子山街道办事处 |
| 4 | 关于在锦江区推进商事仲裁机构建设的建议 | 社会事业类 | 办结 | 区司法局 |
| 5 | 关于建立锦江区儿童青少年近视防控基地的建议 | 社会事业类 | 办结 | 区教育局 |
| 6 | 关于优化社区养老服务的建议 | 社会事业类 | 办结 | 区民政局 |
| 7 | 关于沙河街道静康社区 增设居民公共活动场所的建议 | 社会事业类 | 办结 | 沙河街道办事处 |
| 8 | 关于促进锦江区新能源基础设施建设的建议 | 社会事业类 | 办结 | 区经信局 |
| 9 | 关于加强沙河绿道周边安全的建议 | 社会事业类 | 办结 | 区住建交局 |
| 10 | 关于加深推动营商扶持，帮助中小微企业数字经济化建设，加快推动落实智慧社区的建议 | 经济类 | 办结 | 区行政审批局 |
| 11 | 关于全国文明典范城市创建工作的建议 | 其他类 | 办结 | 区委宣传部 |
| 12 | 综合治理提质效 靶向发力补短板 全力提升“品味锦江·幸福城区”知名度美誉度 | 社会事业类 | 办结 | 区住建交局 |
| 13 | 关于助力攀成钢片区高质量发展、打造未来可持续发展的 商业中心及社区典范的建议 | 经济类 | 办结 | 区投促局 |
| 14 | 关于拓宽静平路瓶颈路段的建议 | 社会事业类 | 办结 | 区住建交局 |
| 15 | 关于劼人路、静明路、佳宏北路沿街店招统一规范的建议 | 城乡建设与环境保护类 | 办结 | 狮子山街道办事处 |
| 16 | 关于民生方面的建议 | 社会事业类 | 办结 | 区公园城市局 |
| 17 | 关于建全国教育强区，办人民满意教育的建议 | 社会事业类 | 办结 | 区教育局 |
| 18 | 关于打造“成都味、国际范”锦江科创品牌 加速高质量人才聚集 引领区域高质量发展的建议 | 经济类 | 办结 | 区新经济局 |
| 19 | 打造全国知名的“融媒+”泛传媒街区 让锦江品牌繁华于文创 | 经济类 | 办结 | 区文体旅局 |
| 20 | 关于老旧小区节能改造的建议 | 社会事业类 | 办结 | 区公园城市局 |
| 21 | 关于弘扬优良家风文化的建议 | 其他类 | 办结 | 区委宣传部 |
| 22 | 关于校园周边交通加强管理和设施微更新的建议 | 城乡建设与环境保护类 | 办结 | 区公安分局 |
| 23 | 关于加强水环境保护，树立正确排水意识的建议 | 社会事业类 | 办结 | 区执法局 |
| 24 | 关于锦江区率先实现碳达峰碳中和目标的建议 | 社会事业类 | 办结 | 区发改局 |

续表 8

| 序号 | 议案名称 | 议案类型 | 办理状态 | 主办单位 |
| --- | --- | --- | --- | --- |
| 25 | 关于建设红星路文化传媒走廊的建议 | 经济类 | 办结 | 区文体旅局 |
| 26 | 关于将央企驻蓉的二级企业一并纳入 成都市人才奖励和扶持范围的建议 | 经济类 | 办结 | 区人社局 |
| 27 | 关于引导特色小店经济有序发展的建议 | 经济类 | 办结 | 区商务局 |
| 28 | 关于打造国际化锦江的建议 | 经济类 | 办结 | 区商务局 |
| 29 | 关于医疗健康服务人员技能提升专项工作开展的建议 | 社会事业类 | 办结 | 区卫健局 |
| 30 | 关于菱安路和菱窠路部分时段交通拥堵问题的解决建议 | 社会事业类 | 办结 | 区公安分局 |
| 31 | 关于完善公共法律服务体系的建议 | 法制类 | 办结 | 区司法局 |
| 32 | 关于打造锦江国际人才港的工作的建议 | 其他类 | 办结 | 区人社局 |
| 33 | 关于垃圾分类工作持续性和彻底性 | 社会事业类 | 办结 | 区执法局 |
| 34 | 关于持续给予楼宇经济工作指导和帮助 | 经济类 | 办结 | 区商务局 |
| 35 | 关于平衡义务教育资源，整体提升义务教育水平的建议 | 社会事业类 | 办结 | 区教育局 |
| 36 | 关于加快推进配套设施建设推进的建议 | 社会事业类 | 办结 | 锦华路街道办事处 |
| 37 | 关于老旧小区停车困难的建议 | 社会事业类 | 办结 | 区公园城市局 |
| 38 | 关于完善清单制，促进安全环境进一步好转的意见建议 | 社会事业类 | 办结 | 区应急局 |
| 39 | 关于“双减”工作的建议 | 社会事业类 | 办结 | 区教育局 |
| 40 | 对锦江区人民法院工作的几点建议 | 法制类 | 办结 | 区人民法院 |
| 41 | 对支持锦江区民营建筑企业的几点建议 | 经济类 | 办结 | 区住建交局 |
| 42 | 关于扩宽花乡农居主干道农居路的建议 | 社会事业类 | 办结 | 区住建交局 |
| 43 | 关于协调解决成都市第二人民医院庆云院区交通拥堵问题的建议 | 社会事业类 | 办结 | 区住建交局 |
| 44 | 关于调整成都市第二人民医院落虹桥地块控制性详细规划的建议 | 社会事业类 | 办结 | 区规自局 |
| 45 | 关于解决三圣街道周边停车难的建议 | 社会事业类 | 办结 | 三圣街道办事处 |
| 46 | 关于智慧化养老问题的建议 | 社会事业类 | 办结 | 区民政局 |
| 47 | 关于锦江区三圣花乡打造艺术与生态结合的生态“品味”的建议 | 城乡建设与环境保护类 | 办结 | 区文体旅局 |
| 48 | 关于维护好辖区企业、在建工地农民工合法权益的建议 | 社会事业类 | 办结 | 区人社局 |
| 49 | 关于建立以街道辖区为单位，推前构建突发公共卫生事件应急处理协同体系的建议 | 社会事业类 | 办结 | 区卫健局 |
| 50 | 关于加快推进安置房建设的建议 | 社会事业类 | 办结 | 区公园城市局 |
| 51 | 关于倡导绿色低碳，规范共享单车使用的建议 | 社会事业类 | 办结 | 区执法局 |
| 52 | 关于扩宽花乡农居主干道农居路的建议 | 城乡建设与环境保护类 | 办结 | 三圣街道办事处 |

续表 8

| 序号 | 议案名称 | 议案类型 | 办理状态 | 主办单位 |
|---|---|---|---|---|
| 53 | 关于加快安置房分房和尽快拨付万福 2 组公交车站征地项目土地补偿及青苗费的建议 | 社会事业类 | 办结 | 区公园城市局 |
| 54 | 关于统筹教育资源配置，优化中小学校布局的建议 | 社会事业类 | 办结 | 区教育局 |
| 55 | 关于锦江区加大高级艺术人才引进力度 以及加大公共艺术投入的建议 | 社会事业类 | 办结 | 区文体旅局 |
| 56 | 关于高质量推进城市更新、幸福社区建设的建议 | 城乡建设与环境保护类 | 办结 | 区公园城市局 |
| 57 | 关于持续深化单身职工交友婚恋服务的建议 | 社会事业类 | 办结 | 区总工会 |
| 58 | 关于一环路九眼桥畔“牛皮癣”广告整治的建议 | 城乡建设与环境保护类 | 办结 | 牛市口街道办事处 |
| 59 | 关于发挥律师专业优势，就地设立律师调解工作室，常态化参与商务楼宇和商业街区矛盾纠纷调解的建议 | 社会事业类 | 办结 | 区司法局 |
| 60 | 关于加大推广学校社工发展的建议 | 社会事业类 | 办结 | 区教育局 |
| 61 | 关于建设锦江“视联网”的建议 | 社会事业类 | 办结 | 区公安分局 |
| 62 | 关于借力营商环境建设引导 MCN 机构和网红主播合规运营的建议 | 经济类 | 办结 | 区司法局 |
| 63 | 关于引入教培机构 预付资金信托监管模式的建议 | 社会事业类 | 办结 | 区教育局 |
| 64 | 关于上市许可持有人产业布局作为医药板块加速器的建议 | 其他类 | 办结 | 区经信局 |
| 65 | 关于在政企单位普及云电脑的建议 | 社会事业类 | 办结 | 区经信局 |
| 66 | 关于建设炉霍“三园一线”的建议 | 经济类 | 办结 | 区委统战部 |
| 67 | 关于“电动自行车安全使用”的建议 | 社会事业类 | 办结 | 区应急局 |
| 68 | 关于全面推进妇幼人群全生命周期健康产业示范基地的建议 | 社会事业类 | 办结 | 区卫健局 |
| 69 | 关于成都卷烟厂环行道（成都市锦江区枫香街和山楠路全路段）改建提档升级的建议 | 城乡建设与环境保护类 | 办结 | 区住建交局 |
| 70 | 关于国槐街 698 号沿线绿化环境整治的建议 | 城乡建设与环境保护类 | 办结 | 成龙路街道办事处 |
| 71 | 关于香樟社区共享运动场的整治建议 | 其他类 | 办结 | 成龙路街道办事处 |
| 72 | 关于加强培育锦江区链主企业补足中心城区产业空心化的发展建议 | 经济类 | 办结 | 区发改局 |
| 73 | 关于发挥社区公益服务引领作用，助力辖区青少年全面成长的提议 | 社会事业类 | 办结 | 区教育局 |
| 74 | 做实做优“老旧院落＋街巷”城市更新一体规划、融合打造的工作建议 | 社会事业类 | 办结 | 区公园城市局 |
| 75 | 提升天府广场商圈营商环境的建议 | 经济类 | 办结 | 区商务局 |
| 76 | 关于整治花园街“僵尸车”的建议 | 城乡建设与环境保护类 | 办结 | 区公安分局 |

续表 8

| 序号 | 议案名称 | 议案类型 | 办理状态 | 主办单位 |
|---|---|---|---|---|
| 77 | 关于进一步加强（备案类）社会组织建设的建议 | 社会事业类 | 办结 | 区民政局 |
| 78 | 社区发展治理 | 社会事业类 | 办结 | 区委社治委 |
| 79 | 关于在区生态环境局公布锦江区外来入侵物种名单的建议 | 城乡建设与环境保护类 | 办结 | 区生态环境局 |
| 80 | 加快狮子山站 TOD 项目落地 | 城乡建设与环境保护类 | 办结 | 狮子山街道办事处 |
| 81 | 继续深化锦江数智产业港项目改造转型 | 经济类 | 办结 | 区新经济局 |
| 82 | 关于锦江区东大街沿线风貌打造的建议 | 城乡建设与环境保护类 | 办结 | 区住建交局 |
| 83 | 关于提高社区治理效能的建议 | 社会事业类 | 办结 | 区委社治委 |
| 84 | 关于打造高端写字楼进一步巩固锦江区中心商务区核心地位的建议 | 经济类 | 办结 | 区商务局 |
| 85 | 关于社区商业中心政策支持的建议 | 经济类 | 办结 | 区商务局 |
| 86 | 关于优化锦江区新媒体行业发展环境的建议 | 经济类 | 办结 | 区委宣传部 |
| 87 | 关于加快水杉社区办公用房及综合功能室建设的建议 | 城乡建设与环境保护类 | 办结 | 区住建交局 |
| 88 | 关于打造“锦江国际人才港”为“再建一个产业锦江”提供人才支撑的建议 | 社会事业类 | 办结 | 区人社局 |
| 89 | 关于加快城市建设提升宜居品质的建议 | 城乡建设与环境保护类 | 办结 | 区住建交局 |
| 90 | 关于龙江路到通汇街段河道治理的建议 | 城乡建设与环境保护类 | 办结 | 区公园城市局 |
| 91 | 关于环保督察与施工建设的建议 | 城乡建设与环境保护类 | 办结 | 区生态环境局 |
| 92 | 关于四川大学华西医院锦江院区与成都地铁 13 号线实现无缝接驳的建议 | 城乡建设与环境保护类 | 办结 | 区住建交局 |
| 93 | 关于“空巢老人”和“特扶家庭”就医的建议 | 社会事业类 | 办结 | 区民政局 |
| 94 | 关于更好更满意的推进城市更新的建议 | 城乡建设与环境保护类 | 办结 | 区公园城市局 |
| 95 | 关于改善幼儿教师队伍现状的建议 | 其他类 | 办结 | 区教育局 |
| 96 | 关于加强青少年毒品预防教育的建议 | 其他类 | 办结 | 区教育局 |
| 97 | 关于开展“第二课堂”的建议 | 其他类 | 办结 | 区教育局 |
| 98 | 关于推动学前教育均衡发展的建议 | 其他类 | 办结 | 区教育局 |
| 99 | 关于完善家校社家庭教育协同发展机制的建议 | 其他类 | 办结 | 区教育局 |
| 100 | 关于锦江区三圣乡花卉产业升级发展的建议 | 经济类 | 办结 | 三圣街道办事处 |
| 101 | 关于改造卓锦公园配套用房的建议 | 社会事业类 | 办结 | 成龙路街道办事处 |
| 102 | 关于推动锦江体育公园与文轩体育中心联合发展的建议 | 社会事业类 | 办结 | 区文体旅局 |
| 103 | 关于学校周边环境定期综合整治的建议 | 其他类 | 办结 | 区教育局 |

续表 8

| 序号 | 议案名称 | 议案类型 | 办理状态 | 主办单位 |
|---|---|---|---|---|
| 104 | 关于加强生活垃圾分类转运末端分类处置的建议 | 城乡建设与环境保护类 | 办结 | 区执法局 |
| 105 | 关于加强区青少年宫建设的建议 | 其他类 | 办结 | 区教育局 |
| 106 | 关于推进社区志愿者队伍建设的建议 | 社会事业类 | 办结 | 区委社治委 |
| 107 | 关于平衡义务教育资源的建议 | 其他类 | 办结 | 区教育局 |
| 108 | 关于开展以政府为主导的社区健康宣教的提案 | 其他类 | 办结 | 区卫健局 |
| 109 | 关于宏济巷到东四街街道打通的建议 | 城乡建设与环境保护类 | 办结 | 区住建交局 |
| 110 | 关于加快推进智慧锦江建设的建议 | 社会事业类 | 办结 | 区行政审批局 |
| 111 | 关于对东四街周边园林绿化进行提档升级的建议 | 城乡建设与环境保护类 | 办结 | 区公园城市局 |
| 112 | 关于加快推动水碾河路南片区发展治理的建议 | 社会事业类 | 办结 | 区公园城市局 |
| 113 | 关于提升小牛哥品牌知晓度的建议 | 社会事业类 | 办结 | 区委组织部 |
| 114 | 关于通过标准化社区普惠托育建设促进生育和扩大社区就业的提案 | 社会事业类 | 办结 | 区民政局 |
| 115 | 关于居家养老服务的建议 | 社会事业类 | 办结 | 区民政局 |
| 116 | 关于龙舟路社区老旧院落集中连片改造的建议 | 城乡建设与环境保护类 | 办结 | 区公园城市局 |
| 117 | 关于将金融城三期发展为金融企业聚集地的建议 | 经济类 | 办结 | 区金融局 |
| 118 | 关于完善养老护理体系的建议 | 社会事业类 | 办结 | 区民政局 |
| 119 | 关于加快推进四圣祠国际医美城建设的建议 | 其他类 | 办结 | 区卫健局 |
| 120 | 关于我区发展新能源汽车商贸城的规划 | 经济类 | 办结 | 区商务局 |
| 121 | 关于对东四街道路及周边进行提升打造的建议 | 经济类 | 办结 | 区公园城市局 |
| 122 | 关于促进消费型经济，推动户外广告审批的建议 | 城乡建设与环境保护类 | 办结 | 区执法局 |
| 123 | 根据疫情形势下文旅行业发展现状，拟提出以下几点意见和建议： | 其他类 | 办结 | 区文体旅局 |
| 124 | 如何使城市有机更新项目融入的建议 | 城乡建设与环境保护类 | 办结 | 区公园城市局 |
| 125 | 关于新产业融入老城区，构建城市有机更新“锦江示范”的建议 | 经济类 | 办结 | 区新经济局 |
| 126 | 关于缓解静远路和菱安路道路两侧违章停车减轻沿途交通压力的建议 | 城乡建设与环境保护类 | 办结 | 狮子山街道办事处 |
| 127 | 关于落实锦江区相关部门对纳税亿元的商业楼宇经济工作的支持指导和帮助的建议 | 经济类 | 办结 | 区商务局 |
| 128 | 关于垃圾分类工作的持续性和彻底性的建议 | 城乡建设与环境保护类 | 办结 | 区执法局 |
| 129 | 关于增设充电桩设备，规划大中型集中充电站的建议 | 经济类 | 办结 | 区经信局 |

续表 8

| 序号 | 议案名称 | 议案类型 | 办理状态 | 主办单位 |
| --- | --- | --- | --- | --- |
| 130 | 关于老旧院落、街巷片区风貌改造升级的建议 | 城乡建设与环境保护类 | 办结 | 区公园城市局 |
| 131 | 关于实施东大街焕新工程的建议 | 城乡建设与环境保护类 | 办结 | 区住建交局 |
| 132 | 关于推动《中华人民共和国家庭教育促进法》打造家校融合教育新生态的提案 | 社会事业类 | 办结 | 区教育局 |
| 133 | 关于扩大 60 岁以上老年人免费接种肺炎疫苗范围的建议 | 社会事业类 | 办结 | 区卫健局 |
| 134 | 关于在一环路至宏济上路出口处安装“道路广角转弯镜”的建议。 | 社会事业类 | 办结 | 区公安分局 |
| 135 | 关于水环境修复中人们参与意识提升的建议 | 城乡建设与环境保护类 | 办结 | 区执法局 |
| 136 | 关于落实家庭教育促进法，构建家校社协同育人机制的建议 | 社会事业类 | 办结 | 区教育局 |
| 137 | 关于加强疫情防控常态化下的企业扶持的建议 | 经济类 | 办结 | 区发改局 |
| 138 | 关于共享单车乱停放问题的建议 | 城乡建设与环境保护类 | 办结 | 区执法局 |
| 139 | 关于推动政企民协同循环，激发区域内生动力的建议 | 经济类 | 办结 | 区发改局 |
| 140 | 关于进一步强化“品位锦江·幸福城区”建设防止中心城区“空心化”“边缘化”的建议 | 经济类 | 办结 | 区商务局 |
| 141 | 关于快递行业揽投方面的建议 | 社会事业类 | 办结 | 区住建交局 |
| 142 | 关于规范小学课后兴趣班的建议 | 其他类 | 办结 | 区教育局 |
| 143 | 关于提高社公站人员待遇的建议 | 其他类 | 办结 | 区委社治委 |
| 144 | 关于道路风貌整治的建议 | 城乡建设与环境保护类 | 办结 | 区执法局 |
| 145 | 关于加块新能源汽车充电站建设的建议 | 经济类 | 办结 | 区经信局 |
| 146 | 关于我区打造“青年友好城区”的建议 | 社会事业类 | 办结 | 区人社局 |
| 147 | 关于提升社区人才培育力量的建议 | 其他类 | 办结 | 区民政局 |
| 148 | 关于发展新能源汽车充电站的建议 | 社会事业类 | 办结 | 区经信局 |
| 149 | 关于进一步完善场景营造（风貌整治）类项目后期管护机制的建议 | 社会事业类 | 办结 | 区公园城市局 |
| 150 | 关于关注社会心理援助的建议 | 社会事业类 | 办结 | 区卫健局 |
| 151 | 关于加强公共就业体系建设的建议 | 社会事业类 | 办结 | 区人社局 |
| 152 | 关于推动社区体医融合发展 构建多层次养老服务体系的建议 | 社会事业类 | 办结 | 区民政局 |
| 153 | 关于养老配套服务的建议 | 社会事业类 | 办结 | 区民政局 |
| 154 | 关于加快锦江区智慧型社区建设的建议 | 社会事业类 | 办结 | 区委社治委 |
| 155 | 关于提升“优教锦江”，试点劳动教育基地提质增效的建议 | 其他类 | 办结 | 区教育局 |

续表 8

| 序号 | 议案名称 | 议案类型 | 办理状态 | 主办单位 |
|---|---|---|---|---|
| 156 | 关于优化三环路出口设置提升三环路通行能力的建议 | 城乡建设与环境保护类 | 办结 | 区住建交局 |
| 157 | 关于泛东湖片区提档升级的建议 | 城乡建设与环境保护类 | 办结 | 区住建交局 |
| 158 | 关于适当提高社区工作人员薪酬待遇的建议 | 其他类 | 办结 | 区委社治委 |
| 159 | 关于推动锦江区儿童青少年行为心理健康公益项目开展的建议 | 其他类 | 办结 | 区教育局 |
| 160 | 关于经天路交通拥堵的建议 | 城乡建设与环境保护类 | 办结 | 区住建交局 |
| 161 | 关于加大长护险普及范围的建议 | 社会事业类 | 办结 | 区医保局 |
| 162 | 关于持续加大数字人民币在数字政务、普惠民生等方面的应用的建议 | 社会事业类 | 办结 | 区金融局 |
| 163 | 关于推动儿童友好社会实践基地的建议 | 其他类 | 办结 | 区教育局 |
| 164 | 关于“加快打造新兴金融高地，促进企地共生发展”的建议 | 经济类 | 办结 | 区金融局 |
| 165 | 关于“双减”政策后出现的新焦虑的建议 | 其他类 | 办结 | 区教育局 |
| 166 | 关于推动社区体医融合发展 构建多层次养老服务体系的建议 | 社会事业类 | 办结 | 区民政局 |
| 167 | 关于新能源汽车及物业管理建议 | 经济类 | 办结 | 区经信局 |
| 168 | 关于贯彻落实国家政策，推进“物业＋养老”服务的建议 | 社会事业类 | 办结 | 区民政局 |
| 169 | 关于在锦江大道建设上增加生态价值、人文价值、美学价值和低碳经济价值的建议的提纲 | 城乡建设与环境保护类 | 办结 | 区公园城市局 |
| 170 | 关于加快推进太古里同周边老旧小区改造与楼宇风貌的建议 | 城乡建设与环境保护类 | 办结 | 区公园城市局 |
| 171 | 关于创建文明城市的建议 | 社会事业类 | 办结 | 区委宣传部 |
| 172 | 关于增设公立幼儿园的建议 | 社会事业类 | 办结 | 区教育局 |
| 173 | 关于帮助残疾人就业创业的建议 | 社会事业类 | 办结 | 区残疾人联合会 |
| 174 | 关于管护城市市政基础设施安全生命线的建议 | 社会事业类 | 办结 | 区住建交局 |
| 175 | 关于加强社区治理，共建共享幸福家园的建议 | 社会事业类 | 办结 | 区委社治委 |
| 176 | 关于将学校等机构的运动设施向公众开放的建议 | 社会事业类 | 办结 | 区教育局 |
| 177 | 关于发挥社区公益服务引领作用，助力辖区青少年全面成长的提议 | 社会事业类 | 办结 | 区教育局 |
| 178 | 关于改善居民生活垃圾处理的建议 | 城乡建设与环境保护类 | 办结 | 区执法局 |
| 179 | 关于加强充电基础设施与居住区配电设施规划及老旧小区改造衔接的建议 | 社会事业类 | 办结 | 区经信局 |
| 180 | 关于进一步做好中小学微文化创意与旅游类企业稳定就业的建议 | 其他类 | 办结 | 区文体旅局 |
| 181 | 关于推进智慧社区建设的建议 | 社会事业类 | 办结 | 区委社治委 |

续表 8

| 序号 | 议案名称 | 议案类型 | 办理状态 | 主办单位 |
| --- | --- | --- | --- | --- |
| 182 | 关于用好网络助推创建文明典范城市的建议 | 其他类 | 办结 | 区委宣传部 |
| 183 | 关于拓展“交子券”功能，助力“品味锦江·幸福城区”的建议 | 经济类 | 办结 | 区商务局 |
| 184 | 关于加强城市卫生环境整治的建议 | 城乡建设与环境保护类 | 办结 | 区住建交局 |
| 185 | 关于琉璃路通信线不规范的建议 | 城乡建设与环境保护类 | 办结 | 区经信局 |
| 186 | 关于学校周边环境定期综合整治的建议 | 社会事业类 | 正在办理 | 区教育局 |
| 187 | 加强规划建设管理 推进品位锦江建设的建议 | 城乡建设与环境保护类 | 正在办理 | 区规划分局 |
| 188 | 关于构建优质均衡的一体化医疗卫生健康服务体系的建议 | 其他类 | 正在办理 | 区卫健局 |
| 189 | 关于缓解老旧小区停车难现状的建议 | 城乡建设与环境保护类 | 正在办理 | 区住建交局 |
| 190 | 制定“国际顶级商圈发展战略”的建议 | 经济类 | 正在办理 | 区商务局 |
| 191 | 加强生育支持配套政策促进人口长期均衡发展 | 其他类 | 正在办理中 | 区卫健局 |
| 192 | 关于设立家庭医生便民服务点 拓宽基本公共卫生服务覆盖面的建议 | 社会事业类 | 正在办理中 | 区卫健局 |
| 193 | 关于全民全生命周期口腔健康的建议 | 其他类 | 正在办理 | 区卫健局 |
| 194 | 关于加强全民应急救护培训的建议 | 社会事业类 | 正在办理 | 区红十字会 |
| 195 | 关于老城区解决停车难的提案 | 城乡建设与环境保护类 | 正在办理 | 区住建交局 |
| 196 | 关于加大区域医联体建设落地的建议 | 社会事业类 | 正在办理 | 区卫健局 |
| 197 | 关于居家养老服务智能卡使用的建议 | 社会事业类 | 正在办理 | 区民政局 |
| 198 | 关于多方联动、推动老年人免费体检的建议 | 社会事业类 | 正在办理 | 区卫健局 |
| 199 | 关于扶持智残家庭的建议 | 社会事业类 | 正在办理 | 区残疾人联合会 |
| 200 | 关于加强全民应急救护培训的建议 | 社会事业类 | 正在办理 | 区卫健局 |
| 201 | 关于将四川师范大学校医院 纳入社区卫生服务中心体系的建议 | 社会事业类 | 正在办理 | 区卫健局 |
| 202 | 新产业融入老城区，构建城市有机更新“锦江示范” | 经济类 | 正在办理 | 区公园城市局 |
| 203 | 核酸结果通过身份证或专用芯片卡可查 | 社会事业类 | 政府转办 | 区政府办公室 |
| 204 | 关于落实科教兴国战略，推动高质量教育体系建设，促进教育均衡优质发展的提案 | 社会事业类 | 政府转办 | 区政府办公室 |
| 205 | 关于优化调整锦馨社区道路交通的建议 | 城乡建设与环境保护类 | 政府转办 | 区政府办公室 |
| 206 | 关于系统规划课后延时服务、周末营、寒暑假托管教育，打造成真正的惠民工程的提案 | 社会事业类 | 政府转办 | 区政府办公室 |
| 207 | 关于人口老龄化背景下老旧小区改造的建议 | 城乡建设与环境保护类 | 政府转办 | 区政府办公室 |

续表 8

| 序号 | 议案名称 | 议案类型 | 办理状态 | 主办单位 |
|---|---|---|---|---|
| 208 | 加大公共卫生与医疗机构分工协作和联通共享 | 社会事业类 | 政府转办 | 区政府办公室 |
| 209 | 老年助餐网络建设项目的建议 | 社会事业类 | 政府转办 | 区政府办公室 |
| 210 | 发挥民营企业活力，促进对口乡村振兴工作 | 经济类 | 政府转办 | 区政府办公室 |
| 211 | 疫情下核酸形式的提案 | 其他类 | 政府转办 | 区政府办公室 |
| 212 | 关于加强青年艺术家非遗文化传承与培育、传统文化创新市场开拓的建议 | 社会事业类 | 政府转办 | 区政府办公室 |
| 213 | 关于优化集约利用城市支路和 闲置空地资源增设临停车位的建议 | 社会事业类 | 政府转办 | 区政府办公室 |
| 214 | 关于成都市锦江区沙河街道汇泉路社区户外唱歌扰民问题的建议 | 城乡建设与环境保护类 | 政府转办 | 区政府办公室 |
| 215 | 疫情下经济促进的提案 | 经济类 | 政府转办 | 区政府办公室 |
| 216 | 贯彻中共二十大精神，加强民营企业家走共同富裕之路意识 | 其他类 | 政府转办 | 区政府办公室 |
| 217 | 关于建立辖区企业与高等院校联合研发及合作引入科技类人才的方案建议 | 其他类 | 政府转办 | 区政府办公室 |
| 218 | 关于优化静沙北路往下沙河铺街方向、东大街东大路段往汇源南路方向两个路口交通信号灯设置的建议 | 城乡建设与环境保护类 | 政府转办 | 区政府办公室 |
| 219 | 关于成都市锦江区文旅局支持酒店硬件提升实施经费补助的建议 | 社会事业类 | 政府转办 | 区政府办公室 |
| 220 | 关于科学推进城市园林绿化的提案 | 城乡建设与环境保护类 | 政府转办 | 区政府办公室 |
| 221 | 关于马家沟小学接送孩子车辆规范停车的建议 | 其他类 | 政府转办 | 区政府办公室 |
| 222 | 关于尽快将原精品盆景园提档升级为中国梅文化中心的建议 | 城乡建设与环境保护类 | 政府转办 | 区政府办公室 |
| 223 | 关于成都市锦江区沙河街道汇泉路社区户外唱歌扰民问题的建议 | 城乡建设与环境保护类 | 政府转办 | 区政府办公室 |
| 224 | 科学配置医疗机构，方便群众看病就医 | 社会事业类 | 政府转办 | 区政府办公室 |
| 225 | 关于推进锦江区疫情防控精细化管理的建议 | 社会事业类 | 政府转办 | 区政府办公室 |
| 226 | 关于提升老旧小区更新改造工作的建议 | 社会事业类 | 政府转办 | 区政府办公室 |
| 227 | 关于强化井盖安全监管的建议 | 城乡建设与环境保护类 | 政府转办 | 区政府办公室 |
| 228 | 关于及时处置岷江路 1782 号右侧区域围墙刀塔倒塌积存垃圾渣土的建议 | 城乡建设与环境保护类 | 政府转办 | 区政府办公室 |
| 229 | 关于加强规范通讯网线有序布线的建议 | 社会事业类 | 政府转办 | 区政府办公室 |
| 230 | 加强锦江水生态治理和水文化传承 | 城乡建设与环境保护类 | 政府转办 | 区政府办公室 |
| 231 | 关于共建“最美上学路”的几点建议 | 社会事业类 | 政府转办 | 区政府办公室 |

续表 8

| 序号 | 议案名称 | 议案类型 | 办理状态 | 主办单位 |
|---|---|---|---|---|
| 232 | 关于规范共享单车管理的建议 | 城乡建设与环境保护类 | 政府转办 | 区政府办公室 |
| 233 | 加快高精尖护理专科技术人才建设 | 社会事业类 | 政府转办 | 区政府办公室 |
| 234 | 关于后疫情时期攀成钢商圈加速发展的有关建议 | 经济类 | 政府转办 | 区政府办公室 |
| 235 | 关于加强锦江区商业楼宇数字化平台管理的建议 | 经济类 | 政府转办 | 区政府办公室 |
| 236 | 建设全国高品质教育强区，进一步加大投入，促进学生“上好学” | 社会事业类 | 政府转办 | 区政府办公室 |

（邹峰、陈冲）

## 区人大常委会党组理论学习中心组（扩大）学习会

1月10日，区人大常委会召开党组理论学习中心组（扩大）学习会。区人大常委会党组书记、主任王宏斌主持会议。与会人员学习习近平总书记出席中央人大工作会议的重要讲话精神，学习《中共中央关于百年奋斗重大成就和历史经验的决议》。会议传达省委党史学习教育总结会议精神。会议指出，要贯彻落实中央和省委、市委的人大工作会议精神，建立工作机制，将转化为推进工作的具体举措，落实到人大工作的各方面、各环节、全过程。会议强调，要围绕区委中心工作，锚定人大履职着力点，提升区人大常委会依法履职能力。同时要深入推进党史学习教育、民生实事项目票决制工作、人事任免工作，梳理各专委会职责和运行机制，明确2022年区人大常委会工作要点，推动人大工作高质量推进。区人大常委会党组副书记、副主任邹燕，区人大常委会党组成员、副主任吴文辉，区人大常委会党组成员、副主任张卫东，区人大常委会党组成员、机关党组书记罗培民出席会议。区人大常委会副主任刘平列席会议。

## 区八届人大常委会第一次主任会议

1月11日，区八届人大常委会召开第一次主任会议。区人大常委会党组书记、主任王宏斌主持会议。会议审议《区人大常委会主任会议成员分工方案》《区人大常委会主任会议议事规则》《区人大各专委会工作职责》。与会人员学习《市人大关于加强和改进成都市人民代表工作的具体措施》，研究贯彻落实意见。会议讨论成都市第十七届人民代表补选工作，审议区八届人大常委会第一次会议方案。会议指出，要完善区人大各专委会组织制度和工作机制，与党政部门、群团机关、司法部门、街道加强联系，发挥专业优势，依法推动监督工作。同时要发挥人民代表的桥梁纽带作用，密切联系群众，收集群众意见，回应群众关切。区人大常委会党组副书记、副主任邹燕，区人大常委会党组成员、副主任吴文辉，区人大常委会党组成员、副主任张卫东，区人大常委会副主任刘平出席会议。

# 成都市锦江区人民政府

## 重要会议

【概况】2022年，区政府召开全体会议2次、常务会议34次，学习贯彻习近平总书记系列重要指示精神，传达中央和省市重要会议精神、文件精神以及省委、省政府和市委、市政府主要领导指示批示精神，通报省市重大决策举措，听取政治、经济、社会、文化、生态五个文明建设领域的工作汇报，审议推动经济社会发展的重要文件，讨论和部署招商引资、安全生产、绿色低碳发展、法治政府建设、新冠疫情防控、川派餐饮创新发展、"天府旅游名县"创建、产业"建圈强链"等重要工作。

【区政府八届一次全体会议】10月26日，区政府召开八届一次全体会议。区委副书记、区政府区长缪晓波主持会议。区政府领导班子成员和区政府组成部门主要负责人出席会议。区人大常委会、区政协、区纪委、区监委、区法院、区检察院、区人武部的领导列席会议，各产业功能区管委会、各街道办事处、区级部门的负责人应邀参加会议。

会议传达中共二十大精神和省委工作会议精神、省政府第十次全体会议精神、市委工作会议精神、市政府第九次全体会议精神，审议《区政府关于2022年1—9月疫情防控和经济社会发展情况的报告(讨论稿)》，提出"旗帜鲜明讲政治、聚精会神抓发展、全心全意惠民生、持之以恒保安全"的要求。区政府各副区长总结和部署分管领域工作。

缪晓波指出，要根据省委、省政府、市委、市政府和区委作出的学习、宣传、贯彻中共二十大精神的部署，落实"疫情要防住、经济要稳住、发展要安全"的精神，推动锦江区经济社会发展。

【区政府八届二次全体会议】12月20日，区政府召开八届二次全体会议。区委副书记、区政府区长缪晓波主持会议。区政府领导班子成员和区政府组成部门主要负责人出席会议。区人大常委会、区政协、区纪委、区监委、区法院、区检察院、区人武部领导列席会议。各产业功能区管委会、各街道办事处、区级部门的负责人和锦发展集团公司主要负责人参加会议。

会议学习贯彻中共二十大精神，传达中央经济工作会议精神、省委十二届二次全体会议精神，传达中共中央、国务院和省委、省政府、市委、市政府、区委的重要决策部署，总结区政府2022年工作，分析研判锦江区经济社会发展形势，部署区政府2023年工作。会议审议《政府工作报告(讨论稿)》《关于锦江区2022年国民经济和社会发展计划执行情况及2023年国民经济和社会发展计划草案的报告(讨论稿)》《关于锦江区2022年财政预算执行情况和2023年财政预算草案的报告(讨论稿)》。会议提出"解放思想，进一步凝聚创新引领时代的社会共识；实事求是，进一步促成创新驱动发展的社会行动；团结奋进，进一步营造创新筑就未来的社会效应"的要求。

缪晓波指出，要安排走访慰问活动，坚持开展疫情防控、群众就医等工作，向群众和企业传递党和政府的关怀；要冲刺目标任务，力争"全年红"和2023年一季度"开门红"；要杜绝重大安全事故；要组织"十二月市"系列促消费活动，营造节日氛围。

【区政府常务会议】 区政府召开常务会议34次（八届区政府第二次常务会议至第三十五次常务会议）。会议传达全国人民代表大会和全国政协会议精神，贯彻落实中央、省委、市委的经济工作会议精神和省市其他重要会议精神，学习省委和市委主要领导的讲话精神，听取食品药品安全工作汇报、大气污染防治工作汇报、民营经济和中小微企业帮扶工作汇报、地方志工作汇报等经济社会建设各领域工作汇报46次，审议通过《2022年锦江区经济工作要点（送审稿）》《锦江区提升招商质效优化营商环境行动方案（送审稿）》《区政府2022年党风廉政建设和反腐败工作要点（送审稿）》《关于追加安排天府旅游名县创建工作经费的请示》《关于追加安排定点隔离酒店专项经费的请示》《关于追加安排成都第31届世界大学生夏季运动会经费的请示》等重要文件211份，落实区委各项部署，安排法治政府建设、安全生产、“天府旅游名县”创建、川派餐饮创新发展先行区建设、人工智能产业发展、对外贸易、区属国有企业发展、老旧小区改造、网格化智慧治理、基本公共服务设施、城市绿色低碳发展、大气和水环境综合治理、行政规范性文件管理、医药卫生体制改革、“放管服”改革、防疫情稳经济、食品药品安全、重大项目建设等重点工作。

（吴聪、宋正洪）

## 区政府综合事务

【概况】 2022年，区政府规范办文办会，召开全体会议、常务会议等会重要会议36次。依法开展政府采购业务，推进目标督办工作。通过市政府信息公开目录网站、区政府门户网站发布信息99条。省政府办公厅授予区政府“2022年度政务信息工作先进单位”称号。

【政府采购】 区政府依据《中华人民共和国政府采购法》以及省、市出台的配套法规，采取在线招投标方式，开展采购业务。政府集中采购项目实行价格扣除和适当加分政策，支持节能环保产品，鼓励中小企业和监狱企业参与。截至12月，办理政府采购业务216次，项目执行采购预算2.75亿元，实际采购支出2.63亿元。节约资金1184.45万元，资金节约率4.30%。

【信息工作】 区政府聚焦“讲政治、抓发展、惠民生、保安全”，挖掘特色亮点工作经验和基层发展的痛点问题，向省政府办公厅、市政府办公厅报送政务专刊、专报693篇。完成国务院办公厅紧急约稿任务，上报文稿87篇。省政府办公厅采用锦江区上报专文21篇，市政府办公厅采用锦江区上报专文160篇。

【建议和提案办理】 区政府遵循“分级负责，归口办理”原则，办理涉及经济发展、民生改善、城市建设等各领域的人民代表建议157件、政协委员提案199件，按时办结率100%、满意率100%。

【督查督办】 区政府办理市级督办事件78件，督促区级部门和街道办事处实施省市民生实事项目98个。督办常务会议议定事项、区政府主要领导专题会议交办事项、区政府主要领导批示和指示工作，促进重大项目建设，推动经济社会发展。

【文件制发】 区政府制发《关于印发〈成都市锦江区“十四五”生态环境保护规划〉的通知》等文件10份，区政府办公室制发《关于印发〈成都市锦江区深化医药卫生体制改革“五医一体化”行动方案(2022—2024年)〉的通知》等文件58份，通过文件形式部署2022年政府性工程建设、生态环境保护、食品安全等重要工作。

表9　2022年成都市锦江区政府文件制发情况表

| 序号 | 发文时间 | 发文字号 | 文件标题 |
| --- | --- | --- | --- |
| 1 | 2月28日 | 锦府发〔2022〕1号 | 关于印发锦江区2022年政府性工程建设项目计划（一）的通知 |
| 2 | 4月22日 | 锦府发〔2022〕2号 | 关于印发锦江区2022年政府性工程建设项目计划（二）的通知 |
| 3 | 7月20日 | 锦府发〔2022〕3号 | 关于印发《锦江区贯彻落实成都市〈增强发展韧性稳住经济增长若干政策措施〉的实施办法》的通知 |
| 4 | 8月15日 | 锦府发〔2022〕4号 | 关于印发《成都市锦江区“十四五”生态环境保护规划》的通知 |

续表 9

| 序号 | 发文时间 | 发文字号 | 文件标题 |
|---|---|---|---|
| 5 | 9月27日 | 锦府发〔2022〕5号 | 关于印发锦江区2022年政府性工程建设项目计划（三）的通知 |
| 6 | 10月31日 | 锦府发〔2022〕6号 | 不予公开 |
| 7 | 12月12日 | 锦府发〔2022〕7号 | 关于印发《锦江区2023—2025年三年滚动财政规划和2023年预算编制实施意见》的通知 |
| 8 | 12月16日 | 锦府发〔2022〕8号 | 关于印发《成都市锦江区食品生产加工小作坊禁止生产加工食品品种目录》的通知 |
| 9 | 12月21日 | 锦府发〔2022〕9号 | 关于印发《锦江区行政许可事项清单（2022年版）》的通知 |
| 10 | 12月28日 | 锦府发〔2022〕10号 | 关于印发《锦江区第二批赋予街道县级行政权力工作实施方案》的通知 |

**表10　2022年成都市锦江区政府办公室文件制发情况表**

| 序号 | 发文时间 | 发文字号 | 文件标题 |
|---|---|---|---|
| 1 | 2月22日 | 锦府办〔2022〕1号 | 关于印发《成都市锦江区深化医药卫生体制改革“五医一体化”行动方案（2022—2024年）》的通知 |
| 2 | 2月24日 | 锦府办〔2022〕2号 | 干部任免通知 |
| 3 | 3月2日 | 锦府办〔2022〕3号 | 干部任免通知 |
| 4 | 3月2日 | 锦府办〔2022〕4号 | 关于改进《平安锦江周报》体系进一步完善工作督办机制的报告 |
| 5 | 3月2日 | 锦府办〔2022〕5号 | 关于报请审定《〈政府工作报告〉目标任务责任分解方案（送审稿）》的请示 |
| 6 | 3月8日 | 锦府办〔2022〕6号 | 成都市锦江区人民政府办公室成都市锦江区司法局《关于审定锦江区政府规范性文件清理结果的请示》 |
| 7 | 3月11日 | 锦府办〔2022〕7号 | 关于追加成都第31届世界大学生夏季运动会经费的请示 |
| 8 | 3月11日 | 锦府办〔2022〕8号 | 成都市锦江区人民政府办公室成都市锦江区司法局关于报请审定《成都市锦江区人民政府2022年度法治政府建设工作要点（送审稿）》的请示 |
| 9 | 3月17日 | 锦府办〔2022〕9号 | 关于成立锦江区创建2021—2025年度全国科普示范县（市、区）工作领导小组的通知 |
| 10 | 3月18日 | 锦府办〔2022〕10号 | 干部任免通知 |
| 11 | 3月23日 | 锦府办〔2022〕11号 | 关于报请审定《区政府及区政府系统主动接受区人大常委会区政协区法院区检察院监督加强工作联动实施方案（送审稿）》的请示 |
| 12 | 3月24日 | 锦府办〔2022〕12号 | 关于印发《成都市锦江区关于进一步加强房屋使用安全监督管理的意见》的通知 |
| 13 | 3月30日 | 锦府办〔2022〕13号 | 关于审定《成都市锦江区人民政府2022年党风廉政建设和反腐败工作要点（送审稿）》的请示 |
| 14 | 3月30日 | 锦府办〔2022〕14号 | 关于印发《2022年〈政府工作报告〉目标任务责任分解方案》的通知 |
| 15 | 4月6日 | 锦府办〔2022〕15号 | 关于印发《成都市锦江区人民政府2022年度党风廉政建设和反腐败工作要点》的通知 |
| 16 | 4月11日 | 锦府办〔2022〕16号 | 关于印发《关于进一步加强锦江区基本公共服务设施规划建设管理工作方案（修订）》的通知 |

续表 10

| 序号 | 发文时间 | 发文字号 | 文件标题 |
|---|---|---|---|
| 17 | 4 月 21 日 | 锦府办〔2022〕17 号 | 关于印发《成都市锦江区人民政府规范性文件清理结果目录》的通知 |
| 18 | 4 月 22 日 | 锦府办〔2022〕18 号 | 关于成都市锦江区统一建设办公室改制工作情况的报告 |
| 19 | 4 月 22 日 | 锦府办〔2022〕19 号 | 关于印发《成都市锦江区人民政府 2022 年度法治政府建设工作要点》的通知 |
| 20 | 4 月 26 日 | 锦府办〔2022〕20 号 | 关于印发《区政府及区政府系统主动接受区人大常委会区政协区法院区检察院监督加强工作联动实施方案》的通知 |
| 21 | 4 月 27 日 | 锦府办〔2022〕21 号 | 关于印发《锦江区贯彻落实成都市〈支持市场主体健康发展促进经济稳定增长政策措施〉的实施办法》的通知 |
| 22 | 4 月 27 日 | 锦府办〔2022〕22 号 | 关于印发《锦江区关于进一步深化企业服务促进经济平稳健康发展的工作方案》的通知 |
| 23 | 4 月 18 日 | 锦府办〔2022〕23 号 | 关于印发《成都市锦江区防汛抗旱应急预案（2022 年 4 月修订）》的通知 |
| 24 | 4 月 29 日 | 锦府办〔2022〕24 号 | 关于印发《锦江区农贸市场常态化疫情防控暨安全生产工作方案》的通知 |
| 25 | 5 月 6 日 | 锦府办〔2022〕25 号 | 关于《关于成都博瑞印务有限公司印务项目调整用地性质相关事宜的函》流转情况的报告 |
| 26 | 5 月 10 日 | 锦府办〔2022〕26 号 | 干部任免通知 |
| 27 | 5 月 16 日 | 锦府办〔2022〕27 号 | 关于加强突发事件处置和紧急信息报送工作的报告 |
| 28 | 5 月 19 日 | 锦府办〔2022〕28 号 | 关于印发锦江区违法建设治理工作实施办法（试行）的通知 |
| 29 | 5 月 20 日 | 锦府办〔2022〕29 号 | 关于印发《锦江区自建房专项整治暨房屋使用安全“百日攻坚”行动方案》的通知 |
| 30 | 5 月 27 日 | 锦府办〔2022〕30 号 | 关于印发《锦江区区级预算部门（单位）整体支出绩效管理试行办法》的通知 |
| 31 | 6 月 24 日 | 锦府办〔2022〕31 号 | 关于进一步提升政府系统办公室公文质量和运转效率的报告 |
| 32 | 6 月 24 日 | 锦府办〔2022〕32 号 | 关于印发《锦江区城市轨道交通运营突发事件应急预案》的通知 |
| 33 | 6 月 30 日 | 锦府办〔2022〕33 号 | 关于印发《成都市锦江区建设省级婴幼儿照护优质服务区实施方案》的通知 |
| 34 | 7 月 11 日 | 锦府办〔2022〕34 号 | 关于印发《成都市锦江区开展住房和城乡建设领域巡查试点工作方案》的通知 |
| 35 | 7 月 16 日 | 锦府办〔2022〕35 号 | 关于印发《锦江区教育事业发展“十四五”规划以及 2035 年远景目标》的通知 |
| 36 | 8 月 3 日 | 锦府办〔2022〕36 号 | 关于审议《成都市锦江区人民政府关于 2022 年上半年经济社会发展情况、下半年工作计划的报告（讨论稿）》的请示 |
| 37 | 8 月 8 日 | 锦府办〔2022〕37 号 | 关于锦江区 2022 年外贸进出口情况的报告 |
| 38 | 8 月 12 日 | 锦府办〔2022〕38 号 | 关于审定《锦江区进一步提高政府监管职能推动高质量发展实施方案》的请示 |
| 39 | 8 月 12 日 | 锦府办〔2022〕39 号 | 关于印发《成都市锦江区国家智能社会治理实验特色基地（养老）工作方案（2022—2025 年）》的通知 |
| 40 | 8 月 12 日 | 锦府办〔2022〕40 号 | 关于印发《成都市锦江区推进成都市儿童友好城市建设暨未成年人关爱保护行动实施方案（2022—2025 年）》的通知 |

续表 10

| 序号 | 发文时间 | 发文字号 | 文件标题 |
|---|---|---|---|
| 41 | 8 月 18 日 | 锦府办〔2022〕41 号 | 关于印发《关于优化锦江区城市有机更新工作领导小组的方案》的通知 |
| 42 | 8 月 30 日 | 锦府办〔2022〕42 号 | 关于锦江区贯彻落实《全国政府系统值班工作规范（试行）》工作情况的报告 |
| 43 | 9 月 25 日 | 锦府办〔2022〕43 号 | 关于印发《锦江区 2022 年重点项目中期调整计划》的通知 |
| 44 | 9 月 29 日 | 锦府办〔2022〕44 号 | 关于印发《锦江区贯彻落实〈成都市支持市场主体纾困加快经济恢复的政策措施〉的实施办法》的通知 |
| 45 | 10 月 8 日 | 锦府办〔2022〕45 号 | 干部任免通知 |
| 46 | 10 月 13 日 | 锦府办〔2022〕46 号 | 关于印发《锦江区耕地保护专项整治行动方案》的通知 |
| 47 | 10 月 14 日 | 锦府办〔2022〕47 号 | 关于印发《成都市锦江区青少年社区教育行动方案（2022—2024 年）》的通知 |
| 48 | 10 月 17 日 | 锦府办〔2022〕48 号 | 关于印发《成都市锦江区药品安全突发事件应急预案（试行）》的通知 |
| 49 | 10 月 25 日 | 锦府办〔2022〕49 号 | 干部任免通知 |
| 50 | 10 月 25 日 | 锦府办〔2022〕50 号 | 干部任免通知 |
| 51 | 10 月 28 日 | 锦府办〔2022〕51 号 | 关于追加“网络理政工作大数据分析服务”项目经费的请示 |
| 52 | 10 月 28 日 | 锦府办〔2022〕52 号 | 关于印发《锦江区税费共治实施方案》的通知 |
| 53 | 11 月 4 日 | 锦府办〔2022〕53 号 | 关于调整“网络理政平台实施服务”项目经费的请示 |
| 54 | 11 月 2 日 | 锦府办〔2022〕54 号 | 关于印发《关于推行“锦易贷”进一步完善锦江区普惠金融服务体系的实施方案》的通知 |
| 55 | 11 月 18 日 | 锦府办〔2022〕55 号 | 关于印发《成都市锦江区食品安全突发事件应急预案（试行）》的通知 |
| 56 | 11 月 23 日 | 锦府办〔2022〕56 号 | 关于追加区委区政府总值班室专职人员经费的请示 |
| 57 | 11 月 17 日 | 锦府办〔2022〕57 号 | 关于印发《锦江区企业住所（经营场所）申报登记制实施方案》的通知 |
| 58 | 12 月 6 日 | 锦府办〔2022〕58 号 | 干部任免通知 |

（吴聪、宋正洪）

## 政务服务

**【概况】** 2022 年，锦江区以党建引领政务服务，依据《成都市强化创新突破建设稳定公平可及营商环境标杆城市实施方案》，编制《“十四五”国际化营商环境建设规划》，优化行政审批机制，精简审批流程，践行政务服务任务清单制度，开发“天府蓉易享”政务服务智能平台，推进营商环境建设。持续推动“一网通办”能力建设，提高政务服务“一网通办”能力。政务服务事项网上可办率 100%，“最多跑一次”事项 100%，马上办事项 62.3%，全程网办率 96.23%，承诺提速率 83.5%。落实政务服务“好差评”制度，好评率 100%。创建为“国家级政务服务标准化试点区”“四川省无差别综窗省内通办试点区”。获成都市建设“幸福美好生活十大工程”突出贡献奖，政务服务中心获“川渝通办优质窗口”称号，“深化一窗受理，赋能政务服务，创新便民惠企”案例入选“全国绿水青山就是金山银山实践典型案例”。截至 12 月，登记内资企业 35371 家、外资企业 201 家、个体工商户 9966 家。

**【党建引领政务服务】** 锦江区深化“锦即办”政务服务党建品牌建设，在成都西部文化产业中心开展“锦即办政务直通车”活动，为企业和群众提供上门服务，接待群众 288 人，办理业务 108 件，发放宣传资料 543 份。

**【便民服务“三化”试点工作】** 锦

江区按照四川省开展便民服务标准化、规范化、便利化建设试点工作的安排，选择沙河街道、三圣街道申报省级试点便民服务中心，选择牛沙路社区、汇泉路社区、栀子街社区申报市级试点便民服务站，选择锦官驿街道、牛市口街道、狮子山街道、成龙路街道实施县级试点便民服务中心建设，另筛选盐市口社区便民服务站等46个社区便民服务站开展基层试点工作。

【政务服务标准化体系建设】锦江区按照国家级政务服务标准化试点工作要求，持续推进政务服务标准化体系建设，构建通用基础、政务管理、服务提供、岗位工作四大体系，明确服务标准655项。遵循“前台无差别收件，后台分类审批，统一窗口出件”原则，开创“一窗受理”模式。办事群众的平均等待时长从28分钟压缩至3分钟。“政务服务一窗受理”入选“四川省第三批地方标准制修订项目”，成为四川省政务服务规范编订模板。10月，锦江区通过国家级政务服务标准化试点工作验收。

（杜迟、刘恒）

## 人事管理

【概况】2022年，锦江区向社会公开招聘事业单位工作人员和教师，调动事业单位工作人员28人，完成2021年度事业单位考核任务。审核20家事业单位的岗位设置工作，审核事业单位岗位聘用人员1530人。组织机关单位技术工人参加技能等级考试，完成事业单位、区级部门参照公务员管理的工作人员和工勤人员的增资、目标绩效套改、晋升调整、审核备案工作，向考评达到优秀级别的事业编制人员、机关工勤人员兑现年终绩效奖金，向三等功获得者兑现政策奖励。开展企业年金宣传活动，鼓励企业为职工缴纳年金。

【事业单位招聘】锦江区按照事业单位招聘程序，启动事业单位公开招聘工作。为区疾控中心、街道下属综合便民服务中心等区属事业单位公开招聘工作人员57人，为区属学校面向全国高校公开招聘教师205人。

【事业单位岗位设置】锦江区根据2022年机构编制调整情况，指导区投资服务中心等20家事业单位按照《成都市事业单位岗位设置管理实施意见》的规定完成岗位设置工作。

【事业单位人员管理】锦江区完成事业单位工作人员岗位聘用备案工作，为1530名事业单位聘用人员备案。调动事业单位工作人员28人。其中区内调动20人，从区属事业单位调至其他区县单位的工作人员6人，从区外调入2人。

【技能等级考试】锦江区组织65名机关单位技术工人参加技能等级考试。其中30人参加高级技术等级考试，另有35人参加初级和中级的技术等级考试。

【人事信息管理平台开通】锦江区开通四川省事业单位人事管理信息平台，推动事业单位岗位和人员管理规范化建设，督促事业单位完成聘用合同签订、考核备案等工作。1月20日，在区民政局、区教育局、书院街道办事处、成都七中育才学校开展四川省事业单位人事管理信息平台操作培训。8月12日，以线上视频会议方式，面向事业单位人事干部开展四川省事业单位人事管理信息平台操作培训。

【工资管理】锦江区完成事业单位、区级部门参照公务员管理的工作人员和工勤人员的增资、目标绩效套改、晋升调整、审核备案工作，审核130名退休人员的工资年限和社保视同缴费年限，结算事业单位绩效工资22.54亿元，落实疫情防控一次性绩效工资8.4万元，核定防疫一线医务人员的临时性工作补助63.45万元、卫生防疫津贴30.09万元，核定名优教师专项奖励100万元。

同时，锦江区依据政策，向考评达到优秀级别的事业编制人员、机关工勤人员兑现年终绩效奖金，向三等功获得者兑现政策奖励。

2022年1月20日，锦江区人事管理信息平台运行培训会召开　（区人社局提供）

【企业年金宣传和办理】锦江区落实成都市企业年金培训工作会精神，联合光大银行、工商银行、建设银行开展企业年金宣传活动。通过宣传手册、媒体、1233咨询平台宣传企业年金政策。截至12月，为5家企业办理年金备案手续。

（环绍伟、谢爽秋）

## 群众工作与信访

【概况】2022年，锦江区群众上访反映问题主要集中在城乡建设、经济管理、自然资源、政法、卫生健康、教育、劳动、社保、市场监管、生态环境、纪检监察等方面。锦江区以习近平总书记加强和改进人民信访工作的重要思想为指导，对标《信访工作条例》，遵循“化解重复信访减存量，初信初访受理办理控增量，强化矛盾隐患排查防变量”的原则，注重源头化解矛盾纠纷，办理群众上访案件3293件。选派6名年轻后备干部到信访部门挂职锻炼，建立信访干部表扬机制，推动信访干部队伍建设。人民网授予区委、区政府“2022年度网上群众工作民心汇聚单位”称号，省委、省政府授予区信访局“四川省信访工作先进集体”称号，市信访工作联席会议授予区信访局“2021年度成都市信访基层工作先进集体”称号。

【网上信访】成都市信访信息平台向锦江区移交通过互联网上访的案件2854件，“省领导信箱”向锦江区移交通过信件方式上访的案件878件，办理率100%，结案率100%。另办理其他交办和督办的上访案件117件。处理人民网网民留言反映问题1192个。

【信访制度建设】锦江区践行“治重化积”制度，由区委常委会定期研究“治重化积”工作，区信访工作联席会议定期推进工作。办理194件纳入“治重化积”任务的重复信访案件，完成清零任务。践行清单制度，采取召开专题会等方式，化解8件清单案件，化解率100%。针对征地拆迁、房产物业、金融集资等矛盾突出的重点领域，强化行业主管部门的源头防范，从政策层面解决问题。践行区领导包案制度，区领导定点接访84次，接待上访群众16批159人，带案下访36次。

【信访平台建设】锦江区持续推动四级信访代理体系建设，采取首办代理接待、多级代理服务等方式，代理上访案件131件，群众满意率97.7%。以“群众工作之家”为载体，征集群众建议132个，排查矛盾纠纷1121个，化解矛盾纠纷1112个，化解率99.19%。

（阳运平、曾长伟）

## 机关事务

【概况】2022年，锦江区执行《机关事务管理条例》《党政机关厉行节约反对浪费条例》，坚持“依法治理、深化改革、厉行节约”的原则，规范管理行政事业单位国有资产、党政机关办公用房、公务车辆、政府采购行为，为各类会议提供后勤服务1400次，印制文件260万份，排查整治集中办公区安全隐患40处。以“节能型机关”建设和“节约型机关”创建为抓手，推动环保型机关建设。

【区级单位国有资产管理】锦江区开展2022年度区级机关和事业单位国有资产统计工作，区人大常委会审查2021年度区级机关和事业单位国有资产管理情况。审批区级机关和事业单位申请报废的办公设备2083台，审批金额707万元；审批10家区级机关和事业单位资产调拨事项，审批金额117.92万元；审批9家区级机关和事业单位的资产出租申请。

【区级单位办公用房管理】锦江区开展区级党政机关办公用房权属统一登记工作，掌握区级党政机关办公用房权属情况。同时协调市不动产登记中心，登记权属关系清晰的区级单位办公用房信息。检查6家区级党政机关和5家基层单位的办公用房使用情况，受检基层单位包括派出所、司法所、市场监管所、学校。

【公务车辆管理】锦江区按照成都市公务车辆管理规定，启动公务车辆线上维修保养工作。区级机关和事业单位在互联网平台完成公务车辆维修保养申请、审批流程。开展2021年度党政机关公务用车数据统计工作，填报68家区级单位的基本信息和457辆公务车辆的基本信息。购买新能源汽车2辆、特种专业技术用车1辆。区纪委、区机关事务局成立联合检查组，检查定点加油站和定点维修供应商，与商家签订维修承诺书。

【“节能型机关”建设】锦江区在区委和区政府办公区增设新能源汽车充电桩8个，完成办公区建筑节能改造和空调节能改造工作，完成16家能耗监测单位的数据采集上报工作。选择区法院为公共机构能源审计单位，持续开展能源审计工作，形成能源审计报告。

2022年5月6日，皇经楼社区保洁人员向区信访局赠送锦旗（区信访局提供）

【“节约型机关”创建】锦江区执行《党政机关厉行节约反对浪费条例》，开展“文明用餐、反对浪费”宣传活动，张贴节约粮食宣传画72幅，在机关食堂摆放节约粮食提示座牌120个。机关食堂厨余垃圾总量较2021年减少13.4%。推荐19家区级单位参加省级“节约型机关”活动。开展机关事业单位节电工作，党政机关用电负荷较限电前降低40%。

（王明春、蒋晋）

## 区政府2022年第一次区长办公会

1月12日，区政府召开2022年第一次区长办公会。区委副书记、区政府区长缪晓波主持会议。会议调度主要经济指标“开门红”各项工作，通报2021年9—12月城乡环境综合治理考评情况。按红白牌制度，向2021年11月和12月在城乡环境综合治理考评中获第一名的春熙路街道、获第二名的三圣街道授红牌，向获第十名的东湖街道和获第十一名的锦华路街道授白牌。会议通报2021年12月网络理政情况，传达市政府2022年1月的重点工作安排情况。区政府各副区长分别通报2021年12月的分管工作情况，报告2022年1月的重点工作计划情况。会议指出，各分管领域要有大局意识，要聚焦主要经济指标超前谋划，锚定目标增速、重点行业、重点产业、主导产品分析调度，促使经济指标的增长点落实到具体行业和企业。会议强调，要贯穿“一盘棋”思想，坚持经济工作项目化、项目推进责任化、责任落实精准化，推动项目建设提质增效。缪晓波指出，要破除政策瓶颈，强化服务意识，坚持走出去招商、为企业服务的工作方式，强化各类要素保障，持续优化营商环境。缪晓波强调，经济部门要分解经济指标、层层下达任务、明确责任、传导压力，统筹调度各项工作，为锦江区实现2022年第一季度“开门红”目标夯实基础。区委常委、区政府常务副区长黄婉，区政府副区长游锦、周晓、万科、兰华娟参加会议。

# 政协成都市锦江区委员会

## 重要会议

【概况】2022年，区政协召开八届二次会议，听取《政府工作报告》说明，审议区政协工作报告和提案工作报告。召开常委会会议5次，学习习近平总书记系列重要指示精神，传达中国共产党第二十次全国代表大会精神、全国两会精神等重要会议精神，听取党风廉政建设和经济社会建设情况汇报，通报政协委员履职情况，审议政协工作，推动制度建设。

【区政协八届二次会议】12月25日，区政协召开八届二次会议。区委、区人大常委会、区政府、区法院、区检察院、区人武部的领导和锦江区的市管干部应邀出席会议。各街道党工委、区级各部门、锦发展集团公司的主要负责人列席会议。区委、区政府的领导和区法院、区检察院的主要负责人应邀出席小组会议。区委书记陈志勇在开幕大会讲话。区委副书记、区政府区长缪晓波说明《政府工作报告》。会议审议通过《区政协常委会工作报告》《区政协提案工作报告》《区政协提案审查报告》和会议决议。12月26日，召开联组会议。区政协党组书记、主席潘雪松主持会议。参加会议的14名政协委员提出“利用VR全息技术，将合江亭、水井坊、大慈寺等历史文化胜迹以三维形态呈现在元宇宙空间”“绘制1+3+3产业地图”等建议。区委书记陈志勇，区委副书记、区政府区长缪晓波面对面听取政协委员意见建议。大会闭幕。四川政协报登载《广开言路 同绘蓝图》，报道会议情况。

【区政协常委会会议】区政协常委会召开会议5次（区政协常委会八届二次会议至八届六次会议）。会议学习习近平总书记到四川省视察的重要指示精神，传达学习中共二十大精神、全国人民代表大会精神、全国政协会议精神，传达中共中央制发的新时代加强和改进人民政协工作的文件精神，传达省市党代会精神和省委、市委的全会精神，通报政协委员履职情况，听取2022年锦江区经济社会发展情况汇报、党风廉政建设汇报、提案办理情况汇报，审议《区政协提案委员会关于八届二次会议提案审查情况的报告（草案）》和人事工作，审议通过《区政协关于加强和促进人民政协凝聚共识工作的实施意见》《区政协2022年工作要点》《区政协委员履职服务管理办法》《区政协全体会议工作规则（修订稿）》《区政协常委会议工作规则（修订稿）》《区政协主席会议工作规则（修订

2022年12月25日，中国人民政治协商会议第八届成都市锦江区委员会第二次会议召开
（区政协办公室提供）

稿）》《区政协专委会通则（修订稿）》《区政协街道工作委员会工作规则（修订稿）》等重要文件。

（丁元、唐伟）

## 政治协商

【概况】2022年，区政协履行全体会议、常委会会议、专委会的政治协商职能，主动融入区委、区政府中心工作，协商区政府、区法院、区检察院的工作报告，协商"一道九园"空间布局、"1+1+3"产业体系构建以及人工智能产业发展、文商旅体融合发展、"天府旅游名县"创建、营商环境优化、公共服务品质提升、生态环境保护、社会治理等经济社会建设的大事要事，为锦江区高质量发展建言献策。同时发挥互动协商、专题协商、"有事来协商"、小微协商等创新平台作用，协商群众关注、企业关心的重点事项。在协商基础上提出意见建议417条。人民政协网发文报道锦江区"有事来协商·锦事尽商量"平台建设情况。

【全体会议协商】12月25日，区政协八届二次会议协商《政府工作报告》《区法院工作报告》《区检察院工作报告》《2022年区财政预算执行情况及2023年财政预算报告》，协商讨论经济社会发展重要工作，部分区政协委员发言。区委书记陈志勇，区委副书记、区政府区长缪晓波，区委副书记吴斌，区委常委、区政府副区长黄婉，区委常委、区委统战部部长、区政协党组副书记唐勇以及各街道党工委和区级部门主要负责人参加协商。12月26日，区政协八届二次会议联组会议协商锦江区高质量发展各领域重要工作。

【常委会会议协商】区政协利用5次常委会会议协商《区政协2022年工作要点》《政协委员履职服务管理办法》《区政协关于加强委员学习提升履职能力的意见》等重要文件内容和区政协联系政协委员和群众工作制度、区政协提案工作制度、区政协街道工作委员会工作规则等规章制度修订工作，选定"实施'五联'智慧城市建设，升级'智慧锦江'城市大脑""建设成都国家人工智能创新应用先导区"等专题开展协商工作，为锦江区智慧城市建设、人工智能产业发展献智出力。

【互动协商】5月20日，区政协选定"锦江区做优做强基本功能、核心功能和特色功能"主题，召开互动协商会议。区政协党组书记、主席潘雪松讲话。区委副书记吴斌和区发改局、区商务局等部门负责人、企业代表、区政协委员应邀参会，区政协副主席朱波、刘琳、宋宗铭、张晓惠、杨小明、杨洪参加协商。参会领导和政协委员互动交流，为锦江区优化城市功能建言献策。

【专题协商】5月26日，区政协城市建设和人口资源环境委员会召开"耿家巷等特色街区打造工作"专题协商会。区政协副主席宋宗铭主持会议。区委常委、区政府常务副区长黄婉应邀参加协商。参会领导和政协委员听取会前调研情况汇报。区公园城市局的参会代表通报特色街区建设情况。政协委员结合"天府锦城·四街两坊两景"建设，为锦江区实施耿家巷等特色街区建设建言献策。7月12日，区政协文化和文史资料委员会召开"融合发展都市文旅业，加快打造'三圣花乡'景区文旅目的地"专题协商会。区政协副主席张晓惠主持会议。参会领导和政协委员听取会前调研情况汇报。区文体旅局的参会代表介绍文旅产业发展情况以及"三圣花乡"景区建设情况。政协委员结合文商旅融合发展，为实施"三圣花乡"文旅项目建言献策。8月19日，区政协经济委员会召开"攀成钢商圈建设"专题协商会。区政协副主席杨洪主持会议。区政府副区长兰华娟应邀参加协商。参会领导和政协委员听取会前调研情况汇报，视察开心麻花·环球汇剧场、环球贸易广场、宝墩书房。环球汇贸易广场负责人介绍悠方光环项目推进情况。政协委员和行业代表为"商圈消费提质增效"建言献策。10月28日，区政协城市建设和人口资源环境委

2022年5月20日，区政协"做优做强中心城区基本功能、核心功能和特色功能"互动协商会召开

（区政协办公室提供）

员会在成都东星巴士公司召开“围绕推动交通结构优化调整，构建绿色交通体系”专题协商会。区政协副主席宋宗铭参加协商。成都东星巴士公司等企业的参会代表介绍情况。政协委员为绿色交通体系发展建言献策。

【对口协商】10月19日，区政协科教医卫体委员会召开“五医一体化”改革对口协商座谈会。区政协副主席张晓惠参加协商。区卫健局、区医保局等单位的参会代表介绍情况。与会政协委员结合医疗、医保、医药、医养、医惠等领域发展建言献策。10月20日，区政协社会法制和民族宗教委员会召开三级法律服务体系建设对口协商座谈会。区政协副主席杨小明参加协商。政协委员到三圣司法所、三圣街道海棠路社区法律驿站、西藏自治区高级人民法院驻成都巡审处调研，了解“枫桥式司法所”创建、四川省首届民主法治示范社区创建等工作情况，为“八五”普法工作和法律服务体系建设建言献策。

【小微协商】区政协出台《关于“有事来协商”工作小微协商活动的实施办法（试行）》，规范小微协商活动的职能定位、组织体系、实施主体、协商程序，面向政协委员征集“有事来协商·锦事尽商量”形象标志。印发《关于发挥政协委员作用助力社区发展治理的指导意见》，指导11个街道办事处建设小微协商阵地，动员政协委员参与社区发展治理工作。秉持“有事好商量、众人的事情由众人商量”原则，引导社会力量参与社区公共事务，建立政协协商与基层协商衔接机制。各街道政协工委编制2022年“有事来协商”平台的小微协商计划，利用“有事来协商·锦事尽商量”小微协商平台，开展协商活动17次，提出意见建议55条，取得协商成果27个，推动空巢老人家庭安装烟感报警装置等民生工作，改善嘉祥外国语学校周边交通拥堵现象。省政协授予春熙路街道“有事来协商”平台“四川省先进协商平台”称号。

（丁元、唐伟）

## 民主监督

【概况】2022年，区政协以经济社会建设各领域重要工作和重点项目为抓手，组织政协委员视察“天府旅游名县”创建、“十二月市”特色街区建设、区疾控中心“三乙”达标创建、智慧养老服务体系建设等重点工作，履行民主监督职能，提出监督意见建议50条，助推区委、区政府决策部署落地落实，助力经济社会高质量发展。

【经济发展监督】4月27日，区政协文化和文史资料委员会组织政协委员视察“天府旅游名县”创建点位，监督创建工作，召开座谈会。政协委员提出8条工作建议。5月17日，区政协文化和文史资料委员会组织政协委员到成都十二月市博物馆和“十二月市”特色街区视察，监督“十二月市”特色场景营造工作，召开座谈会，听取区文体旅局等部门汇报，提出意见建议。6月23日，区政协城市建设和人口资源环境委员会组织政协委员到四川师范大学TOD项目现场视察，监督项目进度，召开座谈会，听取建设单位汇报，提出意见建议。10月12日，区政协经济委员会组织政协委员到四川省唯品富邦消费金融有限公司、锦江金融科技与产业互联网创新中心视察，监督金融支持“专、精、特、新”企业发展各项工作，召开座谈会，提出意见建议。

【社会事业发展监督】5月18日，区政协科教医卫体委员会组织政协委员视察“双减”政策落实情况，邀请学生、家长、教师参加监督活动，监督学校落实“双减”政策。6月24日，区政协科教医卫体委员会组织政协委员到区疾控中心视察，监督“三乙”达标创建工作，召开座谈会，听取区卫健局、区疾控中

2022年4月27日，政协委员视察“天府旅游名县”创建点位　（区政协办公室提供）

心汇报，提出意见建议。11 月 16 日，区政协社会法制和民族宗教委员会组织政协委员视察“133”智慧养老服务体系建设，召开座谈会。政协委员围绕新时代超大城市中心城区智慧养老路径探索，提出“推动养老需求从生存型向发展型转变”等意见建议。

（丁元、唐伟）

## 参政议政

【概况】2022 年，区政协践行调研工作制度，组织政协委员调研，撰写调研报告 5 篇，为区委、区政府决策施政提供参考。践行社情民意信息工作制度，发动政协委员联系群众，收集社情民意信息，编印社情民意信息简报，向区委、区政府传达群众关切和民生诉求。践行文史资料工作制度，编印《锦江这十年》。优化提案工作制度，修订《提案审查工作细则》《重点提案遴选与督办办法》《提案工作表扬办法》，促进提案办理。区政协八届一次会议召开至 2022 年 12 月 30 日，收到政协委员提案 326 份，提案立案率 70.9%，政协委员满意率 100%。创办应用型智库和参政议政人才库，录入各领域专业人才信息，为锦江区人才建设助力。倡导政协委员发挥专业优势和资源优势，带动社会各界参与“助力巩固脱贫和助推乡村振兴”活动。

【提案征集与立案办理】区政协八届一次会议召开至 2022 年末，收到政协委员个人提案 317 份、政协委员联名提案 4 份、区政协专委会集体提案 5 份。审查立案提案 231 份，立案率 70.9%。提案承办单位在规定时限内部完成提案办理工作，政协委员满意率 100%。其中 146 份 A 类提案涉及问题得到解决，占比 63.2%。另有 84 份 B 类提案涉及问题正在解决或列入解决计划，占比 36.4%。受条件限制，暂时无法解决的 C 类提案 1 份，占比 0.4%。未立案提案 95 份，转送市级部门和区级部门、街道办事处参考。遴选《关于进一步完善交子券机制促进消费倍增的建议》等年度重点提案 9 份。区委、区政府主要领导阅批重点提案 7 份。

表 11　2022 年成都市锦江区政协重点提案遴选情况表

| 序号 | 提案标题 |
| --- | --- |
| 1 | 关于进一步完善交子券机制促进消费倍增的建议 |
| 2 | 关于加快推进白鹭湾科技生态园高压电力建设的建议 |
| 3 | 关于推进人工智能创新应用先导区建设的建议 |
| 4 | 关于活化焕新李劼人纪念馆集成打造文化传承创新示范片区的建议 |
| 5 | 关于加快建设智慧养老综合服务信息平台的建议 |
| 6 | 关于巩固发展新兴金融，全力打造西部金融中心重要增长极的建议 |
| 7 | 关于锦江区打造数字人民币应用先行区的建议 |
| 8 | 关于打造锦江专属文化品牌，提升文化软实力的建议 |
| 9 | 关于加快培育锦江区“专精特新”企业的建议 |

【特色提案办理工作促进】3 月 29 日，区政协提案委员会组织政协委员、提案人、承办单位召开座谈会，推动《关于助推一环路市井生活圈锦江段建设的建议》《关于把华兴街特色片区打造成中优区域典范片区的建议》等涉及城市有机更新的 2021 年度重点提案办理工作。区政协副主席刘琳出席会议。区公园城市局、区住建交局、锦发展集团公司及关联街道办事处的参会代表通报提案办理情况。政协委员提出特色街区改造项目后续建设、运营管理、品牌营造、长效机制建设等方面的意见建议。8 月 11 日，区政协提案委员会组织政协委员到成都动感熊猫体育公园、锦江体育公园等点位视察，召开座谈会，推动《关于打造体育消费新场景》等提案办理工作。区政协副主席刘琳出席会议。召开座谈会听取有关单位负责人关于项目建设和营运情况介绍，区文体旅局、成龙路街道办事处的参会代表通报体育消费新场景建设情况和提案办理情况。政协委员提出场景氛围营造、形式创新、配套服务等方面的意见建议。10 月 24 日，区政协提案委员会组织政协委员到区适老化改造体验中心、区养老服务指导中心视察，召开座谈会，推动集体提案《关于加快建设我区智慧养老综合服务平台的建议》办理工作。区政协副主席刘琳出席会议。区民政局通报智慧养老综合服务平台建设情况。政协委员提出养老服务体系建设方面的意见建议。

【应用型智库成立】区政协创办锦江区应用型智库和参政议政人才库，录入李强强等 27 名行业领军人才、专家学者。世邦魏理仕（上海）管理咨询有限公司成都分公司等8家专业机构成为首批智库成员单位。11月9日，区政协举行应用型智库和参政议政人才库成立仪式，向智库成员颁发聘书。区政协党组书记、主席潘雪松致辞。区政协副主席朱波、刘琳、宋宗铭、张晓惠、杨洪和秘书长李小松参加活动。

**【文史资料《锦江这十年》编印】** 区政协发挥文史工作"存史、资政、团结、育人"作用，聘请地情专家编纂文史资料之《锦江这十年》。图书收录照片600幅，设置《活力锦江》《幸福锦江》《魅力锦江》《美丽锦江》《和谐锦江》《荣耀锦江》6个篇章，客观记录2012—2021年锦江区贯彻落实中共十八大精神和十九大精神，历经"国内一流的现代化国际性生态型精品城区""新经济高地、国际化城区""品位锦江·幸福城区"三大历史阶段，推动经济社会高质量发展的情况。《锦江这十年》成为区政协八届二次全会的会议资料，发送参会领导和政协委员。

**【社情民意】** 区政协依据《社情民意信息工作表扬办法》，发挥社情民意信息的"直通车"作用，收集社情民意信息94条，编印《关于强化充换电基础设施建设及管理的建议》《关于加强楼宇控烟，提升楼宇环境品质的建议》等社情民意简报18期。市政协采用《关于推动〈家庭教育促进法〉落实的建议》《关于规范电商平台防止诈骗犯罪保护互联网经济健康发展的建议》等5篇文章。市政协选送《关于进一步加强电竞酒店监督管理》报送全国政协。区政府专题研究《关于对攀成钢商圈重新定位命名的建议》。

**【调研资政】** 区政协依据《政协委员和社会人士参加课题调研工作办法》《调研工作表扬办法》，安排分管副主席牵头，各专委会负责，组织政协委员和专家学者，组建课题组，到街道、社区、企业调研，了解重要工作和重点项目实施情况，形成《关于助力打造锦江数智产业港的思考》《锦江区老旧院落绿色改造的思考与对策》《关于进一步推进新时代劳动教育区域实践的思考和建议》《聚焦城市品位 彰显人文价值活化焕新华兴街街区文史资源的调查研究》《关于我区多元解纷机制建设的调查与思考》5篇调研文章，报送区委、区政府。

**【"双助"专项活动】** 区政协"助力巩固脱贫和助推乡村振兴"专项活动推进领导小组成员，持续推进"双助"活动。组织政协委员、区级部门、街道办事处召开"双助"专题会、推进会、座谈会5次，研究制订《关于开展"助力巩固脱贫、助推乡村振兴"专项活动行动计划》，印发《助力巩固脱贫、助推乡村振兴——政协委员在行动倡议书》，开展"锦绣炉霍·双助有我""美在花乡·双助有我""大爱锦江·双助有我"三大行动，践行指导督促、协调联动、宣传激励三项机制，倡导政协委员发挥各领域专业优势、资源优势，带动社会各界参与"双助"活动。锦江区400名政协委员到甘孜州炉霍县、锦江区"三圣花乡"以及省内各地投资新兴业态，发展特色产业。省政协授予区政协"助力巩固脱贫、助推乡村振兴专项活动先进集体"称号。

（丁元、唐伟）

## 特色活动

**【概况】** 2022年，区政协重组书画院，开展"笔墨同心·喜迎二十大"主题书画展活动。举办"迎七一""喜迎二十大"等读书活动，宣传习近平总书记系列重要讲话精神和重要论述精神。邀请不同领域的政协委员开设委员讲堂，宣讲"双减"政策、数字经济、医疗大数据、5G赋能等时政和新兴产业知识，帮助干部开拓视野。

2022年11月9日，锦江区政协应用型和参政议政人才库成立仪式举行　（区政协办公室提供）

【书画院聘任仪式暨书画展活动】10月12日，区政协举行书画院聘任仪式暨“笔墨同心·喜迎二十大”主题书画展活动。区政协党组书记、主席潘雪松，区委副书记吴斌，区政协副主席朱波、张晓惠，区政协秘书长李小松出席活动。聘请中国美协理事、省政府文史馆馆员、省政协书画院副院长、省美术家协会主席、四川美术馆馆长梁时民为高级顾问，聘请设计艺术家、成都许燎源现代设计艺术博物馆馆长、成都（吉利）大学美术学院院长许燎源为名誉院长。市书法协会副主席、四川师范大学书法学院副院长王兴国等20名书画家受聘为区政协书画院书画家。现场展出书画作品40件。区委书记陈志勇，区委副书记、区政府区长缪晓波，区委副书记吴斌，区委常委、区政府常务副区长黄婉应邀出席聘任仪式。区级机关干部和群众到场观展。10月14日，活动结束。

2022年3月10日，锦江政协委员讲堂活动举办　　（区政协办公室提供）

【委员讲堂活动】3月10日，区政协邀请区政协常委、成都七中育才学校汇源校区执行校长周利开设委员讲堂。周利以“‘双减’背景下学校教育的思考与实践”为题，作专题报告。5月27日，区政协邀请区政协常委、成都时代尺度文化传播有限公司执行总裁李强强开设委员讲堂。李强强以“把握内涵、着力创新、系统推进，做强做优数字经济，打造经济社会发展新动能”为题，作专题报告。10月14日，区政协邀请政协委员、聚合悟联（成都）科技有限公司副总经理王杜娟开设委员讲堂。王杜娟以“医疗大数据研究与应用”为题，作专题报告。10月21日，区政协邀请中国五冶集团总工程师代小强开设委员讲堂。代小强以“绿色建筑与碳排放”为题，作专题报告。11月3日，区政协邀请政协委员、中国广电四川网络股份有限公司锦江分公司总经理晏飞开设委员讲堂。晏飞以“5G赋能带来的广电传媒行业挑战及机遇”为题，作专题报告。

【读书活动】6月28日，区政协在成龙路街道华新社区开展“读习语诵经典·汲取奋进力量”读书活动，诵读习近平总书记重要论述。区政协党组书记、主席潘雪松，区政协副主席朱波、刘琳、宋宗铭、杨洪参加活动。区政协秘书长李小松致辞。截至12月30日，区政协联合省市政协，组织政协委员开展“喜迎二十大、奋进新征程”“牢记嘱托·同心奋进”等读书分享活动、阅读交流活动9次。

（丁元、唐伟）

## 锦江区党外代表人士学习中共十九届六中全会精神专题会

1月10日，锦江区召开党外代表人士学习中共十九届六中全会精神专题会。会议传达中共十九届六中全会精神，参加会议的民主党派基层组织负责人、无党派人士代表交流学习心得。会议指出，各民主党派人士和无党派人士要深入学习贯彻中共十九届六中全会精神，增强“四个意识”，坚定“四个自信”，做到“两个维护”，与祖国共进，与时代同行。会议强调，各民主党派人士和无党派人士要围绕区委中心工作，发扬爱国奉献精神，发挥“大统战”作用，把会议精神转化为行动指南，履职尽责，为建设“品位锦江·幸福城区”贡献统战力量。

# 纪检·监察

## 重要会议

【概况】2022 年，锦江区召开八届纪委第二次全体会议，传达中央和省市纪委全体会议精神，总结和安排纪检监察工作。召开 2022 年度警示教育大会，通报违纪违规问题的处理情况，播放警示教育专题影片，提醒干部遵纪守法。

【区八届纪委第二次全体会议】3 月 9 日，锦江区召开八届纪委第二次全体会议。区委常委、区人大常委会主任、区政协主席、区人大常委会副主任、区政府副区长、区政协副主席、区法院院长、区检察院检察长出席会议。各街道党政主要负责人和区级各部门、区属国有公司的主要负责人，区纪委委员、区监委委员、区委巡察办公室主任、区委巡察办公室副主任、区委巡察组组长、区委巡察组副组长、非区纪委委员的派驻派出纪检监察机构负责人、垂管单位纪检监察机构负责人、区纪委和区监委内设机构负责人参加会议。特约监察员代表应邀参会。参会人员 210 人。第一次大会以区委名义召开，由区委常委、区纪委书记、区监委主任刘嘉聪主持。会议书面传达中央纪委十九届六次全会精神、省纪委十一届六次全会精神、市纪委十三届十次全会精神，总结 2021 年锦江区党风廉政建设和反腐败工作，安排 2022 年工作。区委书记陈志勇讲话。第二次大会由区纪委副书记、区监委副主任淳茂主持。区委常委、区纪委书记、区监委主任刘嘉聪作区纪委常委会工作报告。报告主题是“站在新起点护航新征程踔厉推进纪检监察工作高质量发展以更加昂扬斗志迎接中共二十大胜利召开”。会议审议工作报告和会议决议。第三次大会由区委常委、区纪委书记、区监委主任刘嘉聪主持。会议审议通过纪委工作报告和会议决议。区纪委委员、区监委委员、区委巡察办公室主任、区委巡察办公室副主任、区委巡察组组长、区委巡察组副组长、非区纪委委员的派驻派出纪检监察机构负责人、垂管单位纪检监察机构负责人、区纪委监委内设机构负责人参加第二次会议和第三次会议。特约监察员代表应邀参会。参会人员 100 人。

【警示教育大会】3 月 9 日，锦江区召开 2022 年度警示教育大会。区委常委、区人大常委会主任、区政协主席、区人大常委会副主任、区政府副区长、区政协副主席、区法院院长、区检察院检察长出席会议。各街道党政主要负责人和区级各部门、区属国有公司的主要负责人参加会议。区纪委委员、区监委委员、区委巡察办公室主任、区委巡察办公室副主任、区委巡察组组长、区委巡察组副组长、非区纪委委员的派驻和派出纪检监察机构负责人、垂管单位纪检监察机构负责人、区纪委和区监委内设机构负责人参加会议。特约监察员代表应邀参会。参会人员 210 人。区委常委、区纪委书记、区监委主任刘嘉聪主持会议。会议现场播放行政执法领域专题警示教育片。区委副书记、区政府区长缪晓波宣读《关于锦江区落选 2021 年最美“回家的路”社区绿道有关问题核查情况的通报》，区委副书记吴斌宣读《关于牛市口、三圣街道个别工作人员违反工作纪律问题核查情况的通报》。区委书记陈志勇讲话。

**【腐败和作风问题专项治理工作部署会】** 4月20日，锦江区召开"十大领域"腐败和作风问题专项治理工作部署会。区委常委、区纪委书记、区监委主任刘嘉聪出席会议。区纪委副书记、区监委副主任淳茂主持会议。区委政法委、区教育局、区民政局、区住建交局、区公园城市局、区卫健局、区应急局、区市场监管局、区行政审批局、锦江生态环境局的主要负责人参加会议。区纪委、区监委、区委社治委、区人社局、区医保局、区综合执法局的分管负责人参加会议。区纪委和区监委派驻区政府办公室、区委政法委、区教育局、区民政局、区住建交局、区公园城市局、区卫健局、区市场监管局、区行政审批局、区综合执法局的纪检监察组组长参加会议。参会人员30人。会议传达市纪委和市监委的会议精神，部署"十大领域"腐败和作风问题专项治理工作。

**【优化营商环境专项监督工作会】** 7月14日，锦江区召开纪委和监委2022年优化营商环境专项监督工作会。区委常委、区纪委书记、区监委主任刘嘉聪出席会议。区纪委副书记、区监委副主任淳茂主持会议。区纪委、区监委的分管领导参加会议。春熙路、书院街、锦官驿、牛市口、东湖、狮子山、柳江、成龙路8个街道的纪工委书记和优化营商环境特约监督员参加会议。参会人员40人。与会领导干部与优化营商环境特约监督员座谈企业走访情况，向优化营商环境特约监督员颁发聘书。刘嘉聪提出优化营商环境专项监督工作要求。

（罗月敏、张海娇）

## 纪检监察事务

**【概况】** 2022年，锦江区针对"成渝地区双城经济圈"建设、践行新发展理念的公园城市示范区建设、产业"建圈强链"等重点领域开展政治监督工作，检查60次，查处案件15件，依法处置28人。深化互动式警示教育，摄制《歧途》等警示教育片2部，开展法律法规和纪律普及宣传活动100次，覆盖公职人员8000人。一体推进"不敢腐、不能腐、不想腐"，受理检举控告类案件52件，立案12件，立案率增长76.9%。处置问题线索268个，初核成案率增长101%；立案157件，立案数增长13.8%。立案案件涉及区管干部13人，处分182人。移送司法机关11人，追赃挽损2740万元。查处2名区属国有企业负责人的违纪违法案件。查处25名1980年出生和1980年后出生的党员干部违法违纪案件，年轻干部违法违纪案件查处率增长78.5%。查办的市属国企职务犯罪案入选"成都市十佳精品案件"。

2022年3月9日，中共成都市锦江区第八届纪律检查委员会第二次全体会议召开

（区纪委提供）

**【政治监督】** 锦江区开展专项监督工作12次，督促各级党组织落实中共二十大精神。查处政治问题与经济问题交织腐败案件1件，依法处置1人。区纪委和区监委协助区委从严管党治党，压实主体责任，监督"一把手"和领导班子，向区领导报送主体责任提示单5次，向各部门党组、街道党工委发送履责提示函、问题督办函20份。监督脱贫攻坚与乡村振兴衔接、生态环保、粮食安全等领域工作，查处案件7件，依法处置8人。监督疫情防控工作，查处责任落实不到位、泄露敏感信息等案件8件，依法处置19人。通过政治监督，杜绝"七个有之"现象。即搞任人唯亲，排斥异己的有之；搞团团伙伙、拉帮结派的有之；搞匿名诬告、制造谣言的有之；搞收买人心、拉动选票的有之；搞封官许愿、弹冠相庆的有之；搞自行其是，阳奉阴违的有之；搞尾大不掉，妄议中央的有之。

**【正风肃纪】** 锦江区针对公款吃喝、公车私用等问题开展正风肃纪专项监督7次，查处违反中央八项规定案件14件，处置17人。其中7个案件涉及形式主义、官僚主义问题，涉及违规违纪干部10人；另有7个案件涉及以借培训名义公款旅游等享乐主义、奢靡之风问题，涉及违规违纪干部7人。通报落实中央八项规定精神的正反典型案例14个。落实《关于抓早抓小纠治党风廉政建设有关苗头性倾向性隐蔽性问题进一步夯实管党治党政治责任的工作办法》精神，指导区级部门、街道办事处、社区党组织和居委会开展政治谈话活动，约谈公职人员1100人。

【办案机制探索】锦江区落实“政治家办案”要求，探索“全员办案、全程办案、全优办案”工作机制，区纪委和区监委平均办案用时减少20%。未留置直接移送司法机关6人。建立受贿行贿同查机制，查处受贿案件5件5人、行贿案件4件4人。深化“以案促改、以案促建、以案促治”工作，发出纪检监察建议书16份，指导2家单位改问题、建制度。开展“五粮春”系列案以案促改工作，立案8件，处置8人。

【日常监督】锦江区纪委和监委的派驻派出纪检监察机构立案104件，立案率增长26.8%。探索纪检监察室、纪检监察组、纪工委（监察办公室）联动机制，采取“揭榜挂帅”的方式，发布榜单42期。“揭榜挂帅”即党政室集中统筹31个派驻和派出纪检监察机构，考虑“揭榜”单位监督范围、干部业务能力和专业特长等因素，选举“挂帅”组长，相互确定被检查对象，赋予监督检查组执纪监督权。锦江区通过日常监督检查发现问题，并且立案查处的案件占立案案件的33.1%，运用“四种形态”处置违法违纪人员299人。其中以“咬耳扯袖、红脸出汗”形态处置违法违纪人员的占比为51.5%，以党纪轻处分和组织处理形态处置违法违纪人员的占比为34.1%，以重处分和职务调整处置违法违纪人员的占比为8.4%，以立案审查形态处置违法违纪人员的占比为6%。严把干部选拔任用的政治关、作风关、廉洁关、品行关，回复党风廉政意见358次，出具否定性意见3次。

【为群众办实事】锦江区开辟“码上举报”等群众监督渠道，由区纪委和区监委督促整改群众反映问题136个。开展“十大领域”群众身边“可视、有感”腐败和作风问题专项治理，督促政府职能部门整改环境噪声污染、社保办理等群众“急、难、愁、盼”问题151个，查处案件29件，处置涉案人员37人，移送司法机关4人，曝光典型案件2件。推进发改、经信等6个行业领域突出问题治理工作，立案7件，处置9人，给予3人党纪政务处分。持续开展“联企清风行动”，聘请26名优化营商环境特约监督员，解决企业诉求39个，查处危害营商环境案件3件，处置涉案人员5人。开展“净窗行动”，靶向整治政务服务作风问题，查处案件3件，处置涉案人员3人。

【廉洁文化建设】锦江区推动新时代廉洁文化建设，利用李劼人故居纪念馆廉洁教育基地等阵地开展“童心向廉”“锦廉杯”等活动，利用新媒体创作发布廉洁文化作品40个，以党风政风建设带动社会风气改善。开展互动式警示教育活动，制作《歧途》等警示教育片2部。

（罗月敏、张海娇）

## 区纪委常委会会议传达成都市第十四次党代会精神

4月30日，区纪委召开常委会会议，传达成都市第十四次党代会精神。会议提出“激浊扬清、砥砺奋进，全力锻造忠诚、干净、担当的纪检监察铁军”的要求。会议指出，纪检监察干部要增强政治意识，结合实际工作，深入学习贯彻成都市第十四次党代会精神。会议强调，纪检监察部门要聚焦主责主业，坚持“全员办案、全程办案、全优办案”，强化整治监督，凝聚监督合力，提高监督质效，以巡察组组长负责制实体化运行为抓手，深入开展十大领域“可视”“有感”反腐工程，强化正面教育和反面警示，以“守其白、辨其黑、洁如玉、坚如铁”的标准加强自身建设，为建设践行新发展理念的公园城市示范区和高质量建设“品位锦江·幸福城区”作出贡献。

# 民主党派·工商业联合会

## 民革成都市锦江区总支部

【概况】2022 年，民革成都市锦江区总支部（以下简称区民革）下属支部 3 个，有民革党员 120 人。区民革利用委员会议、委员扩大会议、组织生活会，组织成员深入学习习近平新时代中国特色社会主义思想和习近平总书记“做好新时代党的统一战线工作”的重要思想，传达学习中共二十大精神和省市党代会精神，学习省委、市委、区委的全体会议精神，学习统一战线和政治协商的规章制度，开展“矢志不渝跟党走·携手奋进新时代”等主题活动。开展换届选举工作，选举产生第九届班子成员。发展民革党员 9 人。落实民革中央“举全党之力抓参政议政”的精神，实施“一把手工程”，推动参政议政人才队伍建设，践行参政议政职能。区民革党员张家荣获“省政协第十二届委员会履职优秀委员”称号，周磊获“市政协第十五届优秀委员”称号。

表 12　2022 年成都市锦江区民革班子成员情况表

| 职务 | 姓名 | 社会职务 |
|---|---|---|
| 主　委 | 果晓峰 | 区检察院副检察长 |
| 副主委 | 周　磊 | 东方证券首席理财顾问 |
|  | 达哇卓玛 | 成都芯玺文化发展有限公司董事长 |
|  | 刘　廉 | 区司法局四级主任科员 |
|  | 邢冬梅 | 区商务局楼宇中心主任 |

【学习教育】区民革召开委员会议和委员扩大会议 6 次，召开组织生活会 9 次，组织民革党员学习传达中共二十大精神、四川省第十二次党代会精神、成都市第十四次党代会精神，学习《中国共产党统一战线工作条例》《中国共产党政治协商工作条例》。编制“矢志不渝跟党走·携手奋进新时代”主题教育活动计划和“履职能力建设年”活动计划，组织民革党员到汶川特大地震都江堰市抗震救灾恢复重建陈

2022 年 11 月 2 日，中国国民党革命委员会成都市委员会锦江区总支部党员大会选举产生第九届班子成员　（区民革提供）

列馆开展现场教学活动。举办“重温四川保路历史·缅怀爱国革命先辈”主题活动，回顾四川保路运动的历史意义和革命先辈事迹，增进民革党员继承和发扬革命传统的历史自觉性。组织民革党员到李劼人故居纪念馆开展爱国主义教育活动，学习李劼人爱国精神，增强民革党员与中国共产党同心同德的政治自觉性。

**【换届选举和党员发展】**区民革根据民革成都市委、中共锦江区委以及区委统战部安排，启动换届选举工作。11月2日，选举产生第九届班子成员。根据民革党员增长情况，增设四支部。吸纳大学本科以上学历的入党积极分子16人。其中博士研究生2人、硕士研究生10人。有9名入党积极分子转为民革党员。

**【调研资政】**区民革发挥民革党员主体作用，组织民革党员到四川爱尔眼科医院等地调研，撰写《锦江区全力建设人工智能创新应用先导区》等调研报告。调研报告选题涉及成都市加快建设践行新发展理念的公园城市示范区和锦江区高质量建设“品位锦江·幸福城区”等中心工作，涉及群众关心的社会热点问题。区民革党员中的人民代表、政协委员向区人代会、区政协会提交建议和提案19篇。《关于出台成渝共建西部金融中心规划实施细则的建议》得到省委常委、市委书记施小琳批示。民革省委采纳民革锦江区总支部社情民意信息3条。

**【参政议政人才队伍建设】**区民革采取对外引进和向外推荐相结合方式，壮大参政议政人才队伍。区民革党员中的省政协委员1人、市政协委员2人、区人民代表1人、区政协常委2人、区政协委员8人。进入民革省委各专委会任职的区民革党员7人，进入民革市委各专委会任职的区民革党员9人。

（刘廉、周磊）

## 民盟成都市锦江区总支部

**【概况】**2022年，民盟成都市锦江区总支部（以下简称区民盟）下设支部5个，盟员210人。以纪念张澜诞辰150周年等活动为抓手，推动盟员学习教育。组织盟员调研，撰写调研文章和社情民意信息，为锦江区建设“1+3+3”现代产业体系等中心工作以及解决群众关心的社会问题建言献策。发挥界别优势，链接社会资源，助力防疫工作，开展对口支援工作。民盟市委授予民盟锦江区总支部“2022年度先进集体”称号和“思想宣传工作先进集体”“组织建设工作先进集体”“参政议政先进集体”“社会服务工作先进集体”称号，授予倪云“民盟反映社情民意信息工作先进个人奖”。

表13　2022年成都市锦江区民盟班子成员情况表

| 职务 | 姓名 | 社会职务 |
|---|---|---|
| 主　委 | 汪　旭 | 四川旺泽建设工程有限公司董事长 |
| 副主委 | 刘晓琴 | 融通基金管理有限公司成都分公司区域总监 |
| | 冯流英 | 成都市小天使教育咨询有限公司董事长 |
| | 刘　畅 | 成都市殡仪馆七级职员 |
| | 李　璞 | 区金融工作局局长 |
| | 朱　勇 | 成都市盐道街中学高级教师 |

**【纪念张澜诞辰150周年活动】**3月26日，区民盟组织40名盟员到四川省西充县莲池乡观音堂村参观张澜故居，开展纪念张澜诞辰150周年活动。利用微信平台推送张澜事迹方面的文章，要求盟员撰写感言，以活动弘扬民盟“关注民生、奔走国是”的传统。

2022年3月26日，区民盟成员参观张澜故居　（区民盟提供）

【交流学习】3月26日，区民盟组织盟员到民盟阆中市委开展盟务交流活动，座谈自身建设、参政议政、社会服务等工作。

【调研资政】区民盟组织盟员开展调研活动5次，撰写《“双减”背景下高等职业教育的社会责任及人才培养改革研究》《关于完善城乡社区健身设施提高全民健康水平的思考与建议》等调研文章。盟员撰写和报送社情民意文章38篇。民盟中央采用《关于当前非法宗教传播途径的一些观察》《警惕境外势力在青少年群体中渗透LGBTQ理念》《关于加强LGBT等特殊人群的保护以及应对相关舆情的建议》，全国工商联采用3篇，省政协采用1篇，省工商联采用2篇，民盟省委采用3篇，市政协采用1篇，民盟市委采用6篇。盟员中的政协委员提交提案18篇，市政协和区政协采用12篇。盟员龚怡撰写的《我国代孕黑色产业链急需治理》获全国工商联社情民意三等奖、省工商联建言献策一等奖。

【防疫工作助力】区民盟发动50名盟员参加防疫工作，动员盟员链接自有资源，捐赠防疫物资，服务群众50万人。参加“病毒无情，人间有爱”“抗击疫情，爱心助力”等活动，募集价值5.9万元的防疫物资。

【对口支援工作助力】区民盟组织盟员参加锦江区对口支援甘孜州炉霍县德拉龙村健康体验活动，捐赠价值3.98万元的饮水机100台。开展“以购代帮”活动，发动盟员认购价值1.1万元的炉霍县农产品。参加对口支援简阳市工作，组织盟员向简阳市镇金镇、踏水镇捐赠防止返贫善款和助学金2.3万元。发动盟员中的教师群体参加“蓉城星力汇盟力，烛光行动暖人心”结对助学活动，与简阳市踏水镇小学校建立长效助学机制。与阿坝州若尔盖县降扎乡、阿坝州若尔盖县求吉乡、甘孜州炉霍县新都镇建立对口帮扶关系，开展一对一爱心帮扶活动，捐款7.5万元。组织盟员到成都市新津区开展体育帮扶活动，实施“跆拳道进校园”公益项目。与民盟遂宁市总支部共同开展“助力巩固脱贫，助推乡村振兴”考察调研活动。

（刘畅、王滔）

## 民建成都市锦江区总支部

【概况】2022年，民建成都市锦江区总支部（以下简称区民建）会员306人，平均年龄52岁。会员中的博士4人、硕士51人。有178名会员是企业高级管理人员。开展“学习习近平同志四川考察讲话精神眉山行”活动，提高班子成员思想认识。推动“民建之家”筹建工作，以调研报告、政协提案、人民代表建议和议案等方式参政议政，持续开展对口支援甘孜州炉霍县工作，发动会员参加疫情防控工作。开展走访慰问、扶贫帮困、爱心捐赠、义诊等活动600次，救助困难群众8.2万人。

表14　2022年成都市锦江区民建班子成员情况表

| 职务 | 姓名 | 社会职务 |
| --- | --- | --- |
| 主　委 | 曾政光 | 四川省泌尿外科医院院长 |
| 主　委 | 查　勇 | 四川金安特农业股份有限公司董事长 |
| 副主委 | 马　彬 | 成都银行青羊支行行长 |
| | 孙　秋 | 区投资服务中心副主任 |
| | 毛正林 | 成都德仁堂药业有限公司成都同仁堂总经理 |
| | 刘海燕 | 四川赖二娃餐饮管理有限公司总经理 |
| | 陈鸿飞 | 金字塔梦想城文化旅游开发（成都）有限责任公司董事长 |

【“民建之家”建设】区民建坚持“展现民建文化”原则，组织班子成员和会员代表到“三圣花乡”调研，为“民建之家”选址，启动党派中心建设。组织会员研讨建筑风格、运营模式，明确“以民建之家建设为契机，助力乡村振兴”的工作思路，提出“一支部一特色”的工作要求。文创支部发挥平台优势，为“三圣花乡”转型升级和“川西林盘文化”再造项目注入文创元素建言献策。

【调研资政】区民建组织会员调研，撰写调研报告3篇。即《关于锦江区“八五”普法，加快构建“三级法律服务体系”的建议》《关于加强新时代成都特色廉洁文化建设的建议》《关于持续优化社会功能品质的建议》。调研组成员针对社会热点难点问题调研 14 次，撰写《关于支持校企共建产业技术研发、转化、共享平台、营造良好产业生态的建议》《关于合理安置集中隔离期满足居民返回居家隔离的建议》《关于全市清理住宅小区绿化树种，排除安全隐患的建议》《关于打通城北新繁街道片区与成都主城区交通互联互通，彻底解决群众生活工作、企业经营进出城难的建议》《关于进一步提升成都特大城市形象，落实幸福感城市行动，打通二环路高架进出口节点通道的建议》等调研文章 15 篇。撰写社情民意文章 12 篇，内容涉及经济、文化、社会、法律、医疗、城市生态文明、环保等领域。提交省政协的提案报告《关于全市清理住宅小区绿化树种，排除安全隐患的建议》立案办理。曾政光、彭浩轩获“成都市第十五届政协优秀委员”称号。

**【对口支援工作助力】** 11 月，区民建按照“摘帽不摘帮扶，巩固脱贫成果”的要求，组织会员到甘孜州炉霍县调研“飞地”产业发展、村民生产生活以及收入等情况，捐赠价值 10 万元的援助物资和 300 册农业科技图书。同时发动会员企业参与对口支援工作。四川泌尿外科医院响应号召，选派医疗技术人员对口支援炉霍县人民医院，为炉霍县人民医院培训血液透析科和泌尿外科的医护人员。

**【防疫工作助力】** 区民建应对新冠疫情，启动应急预案，鼓励会员参加疫情防控工作。6 月，会员企业中的蚂蚁科技集团公司利用支付宝扫码功能，将省内居民健康码核验步骤从 4 个步骤减为 2 个步骤，降低人员聚集风险。向企业、商会、社区居委会、老龄协会捐赠价值 37 万元的口罩、医用酒精、防护服、矿泉水等防疫物资。

2022 年 7 月，区民建开展“学习习近平同志四川考察讲话精神眉山行”活动（区民建提供）

**【困难群体帮扶】** 区民建慰问特困会员、生病住院会员、去世会员家属，为困难会员、老龄会员配备“长者通”呼叫救援设备。各支部分别开展义诊、扶贫慰问、助学关怀、敬老爱才等志愿服务活动。利用“善道筹”平台向社会筹资，定向帮扶大病患者，向大病患者捐赠 200 万元。

（查勇、孙秋）

## 民进成都市锦江区总支部

**【概况】** 2022 年，民进成都市锦江区总支部（以下简称区民进）会员 100 人。参加课题调研，撰写调研报告和政协提案，助力锦江区经济社会发展。动员会员利用资源优势，助力疫情防控工作。向星巴克总部基金会申请 200 万元，捐赠四川省泸定县，支持泸定县开展地震灾后救援和重建工作。利用互联网宣传特色活动，提升自身形象。

表 15　2022 年成都市锦江区民进班子成员情况表

| 职务 | 姓名 | 社会职务 |
| --- | --- | --- |
| 副主委 | 李雪莲 | 四川师范大学附属中学外语学校德育处主任 |
| | 马　宇 | 四川鼎龙投资置业有限公司董事长 |
| | 刘小源 | 狮子山街道办事处副主任 |
| | 龚　明 | 星巴克企业管理中国有限公司中西区总监 |

**【经济社会发展助力】** 区民进参加民进市委、中共锦江区委、区政协、区委统战部的课题调研工作，撰写调研文章，助力锦江区教育事业发展和经济建设。区政协八届二次全体会议期间，民进锦江区总支部提交《关于提升锦江区主题公园经济附加值的建议》《移动商业服务智慧城区，鼓励创新业态合规合法发展建议》《关于为锦江区中小学校财务、医务专业工作人员配置劳动

经费的建议》《关于落实好国家“双减”政策、进一步提高课堂教学质量、减轻义务教育阶段学生负担的建议》等提案，撰写调研文章《落实“双减”政策，实现课后服务四个全覆盖》。

【防疫工作助力】区民进发动会员参与防疫工作，参加爱心物资捐赠、防疫电话排查、线上授课、医疗服务等志愿服务工作，服务群众 10 万人。副主委、星巴克企业管理中国有限公司中西区总监龚明带领 356 名员工参与防疫志愿服务工作，向医护人员、民警、社区工作人员、志愿者提供咖啡，服务防疫一线工作者 1023 人，贡献服务时长 1036 小时。民进锦江总支部会员、锦江区手拉手青少年社会工作服务中心负责人刘娟带领员工到成龙路、东湖、春熙路 3 个街道开展防疫志愿服务工作，协助社区开展电话排查、物资配送等工作。会员中的 11 名教师参加线上授课、批改作业、线上答疑、电话访谈等工作，为封控区学生解决封控期间的学习问题。会员中的医务工作者参加中高风险区精神病患者巡诊收治工作。另有 2 名会员参与街道防疫工作，服务群众 4 万人。

【宣传活动】区民进向民进省委网站、民进市委微信公众号发送《热议成都市第十四次党代会》《慰问抗疫一线医务工作者和社区工作者》《简阳爱心捐赠行》《墨香飘逸新西兰 · 感悟书法传统美》等工作简报 6 期。《晚霞报》登载会员王守德创作的水彩画《洞子口“陈凉粉”》。

（刘小源、李雪莲）

## 农工民主党成都市锦江区总支部

【概况】2022 年，农工民主党成都市锦江区总支部（以下简称区农工）下设支部 3 个，党员 102 人，涵盖医疗卫生、生态环境、法律、金融、教育、互联网等行业。开展社区医疗助老公益活动 110 次，向泸定县地震灾区捐款 1.57 万元。捐赠价值 9.85 万元的防疫物资和价值 14 万元的对口支援物资，助力疫情防控工作和对口支援工作。

**表 16　2022 年成都市锦江区农工班子成员情况表**

| 职务 | 姓名 | 社会职务 |
|---|---|---|
| 主　委 | 肖　量 | 成都肖小儿国医馆馆长 |
| 副主委 | 黄晓玲 | 区政协经济委员会主任、副秘书长 |
| | 蒋尧华 | 区经信局信息化推进科主任科员 |
| | 翟世明 | 四川省成都生态环境监测中心站副站长 |
| | 李天成 | 成都正欣骨科医学研究所研究员 |
| | 张家明 | 四川博鸿天彤医学科技发展有限公司董事长 |

【防疫工作助力】区农工组织 30 名党员加入社区防疫志愿者队伍，协助社区开展疫情防控工作。向社区捐赠中药汤包 2 万个，捐赠价值 9.35 万元的免洗手消毒凝胶、消毒湿巾等防疫物资，捐赠价值 5000 元的解暑药剂、饮料。

【对口支援工作助力】区农工发动党员参加锦江区对口支援炉霍县和简阳市踏水镇、镇金镇乡村振兴工作。采取“传、帮、带”方式，辅导炉霍县医务人员 2 人。开展义诊 62 次，服务炉霍县群众和简阳市群众 6670 人。组织党员到成都市金堂县转龙镇开展乡村振兴社会服务活动。活动分为“爱成都迎大运 · 助力健康发展”和“推进医疗下乡 · 助力乡村振兴”2 个部分。召开“推进医疗下乡、助力乡村振兴”座谈会，推介农工党市委帮扶基层卫生院的“沿江模式”，与金堂县转龙中心卫生院负责人商讨优质医疗下基层等工作。向金堂县隆盛希望小学捐赠价值 1.5 万元的书籍、体育器材、乐器、文具。

2022 年 11 月，区农工“推进医疗下乡、助力乡村振兴”座谈会召开　（区农工提供）

（翟世明、张家明）

## 致公党成都市锦江区支部

【概况】2022年，致公党成都市锦江区支部（以下简称区致公党）党员19人。以锦江区“1+3+3”现代产业体系建设、国际消费中心城市核心区建设、国际交流交往引领区建设、春熙路时尚商圈建设为切入点，组织党员调研，为经济社会发展建言献策。中国致公党中央委员会授予致公党锦江区支部主委桂汉峰“中国致公党脱贫攻坚先进个人”称号，市委统战部授予致公党锦江区支部主委桂汉峰“最美统战人”称号。

【主题教育活动】区致公党成立“矢志不渝跟党走、携手奋进新时代”政治交接主题教育领导小组。主委桂汉峰任组长，副主委、支部委员、部分党员为成员。制定“矢志不渝跟党走、携手奋进新时代”政治交接主题教育实施工作方案，明确工作任务、工作措施、工作责任，安排专人担任联络员。5月27日，联合致公党四川师范大学支部召开“矢志不渝跟党走、携手奋进新时代”政治交接主题教育会议，审议学习资料，安排学习活动。

表17　2022年成都市锦江区致公党班子成员情况表

| 职务 | 姓名 | 社会职务 |
|---|---|---|
| 主　委 | 桂汉峰 | 致公党中央海外联谊委员会委员、致公党四川省委海外联谊委员会主任、成都一带一路会展服务有限公司董事长 |
| 副主委 | 张　蛟 | 成都赛思德沃文化传播有限公司总经理 |

2022年5月，区致公党和致公党四川师大支部联合举办政治交接主题教育学习会
（区致公党提供）

【调研资政】区致公党组织党员调研4次，撰写调研文章2篇，向区政协八届二次全体会议提交《关于汇聚慈善公益力量参与助力共同富裕的建议》等提案。致公党中央委员会采用区致公党调研文章1篇。

（程静、王媛）

## 九三学社成都市锦江区委员会

【概况】2022年，九三学社成都市锦江区委员会（以下简称区九三学社）社员123人，平均年龄51岁。社员中的博士6人、硕士27人。有6名社员获高级职称，有10名社员是企业家和企业高级管理人员。联合青羊区委员会召开参政议政交流座谈会，学习成都市第十四次党代会精神。引进理想智造汽车销售服务（成都）有限公司、四川延长壳牌贸易有限公司等企业，为锦江区招商引资工作助力。确定调研课题7个，撰写《智能驾驶侵权责任规制研究》等调研文章，向市政协和区政协提交提案15份、社情民意信息8条。发动社员参加对口支援工作和疫情防控工作。

表18　2022年成都市锦江区九三学社班子成员情况表

| 职务 | 姓名 | 社会职务 |
|---|---|---|
| 主　委 | 李　涛 | 成都市规划馆策展部主任 |
| 副主委 | 黄　斌 | 成都市第二人民医院内科主任医师 |
|  | 李　玮 | 四川邮电职业技术学院移动与传教研究室副教授 |
|  | 赵熙蒙 | 延长壳牌石油（四川）有限公司政府事务总监 |

【调研资政】区九三学社组织社员

调研，撰写《锦江区“五维并举”构建儿童友好社区路径探索和策略思考的调研报告》《关于在我省设立西南区域性危险废物风险防控技术中心的建议》等调研文章。九三学社省委采用肖波撰写的《关于在我省设立西南区域性危险废物风险防控技术中心的建议》，《当代法官》登载李佳婷撰写的《知识产权保护的区域协同模式刍议》。市政协采用《关于成都布局元宇宙赛道、打造新型消费模式的建议》《关于打造高端商圈促进消费升级的提案》《关于将成都国际非物质文化遗产节与成都影视产业深度融合的建议》等提案。九三学社市委、区政协采用《“雁领”劳模创新工作室》《进一步缓解现场客流拥堵点，提高车站通行效率》等8条社情民意信息。

2022年9月，区九三学社联合九三学社成都市青羊区委员会召开参政议政交流座谈会

（区九三学社提供）

**【对口支援工作助力】** 区九三学社动员社员参加锦江区对口帮扶甘孜州炉霍县工作，发起“格桑花开·锦绣炉霍——光明使者行动”，为炉霍县56名沙弥检测视力。

**【防疫工作助力】** 8—11月，区九三学社组织40名社员参加防疫工作，捐赠价值12.5万元的防疫物资。

（李玮、张若辰）

## 成都市锦江区工商业联合会

**【概况】** 2022年，成都市锦江区工商业联合会（以下简称区工商联）按照“政治建会、团结立会、服务兴会、改革强会”的要求，推动工商联基层组织建设。召开工商联第七次代表大会，完成换届任务。向市委统战部蓉商总会“十百千蓉商成长计划”人才库推荐60名民营经济代表人士，发动民营企业参加光彩事业，组织民营经济代表人士参政议政，发挥民营经济作用，助力经济社会建设。

**【区工商联第七次代表大会】** 3月29日，区工商联召开第七次代表大会。会议传达中共十九届六中全会精神，学习习近平总书记指示新时代民营经济统战工作的重要精神。秦梅代表区工商联第六届执行委员会作工作报告。会议选举产生区工商联第七届执行委员65人。其中常务委员17人。包括区工商联主席1人、常务副主席1人、副主席8人、秘书长1人、区总商会会长1人、副会长10人。秦梅当选区工商联第七届执委会主席、区总商会会长。

**【民营经济代表人士参政议政】** 区工商联组织民营经济代表人士参加区级重要会议16次，提交政协提案15篇。其中3篇列入区政协重点提案。向市工商联报送提案12篇、社情民意信息19条。

**【民营企业家理想信念培育】** 5月，区工商联开展民营企业党建和企业管理融合实践培训，促进企业党建与企业管理融合。6月28日和11月30日，分别举办“喜迎二十大·迈步新征程”“学习二十大·奋进新征程”2次理想信念教育主题实践活动，开设民营经济发展讲座，组织民营企业负责人参观成都市规划馆和四川国策检测技术有限公司党建示范基地，帮助民营企业家坚定理想信念。

**【光彩事业促进】** 区工商联向成都市光彩事业促进会第五届理事会推荐常务理事4人、理事6人、会员1人。1月，锦江区大安商会开展“暖冬送温暖”活动，慰问柳江街道、东湖街道的20个低保家庭和残疾人家庭。号召民营企业参与光彩行动，开展产业扶贫、公益捐助等活动，向爱心慈善基金、农牧民住房受灾防止返贫救助基金、锦炉爱心助学基金捐资260万元，用于对口支援甘孜州炉霍县工作。11月，发动79家民营企业加入成都市人才技术服务超市，参加成都大学、四川师范大学举办的招聘会，发布岗位1026个，帮助100名高校毕业生就业。

表 19　2022 年成都市锦江区工商联第七届执委企业情况表（选录）

| 序号 | 企业名称 | 注册资金（万元） | 地址 |
| --- | --- | --- | --- |
| 1 | 四川舞东风超市连锁股份有限公司 | 3080 | 成都市锦江区福兴街 58 号 |
| 2 | 成都锦欣医疗投资管理集团有限公司 | 2696 | 成都市锦江区静沙北路 301 号 8 层 |
| 3 | 中融国城建设有限公司 | 11000 | 成都市武侯区人民南路四段 48 号首座大厦 C 座 21 层 |
| 4 | 四川兴华时代投资有限公司 | 1000 | 成都市锦江区春熙路 27 号 5 层 |
| 5 | 成都达智咨询股份有限公司 | 1176 | 成都市锦江区人民东路 61 号 |
| 6 | 四川国测检测技术有限公司 | 500 | 成都市锦江区金石路 166 号 1 幢 2 单元 |
| 7 | 四川瀚华融资担保有限公司 | 60000 | 成都市锦江区人民南路二段 1 号仁恒置地广场写字楼 19 层 |
| 8 | 成都诚悦时代物业服务有限公司 | 1500 | 成都市锦江区总府路 2 号时代广场 10 层 |
| 9 | 成都顺通实业有限公司 | 2000 | 成都市锦江区永兴巷 15 号综合楼 5 层 |
| 10 | 成都紫极伟业科技股份有限公司 | 500 | 成都市锦江区东御街 19 号 1 幢 40 层 4001 室 |
| 11 | 成都金松营销有限公司 | 2000 | 成都市锦江区东大街紫东楼段 11 号东方广场 A 座 19 层 |
| 12 | 四川驹马企业管理有限公司 | 1191 | 成都市锦江区锦华路三段 88 号汇融广场 1 幢 5 单元 24 层 1 号 |
| 13 | 成都明宇实业集团有限公司 | 50000 | 成都市高新区科华南路 339 号明宇大厦 |
| 14 | 四川华熙龙禧投资有限公司 | 28000 | 成都市锦江区喜树街 820 号 1 层 |
| 15 | 成都银海信息技术有限公司 | 1000 | 成都市锦江区三色路 163 号 |

**【服务民营经济发展】** 5 月 26 日，区工商联召开七届执委第二次全体会议。区商务局、区经信局、区税务局等部门的参会代表为企业家解读稳经济 32 条政策，帮助企业提振发展信心。10 月 18 日，成立玉帛商事商会调解中心，帮助企业解决经营纠纷、劳动纠纷、合同纠纷。

2022 年 6 月 28 日，区工商联举办“喜迎二十大，迈步新征程”2022 年理想信念教育主题实践培训活动（区工商联提供）

**【青年企业家商会】** 4 月，区工商联牵头创办青年企业家商会，有 30 名青年企业家成为会员。7 月 6—7 日，区工商联和重庆市渝中区工商联共同举办“奋楫当先·共促青创”青年企业家交流活动。两地青年商会的 40 名企业家代表参加活动，考察太古里商业街区等点位。区投促局、区商务局等部门举办招商推介会，介绍锦江区的区位环境、产业发展方向、重大项目建设情况以及招商优惠政策。

（魏巍爱、尹菁）

# 群众团体

## 成都市锦江区总工会

**【概况】** 2022年，锦江区召开总工会四届六次全委会议、新就业形态劳动者建会入会总结会等重要会议，总结和部署工会工作，表彰成绩突出的基层工会。按照“县级工会加强年”工作要求，推动新就业形态劳动者建会入会工作，经验材料得到市委领导批示，工作经验在全省推广。落实为企业减负政策，向483家小微企业返还工会经费1862万元。举办职工技能竞赛15次，命名“濯锦工匠”65人。发挥联合调解中心作用，实现纠纷调解零成本目标。升级“锦江群团e家”微信公众号，构建信息宣传矩阵。建成锦遇良缘职工婚恋驿站，帮助职工解决婚姻问题。截至12月，建成街道总工会9个、街道工会联合会2个、行业工会10个，分布工会组织2604个，工会会员21万人。走访企业300家，走访职工5000人，了解企业和职工诉求，维护企业和职工的合法权益。慰问职工1.7万人，资助52名困难职工。提供法律咨询服务2217次，受理劳动纠纷案件802件，结案率100%，涉及金额746.68万元。职工维权案例入选“全国互联网+工会维权服务优秀案例”。以项目化方式引领社会组织开展专业服务，“成都市新就业形态劳动者关爱行动”“锦江区2021年‘工会服务创新项目’第三方委托管理项目”入选《全国工会联系引导社会组织服务职工优秀项目选编（2022）》。区总工会获“四川省工会干部赴基层蹲点优秀单位”“四川省工会财务工作先进单位”称号。

**【区总工会四届六次全委会议】** 4月12日，锦江区召开总工会四届六次全委会议。会议学习贯彻中共十九届六中全会精神及省委、市委、区委的全会精神，传达全国总工会、省总工会、市总工会的会议精神，安排锦江区工会工作。区委常委、区总工会主席杨世映讲话。会议表决通过王严等10人不再担任区总工会第四届委员会职务的决定，以无记名投票方式选举温萍为区总工会第四届委员会常务副主席，选举罗培、黄安、杨钰嶙、李静怡为区总工会第四届委员会常务委员。

**【“濯锦工匠”命名大会】** 11月23日，锦江区在成都交子公园召开第六届“濯锦工匠”命名大会。区委书记陈志勇讲话，区委副书记、区长缪晓波现场发布《“濯锦工匠”礼遇服务十条政策措施》。区委常委、组织部部长余家洪，区委常委、区总工会主席杨世映，区人大常委会副主任邹燕，区政协副主席张晓惠，各街道、相关部门、群团主要负责人参加会议。会议授予65人“濯锦工匠”称号。其中11人获“成都工匠”称号。

**【职工民主管理】** 锦江区发动企事业单位参与厂务公开民主管理标准化建设，按照《关于做好“成都市厂务公开民主管理标准化等级评价”工作的通知》要求，开展厂务公开民主管理标准化等级评价自查、初审等工作。新增厂务公开民主管理标准化建设C级达标单位12家，区域内的C级达标单位达到16家。

各街道申报B级达标单位4家。

【职工教育】锦江区组建中共二十大精神宣讲团，成员包括区总工会班子成员、劳模工匠、职工代表。采取“进企业、进楼宇、进社区”的方式，开展巡回宣讲。开展“献礼二十大·建功新时代——悦影荟”职工观影活动，“锦江群团e家”微信公众号开设“学习贯彻中共二十大精神”专栏，发布政策解释、工会工作动态、职工文体活动等信息400条。区委组织部与区总工会联合开办工会干部创新能力培训班，开设基层工会组织财务经审培训班6期。

【职工服务阵地建设】锦江区按照成都市“县级工会加强年”部署，坚持“六型四好十有”标准，以建设“职工之家”“职工小家”“职工驿站”为抓手，推动职工服务阵地建设。“六型”即规范型、和谐型、服务型、创新型、学习型、安康型。“四好”即政治担当好、服务职工好、工作创新好、职工评价好。“十有”即有固定活动场所，有统一工会标志，有职工休闲放松、心理疏导和文化体育设施，有职工教育培训和职业素质提升设施，有“职工书屋”“妈咪宝贝屋”及其他满足职工需求的服务功能设施，有劳动争议调解设施，有管理制度，有服务职工活动计划，有日常管理和维护升级经费保障，有专门管理人员。区域内新建“职工之家”20个、“职工驿站”4个，分布在街道、社区、楼宇、学校、企业的“职工之家”“职工小家”“职工驿站”达到220个。11月，中华全国总工会党组成员杨宇栋，省委常委、省委统战部部长、省总工会主席赵俊民，省总工会党组书记、副主席宋开慧到OST传媒“职工之家”和“小牛哥”智慧驿站调研，肯定锦江区职工服务阵地建设成绩。

成都百扬大厦的“职工之家” （摄于2022年 区总工会提供）

【就业促进】锦江区利用“成都职工”手机平台搭建企业与职工交流的就业平台，开展“春风送温暖·就业送真情”“万企同行·职等你来”等招聘活动12次，发布岗位信息1000个。扶持新就业形态劳动者创业就业，组织2971人参加互联网营销师直播万人拉力赛，帮助求职者提高技能水平。

【技能培训与竞赛】锦江区举办川菜烹饪、医疗护理、政务服务等职工技能一类比赛11次，举办家政服务、厨艺、快递外卖服务、花艺等职工技能二类比赛6次，吸引400名职工参赛。企事业单位开展劳动竞技、岗位练兵等活动452次，参加活动的职工达到1.1万人。

【劳模关怀】锦江区落实劳模关爱政策，向劳模发送春节慰问金18.84万元、五一慰问金6.68万元，兑现困难帮扶金5000元、荣誉津贴15万元。组织49名劳模体检，向66名退休劳模提供年检服务。

【职工关爱】锦江区坚持开展“四季送”关爱活动，慰问建筑工地、疫情防控一线的劳动者1.7万人，慰问困难职工42人。组织503名环卫工人、困难职工健康检查。持续开展助学活动，向10名困难职工的子女提供助学金。参加互助保险的职工29875人，赔付774人。推进“锦遇良缘”职工婚恋活动，解决单身职工交友难题。5月20日，区总工会联合区民政局举办集体婚礼，向8对新人颁证。承办全国婚恋活动成都分会场职工婚恋活动，举办“锦遇良缘·漫游1314”活动，建成“锦遇良缘职工婚恋驿站”，助推“四川省婚俗改革试验区”建设。

【新就业形态劳动者建会入会】6月15日，协办四川省新就业形态劳动者建会入会工作现场推进会。省总工会党组书记、副主席宋开慧，市总工会党组书记、常务副主席杜文及各市、州的总工会主要负责人观摩“小牛哥·刹一脚”爱心智慧驿站、喜树路社区“职工之家”、OST传媒公司网络营销员“职工之家”。锦江区以党组织和工会组织共建为引领，以“企业建会、行业覆盖、社区兜底”为主线，探索新就业形态劳动者建会入会的新方法得到观摩团成员肯定。7月12日，区总工会召开新就业形态劳动者建会入会总结会。区委常委、区总工会主席杨世映讲话。会议通报2022年锦江区新就业形态劳动者建会入会工作情况，表彰成龙路街道总工会、三圣街道总工会、书院街街道总工会等表现突出的基层工会。

【解决纠纷零成本】锦江区持续深化劳动关系协调机制，发挥劳动纠纷联合调解中心平台作用，优化调解程序及诉调对接机制，降低职工群众的维权成本。当事人通过联调中心解决纠纷的成本负担消除。仲裁委、法院通过联调中心分流案件，缓解案多人少的矛盾，节约行政资源和司法资源。

【群团联席会议】锦江区开创群团一体化工作模式，构建“大群团”工作格局。区总工会联动团区委、区妇联、区科协、区残联、区红十字会等人民团体，召开群团联席会议4次。以区委办公室名义印发《群团纽带工程2022年工作方案》，实施“建功立业、筑基提能、共筑美好”三大行动。采取共建、共管、共享、共用的方式，创办“锦江群团e家”微信公众号。“小牛哥·先锋车手”手机小程序入选“全国工会微信小程序应用优秀案例”。

【“最靓箱柜”评选】锦江区以“我为大运添光彩”为主题，由区总工会、区综合执法局联合开展“最靓箱柜”评选活动。职工中的100名绘画爱好者以志愿者身份参加活动，为155个临街箱体绘图，营造“爱成都·迎大运”氛围。成都市第三中学校的李怀江团队等3个团队获一等奖，其他15个团队分获二等奖和三等奖。

（周蕾、钟平）

## 共青团成都市锦江区委员会

【概况】2022年，锦江区召开学习贯彻习近平总书记在庆祝中国共产主义青年团成立100周年大会上的重要讲话精神座谈会、青年工作联席会议第三次全体会议等重要会议，学习习近平总书记重要讲话精神，传达各级青年工作联席会议精神。实施“建团百日攻坚”行动，走访重点企业102家，指导35家非公有制企业和5家机关、事业单位成立团组织，建成团委、团总支部、团支部1448个，专兼职团干部1404人，共青团员10642人。实施社区青春行动，升级青年人才驿站，依托“青年之家”构筑青年活动平台，促进大学生群体就业，保障青少年合法权益。成都师范附属小学校少先队大队获“全国优秀少先队集体”称号，团区委获“成都市五四红旗团委”称号，有4个集体获“成都市青年文明号”称号。成都市盐道街小学校教师蒲安琪获“全国优秀共青团员”称号，“小牛哥·先锋车手”志愿服务队成员王柯皓获“成都青年五四奖章”，兼职团干部李科磊获“中国大学生自强之星”国家奖学金。

【共青团重要会议】6月2日，锦江区召开学习贯彻习近平总书记在庆祝中国共产主义青年团成立100周年大会上的重要讲话精神座谈会。会议学习习近平总书记重要讲话精神，传达省市座谈会精神，回顾共青团历史，激励青年群体。区委书记陈志勇讲话，区委副书记、区政府区长缪晓波主持会议。区人大常委会党组书记王昕，区政协党组书记、主席潘雪松，区委副书记吴斌，区委常委、组织部部长、社治委主任余家洪，区委常委、区总工会主席杨世映，区政府副区长万科出席会议。12月7日，锦江区召开青年工作联席会议第三次全体会议。会议传达国家中长期青年发展规划实施工作部际联席会议第四次全体会议精神和《四川省中长期青年发展规划（2017—2025年）》实施工作联席会议第四次全体会议暨工作推进会议精神，传达成都市青年工作联席会议第三次全体会议精神，部署重点工作。区委常委、区总工会主席、区青年工作联席会议召集人杨世映出席会议，区政府副区长、区青年工作联席会议召集人万科主持会议，各街道、区级部门负责人参加会议。

【社区青春行动】锦江区创新社区共青团工作路径，以“我为青年办实事”为导向，实施社区青春行动。社区青春行动获优秀评价，工作案例入选“全国十佳优秀案例”。

【青年创新创业】锦江区开展“青耘中国·冬藏未来”直播活动，向大学生开放实习岗位1500个。在白鹭湾新经济总部功能区重建青年人才驿站，接待青年人才810人。截至12月，举办青年创新创业活动400次。

【红色主题沉浸式剧本体验基地】锦江区建成红色主题沉浸式剧本体验基地，挖掘红色文化元素和历史文化元素，编印《烽起锦江》等剧本，在20个党群服务中心推广。同时开设体验课程。组织300名青年党员干部到基地开展“重历峥嵘岁月、传承红色基因”主题教育。活动入选“成都市基层党建工作创新项目”。

（郭圆圆）

## 成都市锦江区妇女联合会

【概况】2022年，锦江区落实群团纽带工程工作方案，推动妇女儿童发展纲要编制工作。建立“妇联干部+妇联执委+巾帼志愿者”服务模式，推动“妇女之家”“儿童之家”建设，引领“两新”组织成立妇联，实现妇联组织有形覆盖和有效覆盖目标。结合“党建引领大群团”工作，召集自由职业者、家政服务人员、寄递人员组建女性社群。创新妇女儿童维权模式，提供一站式维权服务。成立女企业家联盟，推动女性就业创业。市妇联授予区妇联“成都市妇联系统宣传思想工作先进单位”“成都市儿童友好社区建设优秀单位”“成都市‘两纲’工作优秀单位”等称号。

【妇女儿童发展纲要编制工作会】锦江区召开《妇女发展纲要(2021—2030年)》《儿童发展纲要(2021—2030年)》编制工作会，总结2011—2020年实施“两纲”的各项工作，传达全国、省、市的“两纲”编制工作会议精神，安排2021—2030年“两纲”编制工作。

【妇联组织发展】锦江区根据楼宇特色、社会组织特点、企业女性诉求，采取企业单建、区域联建、行业统建的形式，推动“两新”组织的妇联组织发展。MFG创客联邦、SAC东原中心等“两新”组织建成妇联组织28个，覆盖写字楼8幢、商业卖场6个、商务酒店8家、银行2家，联动世界500强企业和国内知名企业30家，联动个体工商户3000家。

【妇女儿童服务阵地建设】锦江区发动“两新”组织创办“妇女之家”39个、“妇女微家”32个。上海绿地468锦峰大厦“妇女之家”创建为“成都市妇女之家示范基地”。以儿童需求为导向，以沙河街道汇泉路社区等22个社区为试点，开展“儿童友好社区”创建工作。汇泉路社区在成都市评审中排名第一，创建为“成都市儿童友好社区”。统筹社区内儿童活动场所和项目，采取嵌入式、菜单式、分龄式模式，建设“未成年人社区生活圈”。

【妇女儿童维权】锦江区建立“1+X+N”模式，探索妇女儿童维权新路径。“1”即维权中心，“X”即参与妇女儿童信访维权案事件调解的部门，“N”即基层妇联组织。5月13日，承办成都市妇联妇女儿童维权工作研讨培训片区会。

【儿童友好专项基金】锦江区探索社会力量参与儿童关爱保护工作的新路径，依托“锦基金”成立锦芽儿童友好专项基金会。筹集基金7万元，用于创作儿童友好歌曲《一米》。歌曲体现“一米高度看世界”的理念，被市妇联列为成都市儿童友好歌曲。另开展“蓉城幸福家 儿童友好义集”活动。

【妇女就业创业】锦江区整合“桉树林创客”等资源，成立女企业家联盟，搭建女性创业者交流平台。联盟吸纳会员企业48家，实施“锦创+”女性社区直播公益人才培训计划，开展女性就业创业主题活动10次。工商银行春熙支行妇联与会员企业签署银企合作备忘录，启动“女企业家加油站”项目，开通女性创业金融服务便捷通道。

【“三八红旗手”评选】锦江区开展“三八红旗手”评选活动，评选出“三八红旗手”68人、“三八红旗集体”34个。推荐四川师范大学附属中学校参加“成都市三八红旗集体”评选，推荐缪沁延、刘婷参加“成都市三八红旗手”评选。

2022年7月3日，2022年蓉城幸福家·儿童友好义集主题活动在锦江区华熙528中央广场举办

（区妇联提供）

【女职工劳动维权联合调解中心】锦江区成立女职工劳动维权联合调解中心，为女职工调解劳务纠纷。中心位于成都市锦江区锦盛路2号煦华国际11号楼一楼，占地200平方米。通过联合区委政法委、区人民法院、区人社局、区司法局、区总工会职能部门，坚持调解、仲裁、诉讼结合，解决女职工急、难、愁、盼的问题。截至2022年，接受女职工劳动纠纷方面的咨询2805次，受理女职工劳动纠纷调解案件1356件，调解成功1191件，司法确认案件1164件，涉及金额1677.43万元，结案率100%。

【"蓉姐对你说"示范点位】成都市"蓉姐对你说"示范点位以项目化方式落户锦官驿街道水井坊社区。依托水井坊社区网格化服务管理体系，整合社区妇联和群防群治力量，联动开展信息通报、走访服务和发现报告，为妇女儿童提供维权服务。使用项目资金1万元，用于妇女儿童法律咨询服务、维权队伍培训、普法宣传活动、心理咨询服务。

【儿童友好义集主题活动】7月3日，锦江区在华熙528中央广场承办"同筑幸福之家——童享锦江未来2022年蓉城幸福家·儿童友好义集"主题活动。活动由市妇联和区政府联合主办，区妇联、区精神文明办公室、区民政局、区文体旅局、三圣街道党工委承办。省妇儿工委办公室专职副主任胡慧，市妇联党组成员、副主席廖蓉，市妇联联络部部长陈兰，市妇儿工委办公室主任肖帮莉，区政府党组成员、副区长、区妇儿工委主任万科，区妇联党组书记、主席、区妇儿工委副主任杨书及23个区（市）县的妇联领导参加活动。锦江区各街道妇联主席、儿童友好企业代表、儿童友好大使、家庭代表、儿童代表参加活动。活动现场设置义卖摊位25个，由参加活动的儿童打理，展陈旧玩具、旧书、文具、手作品等物品。义卖产生的178.6元捐赠锦江区社会组织发展基金会"锦芽"专项基金，用于困境儿童帮扶。

（葛琳莉、黎晓颖）

## 成都市锦江区科学技术协会

【概况】2022年，锦江区成立创建全国科普示范县（市、区）工作领导小组，从科协组织建设、科普阵地建设、科普活动推动等方面开展创建工作。推动"天府科技云"服务平台建设，开展"全国科技工作者日"活动，实施"科创中国"试点城市建设。中国科协授予锦江区"全国科普示范县（市、区）"称号。

【区科协第四次代表大会】5月11日，锦江区召开科协第四次代表大会。会议传达中央和省委、市委、区委的会议精神及换届纪律要求，学习习近平总书记出席中国科学院第二十次院士大会、中国工程院第十五次院士大会、中国科协第十次全国代表大会的重要讲话精神。审议通过《锦江区科学技术协会工作报告的决议》《锦江区科学技术协会实施〈中国科学技术协会章程〉细则的决议》，选举产生区科协第四届委员会主席、副主席和区科协第四届委员会常务委员会委员。参会代表中的科技工作者比例达80%。

【科协组织建设】锦江区以区科协、街道科协为枢纽，以产业功能区科协、企事业科协、区级科技学（协）会为依托，以社区科普工作站、小区院落智慧科普传播员网格为基础，推动科协组织全覆盖工作。建成基层科协组织5家。

【科普阵地建设】锦江区为各类活动场所、公共设施植入科普元素，以科普大篷车、虚拟天文馆、数字科技馆等要素为补充，促使科普场景覆盖居民活动场所105处，建成科普画廊49处、特色科普阵地31个。以体验化、科技化、产业化为导向，发动社会力量建设科普阵地。成都市血液中心建成无偿献血科普馆，四川锦欣中医院建成中医药文化科普基地，成都市盐道街小学校汇泉校区建成科学家精神教育基地，牛市口街道莲花社区建成禁毒教育培训基地。12月14日，成都市血液中心无偿献血科普馆获"蓉遇科普·2022年度科学美空间"称号。

【科普队伍建设】锦江区结合新时代文明实践中心建设，发展科技志愿者队伍、科普中国信息员队伍，构建区、街道、社区三级科技志愿服务网络。建成科技志愿服务团队100个，注册科技志愿者7713人。

【科普活动】锦江区以提升科普影响力为目标，统筹科普资源和新媒体资源，采取"进商超、进社区、进校园、进企业、进云端"的方式，开展"平安童行"校园科普、"乐生活享健康"科普直播课堂、"漫无边际"航天展、三只小蜜蜂科普基地主题研学、"云端科普嘉年华"等活动270次，受众达510万人。中国科协授予区委"2022年全国科普日活动优秀组织单位"称号，授予狮子山街道办事处科普游园展活动“2022年全国科普日优秀活动”称号。

【“全国科技工作者日”活动】5月27日，锦江区开展“全国科技工作者日”活动，评选中国五冶集团有限公司代小强等“锦江区最美科技工作者”10人，成都生物制品研究所杨澜获“成都市最美科技工作者提名奖”。摄制“最美科技工作者”短视频节目，参加中国科协举办的“科学也偶像”短视频征集活动。开展“院士锦江行暨科引时代·智领未来”论坛活动，邀请中国工程院院士陈鲸、郑纬民开设讲座。陈鲸、郑纬民分别针对“人工智能创新应用先导区”建设和产业“建圈强链”作报告。区科协形成《对锦江区建设人工智能创新应用先导区的建议》。

【“天府科技云”服务平台建设】锦江区采取线上智能匹配和线下精准服务相结合的方式，推动“天府科技云”服务平台建设。利用“天府科技云平台”服务平台发布科技服务信息2280条，发布科技成果33个、科研项目20个。四川封面传媒有限责任公司国家文化和科技融合示范基地申报科普共享基地。

【“科创中国”试点城市建设】锦江区印发《成都市“科创中国”试点城市建设锦江区2022年工作要点》，明确5个大类13个小类的28项工作任务。制定《会地联合创新中心建管理办法（试行）》《实施〈成都海智基地工作站管理办法（试行）〉细则》《院士（专家）创新工作站孵化管理办法》，健全“科创中国”试点城市建设机制。建成四川师范大学人工智能教育创新谷会地联合创新中心和成都海智基地四川师范大学工作站，建成区级院士（专家）创新工作站和孵化单位5家，实施科技服务项目2个。推荐“天府海智计划专家”5人，推荐“中国科协海智特聘专家”候选人2人，推荐4个项目参加第二届“科创中国·天府科技云”服务大会。

（李亮、孙静雅）

## 成都市锦江区归国华侨联合会

【概况】2022年，锦江区召开五届侨联七次全会，学习习近平总书记在侨务工作方面的重要论述精神，宣讲中共二十大精神，总结和安排工作。持续推动为侨服务平台建设，协办成都海外华侨华人社团大会，提升侨务工作影响力，维护侨胞侨属合法权益。泸定地震和疫情防控时期，发挥侨界优势，汇聚社会力量参与抗震救灾和一线防疫工作，为经济社会建设作出贡献。市侨联授予区侨联“2021年度侨联工作先进单位（综合）”“信息工作先进单位”称号。

【五届侨联七次全委会】12月29日，锦江区在百扬大厦“侨之家”召开五届侨联七次全委会。区侨联主席李胜冰主持会议，区侨联党组书记、副主席何彦参加会议。区侨联委员、区侨联干部职工参加会议。何彦宣讲中共二十大精神，李胜冰通报区侨联2022年工作情况及2023年工作计划。会议选举区侨联党组成员杨振英为第五届区侨联驻会副主席。

【侨益维护】锦江区成立工作专班，走访市房管局公共服务中心，了解保障性住房政策，协助侨眷申请廉租房，为2名侨眷解决住房困难问题。春节、中秋节等传统节日期间，慰问侨胞30人，发放慰问金1.8万元。

【海外华侨华人社团大会】11月17日，成都海外华侨华人社团大会在锦江宾馆召开。会议由中国侨联指导，市政府、省侨联主办，市政府侨务办公室、市侨联承办。锦江区侨联、卫健局、疾控中心抽调工作人员，协助省市部门，为大会提供疫情防控、后勤保障等服务。

【服务社会】8月，锦江区争取到中国华侨公益基金会防疫物资50件，调配到三圣街道。区侨联副主席单位中的成都肛肠专科医院派出医护人员500人，协助防疫工作。9月，锦江区侨资企业响应号召，向泸定地震灾区捐款捐物。四川汇融集团公司捐款15万元，四川龙旺食品公司捐助价值30万元的救灾物资。

【为侨服务平台建设】锦江区向省市侨联申报“侨胞之家”建设经费1.5万元，以“侨之家”建设为抓手，持续推动为侨服务平台建设。在百扬大厦、MFG创客联邦、“锦江·归来荟”建成“侨之家”。

（陈迪）

# 成都市锦江区红十字会

**【概况】** 2022年，锦江区召开红十字会第五次会员代表大会，承办成德眉资红十字志愿服务联盟成立大会，构建以区、街道、社区为基础架构的红十字基层组织体系。发挥红十字会在人道领域联系服务群众的桥梁纽带作用，开展人道主义援助工作。开展红十字业务培训，组织学校突发情况处置、水域救援等应急演练20次，参加各级红十字救援技能竞赛，提升救援能力。组建红十字城市救援队，中国红十字会授予队长芦飞“会员之星”称号。

**【区红十字会第五次会员代表大会】** 2月15日，锦江区召开红十字会第五次会员代表大会。会议选举产生第五届理事会成员和监事会成员，聘请陈志勇、缪晓波为名誉会长，万科当选会长，张笛当选常务副会长。会议审议通过《区红十字会第四届理事会工作报告》《区红十字事业发展规划纲要（2021—2025年）》。

**【制度建设】** 锦江区编制红十字会应急救护培训暨应急救护能力提升五年工作方案、红十字会城市救援队管理使用目录以及学校红十字工作委员会工作章程、学校红十字会工作规则等7份文件，优化红十字会“三重一大”制度、红十字会党组议事规则、红十字会理事会议事规则、红十字会执行委员会议事规则等12项制度，优化资金管理、物品采购、议事规则等工作的操作流程。

**【红十字基层组织建设】** 锦江区持续推动红十字基层组织全覆盖工作，加快构建红十字组织体系。以区、街道、社区为基础架构，建立红十字基层组织“微网格”三级联动机制。建成街道红十字会11家、社区红十字会76家、学校红十字会6家。同时采取“党建+网格+信息化”模式，提升党建在红十字工作中的引领作用，以党建引领的方式提高区级部门、街道办事处、学校的红十字基层组织工作效能，引导红十字基层组织参与社区发展治理。

锦江区红十字城市救援队参加防汛演练　（摄于2022年 区红十字会提供）

**【人道主义援助】** 锦江区发挥红十字会人道资源库的平台作用，募集人道主义援助资金350万元。参与对口支援工作，为甘孜州炉霍县筹集援助资金80万元，用于爱心助学、牦牛养殖、因灾返贫等项目。发放助学金11.81万元，惠及学生1902人。发放人道主义救助金7.6万元，惠及困难群众7人、白血病患儿1人、先天性心脏病患儿2人。持续开展“博爱送万家”公益活动，发放关爱金、慰问品，使用专项资金7.49万元，惠及困难群众家庭86个、孤寡老人和空巢老人744人。

**【红十字文化宣传】** 锦江区举办“以爱化育·点亮生命”“平安逃生·自救大篷车”“减轻灾害风险·守护美好家园”等红十字宣传活动23次，营造人道主义文化氛围。向中国红十字会报送专文2篇，向市红十字会报送专文46篇，利用微信公众号发送红十字信息104条，“学习强国”学习平台采用1篇，华西都市网采用1篇，红星新闻、封面新闻、腾讯新闻等互联网媒体采用23篇。

**【红十字知识和技能竞赛】** 锦江区参加中国红十字总会举办的生命教育防灾避险知识竞赛，获组织一等奖、个人三等奖。参加四川省第二届社会应急救援力量水域技能竞赛，获团体第一名，冲锋舟抵礁救援科目获一等奖，协装泅渡、带人脱困、岸基活饵救援3个项目分获二等奖。

**【红十字培训】** 锦江区在第38期锦江论坛活动期间，举办“突发事件的应急处理”主题培训，开展机关干部应急救护知识技能培训、“救在身边·校园守护”救护员培训。开设救护员培训班84期，培训救护员3人。锦江区救护员人数达到3000人。开展群众普及性应急救护知识专题培训82期，培训群众8000人。

（唐行）

# 法　治

## 政法

【概况】2022年，锦江区召开政法队伍教育整顿总结会议，总结和部署政法工作，推动政法队伍建设。持续推进市域社会治理现代化试点工作，推动“平安锦江”和“法治锦江”建设。开展“忠诚铸魂、铁纪担当”专项活动，落实新时代政法干警“十个严禁”精神，践行防止干预司法“三个规定”等制度，常态化整治执法司法领域“可视、有感”腐败问题和作风问题。市委办公厅、市政府办公厅授予锦江区“创建平安中国建设示范市先进集体”“长安杯工作担当作为先进集体”称号。

【社会稳定维护】锦江区践行风险评估制度，评估涉及社会稳定风险的重大决策事项24个。探索“府院联动”模式，区政府与区法院建立适用破产方式化解房地产领域矛盾的机制。实施重点信访案件和群体性矛盾风险清单专项治理行动，化解重复信访事件193件。中共二十大和省市党代会等重要会议期间，完成重要警卫任务20次、会议安保任务40次。

【“平安锦江”建设】锦江区构建平安建设督查考核奖惩体系，评价各领域、各区域平安建设情况。推动党建引领“微网实格”社会治理工作，调整一般网格1000个、专属网格589个，划分微网格4111个，形成社区总网格、一般网格、微网格三级治理架构。常态化扫黑除恶，整治12个重点行业领域。锦江区办理的1件涉黑案件入选“成都中级人民法院十大典型案例”。完善重点地区社会治安防控体系，持续整治突出治安问题，违法犯罪警情同比下降24.5%，重点商圈违法犯罪警情同比下降26%，入室盗窃等违法犯罪警情同比下降13%。开展打击整治养老诈骗专项行动，受理举报线索88条，抓获犯罪嫌疑人24人。完善矛盾纠纷多元化解机制，推进诉源治理工作，创办“萍妹儿解忧室”“朱哥聊天室”等人民调解品牌。调解矛盾纠纷3993件，化解率98.35%。

【“法治锦江”建设】锦江区落实民营经济司法保护检察政策，处置侵犯知识产权犯罪和金融领域犯罪案件43件。办理法律审查案件360件。落实政法领域全面深化改革部署，推动法检财物统管改革、涉案企业合规改革。探索“税收 + 司法”协同共治路径，会同司法机关研究涉及区域功能优化、产业升级、城市更新等领域的法律问题。实施“知识产权添翼工程”，创办企业创新发展保护平台6个。

（庄万君、蒲姣姣）

## 法治政府建设

【概况】2022年，区政府依法行政应诉、行政复议，办理2类案件183件。区政府及区级部门落实法律顾问制度，提高重要事项的合法性。建设普法阵地，建成汉藏双语法律援助与法治宣传教育中心。实施“法润锦江”惠民工程，常态化开展普法宣传工作。区司法局获“2016—2020年度成都市普法先进基层单位”称号。区司法局党组获“成都市疫情防控斗争中担当作为的先进基层党组织”称号。

【法律顾问制度落实】锦江区有4家律师事务所受聘为区政府法律顾问单位，帮助区政府提高合法性审查工作质量，在阿玛尼公寓违建行政处罚等工作中提出法律意见和建议。同时向街道办事处和区级部门派遣法律顾问，参与重大行政决策的合法性审查，作为街道办事处和区级部门向区政府常务会议提请审议事项的前置条件。有50家区级单位践行法律顾问制度，聘请27家律师事务所的100名律师参与重要事项的合法性审查工作。

【合法性审查】锦江区选配3名持有职业资格证书的法律服务行业从业人员，专职从事合法性审查工作。专职人员参加征收补偿、环城生态区等重点工作协调会、论证会240次，提出意见300条；办理合法性审查案件387件，提出意见810条。

【行政应诉】锦江区行政应诉讼案件9件，审结6件。案件是涉及区政府的一审案件，区政府负责人出庭应诉率100%。其中2件案件由法院驳回原告诉讼请求，2件案件由法院驳回起诉请求，2件案件由法院作出移送管辖的裁定。

【行政复议】区政府设立行政复议办公室，受理行政复议案件174件，办结案件137件，结案率78.7%，法定期限内办结率100%。依法作出撤销、确认违法、责令履行决定的案件11件，纠错率8%。区政府作为被申请人，由申请人提交市政府复议的行政复议案件1件。市政府作出驳回申请的裁定。

【法治文化阵地建设】锦江区推动法治文化阵地建设，在锦江区杨树街86号“社区法律之家”建成汉藏双语法律援助与法治宣传教育中心。中心面积为38平方米，配备矛盾纠纷调解室、心理疏导室，开展矛盾纠纷调解、普法宣传、法律援助等工作。创建为“双语法律援助基地”“普法教育基地”“普法志愿者培训基地”。

【“法润锦江”惠民工程】锦江区第八届人大常委会第四次会议审查通过《法治宣传教育第八个五年规划（2021—2025年）》，以区委名义印发区级各单位。实施“法润锦江”惠民工程，开展法治专题教育。摄制法治题材的微视频节目25部，在“天府市民云”、微信公众号、微信视频号等平台播出。以案释法，在各类媒体推送普法信息2000条。选送《法韵锦江》音乐视频节目参加第三届“川渝”法治微视频微电影大赛，获二等奖。截至12月，开设法治专题讲座20次，开展法治宣传活动980次，发放普法宣传资料6万份，惠及群众10万人。按照省委全面依法治省委员会办公室、省委宣传部、省民政厅、省司法厅、省人社厅、省农业农村厅、省乡村振兴局《关于印发〈四川省“法律明白人”培养工作实施办法（试行）〉的通知》要求，培育“法律明白人”341人。“法律明白人”指具有坚定法治信仰，具备一定法律知识和较好法治素养，受群众信赖，能够主动参与法治实践并能发挥示范带头作用的村（居）民。沙河街道五福桥社区和锦官驿街道水井坊社区通过“全国民主法治示范社区”复核验收，三圣街道海棠路社区创建为“四川省民主法治示范村（社区）”。

（杨莉、刘宇）

## 公安

【概况】2022年，锦江区设公安分局，隶属市公安局，接受市公安局和区政府双重领导。区公安分局下设指挥室、辅警管理科、警务督察大队、信息通信科、法制大队、政治安全保卫大队、经济犯罪侦查大队、治安科、户政管理大队、治安大队、禁毒大队、巡警（防暴）大队、刑警大队、网络安全保卫大队、出入境管理大队和派出所14家、社区警务室23个。核定中央政法专项编制1048个，实有在编民警1026人。破获刑事案件、治安案件、经济案件3936件，依法处理犯罪嫌疑人5654人。出动警员7000人，完成警卫任务22次，完成大型活动安全保卫任务43次。建立护学岗、专群联动等制度，开展校园周边环境整治，保障学生安全。建立“外国人在锦江”微信工作群，打击涉外违法犯罪行为，依法办理出入境业务。开展公安法治建设，规范执法行为。开展警务宣传活动，展示公安战线精神风貌。持续推动公安队伍建设，有67名警员和35个集体获四川省和成都市表彰。

## 表 20　2022 年成都市锦江区派出所一览表

| 序号 | 名称 | 地址 | 报警电话 |
| --- | --- | --- | --- |
| 1 | 督院街派出所 | 成都市锦江区下南大街 39 号 | 028—86113354 |
| 2 | 书院街派出所 | 成都市锦江区三槐树路 89 号 | 028—86919412 |
| 3 | 锦官驿派出所 | 成都市锦江区义学巷 69 号 | 028—86674419 |
| 4 | 沙河派出所 | 成都市锦江区汇泉北路 199 号 | 028—84790774 |
| 5 | 春熙路派出所 | 成都市锦江区中新横街 5 号 | 028—86656259 |
| 6 | 牛市口派出所 | 成都市锦江区锦东路 433 号 | 028—84527031 |
| 7 | 东湖派出所 | 成都市锦江区东光街 12 号 | 028—84410597 |
| 8 | 狮子山派出所 | 成都市锦江区静康路 398 号 | 028—84797110 |
| 9 | 柳江派出所 | 成都市锦江区锦盛路 138 号 | 028—85910288 |
| 10 | 三圣派出所 | 成都市锦江区喜树街 999 号 | 028—84675596 |
| 11 | 成龙路派出所 | 成都市锦江区枫香街 39 号 | 028—84675176 |
| 12 | 白鹭湾派出所 | 成都市锦江区锦水街 39 号附 1 号 | 028—84539110 |
| 13 | 锦华路派出所 | 成都市锦江区洗瓦堰路 16 号 | 028—85910288 |
| 14 | 国槐派出所 | 成都市锦江区水杉街 562—564 号 | 028—81253110 |

## 表 21　2022 年成都市锦江区社区警务室一览表

<table>
<tr><th>序号</th><th>名称</th><th>地址</th><th>报警电话</th><th>所属派出所</th></tr>
<tr><td>1</td><td>总府路社区警务室</td><td>成都市锦江区锦华馆街 8 号</td><td>028—62123573</td><td>春熙路派出所</td></tr>
<tr><td>2</td><td>盐道街社区警务室</td><td>成都市锦江区指挥街 55 号附 7 号</td><td>028—86136255</td><td>督院街派出所</td></tr>
<tr><td>3</td><td>华星路社区警务室</td><td>成都市锦江区华星路 12 号</td><td rowspan="2">028—86919412</td><td rowspan="2">书院街派出所</td></tr>
<tr><td>4</td><td>庆云社区警务室</td><td>四圣此北街 15 号附 1 号</td></tr>
<tr><td>5</td><td>点将台社区警务室</td><td>成都市锦江区点将台东街 58 号</td><td rowspan="3">028—86674419</td><td rowspan="3">锦官驿派出所</td></tr>
<tr><td>6</td><td>大慈寺社区警务室</td><td>成都市锦江区南纱帽街 31 号</td></tr>
<tr><td>7</td><td>合江亭社区警务室</td><td>成都市锦江区滨江东路 166 号</td></tr>
<tr><td>8</td><td>得胜街社区警务室</td><td>成都市锦江区水碾河路 6 号 84 幢附 8 号</td><td rowspan="3">028—84527031</td><td rowspan="3">牛市口派出所</td></tr>
<tr><td>9</td><td>水碾河路南社区警务室</td><td>成都市锦江区水碾河路 48 号附 9 号</td></tr>
<tr><td>10</td><td>莲桂西路社区警务室</td><td>成都市锦江区工农院街 14 号附 4 号</td></tr>
<tr><td>11</td><td>社区警务一队</td><td>成都市锦江区观音桥西路 20 号</td><td rowspan="3">028—84410597</td><td rowspan="3">东湖派出所</td></tr>
<tr><td>12</td><td>社区警务二队</td><td>成都市锦江区琉璃路 354 号</td></tr>
<tr><td>13</td><td>石牛堰社区警务室</td><td>成都市锦江区橡树林东路 178 号</td></tr>
<tr><td>14</td><td>四川师大社区警务室</td><td>成都市锦江区静安路 5 号</td><td>028—84761110</td><td>狮子山派出所</td></tr>
<tr><td>15</td><td>包江桥社区警务室</td><td>成都市锦江区锦华路三段 381 号</td><td rowspan="4">028—67170110</td><td rowspan="4">柳江派出所</td></tr>
<tr><td>16</td><td>锦馨社区警务室</td><td>成都市锦江区柳荫路 100 号</td></tr>
<tr><td>17</td><td>棬子树社区警务室</td><td>成都市锦江区玉树路 180 号</td></tr>
<tr><td>18</td><td>锦逸社区警务室</td><td>成都市锦江区锦丰三路 6 号</td></tr>
</table>

续表 21

| 序号 | 名称 | 地址 | 报警电话 | 所属派出所 |
|---|---|---|---|---|
| 19 | 琉璃社区警务室 | 成都市锦江区锦华路 626 号 | 028—85910288 | 锦华路派出所 |
| 20 | 国槐社区警务室 | 成都市锦江区国槐街 835 号 | 028—81257110 | 国槐派出所 |
| 21 | 幸福社区警务室 | 成都市锦江区幸福社区五组 319 号 | 028—84675767 | 三圣派出所 |
| 22 | 红砂社区警务室 | 成都市锦江区红砂社区二组 303 号 | | |
| 23 | 喜树路社区警务室 | 成都市锦江区锦江大道 877 号 | | |

**【刑事案件侦破】** 锦江区开展严打扒窃专项行动、打击非机动车盗窃犯罪专项行动、打击养老领域诈骗犯罪专项行动，打击严重暴力犯罪专项行动，打击盗窃、抢劫、暴力伤害等刑事犯罪，维护社会安定。现行命案破案率连续七年达到 100%，破获刑事案件 1585 件，采取刑事强制措施处置犯罪嫌疑人 1617 人。

**【治安案件查处】** 锦江区开展以“磐石”系列专项行动、夏季治安整治百日行动、打击跨境赌博专项行动为抓手，整治卖淫嫖娼、赌博等治安问题。出动警力 2800 人，检查娱乐业经营单位 510 家，下发责令限期整改通知书 6 份，停业整顿娱乐服务单位 5 家。截至 12 月，审批行政处罚案件 2200 件，涉案 3900 人。行政处罚违法单位 303 家，查获吸毒人员 698 人，强制隔离戒毒 192 人，社区戒毒 167 人。

**【经济案件侦破】** 锦江区开展“猎狐”“云端”“猎鼹”等专项行动，打击非法集资、假币、危害食品药品安全等经济犯罪和涉野生动物犯罪。受理经济犯罪案件 151 件，采取刑事强制措施处置犯罪嫌疑人 137 人，为企业和群众挽回经济损失 1.5 亿元。

**【校园警务】** 锦江区建立护学岗制度，践行专群联动机制，协调街道和社区干部、学生家长、治安积极分子参与校园安全防范工作，形成驻点守护、周边巡逻相结合的立体防控网络。按照“一校一警、一校一档”的要求，逐校建立风险管控档案，向学校下发整改意见书，督导检查 1800 次，排查、整改校园安全隐患 85 个。开展校园周边环境排查 145 次，排查肇事肇祸精神病人、吸毒人员等以及文化娱乐场所 86 个，责令 2 家娱乐场所整改。开展校园法治培训教育 320 次，指导学校开展演练 200 次。

**【出入境管理】** 锦江区出动警力 1200 人，开展突击清查 63 次、暗访 41 次，检查涉外机构 427 家，排查境外人员 2105 人，责令 19 家涉外违法违规娱乐业经营单位停业整顿。查处非法雇佣案件 36 件，遣送出境 2 人。抓获涉嫌妨碍边境管理的犯罪嫌疑人 22 人，采取刑事强制措施处置 22 人。受理中国公民出入境证件业务 4540 件，受理外国人居留许可及签证业务 172 件，走访涉外单位 208 家。印发双语版《外国人在蓉合法停居留指南》等资料，定期以街道为单位开展法治沙龙活动，建立“外国人在锦江”微信工作群，通过多种方式为外国人提供咨询服务。

**【办证中心规范化建设】** 锦江区依据《成都市公安户政窗口服务管理工作规范》，推动公安办证中心规范化建设。为外出返乡群众、中高考学生等群体开辟绿色通道，安排延时服务。为 146 人办理高考加急服务，为老、弱、病、残、孕等行动不便的特殊群体提供上门服务 21 次。落实身份证费用减免政策，减免身份证办理费用 146220 元。探索“互联网 + 微户政”新型服务方式，解答问题 4514 个，审核户籍业务材料 10733 份、身份证办理材料 9019 份。采取邮寄方式办理户籍业务 1626 件，为 1000 人提供网上预约服务。按照建设“国际化营商环境典范区”部署，优化人才落户保障措施，为 37685 人办理落户手续。

**【警务宣传】** 锦江区坚持“宣传就是战斗力”的工作思路，依托融媒体矩阵和线下宣传活动，宣传展示公安民警的奉献精神和亲民形象。人民网、新华社、人民公安报、封面新闻等媒体登载反映锦江区公工作的专文 341 篇，“成都锦江公安”微博账号发布信息 3039 条，“成都锦江公安”微信公众号推送信息 739 条。选送锦江区公安分局摄制的《把握自己的人生，远离毒品》

微视频节目参加成都公益短视频大赛，获“最佳传播奖”。

【警务督察】锦江区发挥公安分局执法管理委员会作用，推动警务督察工作，立案21496件，制发执法监督建议书13份。从案件定性、事实认定、证据收集、程序办理等方面监督执法办案情况，定期发布《受立案监督通报》，点名通报立案过程中存在问题的单位。参加市公安局案件质量考评工作，提交参评刑事案件和行政案件46件，通过案件评查。坚持以案说法，开展执法培训26次。督导日常警务工作和重大安保工作320次，查纠问题438个。编发《公安督察通报》18期，提出工作建议120条。

【公安队伍建设】锦江区提出“政治建警、制度管警、素质强警、从优待警、文化育警”的工作要求，持续推动公安队伍建设，提升公安队伍正规化、专业化、职业化水平。锦江区公安分局3个党支部被省公安厅命名为“最强党支部”，有10个党支部被市公安局命名为“最强党支部”，有28个党的工作小组被评为“最优党小组”，有33名中共党员被评为“优秀党务工作者”，有147名党员被评为“优秀共产党员”。同步推动公安教官人才库建设，拥有省级警务技能教官2人、省级理论教官2人、省公安厅预备教官3人、心理咨询师3人。以“精品课程、模块教官、实战培训”为主体，制作《执法对象质疑警察身份或拒不出示身份证件接受查验的处置》等教学视频，开展警务培训。成龙路派出所所长涂剑立个人二等功，锦江区公安分局疫情防控指挥部立集体二等功。

（魏颖、宋雅婷）

## 检察

【概况】2022年，锦江区检察机关办理审查逮捕案件、审查起诉案件、抗诉案件、国家司法救助案件等12类1715件案件。办理的制作、贩卖、传播淫秽物品牟利案入选最高人民检察院第三十四批指导性案例。推动涉案企业合规改革和行政执法与司法衔接、司法联动等工作创新，实施检察文化建设和检察队伍建设，办案质效和司法能力实现“双提升”目标。开展涉企案件以案说法、“共铸反诈锦检盾，共享安宁锦生活”法治宣传教育等活动55次。持续开展“锦检·绿盾”禁毒宣传活动7次。获集体荣誉和“全国检察宣传先进个人”等个人荣誉51个。

表22　2022年成都市锦江区检察院案件办理情况表

| 序号 | 办理案件类型 | 数量（件） |
|---|---|---|
| 1 | 审查逮捕案件 | 309 |
| 2 | 审查起诉案件 | 828 |
| 3 | 抗诉案件 | 6 |
| 4 | 公益诉讼案件 | 63 |
| 5 | 民事行政监督案件 | 150 |
| 6 | 提前介入侦查案件 | 82 |
| 7 | 立案监督案件 | 109 |
| 8 | 建议行政执法机关移送涉嫌犯罪案件 | 6 |
| 9 | 刑事侦查活动监督案件 | 73 |
| 10 | 刑事审判活动监督案件 | 21 |
| 11 | 刑事执行活动监督案件 | 47 |
| 12 | 国家司法救助案件 | 21 |

【刑事检察】锦江区检察机关推进刑事执行监督，以社区矫正监督等工作为重点，监督刑事执行案件47件。联合区公安分局执法办案中心设立侦查监督与协作配合工作室，安排检察官轮流开展工作。侦查活动监督质效率同比提升85%。受理未成年人刑事案件39件，涉案76人。其中批准逮捕案件18件，涉案23人。另有21件案件作出不予逮捕决定，涉案53人。受理移送审查起诉未成年人刑事案件33件，涉案66人。其中18件案件提起公诉，起诉26人；酌定不起诉案件6件，涉案9人；附条件不起诉案件6件，涉案11人。落实未成年人刑事案件社会调查制度，引入专业司法社工开展社会调查，出具调查报告。探索建立家庭监护评估机制，制定《锦江区涉未案件家庭监护评估办法》。涉及刑事案件的未成年人监护以及案件评估工作的经验交流文章入选最高人民检察院编制的《未成年人检察工作白皮书》。

【诉讼监督】锦江区检察机关受理民事监督案件104件。其中提请抗诉案件1件，提出再审检察建议的案件3件，提出民事审判和执行检察建议的案件34件，提出支持起诉案件42件，市检察院交办的民事结果监督案件6件。受理行政监督案件46件。其中提出检察建议的行政审判和执行案件20件，提出检察建议的社会化治理案件4件，行政违法行为监督案件2件，行政争议实质性化解案件8件，市检察院交办的行政结果监督案件11件。

2022年6月10日，区检察院检察官杨希参加最高人民检察院新闻办公室举办的“保护少年的你”快手平台连麦活动（区检察院提供）

**【行政执法与司法衔接】** 锦江区检察机关与区委督查室会签锦江区两法衔接专项工作目标任务分解表，将“两法衔接”工作纳入区级目标考核。与区公安分局、区烟草局共建打击涉烟违法活动协作机制，与区应急管理局会签《关于完善安全生产行刑衔接机制的意见》，建议区市场监管局、区经信局、区烟草局等行政机关向公安机关移送涉嫌犯罪案件6件。其中4件案件审查起诉。通过行政执法与司法衔接工作凝聚执法司法工作合力，优化法治化营商环境。

**【公益诉讼】** 锦江区检察机关办理公益诉讼案件63件，开展长江经济带生态环境保护监督、电动车锂电池换电企业消防安全监督等专项监督活动，向行政监管部门发出涉及雨污混排、电动车堵塞消防通道等问题的诉前检察建议，督促整改，保障群众生命财产安全。推动人民代表建议、政协委员提案与公益诉讼检察衔接转化工作，针对人民代表和政协委员反映的公益受损问题发出诉前检察建议7条，回应群众公益保护期待。

**【控申检察】** 锦江区检察机关遵循“以公开促公正，用听证促公信”原则，办理群众上访案件83件、处理群众信函65份，回复率100%。推动国家司法救助与乡村振兴衔接工作，救助因案致贫的22名救助申请人，救助金额18.3万元。依据《最高人民检察院关于开展院领导包案办理首次信访专项检查活动工作方案》编制《关于开展院领导包案办理首次信访专项活动实施方案》，将领导包案首次信访台账数据同步录入网上信访2.0信息化平台。

**【司法联动】** 锦江区检察机关与区公安分局督院街派出所建立司法联动机制，落实最高人民检察院的“七号检察建议”精神，走访寄递物流企业，召开座谈会，开展禁毒宣传活动。与市公安局交警三分局以及政府职能部门联合，落实最高人民检察院的“八号检察建议”精神，开展“重罪检察安全有我”法治教育培训，从源头消除事故隐患。与区经信局召开专题座谈会，共商燃气安全生产公益诉讼工作。

**【检察队伍建设】** 锦江区检察机关制定每月学习清单，组织党组理论学习中心组学习10次，班子成员讲党课10次，各党支部开展学习活动48次，邀请省委党校教授开设“深入学习中共二十大精神，认真贯彻习近平法治思想”专题讲座。获奖调研文章37篇，省市推广的工作经验13个，有7个案例入选省市检察院指导性案例和典型案例。巩固政法队伍教育整顿成果，编制“一把手”和领导班子监督责任清单，清理干预检察办案情况，规范执法行为。

**【检察文化建设】** 锦江区检察机关与成都市武侯区检察院联合开展检察文化建设交流活动，利用微信公众号开设“学习贯彻中共二十大精神”“忠诚铸魂·铁纪担当”等专栏，发布信息650条，编发《锦·SHOW》1000册。中央和省市级媒体登载区检察院报送文稿80篇。发挥专家咨询委员会作用，开展专家咨询活动30次，开设专家讲座5次，形成“有疑问必咨询，在咨询中培训，在培训中提升”的氛围。组织线上“法治夏令营”和“法治冬令营”活动，开展“亮晶晶·心雨梦工厂”活动5次。

（詹曦、唐祥）

# 法院

【概况】2022年，锦江区审判机关深化司法体制改革，推进案件繁简分流工作和审辅事务集约办理工作。加大破产资产处置力度，加强知识产权全链条保护工作，服务落实营商环境建设。截至12月，受理案件47621件，结案43563件。获“四川省法院思想政治建设工作先进集体”“成都市法院‘六专四室’建设成绩突出的先进集体”“成都市法院2021年度法学研究先进单位”称号和“成都市法院2022年度审判质效专项奖”。区法院入选“四川省优秀庭审”的庭审案件1件，获成都市“金法槌”奖项的员额法官1人，获省、市先进个人称号的法官和法警27人。

【案件审判】锦江区审判机关受理民商事案件29532件，审结27049件。在知识产权、破产、金融等专业领域加强审判力量，开创“知产·添翼”“锦破·启明”“锦融·点金”等特色审判品牌，开展“濯锦·企航”行动，以优质司法供给服务保障企业“全生命周期”，助力营商环境建设。开创“家和”修复型审判模式，婚姻家事案件撤诉率70%。受理行政案件295件，审结284件。受理刑事案件621件。其中故意伤害、盗窃、抢劫、危险驾驶等刑事案件387件，涉毒品案件47件，其他刑事案件187件。审结刑事案件606件。区法院审理的以“活化”照片方式盗刷人脸案成为司法机关打击利用人工智能技术违法犯罪的典型案例。常态化推进扫黑除恶斗争，审理的涉黑案件入选“成都法院十大典型案例”。

2022年10月26日，成都市锦江区人民法院、成都市律师协会共建知识产权纠纷多元化解机制启动仪式举行（区法院提供）

【执行案件办理】区法院受理执行案件17173件，执行15714件。建立“自动履行为主，强制执行为辅”的长效机制，加大失信惩戒力度，采取限制高消费等方式，促使债务人履行偿债义务。限制高消费人数10133人。其中1998人主动履行债务4.3亿元，人数较2021年增加555人，履行金额较2021年增加1.5亿元。打击对抗执行和逃避执行行为，拘留、拘传116人，同比上升33%。向1名恶意逃避执行、隐匿财产的被执行人作出“并处罚款50万元”的裁定，成为单笔最大金额罚款。

【法律风险防范】区法院与区政府建立联动机制，共同优化知识产权保护、企业破产处置等法律保障工作，运用司法程序防范知识产权、金融、房地产等领域的法律风险，为企业“全生命周期”提供服务保障。完善“法治副校长＋豌豆荚法治宣讲团”未成年人保护机制，深化未成年人保护风险源头治理。制作交通事故损害赔偿指引表，引导交通事故当事人合理预判。

【行政应诉制度建设】区法院联合区政府推动行政机关负责人出庭应诉制度建设，区属行政机关负责人出庭应诉率由2017年的73.5%升至100%。与区政府共同召开联席会议3次，组织干部旁听庭审40次。

【司法建议】区法院强化法治参谋助手作用，向区委、区政府发送司法大数据报告和司法建议。其中20条建议得到区委、区政府主要领导肯定性批示，另有1条建议入选“2020—2021年度成都法院优秀司法建议”。

【审判监督】区法院主动接受区人大常委会和区政协监督，办理区人大常委会和区政协交办案件10件，按时办结率100%。向区人大常委会专题报告诉源治理工作情况，落实审议意见。践行人民代表和政协委员联络机制，收集人民代表和政协委员的意见建议66条，编印联络专刊报告意见建议办理情况。提升人民代表和政协委员的司法参与度，邀请44名人民代表和政协委员观摩庭审、见证执行20次。

【法官与法警队伍建设】区法院开展“忠诚铸魂、铁纪担当”等专项活动，启动群众身边“可视、有感”

腐败和作风问题专项治理，一体推进作风整治。坚持实绩用人导向，建立人员分类评价机制，构建“业绩考评＋多维评价”民主测评体系。引进青年人才80人，研究生学历人员数量提高4%。综合行政人员精简率12.5%，精简的综合行政人员参加审判和执行工作。建立内部轮岗机制，激发办案动能。交流17个部门的30名中层领导干部和36名员额法官。获区级和区级以上表彰的先进集体14个、先进个人52人。

（傅逸雯、林娟）

## 司法行政

【概况】2022年，锦江区深刻践行习近平法治思想，推进法治建设，以“保稳定、促和谐”为主线，营造和谐稳定发展环境。实施“忠诚铸魂、铁纪担当”等2个专项行动，优化公证服务机制，创办律师专家库，建成汉藏双语法律援助与法治宣传教育中心。区、街道、社区、院落四级人民调解体系趋于完善，矛盾纠纷化解在萌芽状态。社区矫正人员和刑满释放人员无脱管、漏管现象。区政府依法行政应诉、行政复议，办理2类案件183件。构筑“律司行”法律服务平台，常态化开展普法宣传工作，为企业和群众提供法律服务。区司法局获“2016—2020年度成都市普法先进基层单位”“成都市疫情防控斗争中担当作为的先进基层党组织”“2021年国家统一法律职业资格考试工作表现突出单位”等称号。“律司行”法律服务平台入选“成都市基层党建工作示范项目”，获二等奖。区域内9家律师事务所分获四川省和成都市的“优秀律师事务所”称号，有35名律师分获省级和市级荣誉。

【司法行政机构】锦江区设司法局，内设办公室、政工科、法治科、法规科、行政复议一科、行政复议二科、普法与依法治理科、律师工作科、社区矫正管理局。行政复议二科并设执法监督科，社区矫正管理局并设基层建设和法律援助科。区司法局下设公证处和11个街道司法所。公证处为公益二类事业单位，位于成都市锦江区福字街1号。

表23 2022年成都市锦江区街道司法所一览表

| 名称 | 地址 | 联系电话 |
|---|---|---|
| 春熙路司法所 | 成都市锦江区梨花街9号 | 028—86728089 |
| 书院街司法所 | 成都市锦江区武城大街91号 | 028—86512318 |
| 锦官驿司法所 | 成都市锦江区一环路东五段5号 | 028—84471011 |
| 牛市口司法所 | 成都市锦江区大田坎街143号 | 028—84433046 |
| 东湖司法所 | 成都市锦江区二环路东五段10号 | 028—83392657 |
| 锦华路司法所 | 成都市锦江区科创路118号 | 028—86673733 |
| 狮子山司法所 | 成都市锦江区菱安路8号 | 028—84670522 |
| 柳江司法所 | 成都市锦江区柳荫路96号 | 028—85914639 |
| 沙河司法所 | 成都市锦江区汇泉北路199号 | 028—84525235 |
| 成龙路司法所 | 成都市锦江区枫树街1299号 | 028—84794676 |
| 三圣司法所 | 成都市锦江区海棠路182号 | 028—84675107 |

【律师行业发展】锦江区引进律师事务所7家。分别是四川上行律师事务所、四川信和信律师事务所、四川贤举律师事务所、四川倬信律师事务所、四川汇高律师事务所、四川格豪律师事务所、四川联智程律师事务所。登记注册的律师事务所112家，律师2589人。有3家律师事务所获“四川省优秀律师事务所”称号，有6家律师事务所获“成都市优秀律师事务所”称号；有5名律师获“四川省优秀律师”称号，有16名律师获“成都市优秀律师”称号，有14名律师获“成都市优秀青年律师”称号。

【公证服务】锦江区实施公证服务大厅改造项目，优化服务窗口办事流程。7月，召开公证处标准化建设验收工作会，公证服务大厅改造项目通过验收。锦江区在完善硬件的基础上优化工作模式，建立“互联网＋公证”的工作平台，借助“易证6”办证平台，为群众提供公证服务。截至12月，办理公证业务2777件。其中国内公证业务1579件、涉外公证业务1198件。

【法律援助服务】锦江区开设律师专家库，录入100名专职律师信息。入库律师结合自身专长，分别为刑事辩护、劳动争议、涉未成年人等10类案件提供法律服务。同时以公共法律服务中心为枢纽，构建区、街道、社区三级法律服务体系，实施公共法律服务实体平台、公共法律服务热线平台、公共法律服务网络平台建设，建成76个社区公共法律服务联络点，为群众提供一站式法律服务。截至12月，受理法律援助案件978件，服务群众10947人。

**【人民调解】**锦江区培育“朱哥调解室”“赖老工作室”“萍妹儿解忧站”3个人民调解品牌，发挥调解中心和街道调解委员会、社区调解委员会、院落调解小组的四级联动作用，化解涉及金融、婚姻等领域的矛盾纠纷1724件，调解成功率96%。

**【社区矫正】**锦江区秉持“严监管、促整改”的理念，推动社区矫正工作提质增效。开展“砺剑成都2022”社区矫正案件专项检查，梳理重点环节、工作流程，补齐安全短板。接收社区矫正对象273人，有258人解除矫正，在册矫正人员328人。

**【安置帮教】**锦江区开展“三新”教育活动，了解刑满释放人员和解除社区矫正人员的思想行为，引导刑满释放人员和解除矫正人员崇德向善，降低重新违法犯罪概率。截至12月，管理帮教人员1043人。

**【“三查三化三优”专项行动】**锦江区以迎接中共二十大召开为契机，开展“三查三化三优”专项行动。“三查”即日常排查、专项排查、重点排查。“三化”即提前介入化解、联合攻坚化解、依法合理化解。“三优”即优化调解组织、优化调解队伍、优化工作机制。行动期间，排查矛盾纠纷1596次，发现和预防矛盾纠纷402件；调解案件1547件，调解成功1485件，涉及金额2408万元，调处成功率96%；驻法院调解室调处矛盾纠纷192件，劳动争议联调中心131件，交通损害赔偿纠纷调委会8件。

**【“律司行”法律服务平台】**锦江区整合律师资源，发挥党员律师示范带头作用，创设“律司行”法律服务平台，开创“产业链＋法律服务”运营模式。区域内55家律师事务所，加入“律司行”平台，组成公益法律服务团队，开展法治宣讲、法治培训等工作，参与“套路贷”引发的矛盾纠纷化解工作，为企业和商户提供法律服务。

（杨莉、刘宇）

熊猫邮局位于锦江区特色街区暑袜街

（区融媒体中心提供）

# 军　事

## 人民武装

【概况】2022年，锦江区坚持党管武装，贯彻落实习近平强军思想，按照成都警备区党委扩大会议部署，组织专职和兼职武装干部、民兵骨干开展思想政治学习，整顿民兵队伍，完成年度兵员征集任务，联合四川大学和四川城市职业学院开展国防教育活动，慰问驻军单位和部队立功人员，开展对口支援甘孜州炉霍县洛秋乡洛尔巴村乡村振兴工作，落实现役军人子女教育优待政策，组织民兵参加防疫工作，获省军区和成都警备区表扬。

【党管武装】1月，区委召开党管武装工作会，安排年度人民武装工作。锦江区11名街道党工委书记现场述职，汇报党管武装工作。4月，区委召开议军会议，传达成都警备区会议精神，安排贯彻落实措施。

【全民国防教育】7—9月，锦江区与四川大学和四川城市职业学院联合开展军训，训练学生1.7万人。9月，锦江区开展“全民国防教育日”活动。分布在11个广场的户外电子显示屏循环播放国防教育宣传片，营造关心支持国防建设的社会氛围。

【军事干部思想政治建设】锦江区坚持以每周理论学习推动专职和兼职武装干部思想政治建设，每周组织专职和兼职武装干部、民兵骨干理论学习2次，学习中共二十大精神和习近平总书记系列重要讲话精神。开展“忠诚维护核心，矢志奋斗强军”主题教育，学习《习近平论强军兴军》《习近平谈治国理政》等理论书籍，开展“学习张连印，岗位建新功”“学思想、铸忠诚、担使命”等特色活动和微课教育、一人一事教育，铸牢武装干部和民兵骨干的政治信念。区人武部制作的“传承中华文化 增强文化自信”思想政治教育课件入选省军区“一堂好课”，在强军网展示。

【民兵队伍建设】锦江区组织专职武装干部和应急民兵开展防汛救灾演练和学生军训教官培训，推动民兵队伍建设。1—3月，参加警备区比武活动，获团体和个人奖项。4—

2022年6月，锦江区联合四川大学开展新生军训　（区人武部提供）

6月，锦江区开展民兵组织整顿和潜力调查工作。11月，区民兵应急连队通过省军区检验。

【兵员征集】5月，锦江区聘请四川师范大学的退役大学生肖茂担任征兵宣传形象大使。6月，利用商贸中心、文化广场的户外电子显示屏播放征兵宣传片。大学生兵员征集比例100%，大学毕业生兵员征集比例77.7%。区人武部获“成都市征兵工作先进单位”称号。

（严家斌）

## 人民防空

【概况】2022年，锦江区拨付专项资金，与简阳市共同推进疏散地域建设。实施人民防空组织指挥信息化体系建设，加强人民防空工程建设管理，推动人民防空专业队伍建设。在中小学校、党校、社区开展人民防空宣传教育活动，发放宣传资料3500份、宣传手册4000份。配合市人民防空办公室发放应急救援包2913个。其中社区性应急包100个、家庭性应急包2813个。成都市人民防空办公室授予区人民防空办公室“综合目标完成先进单位”“组织指挥年度目标完成先进单位”“安全生产年度目标完成先进单位”称号。

【人防工程管理】锦江区践行成都市结建人民防空工程质量监督管理工作制度，配合市人民防空办公室开展人民防空工程验收工作。开展人民防空结建工程隐蔽质量监督检查，检查在建项目的人民防空结建工程。配合市住建局开展结建式人民防空工程审验质量专项检查，区域内人民防空工程标志无丢失、污损情况，完好率100%。

【警报管理】锦江区依据《成都市人防预警体系建设发展规划》，新建电声警报器4个，配合市人民防空办公室维护警报器60个。召开警报工作会议，部署2次警报演练。“9·18”警报试鸣演练和“12·6”警报试鸣演练的警报鸣放率100%。

【人民防空专业队伍建设】锦江区按照专业队伍整组训练要求，对标《人防训练与考核大纲》，依托四川邮电学院教育培训资源，组织60名人民防空应急专业信息分队成员和60名人民防空交通运输专业队成员培训。

（郝华）

2022年10月，锦江区双拥文化广场开放　　（区融媒体中心提供）

# 经济管理

## 投资促进

【概况】2022年，锦江区遵循“一体化联动、专业化推进”原则，坚持“组合拳”招商方式，践行招商服务联席会议机制、招商项目信息互通机制，压缩审批流程，为重大项目业主提供代办、帮办服务，优化招商环境。举办国际智慧康养产业园招商推介会、招商引智推介会暨一季度重点项目签约仪式、高质量利用外资（第四期）暨重点外资企业交流会等投资促进活动149次，引进川投新能源总部、华侨凤凰都市工业国际创新港、川旅投酒店集团总部、大搜车全国总部等重大项目20个，引进产业链配套项目10个，引进国内资金198.65亿元、外资36.56亿元，引进国际直接投资1.81亿美元。引进高能级500强企投资项目16个、上市公司投资项目22个、中央国有企业投资项目26个、外商直接投资项目15个，引进“专精特新企业”“独角兽企业”“瞪羚企业”的投资项目27个，引进行业领军企业投资项目26个。市委办公厅、市政府办公厅授予锦江区“2021年度成都市经济社会发展重点工作担当作为先进区（市）县”“成都市项目招引促建工作先进区（市）县”称号。

表24　2022年成都市锦江区引进的市级认定重大项目一览表

| 序号 | 项目名称 | 注册资本（亿元） | 企业背景 | 新注册项目公司名称 |
|---|---|---|---|---|
| 1 | 广东省暗物智能西南研发中心建设项目 | 1.00 | 全国细分行业领先企业 | 暗物金星智能科技（成都）有限公司 |
| 2 | 四川省旅投集团酒店集团总部及文旅产业培育平台建设项目 | 30.00 | 全国细分行业领先企业 | 成都安逸酒店集团有限责任公司 |
| 3 | 香港特别行政区大搜车集团汽车流通产业链运营基地暨全国总部项目 | 1.27 | 外资企业、新经济500强 | 四川大搜车软件技术有限公司 |
| 4 | 四川省川投集团新能源总部项目 | 2.00 | 国企 | 四川川投新能源有限公司 |
| 5 | 广东省粤财信托公司与市产业投资先进制造产业股权投资基金合资设立投资管理项目 | 10.50 | 上市公司 | 成都建信国集企业管理咨询有限公司 |
| 6 | 北京茶姬餐饮霸王茶姬全国总部项目 | 0.50 | 全国细分行业领先企业 | 四川茶姬企业管理有限公司 |

续表 24

| 序号 | 项目名称 | 注册资本（亿元） | 企业背景 | 新注册项目公司名称 |
|---|---|---|---|---|
| 7 | 华侨凤凰都市工业国际创新港建设项目 | 2.40 | 外资企业 | 四川翰亚凯达商业运营管理有限公司 |
| 8 | 香港特别行政区鑫磊环球九龙仓全国物业管理总部项目 | 0.05 | 外资企业 | 九龙仓国金（成都）物业管理有限公司 |
| 9 | 香港至膳集团投资至灿（成都）供应链管理有限公司投资项目 | 1.40 | 外资企业 | 至灿（成都）供应链管理有限公司 |
| 10 | 广东省云天励飞全国人居生活总部项目 | 0.20 | 新经济 500 强 | 成都天舟锦成科技有限公司 |
| 11 | 北京凝思软件全国第二运营中心建设项目 | 0.50 | 全国细分行业领先企业 | 四川凝思软件有限公司 |
| 12 | 北京中安神州成都砼砂科技能源物联网建设项目 | 0.50 | 央企 | 砼砂科技（成都）有限公司 |
| 13 | 海南省南方经贸集团西南跨境电商贸易总部项目 | 1.00 | 国企 | 中南成林科技发展（成都）集团有限公司 |
| 14 | 北京中国生物（成都）病毒疫苗产业化基地建设项目 | 10.70 | 世界 500 强 | 成都生物制品研究所有限责任公司 |
| 15 | 广西段旭君团队脑健康与人工智能产业研究院投资项目 | 0.10 | 双招双引顶尖团队 | 成都焕星科技有限公司 |
| 16 | 北京国家电力成都新能源智慧运营管理平台研发项目 | 0.10 | 世界 500 强、央企 | 大地开源建设发展（成都）有限公司 |
| 17 | 北京国电兴业新能源开发和运营项目 | 0.52 | 专精特新企业 | 国能运通（四川）实业发展有限公司 |
| 18 | 北京来也科技西南总部项目 | 1.00 | 央企 | 来也伯特科技(成都)有限公司 |
| 19 | 英属维尔京群领海国际智能供应链项目 | 1.00 | 外资企业 | 四川领海供应链管理集团有限公司 |
| 20 | 北京连心医疗肿瘤治疗智能服务平台项目 | 0.10 | 全国细分行业领先企业 | 成都连心生命科技有限公司 |

【外商引进】锦江区印发《关于持续做好已入驻世界 500 强企业联系服务工作的通知》《关于做好 2022 年外商投资企业服务工作的通知》，举办“区长咖啡”、外资企业座谈会等交流活动，践行“区领导 + 产业部门 + 属地街道”三级联动对口联系服务工作机制，走访外资企业 147 家，组织工作专班无缝对接增资、技改、业务拓展、机构扩容的外资企业。同时建立重点外资企业（项目）联系服务台账，协调、回应、解决企业诉求 20 个。引进外资企业 66 家，外商投资项目到位资金 36.56 亿元，国际直接投资金额在成都市的占比达 6.58%。

【重大产业化项目签约】3 月 28 日，锦江区举行“品位锦江·幸福城区”招商引智推介会暨一季度重点项目签约仪式。区政府与“竹云科技”“华人运通”等企业签署西南研发基地、西部研发基地等 15 个重点项目投资合作协议。签约项目涉及人工智能产业、金融业、都市文旅产业、大数据产业、高端软件产业等领域，总投资 140 亿元。区委书记陈志勇出席仪式并致辞。区人大常委会主任王宏斌，区政协主席潘雪松应邀出席仪式。有40家企业派出代表参加活动。5月10日，锦江区举行10亿级效益科研机构签约仪式。区政府与成都生物制品研究所、核工业西南勘察设计研究院、电信科学技术第五研究所签署合作协议。根据协议，3家10亿级效益科研机构将以科技创新为牵引，构建新场景，发展新经济，推动锦江区科技与现代商贸、新兴金融等领域融合发展。8月22日，锦江区举行新消费业态和人工智能产业签约仪式。区政府与四川新希望控股集团有限公司、深圳华为技术有限公司签署合作协议。根据协议，“新希望”“华为”2家世界500强企业将在锦江区投资新消费业态和人工智能产业。市政府市副市长王乾，四川新希望控股集团有限公司常务副总裁、首席运营官李建雄，深圳华为技术有限公司“政务一网通军团”副总裁李鑫，区委书记陈志勇，区委副书记、区政府区长缪晓波出席签约仪式。

（蔡梦璐）

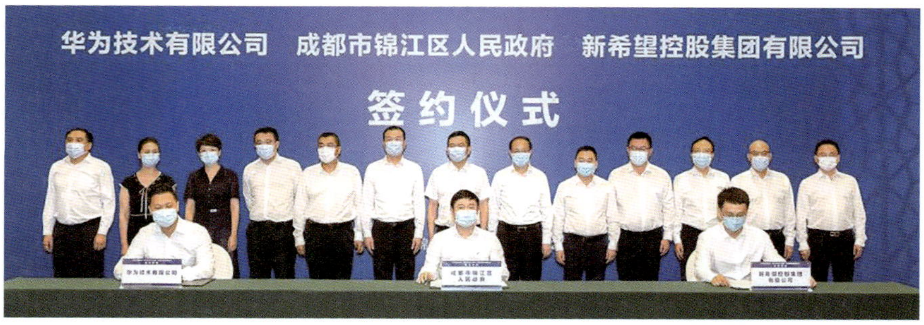


2022年8月22日，华为技术有限公司、成都市锦江区人民政府、新希望控股集团有限公司签约仪式在成都香格里拉大酒店举行
（区投促局提供）

## 政府投资项目管理

【概况】2022年，锦江区贯彻落实区委经济工作会议精神，根据产业结构调整和“建圈强链”的部署，推动政府投资项目建设，促进经济平稳增长。实施政府投资建设项目223个，计划总投资399.54亿元，年度计划投资69.78亿元。践行重大项目评审制度，评审政府投资工程建设项目103个，送审金额46.88亿元。

【项目情况】锦江区政府投资项目中的业主自筹项目72个，计划总投资218.44亿元，年度计划投资52.37亿元；政府资金项目75个，计划总投资38.03亿元，年度计划投资15.8亿元。

【资金筹集】锦江区践行以项目为中心、以预算为牵引、以投融资体系为支撑的政府投资项目资金筹集机制，争取中央和省市资金量较2021年提高8.2%，争取地方政府专项债券、一般债券和再融资债券资金12.08亿元，支持重点项目建设。

【重大项目评审】1月1日至12月31日，锦江区评审概算评审项目37个，送审金额16.56亿元，审定金额15.42亿元，净审减1.13亿元，净审减率6.82%；控制价评审项目38个，送审金额3.02亿元，审定金额2.62亿元，净审减0.41亿元，净审减率13.58%；可研评审项目28个，送审金额27.3亿元，审定金额24.56亿元，净审减2.75亿元，净审减率10.07%。

表25　2022年成都市锦江区政府重大投资项目一览表

| 序号 | 项目名称 | 实施单位 | 投资额（万元） |
|---|---|---|---|
| 1 | 成龙路街道办事处老旧小区改造工程 | 成龙路街道办事处 | 2858 |
| 2 | 锦华路街道办事处老旧小区改造工程 | 锦华路街道办事处 | 3203 |
| 3 | 小游园、微绿地提升工程 | 区公园城市建设服务中心 | 589 |
| 4 | 锦江区绕城内排水户管网整治工程 | 区市政设施养护中心 | 26000 |
| 5 | 教科院附中部分校舍改造项目 | 区教育局 | 1400 |
| 6 | 潘家沟排洪河改造工程 | 锦发展建投公司 | 5000 |

续表 25

| 序号 | 项目名称 | 实施单位 | 投资额（万元） |
|---|---|---|---|
| 7 | 晨辉路公园网球场建设项目 | 锦发展建投公司 | 1100 |
| 8 | 金像寺片区配套幼儿园项目 | 锦发展建投公司（恒锦公司） | 3750 |
| 9 | 锦江工业园区整体环境提档升级项目 | 锦发展建投公司（恒锦公司） | 2868 |
| 10 | 七中育才学校银杏校区二期工程 | 锦发展建投公司（恒锦公司） | 5714 |
| 11 | 三圣小学二期工程 | 锦发展建投公司（恒锦公司） | 5594 |
| 12 | 现代职校双桂校区新建食堂工程 | 锦发展建投公司（恒锦公司） | 1122 |
| 13 | 锦江外国语小学二期工程 | 锦发展建投公司（恒锦公司） | 5490 |
| 14 | 华润片区配套幼儿园建设项目 | 锦发展建投公司（恒锦公司） | 4705 |
| 15 | 东湖片区中学校建设项目 | 锦发展建投公司（恒锦公司） | 22553 |
| 16 | 红星路四段 168 号院景观绿地打造项目 | 锦发展生态公司 | 1200 |
| 17 | 锦江花园安置房配套社区综合体建设项目 | 锦发展生态公司 | 8032 |
| 18 | 潘家沟片区基础设施及公建配套工程 | 锦发展生态公司 | 9635 |
| 19 | 驸马片区配套幼儿园建设项目 | 锦发展生态公司 | 9265 |
| 20 | 驸马片区椰树街配套幼儿园项目 | 锦发展生态公司 | 7910 |
| 21 | 国际妇幼康养活力街区建设项目 | 锦发展生态公司 | 2336 |
| 22 | “三圣喜雨”养老项目 | 锦发展生态公司（三圣喜雨） | 20000 |
| 23 | 耿家巷街区项目 | 锦发展建投公司（恒锦公司） | 50000 |
| 24 | 华兴街特色街区形态打造 | 锦发展建投公司（城投公司） | 10500 |
| 25 | 一环路市井生活圈水井坊片区打造项目 | 锦发展建投公司（恒锦公司） | 3000 |
| 26 | 一环路市井生活圈水碾河片区打造项目 | 锦发展建投公司（恒锦公司） | 2340 |
| 27 | 一环路市井生活圈点将台改造项目 | 锦发展建投公司（恒锦公司） | 2248 |
| 28 | 大运会重要节点道路提升整治工程 | 区市政设施养护中心 | 1352 |
| 29 | 锦江区道路整治提升工程 | 区市政设施养护中心 | 11537 |
| 30 | 潘家沟社区九组和江家堰社区五组配套道路及管网项目 | 锦发展生态公司 | 1000 |
| 31 | 铃兰路 A 段建设项目 | 锦发展生态公司（区农投公司） | 5354 |
| 32 | 椰树街 B 段建设项目 | 锦发展生态公司（区农投公司） | 1214 |
| 33 | 紫檀街 B 段建设项目 | 锦发展生态公司（区农投公司） | 1191 |
| 34 | 金像寺片区配套公共服务设施建设项目 | 锦发展建投公司（驿锦公司） | 8600 |
| 35 | 成都社会组织学院一期工程 | 锦发展建投公司（恒锦公司） | 62413 |
| 36 | 成都社会组织学院二期工程 | 锦发展建投公司（恒锦公司） | 10471 |
| 37 | 大观公共服务设施建设项目 | 锦发展建投公司（城投公司） | 21800 |
| 38 | 驸马片区配套社区综合体项目 | 锦发展生态公司（区农投公司） | 18451 |
| 39 | 驸马片区椰树街配套农贸市场项目 | 锦发展生态公司（区农投公司） | 7777 |
| 40 | 锦江花园安置房项目 | 锦发展生态公司 | 175057 |
| 41 | 红星路 157 号地块商业及配套建设项目 | 锦发展建投公司（恒锦公司） | 117000 |
| 42 | 四圣祠国际医美城项目 | 锦发展建投公司(驿锦公司) | 120000 |
| 43 | 锦江区新开街、东丁字街“兴锦·新同缘”商业项目 | 锦发展建投公司（兴锦城建设） | 307000 |

续表 25

| 序号 | 项目名称 | 实施单位 | 投资额（万元） |
|---|---|---|---|
| 44 | 锦江文化创意中心一期项目 | 锦发展建投公司（兴锦城投） | 180000 |
| 45 | 锦江大道提升改造工程 | 锦发展建投公司（恒锦公司） | 51000 |
| 46 | 牛市口街道办事处工农院街 2 号老旧小区配套基础设施改造工程 | 牛市口街道办事处 | 671 |
| 47 | 东湖街道 2022 年老旧小区配套基础设施改造项目 | 东湖街道办事处 | 6200 |
| 48 | 东湖街道 2022 年老旧小区改造项目 | 东湖街道办事处 | 950 |
| 49 | 锦江体育公园环境品质提升项目 | 锦发展建投公司 | 2850 |
| 50 | 福字街片区老旧院落整治项目 | 锦发展建投公司 | 3500 |
| 51 | ICC 天峻租赁住房改造工程 | 锦发展建投公司 | 17170 |
| 52 | 四川师范大学附属中学初中部综合楼工程 | 锦发展建投公司（恒锦公司） | 8060 |
| 53 | 成都市盐道街中学高中部食堂和学生公寓楼改扩建工程 | 锦发展建投公司（恒锦公司） | 4300 |
| 54 | 成都市第三中学校教学楼工程 | 锦发展建投公司（恒锦公司） | 8300 |
| 55 | 四川师范大学附属中学外国语学校综合楼工程 | 锦发展建投公司（恒锦公司） | 4300 |
| 56 | 锦江区殡葬服务中心集中治丧一期项目 | 锦江区殡葬服务中心 | 700 |
| 57 | 锦江区再生水综合利用工程 | 锦发展生态公司 | 72460 |
| 58 | 潘家沟片区农民拆迁安置房项目 | 锦发展生态公司 | 115000 |
| 59 | 梅林东片区配套小学 | 锦发展生态公司（区农投公司） | 25200 |
| 60 | 三圣花乡梅林东片区配套幼儿园建设项目 | 锦发展生态公司（区农投公司） | 5670 |
| 61 | 老旧直管公房集中加固项目 | 锦发展百年春熙公司 | 500 |
| 62 | 春熙路街道 2022 年老旧小区改造项目 | 春熙路街道办事处 | 693 |
| 63 | 书院街街道北顺城街 57~83 号老旧小区改造项目 | 兴锦城市更新公司 | 500 |
| 64 | 锦官驿街道 2022 年老旧小区改造项目 | 锦官驿街道办事处 | 840 |
| 65 | 牛市口街道 2022 年老旧小区配套基础设施改造项目 | 牛市口街道办事处 | 2000 |
| 66 | 沙河街道 2022 年老旧小区改造项目 | 沙河街道办事处 | 798 |
| 67 | 柳江街道 2022 年老旧小区配套基础设施改造项目 | 柳江街道办事处 | 1700 |
| 68 | 东湖片区配套综合体项目 | 锦发展建投公司 | 5300 |
| 69 | 金象花园社区配套服务设施项目 | 锦发展建投公司 | 3800 |
| 70 | 国槐派出所业务技术用房建设项目 | 锦发展建投公司（恒锦公司） | 3850 |
| 71 | 锦阳社区综合体改扩建项目 | 锦发展生态公司 | 5000 |
| 72 | 柳江派出所业务技术用房建设项目 | 锦发展生态公司 | 4220 |
| 73 | 新建龙王庙正街小学工程 | 锦发展建投公司（恒锦公司） | 9750 |
| 74 | 白鹭湾科技生态园配套幼儿园建设项目 | 锦发展生态公司（区农投公司） | 4550 |
| 75 | 白鹭湾科技生态园配套小学校建设项目 | 锦发展生态公司（区农投公司） | 31920 |
| 76 | 春熙路街道社区养老服务综合体改造项目 | 锦发展集团 | 500 |
| 77 | 锦官驿街道社区养老服务综合体改造项目 | 锦发展集团 | 500 |
| 78 | 狮子山街道社区养老服务综合体改造项目 | 锦发展集团 | 630 |

续表 25

| 序号 | 项目名称 | 实施单位 | 投资额（万元） |
|---|---|---|---|
| 79 | 成龙路街道枫树社区养老服务综合体改造项目 | 锦发展集团 | 2000 |
| 80 | 中港广场保障性租赁住房改造工程 | 锦发展建投公司 | 4118 |
| 81 | 皇经楼 B01 保障性租赁住房项目 | 锦发展建投公司 | 120000 |
| 82 | 白鹭湾科技生态园配套社区综合体建设项目 | 锦发展生态公司（区农投公司） | 20400 |
| 83 | 白鹭湾派出所业务技术用房建设项目 | 锦发展生态公司（区农投公司） | 4220 |
| 84 | 东湖派出所业务技术用房建设项目 | 区公安分局 | 3260 |
| 85 | 三圣花乡幸福梅林垃圾收运点建设项目 | 锦发展生态公司 | 1000 |
| 86 | 成自高速入城段空间品质提升项目 | 锦发展建投公司 | 1300 |
| 87 | 锦江区 2021 年绿道建设（三圣）项目 | 区公园城市建设服务中心 | 618 |
| 88 | 锦阳大道景观工程 | 锦发展建投公司（恒锦公司） | 505 |
| 89 | A158–1、A158–2 夹角景观项目 | 锦发展建投公司（恒锦公司） | 510 |
| 90 | 柳江街道 2022 年老旧小区房屋主体改造项目 | 柳江街道办事处 | 800 |
| 91 | 牛市口街道老旧小区房屋主体改造项目 | 牛市口街道办事处 | 720 |
| 92 | 东湖片区社区卫生服务中心建设项目 | 区卫健局 | 2250 |
| 93 | 洗瓦堰（中环路至锦江大道段）河道整治工程 | 锦发展集团 | 2000 |
| 94 | 三圣花乡幸福梅林泵站及排污系统提升项目 | 锦发展生态公司 | 2000 |
| 95 | 何家冲排洪渠（成龙大道至马帮寨段）和城区防汛内涝点位治理改造工程 | 锦发展生态公司 | 1500 |
| 96 | 东湖水生态修复项目 | 锦江生态环境局 | 1484 |
| 97 | 林家坡公园项目 | 锦发展百年春熙公司 | 550 |
| 98 | 四川邮电职业技术学院二区教师宿舍（东门市井旁）建筑改造升级工程 | 狮子山街道办事处 | 700 |
| 99 | 锦华路街道柳江社区府河小区改造二期项目 | 锦华路街道办事处 | 596 |
| 100 | 书院西街 35 号改造项目 | 区机关事务管理局 | 582 |
| 101 | 锦江区区管路灯集中整治工程 | 区市政设施养护中心 | 761 |
| 102 | 东顺城南街风貌整治项目 | 锦官驿街道办事处 | 828 |
| 103 | 四圣祠片区城市有机更新项目——纯阳观街片区风貌整治项目 | 锦发展建投公司 | 2200 |
| 104 | 锦江大道沿线部分点位风貌提升工程 | 锦发展建投公司（恒锦公司） | 5800 |
| 105 | 成都国家广告产业园“166 园区”共享空间（8 号楼）二次改造项目 | 锦发展百年春熙公司 | 2500 |
| 106 | 春台市锦二期提升改造项目 | 锦发展百年春熙公司 | 1000 |
| 107 | 地铁春熙路站广场景观提升项目 | 锦发展百年春熙公司 | 800 |
| 108 | 锦江数智产业港道路整治提升二期工程 | 锦发展建投公司 | 3500 |
| 109 | 锦江区海椒市空压机厂北区新建住宅、商业及配套设施项目 | 锦发展建投公司（统建公司） | 176831 |

续表 25

| 序号 | 项目名称 | 实施单位 | 投资额（万元） |
|---|---|---|---|
| 110 | 锦江区海椒市空压机厂南区新建住宅、商业及配套设施项目 | 锦发展建投公司（统建公司） | 93344 |
| 111 | 三圣花乡红砂网络文学产业园项目 | 锦发展生态公司 | 2500 |
| 112 | 均隆街“药市”特色街区建设项目 | 锦发展集团公司 | 12407 |
| 113 | 锦江沿岸建筑夜景照明升级工程 | 锦发展集团公司 | 3450 |
| 114 | 锦江文化创意产业中心项目（二期）改造项目 | 锦发展建投公司 | 4360 |
| 115 | 春台市锦二期商业体项目 | 锦发展百年春熙公司 | 2500 |
| 116 | 锦江区新建花卉市场——三圣锦官花城项目 | 锦发展生态公司 | 193000 |
| 117 | 东大街焕新—东大路高线公园 | 锦发展建投公司 | 56550 |
| 118 | 东湖路北段及石牛堰桥建设工程 | 区市政设施养护中心 | 1627 |
| 119 | 西沟头巷道路品质提升工程 | 区市政设施养护中心 | 1300 |
| 120 | 2022 年道路提升整治工程 | 区市政设施养护中心 | 13000 |
| 121 | 紫檀街延伸线 | 锦发展生态公司（区农投公司） | 2050 |
| 122 | 梅林东规划路一期 | 锦发展生态公司（区农投公司） | 3800 |
| 123 | 梅林东规划路二期 | 锦发展生态公司（区农投公司） | 2600 |
| 124 | 梅林东规划路三期 | 锦发展生态公司（区农投公司） | 1900 |
| 125 | 宏济巷延伸线断头路打通工程 | 锦发展建投公司 | 992 |
| 126 | 白鹭湾新经济小镇绿轴以北片区市政道路建设工程 | 锦发展建投公司 | 30000 |
| 127 | 三圣花乡梅林片区新增乡村道路工程 | 锦发展生态公司 | 1600 |
| 128 | 四圣祠片区道路整治工程 | 锦发展建投公司 | 3500 |
| 129 | 2022 年锦江区第二批次道路提升整治工程 | 锦江区市政设施养护中心 | 15000 |
| 130 | 梅香湖公园地下停车场项目 | 锦发展建投公司（停车场公司） | 13884 |
| 131 | 紫檀街地下停车场项目 | 锦发展建投公司（停车场公司） | 5467 |
| 132 | 绿轴南片区道路建设 | 锦发展建投公司 | 20000 |
| 133 | 三圣花乡 A08 地块配套基础设施提升工程 | 锦发展生态公司 | 1800 |
| 134 | 三圣花乡幸福西路、莲荷路及其支路市政化改造工程 | 锦发展生态公司 | 2178 |
| 135 | 三圣花乡驸江路市政化改造工程 | 锦发展生态公司 | 6055 |
| 136 | 潘家沟片区规划道路 1 建设工程 | 锦发展集团公司 | 15480 |
| 137 | 潘家沟片区规划道路 2 建设工程 | 锦发展集团公司 | 13600 |
| 138 | 潘家沟片区规划道路 3 建设工程 | 锦发展集团公司 | 9280 |
| 139 | 潘家沟片区规划道路 4 建设工程 | 锦发展集团公司 | 2038 |
| 140 | 潘家沟片区规划道路 5 建设工程 | 锦发展集团公司 | 4352 |
| 141 | 潘家沟片区规划道路 6 建设工程 | 锦发展集团公司 | 720 |
| 142 | 潘家沟片区规划道路 7 建设工程 | 锦发展集团公司 | 2048 |
| 143 | 金像寺片区规划道路建设 | 锦发展集团公司 | 3200 |
| 144 | 潘家沟片区规划道路建设项目 | 锦发展生态公司 | 1792 |

续表 25

| 序号 | 项目名称 | 实施单位 | 投资额（万元） |
| --- | --- | --- | --- |
| 145 | 潘家沟片区规划道路建设项目 | 锦发展生态公司 | 1576 |
| 146 | 三圣花乡智慧停车项目 | 锦发展生态公司 | 2000 |
| 147 | 三圣花乡滨湖东路提升改造项目 | 锦发展生态公司 | 1319 |
| 148 | 三圣花乡喜树街（白桦林路至滨湖东路）建设项目 | 锦发展生态公司 | 2592 |
| 149 | 成都市塑机厂电力改迁还建项目 | 锦发展建投公司 | 552 |
| 150 | 琉璃路 88 号等小区燃气管网改造项目 | 区经信局 | 261 |
| 151 | 三圣花乡梅林东片区配套项目电力及通信迁改项目 | 锦发展生态公司（农投公司） | 2300 |

（吴畏、杨书钧）

## 财政

【概况】2022 年，锦江区按照区委提出的“积极的财政政策要提升效能，更加注重精准、可持续”的要求，应对经济下行、疫情反复、大规模退税等挑战，建立税费共治机制，加强财源建设，开展非税收入征收、预测、统计、入库和数据分析工作，优化支出结构，促使财政平稳运行，保障经济社会发展。一般公共预算收入 94.29 亿元，同口径增长 5.4%。一般公共预算支出进度 98.2%，较 2021 年提高 0.03 个百分点。民生支出占一般公共预算支出的 70.1%，较 2021 年提高 0.1 个百分点。同时发挥财政资金引导作用，降低疫情影响，投入 7000 万元拉动消费，引领经济回暖。

【财源和税源稳定】锦江区遵循“存量保障、增量分享、特量特奖”原则，优化税源动力机制，出台《街道经费保障与激励奖补实施办法》《产业功能区管委会、区级部门、区属国有公司税源建设激励奖补实施办法》，通过奖补并行等方式，营造税源齐抓共建格局。同时定期分析 471 家重点纳税企业和 2645 家骨干税源企业运行情况，落实“助企惠企 32 条”“稳增长 45 条”“纾困 13 条”等政策，投入 2.2 亿元用于产业发展和助企纾困，发放 8000 万元稳岗就业补贴，减免中小微企业及个体工商户房屋租金 12280.92 万元。建立税费共治机制，落实组合式税费支持政策，建立减税降费工作专题联席会议制度，编制增值税期末留抵退税工作方案，减税降费 27.37 亿元。通过减税降费、提高服务质量等方式，支持企业稳定发展，稳定市场主体。

【非税收入促进】锦江区持续开展涉企收费专项整治工作，建立清单管理制度，宣传减免政策，要求区级各执收单位在收费点公示收费项目、收费范围、收费标准。根据各执收单位 2021 年度非税收入情况，结合政策增减因素，下达非税收入征收计划，督促执收单位按进度征收，实现“应收尽收，应缴尽缴”目标。

【支出结构优化】锦江区控制“三公”经费，压减非刚性、非重点、非急需的一般性支出。“三公”经费预算总额由 3930 万元减至 3597 万元。其中因公出国（境）经费在年初预算基础上压减 60%，公务接待费在年初预算基础上压减 30%。集中财力保障重点领域支出，加大教育、社保就业、城市品质提升等领域的财政投入，保障疫情防控，持续改善民生。其中教育支出 16.9 亿元，社保和就业支出 10.7 亿元，卫生健康支出 10.4 亿元，文化旅游体育支出 9900 万元，社会治理支出 3.1 亿元，统筹投入 0.9 亿元，文明城市创建、农贸市场改造、老旧院落城市运营商服务模式改革、智慧安防小区建设等领域投入 9000 万元，疫情防控经费 7.7 亿元。

【“三公”经费管理】锦江区按照中央和省、市“不折不扣落实过紧日子”的要求，从预算和支出两方面控制“三公”经费支出预算。遵循“总额控制、分项管理”原则，编制“三公”经费预算清单，确保“三公”经费预算总额较 2021 年只减不增。同时坚持每月汇总区级部门的“三公”经费报表，定期检查“三公”经费支出情况，指导各部门规范使用资金。区级部门“三公”经费预决算信息获批复后20日内在锦江公众信息网公开，接受各方监督。

【财政监督】锦江区制发《加强财会监督深化正风肃纪工作实施方案》，监管“三公”经费支出、专项资金使用、银行账户管理等工作，督促区级预算单位公开预决算信息，开展严肃财经纪律专项整治，向基层单位、社区延伸检查，防范风险隐患。开展会计信息质量专项检查，敦促17家受检单位整改6个方面的28个问题。探索建立街道政府购买服务供需对接机制，政府采购一体化平台运行，政府信息化管理目标实现。

【债务风险防范】锦江区严控新增隐性债务，化解存量债务，防范债务风险。政府债务余额41.38亿元，债务规模控制在省政府下达的限额内。加强直达资金常态化管理，达到资金直达使用单位、直接惠企利民的要求。监测财政收支运行情况，盘活存量资金9.32亿元，占财政支出的7%。

（徐诗静）

## 税务

【概况】2022年，锦江区优化税收管理的岗位职责，成立税费服务支持中心、税收司法保障中心，推动税收征管体制改革。借鉴“枫桥经验”，调解税费矛盾争议案件732件，调解满意率100%。推进数字化电子发票试点工作，数字化电子发票开票率在成都市5个中心城区中排名第二。全口径税收和非税收入494.66亿元，较2021年增长49.2%。

表26　2022年成都市锦江区税收情况表

| 项目 | 收入（亿元） | 较同期增减额（亿元） | 占比 % |
|---|---|---|---|
| 全口径税收 | 206.71 | 5.37 | 49.20 |
| 增值税 | 89.28 | −3.47 | 2.70 |
| 消费税 | 1.62 | −971 | −3.70 |
| 企业所得税 | 41.33 | −4.82 | −5.70 |
| 个人所得税 | 21.89 | 1.40 | −10.50 |
| 营业税 | 52 | −1.53 | 6.90 |
| 资源税 | 104 | −37 | −96.70 |
| 城市维护建设税 | 6.11 | −0.77 | −26.30 |
| 房产税 | 11.59 | −0.21 | −11.20 |
| 印花税 | 2.67 | 0.19 | −1.80 |
| 城镇土地使用税 | 1.23 | 0.32 | 7.80 |
| 土地增值税 | 21.10 | 8.29 | 34.90 |
| 车船税 | 8 | −35 | 64.80 |
| 契税 | 9.81 | 4.70 | −81.50 |
| 环境保护税 | 139 | −38 | 92.00 |
| 耕地占用税 | 54 | 79 | −21.50 |

【非税收入】锦江区非税收入173.73亿元。其中土地出让金141.52亿元。社保费收入114.22亿元。区级税收82.13亿元，占一般公共预算收入的87.1%，还原留抵退税后同口径增长9.4%。

【税费支持政策落实】锦江区落实组合式税费支持政策，尤其是大规模增值税留抵退税政策，为市场主体纾困解难。减税降费15.38亿元，缓税缓费2.64亿元，增值税留抵退税9.49亿元。

【税收精细化管理】锦江区成立由46家区级单位组成的税费共治领导小组，制定税费共治实施方案，采取工单化、清单化模式派发任务。以“打破部门壁垒”为目标，从街道办事处抽调24名工作人员，开展协税护税工作。以“打破数据孤岛”为目标，关联的区级部门与税务部门交换土地上市、建设工程规划、新立项重点项目等方面的数据5200个，收集楼宇信息、企业信息3000条。建立社保费三级征管体系，拓展网格化征缴模式，推动社保费联合征缴工作。区税务局与区法院联合处理破产案件27件，追缴破产企业应缴税费。8月，完成管户调整任务，调整纳税户10.36万家。

【税收风险管理】锦江区成立税务数据分析团队，利用大数据监控业务指标，实现税务疑点数据扫描、生成、分发全流程链式管理目标。根据风险级别，明确层级分工，分类应对风险。定期开展风险应对结果复核工作，采取自查、互查、集中检查等方式查找风险应对过程中存在的问题。建立二次复核制度，检查复核结果，加强风险应对任务质量管控。依托数智治税支持中心完善风险指标体系，开展数据分析研判。

【税务服务】锦江区在税费服务支持中心划设统筹保障、需求管理、咨询服务、业务处理4个分中心，开创大厅前台受理、咨询服务分中心中台分流、业务处理分中心后台审核的“三台联动”模式。大厅平均等候时间压缩至0.58分钟，等候时间较2021年缩减3.33%。增设“办不成事兜底窗口”，设置辅导专区、第二服务专区，达到“问题有人管、诉求有人听、事情有人办”的要求。进驻不动产登记服务点，办理二手房交易的纳税业务3万件。推进“问需求、办实事、助发展”走访联系纳税人活动，走访企业7800家，开展税务宣传工作，为企业解决问题23个，后续跟踪解决问题7个。开通“数字员工”在线平台，有5项线上高频业务实现全流程自动化处理目标，审核业务信息5.03万条。“数字员工”在线平台办理的业务数量占审核业务总量的51.53%。

【税务宣传】锦江区组织税务干部成立“锦税宣”团队，以“税收宣传月”为契机，开展税务宣传活动。“税收宣传月”期间，每周一个新主题，开展“主题宣传周”活动7次。每期活动包括在线直播1次、微视频1个、答疑问卷1份。直播间针对性为纳税人、缴费人讲授税务知识。联合四川师范大学开展“锦绣青春·税语争锋”税校联队辩论比赛，通过比赛普及税务知识，提高税务干部的业务能力。

【税务执法】锦江区落实完成16个重大执法决定的法制审核工作，执法过程录音录像。公示行政执法事项30项、行政执法信息4万条。成立税收司法保障中心，协助司法拍卖、破产企业资产处置、税费申报、民间借贷自然人欠税追缴等工作。

【数字化电子发票推广】锦江区推进数字化电子发票试点工作，建立领导包联系和科室包干责任制，形成每日研判、通报、部署工作机制。数字化电子发票开票率42.79%。省税务局的《发票电子化改革工作简报》登载锦江区推广数字化电子发票的经验文章。

（舒磊、童昱钦）

## 审计

【概况】2022年，锦江区制发《重大经济事项决策规定的实施细则》，结合不同类型领导干部履职特点，明确审计重点，开展领导干部经济责任审计，促进领导干部秉公用权。持续开展财政审计、固定资产投资审计、民生审计，完成审计项目64个，审计金额104.37亿元，查出管理不规范金额18748.34万元，节约资金4667万元，追回财政资金350万元。发现问题563个，提出审计建议573条，指导区级单位完善规章制度102项，出具审计报告40份、审计决定书5份。锦江区审计整改体系建设被市纪委评为“落实中央八项规定精神先进典型”。

【区委审计委员会会议】9月20日，区委书记、区委审计委员会主任陈志勇主持召开区委审计委员会八届一次会议。会议学习新修订的《中华人民共和国审计法》，传达四川省和成都市的审计工作会议精神、审计委员会会议精神，审议区委审计委员会七届三次会议至八届一次会议之间的审计工作，听取2020年区级财政预算执行和其他财政收支审计查出问题整改情况汇报，审议《2022年度审计项目计划（送审稿）》《2021年度区级预算执行和其他财政收支的审计工作报告（送审稿）》《关于进一步规范政府性投资建设项目审计监督的实施意见》。

【财政审计】锦江区开展财政预算执行及收支项目审计、部门预算执行情况审计，发现债务风险。实施审计项目2个，审计金额1.71亿元，发现问题23个，涉及不规范金额18748.34万元，提出审计建议10条。

2022年4月21日，锦江区联合四川师范大学开展“锦绣青春 税语争锋”税校联队辩论比赛
（区税务局提供）

【固定资产投资审计】锦江区跟踪审计重大项目46个，涉及资金80.4亿元。发现问题92个，提出审计建议78条。审计23个竣工结算项目、喜树街邻里中心项目，发现问题62个，提出审计建议56条，节约资金4667万元。审计36个结算项目，揭示因管理不规范、签证不真实、结算审核把关不严导致的工程价款高估冒算等问题，追回财政资金350万元。审计专项资金项目2个，涉及资金3.85亿元，发现问题4个，提出审计建议4条。

【民生审计】锦江区明确为民惠民的审计理念，针对群众最关心、最直接、最现实的利益问题开展审计工作。开展2021年老旧小区改造提升工程专项审计调查、扶残助残专项资金支出情况专项审计调查、粮食购销领域腐败问题专项审计，提出专业审计建议，协助建立规章制度2项。

【审计执法监督】锦江区审查审计报告40份、审计决定书5份，提出处理意见425个。检查33家被审计单位，整改问题382个，涉及金额2.97亿万元，督导被审计单位完善规章制度100项，审计整改率97.6%。区审计局与区纪委、区委组织部、区人社局、区委巡察办公室等部门联动，建立审计整改体系。

（周易）

## 统计

【概况】2022年，锦江区深入学习习近平总书记指示和批示统计工作的重要精神，以提高统计数据质量为中心，加强经济大数据平台建设，

2022年4月1日，锦江区2022年1季度劳动力调查工作推进会召开　（区统计局提供）

动态维护基本单位名录库，提升统计信息化水平。采取抽样调查的方式，调查企事业单位填报统计报表情况，群众就业情况、居民收入和消费情况，为优化政策提供参考。开展统计执法检查，开展统计人员培训、统计法规宣传等活动，推动统计工作规范化建设。开展统计诚信示范企业认定申报工作，成都赛肯思创享生活景观设计股份有限公司入选“四川省统计诚信示范企业”。

【经济大数据平台】锦江区强化经济大数据平台功能，开发“企业走访”应用模块。通过数字化采集和大数据应用等技术手段，实现政府部门走访信息集约利用、自动回显、智能分析、多维应用的目标。经济运行管理监测工作形成闭环。利用“锦江论坛”开展宣传培训，推广经济大数据平台。市委办公厅《每日要情》2022年第56期登载《锦江区推进统计信息化建设成功解码经济管理方程式》，《深化统计信息化建设赋能政府经济管理——锦江区经济大数据平台建设实践》获成都市优秀信息技术成果类一等奖。

【抽样调查】锦江区开展统计报表单位抽样调查，调查中小型建筑业企业25家、限额以下商贸业企业67家、规模以下服务业企业87家、行政事业单位34家、“金样本”试点调查户6家，了解统计报表填报情况。开展季度劳动力抽样调查，反映城乡劳动力资源和就业失业人口数量、结构、分布等情况，为政府判断就业形势以及调整就业政策、加强就业服务提供参考。劳动力调查项目包括住户信息、个人信息、工作情况、无工作情况。调查样本涉及11个街道29个社区，平均每月入户调查464个家庭。开展住户抽样调查，调查小区内记账户家庭收支情况，反映城乡居民收入和消费情况，为政府决策各项民生工程提供依据。抽取调查样本小区17个，涉及10个街道，调查家庭170个。

【基本单位名录库动态维护】锦江区加强街道业务指导，根据工作任务制定工作目标和实施方案，纳入统计工作年度考核。各街道按照属地管理要求，利用社会综治网格化管理或其他属地化方式维护名录库。利用经济大数据平台收录工商、税务的实时企业数据，更新名录库信息。检查达标企业的申报入库情况，新录入限额以上企业和规模以上企业140家。核实基本单位名录库入

库法人单位基本情况表信息，修改错误信息2000条。按照省统计局和市统计局《关于开展企业法人单位专项清查核实工作的通知》要求，培训各街道统计工作人员，核查企业4.7万家。

【统计执法监督】锦江区开展统计执法检查，检查企业38家、涉外调查机构6家。立案处理2家企业，向15家企业下达书面责令改正通知书。区政府八届21次常务会议部署统计造假不收手不收敛问题专项纠治工作，编印工作方案，以查权力干预、查“数据寻租”、查执法不严、查入库退库为重点，开展纠治工作。

【行业培训】锦江区组织统计从业人员参加成都市镇（街道）统计干部培训班和重点企业新进统计从业人员岗位知识培训班。11—12月，组织工业企业、建筑企业、房地产企业的统计人员参加市统计局开设的“四上”企业统计从业人员继续教育培训。

【统计法规宣传】区委八届十二次常委会会议、区政府八届十六次常务会议、中青年干部培训班组织学习中央《关于更加有效发挥统计监督职能作用的意见》。深入社区开展劳动力调查宣传，深入企业宣讲统计报表制度，参加四川省统计局“与新时代统计改革发展同行”统计法治征文活动。开展“送法入企”活动，向企业发放《统计法律知识读本》《统计法律法规宣传手册》等资料。参加成都市统计行业“美好生活·民法典相伴”主题宣传活动和成都市“云学法”比赛。

（郄宇、蒲玥）

## 市场监督管理

【概况】2022年，锦江区以质量和计量标准化建设为抓手，推动质量强区工作。明确“部门指导、企业执行、中介服务”的工作思路，构建知识产权管理服务体系。针对食品药品生产销售、特种设备使用等领域，开展九大执法行动，维护公平交易。开展“春雷”“铁拳”等专项执法行动，聚焦“民意最盼、危害最大、市场监管风险和压力最大”的重点民生领域，针对食品安全、燃气安全、未成年人保护等开展专项整治，查办案件456件。锦江区办理的企业虚假宣传案入选“四川省十大典型案件”。

【九大执法行动】锦江区开展食品安全执法行动，查处保质期超期、添加剂超标、无证照经营等违法行为；开展质量安全执法行动，检查燃气具、燃气泄漏报警器等商品的质量安全；开展未成年人保护执法行动，检查未成年人玩具、用具的质量，查处未按规定落实未成年人免费或优惠政策的价格违法行为；开展打击乱评比排序执法行动，查处以虚构奖项、荣誉、称号作为销售手段的违法行为；开展农村药品质量安全执法行动，检查农村地区以保健品冒充药品的违法行为；开展网络交易市场秩序整治行动，督促电子商务平台企业落实资质核验、登记等义务，亮照、亮证、亮标经营；开展预付式消费乱象整治行动，查处故意拖延或无理拒绝消费者合理退款要求以及虚假宣传、违法广告、霸王合同、价格违法等行为；开展商标侵权整治行动，宣传知识产权法律法规，惩治“傍名牌”现象；开展消费欺诈整治行动，整治群众反映强烈的春熙路步行商业街的商家街面拉客、强买强卖、价格圈套等现象。

【食品市场监管】锦江区提出“履责有清单、过程有抓手、目标能落实”的工作要求，落实食品安全党政同责制度，制定《食品安全通报和约谈办法》，开展食品安全“守底线、查隐患、保安全”专项行动，整治食品安全领域风险隐患13126个。同时践行食品经营单位风险等级管理制度，为1.3万家食品经营单位评定风险等级。开展食品安全从业人员培训考核20次。完成食品抽样检测任务，抽检食品4323批，依法处理151批不合格食品。区域内166家学校按规定实施食堂“明厨亮灶”改造项目。线下核查和整改1143个网络餐饮单位存在的问题。12月23日，开展“网红餐饮食品安全突发事件”应急演练。

【药品市场监管】锦江区发挥智慧化监管平台作用，建立“全覆盖、精细化、闭环式”监管机制，推动药械市场监督管理。开展兴奋剂药品、儿童化妆品等领域的专项整治。组织医疗机构、医疗美容机构培训，完善药品和医疗器械不良反应监测机制。

【文化市场监管】锦江区分布演艺剧场12家，从业人员128人；民办博物馆3家，从业人员120人；校外艺术类培训机构119家，从业人员1024人。其中民办非企业机构31家、有限公司88家。构建文旅市场监管体系，采取日常监管与专项整治相结合的方式，开展文旅市场日常巡查、执法检查和“扫黄打非”

等专项执法行动，检查校外艺术类培训机构120家、互联网经营单位280家、歌舞娱乐经营单位150家、出版物经营单位90家、印刷企业和打印复印店300家，责令27家单位整改，取缔地摊8个。通过日常巡查、受理投诉、处理交办件等途径获取案源线索，立案案件3件。加强执法队伍建设，提高办案水平和综合素质。加强文旅市场安全工作，开展行业安全检查，杜绝安全事故。

【广电市场监管】锦江区增设广播电视局，在全国和省市两会和春节等传统节日期间，安排专人值守，统筹协调广播电视安全播出工作。同时常态化开展广电法规宣传活动，打击违法销售和安装地面接收设施行为。面向社会宣传《卫星电视广播地面接收设施管理规定》及实施细则，提高社会层面的法规知晓度。开展卫星电视广播地面接收设施专项整治，检查违法销售、安装和使用卫星地面接收设施的情况，拆除违法安装的地面接收设施3套。

【交通运输市场管理】锦江区履行交通运输行业管理职能，管理道路运输场站、机动车维修企业、机动车停车场、网约汽车行业、客运机动车分时租赁行业、货运代理行业、物流业、公共交通行业，协调旅客运输、紧急客货运输、重要物资运输，推进交通运输行业绿色发展。为21家货运企业新办和补办道路运输许可证。审验货运车辆2102辆，审核4家建制运输企业和5家个体性质的货运市场主体，完成15家运输企业信誉质量考核工作。为5家客运企业新办、补办租赁备案证。监管网约车平台公司，为7家从事网约车业务的企业办理网络预约出租汽车道路运输许可证。审核5397名客运从业人员背景信息，办理网络预约出租汽车驾驶员证4650个。建立事故报告制度，要求事故发生1小时内上报。开展网约车行业安全检查5次、汛期安全检查8次。开展维修行业环境专项治理，对标《汽车维修企业绿色维修作业规范》，实施汽车维修行业挥发性有机物治理，督促企业规范操作。结合夏季臭氧防控、冬季“蓝天保卫战”等专项行动，检查企业170家，未发现露天喷涂等违规行为。另抽查14家有尾气治理资格的企业，未发现违规情况。落实《成都市交通运输局关于规范绿色钣喷汽车维修企业管理的通知》精神，为35家符合绿色钣喷条件的企业备案。

【人力资源市场监管】锦江区建立“两书一函一通报”制度，加强人力资源服务机构监督管理。“两书一函一通报”即约谈通知书、整改通知书、提醒促函、工作情况通报4项制度。与9家培训机构负责人约谈，责令整改问题41个。践行节假日值班制度，定期检查人力资源市场的建筑和消防设备，查处安全隐患。组织公安民警开展人力资源市场及周边秩序整治，净化求职环境。组织人力资源市场的工作人员培训，提高员工业务能力，深化员工服务意识。坚持日常工作台账登记制度，收集、汇总职介工作信息。

【特种设备管理】锦江区以既有住宅加装电梯、燃气设备、危险化学品专用设备为重点，开展特种设备安全百日攻坚行动。排查、整改安全隐患问题83个。建立突发事件原因分析研判机制，指导塔子山公园、加气站开展应急演练。

【质量和计量标准化管理】锦江区开展质量提升行动，推动质量强区工作。引导企业申报质量奖项，向成都市推荐质量提升典型案例3个。推进标准化试点工作，通过基本公共服务标准化专项试点中期评估。10月19日，政务服务国家级标准化试点项目通过验收。排查69家销售单位，检查燃气具质量。强化儿童用品、电动自行车等强制认证产品监管工作，检查商品的强制标准、生产厂家名称和地址等内容。

【消费者权益保护】锦江区开展“国际消费者权益保护日”宣传活动，营造“共促消费公平·共建幸福锦江”氛围。加大消费维权的社会监督力度，利用互联网平台发布消费投诉排名前20的企业及调解成功率等信息。开展“放心舒心消费示范单位”创建工作，培育示范单位9家。规范消费者投诉举报处置流程，办理消费者投诉举报案件73105件。

【知识产权保护】锦江区发挥知识产权服务机构的专业优势，建立知识产权维权援助合作单位库，指导企业申报专利奖。有8家企业获国家和省级专利奖，奖金80万元。开展知识产权主题班会等活动12次，营造全社会保护知识产权的氛围。开展多部门、跨区域联合执法，向企业提供海外维权援助2次，处理非正常专利申请案件400件。

（李朝阳、黄彬彬）

## 国土资源管理

【概况】2022年，锦江区落实耕地保护制度，完成耕地保护任务，获“2021年度成都市耕地保护党政同责先进区（市）县”称号。履行土地利用监管和土地执法监察职能，查处违法占用耕地案件，处置批而未供土地和闲置土地57.46万平方米。按照城市建设和产业发展需求，推动农村集体土地征地拆迁工作和土地上市工作。发布第三次全国国土调查主要数据公报。按照地籍调查计划，完成18152宗土地的农村土地承包经营权登记入库和60宗集体土地所有权更新汇交工作。

**【耕地保护】** 锦江区加强永久基本农田特殊保护，划定耕地和永久基本农田控制线。其中耕地保有量276.06万平方米、永久基本农田165.66万平方米。恢复耕地40.46万平方米。其中自主复垦复耕面积39.66万平方米。耕地恢复面积较目标任务超出5.53万平方米。

**【土地利用监管】** 锦江区加强土地供后监管，巡查地块94个，发放履约通知书14份。征询商品房预售意见26次。处置批而未供土地46.33万平方米，处置率30.19%。处置闲置土地11.13万平方米，处置率78.69%。

**【土地出让】** 锦江区出让经营性建设用地12宗，面积41.237万平方米。办理新建土地划拨及协议出让供地手续44件。划拨供地44.54万平方米，协议出让土地2993.34平方米。

**【第三次全国国土调查数据发布】** 7月，锦江区发布第三次全国国土调查主要数据公报，调查数据客观反映区域内国土利用情况，用于耕地保护、生态修复、国土绿化、确权登记、生态保护红线调整、土地执法监察等工作。

**【农村集体土地征地拆迁】** 锦江区完成驸马社区二组和三组5600平方米规划道路的拆迁腾地工作，拆迁农户11户、企业11家。为136名拆迁户安置住房，安置面积6462.08平方米。协调市土地储备中心，启动成龙路街道皇经楼六组和七组的住房安置工作，争取安置房205套。实际安置122人，分配安置房70套，安置面积5770.44平方米。区规自局协助区公园城市局和三圣街道办事处、柳江街道办事处开展锦城逸景二期住房安置工作，安置1449户5130人。

**【土地执法】** 锦江区开展土地巡查工作170次，办理违法用地案件2次，罚款36.76万元。办理乱占耕地建房案件4件，责令恢复耕地面积1626.67平方米。核实135个卫片监测图斑，核查土地面积133.9万平方米。其中耕地面积53.06万平方米。利用无人机巡查违法侵占耕地行为12次，提取变化图斑150个，涉及耕地88.28万平方米；核实违法用地图斑7个，恢复耕地2.69万平方米。

（唐嵋、黄晓熠）

## 安全生产管理

**【概况】** 2022年，锦江区贯彻落实习近平总书记论述安全生产的重要精神，树立“人民至上、生命至上”和“科学发展、安全发展”的理念，贯彻“安全第一、预防为主、综合治理”的方针，按照安全生产“党政同责、一岗双责、齐抓共管、失职追责”要求，优化区安全生产管理委员会组织架构，开设安全生产专题讲座，开展安全生产培训，夯实安全生产基层基础，践行节假日和重要节点安全防控制度、重要行业领域安全生产监管制度，压实企业安全生产主体责任，开展安全生产隐患排查工作，消除监管盲区。截至12月，发生一般生产安全事故6次，一般事故数量较2021年减少14.28%。

**【安全事故】** 锦江区发生致人死亡事故5次，造成5人死亡。其中交通运输领域事故4次、建筑领域事故1次。死亡事故数量较2021年减少28.57%，死亡人数同比减少28.57%。另发生交通运输领域伤人事故1次，造成2人受伤。

**【安全管理培训】** 锦江区设定“反思郑州‘7·20’特大暴雨灾害事件，提高应对极端天气事件能力”课题，邀请省委党校应急管理培训中心主任、省应急管理学会会长陈旭为区委中心组理论学习会授课。区委组织部、区委宣传部、区应急局联合开展应急管理工作培训6次，培训干部职工300人。

**【安全生产督导考核】** 锦江区持续推进全天候安全生产督导考核工作，建立奖惩制度，开设“红白榜”。区政府常务会通报考核排名。根据考核结果，奖励东湖、春熙路、书院3个街道办事处和区住建交局、区公园城市局，处罚沙河、牛市口2个街道办事处和区文体旅局、区经信局。

**【暗访检查】** 3月，锦江区提出“一周一主题一调度”的要求，邀请专家和媒体参与，常态化开展安全生产暗访检查工作。录制暗访视频，在区政府常务会上播放。督促行业主管部门、街道办事处落实安全监管责任。截至12月，暗访28次，检查90个点位，印发整改通知书、提醒敦促函65份，闭环整改安全隐患问题310个。

**【节假日和重要节点安全防控】** 锦江区印发《安全生产事故隐患减量行动方案》，明确国庆节和中共二十大期间的安全保卫任务，启动“防风险保安全迎二十大”专项行动。印发《岁末年初百日安全生产大会战活动方案》，查处交通运输、建筑施工、燃气、危险化学品、烟花爆竹、消防、商贸、特种设备、游乐设施的安全隐患问题。元旦节和春节期间，区委、区政府领导班子成员带队开展安全检查20次。

**【重点行业领域专项整治】** 锦江区开展危险化学品安全专项整治，排查液化石油气安全隐患点位149个，向18家加油站、275家危险化学品经营企业、2家使用危险化学品的制药企业发出危险化学品安全生产主体责任法律告知函117份，整改安全隐患问题103个。印发《瓶装液化石油气安全专项整治工作方案》《关于成立全区城镇燃气安全排查整治工作组的通知》《城镇燃气安全专项整治“百日行动”实施方案》，明确各行业监管部门和街道办事处职责，成立城镇燃气安全排查整治工作组，开展城镇燃气等专项整治工作。排查出租屋、临街商铺、建筑工地的燃气器具安全隐患，重点检查液化石油气罐非法运输现象，采取约谈、查扣、处罚等措施督促整改。入户排查的10517个隐患问题和“回头看”工作中排查的3134个隐患问题全部整改。加大城镇燃气执法监管力度，执法21次，与9家企业约谈，暂扣液化气钢瓶1490个，罚款2万元。8件涉嫌刑事犯罪的案件移交公安机关立案查处，2件案件行政立案，2件案件被公诉机关起诉。

**【烟花爆竹安全监管】** 锦江区利用互联网和平面媒体宣传禁止燃放烟花爆竹的法规，印发禁燃宣传资料4000份，利用“平安锦江”微信公众号发布禁燃提示信息。结合“平安春运”活动，在运输企业、城东客运中心、寄递物流企业开展宣传活动，查处携带烟花爆竹搭乘公共交通工具和邮寄烟花爆竹的违法行为。打击非法经营烟花爆竹点位2个，收缴烟花18件。

**【安全生产专项整治三年行动】** 锦江区根据《安全生产专项整治三年行动“巩固提升年”实施方案》《抓好安全生产大检查确保终端落地见效实施方案》，持续推进安全生产专项整治三年行动。区政府安全生产管理委员会办公室组织街道办事处和区级单位排查重点行业领域安全隐患。各检查组出动6649次，检查单位50480家，发现隐患问题10138个，整改隐患问题9597个，整改率95%。责令25家企业停产整顿，警告企业3289家，罚款182.09万元。

（杨建军、黄涛）

## 区政府常务会议学习传达中央和省市安全生产会议精神

2022年，区政府常务会议学习习近平总书记指示安全生产工作的重要精神，传达全国安全生产电视电话会议精神、省政府安全生产委员会和市政府安全生产委员会2022年历次全体成员会议精神，学习传达《四川省安全生产约谈实施办法》，研究区政府安全生产委员会机构组成和职能职责调整工作，通报锦江区2021年第四季度和2022年各季度全天候安全生产督导考核情况、安全生产检查情况、党政同责工作考评结果，审议《关于推动企事业单位压紧压实安全生产主体责任的意见》以及贯彻落实国务院安委会安全生产十五条措施的实施方案、安全生产事故隐患减量行动方案，听取农贸市场、宾馆酒店、民宿等领域的安全生产工作汇报，要求各部门重视安全生产，强化责任意识，分阶段、择重点部署安全生产工作。

# 经济产业

## 现代农业

【概况】2022年，锦江区走访国家级农业产业龙头企业，了解企业情况，建立企业服务保障机制，为企业提供服务。加强集体经济组织管理，开展涉农社区“三资”整顿，提升集体经济发展能级。组织涉农企业参加农业博览会等活动，推介特色农产品，推动企业发展。

【企业服务保障】锦江区走访国家级农业产业龙头企业2家、省级农业产业化龙头企业2家、市级以上农业产业化龙头企业5家，监测企业运行情况。制定《关于农业生产资料物资供应应急保障方案》，为急需种子调运的种子企业办理“成都疫情防控应急通行证”71个，为小春播种提供支撑。推荐1家企业加入成都市产业“建圈强链”人才计划，成为现代种业链主企业。推荐的6家农业企业进入“蓉易贷”白名单。

【集体经济组织管理】锦江区开展集体经济组织年度清产核资工作，涉及3个涉农街道的11个涉农社区。开展集体经济组织登记赋码工作，成立股份经济合作社9家。制发《关于涉农社区“三资”管理领域“可视”“有感”腐败和作风问题专项治理工作安排的通知》，组织涉农街道自查“三资”管理领域的村务公开、民主决策等方面情况。同步实施专项治理，完善11个涉农社区的农村集体“三资”监管数据信息和档案资料，提升农村集体“三资”管理水平。

【农业展会活动】锦江区参加成都市第八届成都国际都市现代农业博览会，获最佳组织奖。现场举办现代农业招商引智推介活动，举行重大项目集中签约仪式。落户锦江区的明生农业公司与金堂县然通家庭农场签署合作协议，区更新公司与市种业协会签署合作协议，区公园城市局与省农科院签署合作协议。组织8家涉农企业参加中国农民丰收节，被市委办公厅、市政府办公厅授予先进集体称号。

（朱文飞、王艺瑾）

## 都市工业

【概况】2022年，锦江区坚持“项目跟着规划走，要素跟着项目走”的理念，调整都市工业空间布局，盘活低效用地，实施成都生物制品研究所项目、成都烟厂制丝车间项目、诺迪康药业项目，建设全链式生物医学产业集群聚集区，构建烟草制品上下游产业集聚发展格局，推动都市工业高质量发展。截至12月，工业投资32亿元，工业技改投资24亿元。

【低效用地盘活项目】锦江区实施低效用地盘活项目长责任制，建立低效用地评估管理和退出机制，精准对接企业需求，挖掘存量潜力，针对闲置地块制定配套政策，分类确定措施、分步实施盘活。通过运用总部企业政策，盘活华侨新苑土地4.66万平方米，实施华侨凤凰都市工业国际创新港建设；通过推进传统印务企业数字化转型，在博瑞印务产业园2.73万平方米的工业用地范围建设博瑞数字新经济科创园；

通过实施新希望中鼎国际、中加国际二期等重大产业化项目的续建项目，盘活土地6.66万平方米。

【都市工业空间布局调整】锦江区结合工业发展情况，编制《都市工业空间布局调整方案》，优化工业用地性质。将中国生物科创谷生物研究所南侧地块以及锦江工业园区诺迪康药业项目用地等5个地块调整为一类工业用地。

【疫苗产业发展】锦江区发挥成都生物制品研究所国家级生物医药(疫苗)研发制造基地的产业带动优势，建设都市工业生物疫苗研发创新聚集区。以总投资6.32亿元的冻干人用狂犬病疫苗产业化项目为抓手，培植疫苗产研力量，提升技术研发转化平台规模水平。同时依托成都生物制品研究所及周边土地建设集生产、生活、生态于一体的全链式生物医学产业集群聚集区，打造中国生物科创谷，推动疫苗产业发展。

（易皓华、田闰锋）

## 商业

【概况】2022年，锦江区探索常态化疫情防控条件下的新型消费模式，持续推动现代商贸业发展，推动“国际消费中心城市核心区”建设。抢抓“成都夏日消费季”等契机，推出“春熙达人·锦江GO”2.0版本，联合商贸、餐饮、文化、旅游等行业的企业，采取线上线下融合方式，开展各种促消费活动。三叶草定制旗舰店和梅森马吉拉咖啡馆2家全球首店落户锦江区，另引进Bvlgari双层旗舰店等97家全国首店。区域内新增各类首店215家，聚集国际一线品牌75个，举办全球风格论坛、“成都国际时装周”等首发、首秀、首展等活动200次。开展数字生活消费节、“锦江八月YE”消夏爽购节等促消费活动，恢复消费活力。承办第三届成都夜间经济交流发展大会，全域开展夜食、夜游、夜购、夜娱、夜读、夜宿等活动，拉动夜间经济增长。春熙路商圈等52个点位成为成都市夜间经济示范点位，点位数量居成都市各区、市、县第一。截至12月，社会消费品零售总额1314.1亿元，在成都市各区、市、县中连续十九年排名第一。锦江区“交子券”入选“2022年全国诚信兴商典型案例”候选名单。商务部宣布锦江区春熙路商圈委为“全国示范智慧商圈”，宣布成都国际金融中心为“全国示范智慧商店”。锦江区建设“国际消费中心城市核心区”案例入选“2022中国城市产业发展论坛高质量发展优秀案例”。市委办公厅、市政府办公厅授予锦江区“成都市国际消费中心城市建设先进单位”称号。

【对外贸易】锦江区推动“成都市跨境电子商务综合实验区”建设，深化“大外贸”机制，统筹商务、投促、经信等部门，整合资源，引进外资，带动对外贸易提质增效。新增外贸备案企业161家，引进跨境电商企业3家。进出口总额111.16亿元，较2021年增长45.68%。

【春熙路商圈建设】锦江区锚定世界顶级商圈建设目标，作出“一核五区”发展布局。“一核”即春熙路时尚消费极核，“五区”即锦江国际商务会客区、书院街品牌经济融合体验区、华兴街川味步游区、邱家祠年轻力交友区、兰桂坊夜经济畅耍区。举办“成都亚蓉欧跨境商品购物周”“锦江消费季”“嗨购春熙·跨年盛惠”等促消费活动15次，联动商家举办线上线下促消费活动100次。推动“成都十二月市”主题时光街区建设，营造沉浸式消费场景，入选“成都市八大示范性消费场景”。

【商业载体】仁恒置地广场位于人民路南路二段红照壁路口，建筑面积4.4万平方米，开设路易威登等品牌专柜。茂业百货广场位于盐市口，建筑面积5.3万平方米，集休闲、娱乐、购物于一体，开设阿迪达斯

位于锦江区春熙路的大陆群光广场　（摄于2022年 区商务局提供）

等品牌专柜。财富中心位于大业路，建筑面积5万平方米，开设FILA等品牌专柜。新世界百货广场位于大业路、顺城大街、东大街交会处，建筑面积3万平方米，开设耐克等品牌专柜。银石广场位于红星路三段99号，建筑面积3万平方米，开设Zippo等品牌专柜。伊藤洋华堂春熙店位于春熙路商圈核心区，建筑面积1.5万平方米，开设Zara等品牌专柜。群光百货广场位于春熙路商圈核心区，建筑面积10万平方米，开设古驰等品牌专柜和点都德、海底捞等餐厅。伊势丹百货广场位于大科甲巷6号，建筑面积3.5万平方米，开设兰蔻等品牌专柜。王府井百货商城位于总府路，建筑面积4.6万平方米，开设香奈儿等品牌专柜。时代百盛广场位于锦江区总府路2号，建筑面积2.5万平方米，开设屈臣氏等品牌专柜。晶融汇广场，建筑面积为4.3万平方米，位于下东大街99号，开设劲浪体育等品牌专柜。阳光新业广场位于东大街商圈，建筑面积6万平方米，汇集精品超市、时尚名品、家居护理、数码电子、特色餐饮、体验场馆、多厅影城等业态，进驻海底捞、盒马鲜生等品牌店铺，开设嘉禾影院。锦华万达广场位于龙舟路，建筑面积25万平方米，开创超复合Shopping Mall商业形态，进驻伊藤洋华堂、万千百货、万达国际电影城、优衣库精品店，开设室内精品步行街，引进麦当劳、肯德基等餐饮品牌。卓锦曼购广场位于枫树街，建筑面积10万平方米，开设沃尔玛超市、苹果体验店及海底捞等餐饮店铺。

**【新年消费季活动】** 2月15日，整合商、旅、文、游、娱资源的锦江区“嗨购春熙十二月”新年消费季活动结束。活动于2021年12月30日启动，跨元旦节、春节、元宵节3个传统节日。区域内大型卖场、特色商家和“中华老字号”商家参加活动。举办时尚品牌消费活动、大型主题展览展会、文化旅游打卡等活动。

**【“劲爽五月”消费季活动】** 5月18日，锦江区启动“劲爽五月·嗨购锦江”锦江消费季活动。5月31日，活动结束。活动期间，联合“理想”“小鹏”等新能源汽车品牌商家开展新能源汽车促消费活动，在春熙路商圈举办新能源汽车露天展。发放第二轮“交子券”，可参与满20元减5元、满40元减10元、满80元减20元的促销优惠活动。

**【“畅耍夏夜”活动】** 8月18日，锦江区在红星路步行商业街广场举办“品位锦江·畅耍夏夜”第三届成都夜间经济交流发展大会，同步启动“锦江八月YE”消夏爽购节。活动为期1个月。融合多元消费场景，开展夜食、夜游、夜购、夜娱、夜读、夜宿等活动，推出线上线下消费优惠政策。包括8折商街、8折店铺、8折单品等优惠活动。

**【金秋消费季活动】** 9月30日，锦江区整合文、体、旅、游、购资源，采取“线上、线下结合，室内、室外结合，日间、夜间结合，零售、娱乐结合，文旅、消费结合”的方式，启动“逛春熙、游锦江、品美食”金秋消费季促消费活动。推出“乐享惠购汽车季”“时尚潮流欢乐购”“烟火赏味美食汇”“玩转金秋交子券”“安逸畅游耍锦江”五大活动系列，涵盖特色促消费活动100个。活动为期2个月。人民网、央广国际、川观新闻、红星新闻等媒体登载《成都锦江区2022金秋五大促消费活动来啦！》等专文。

**【“锦上添花”促消费活动】** 11月23日，锦江区启动“锦上添花”促消费主题活动。推出“春熙换季购物月”“文旅消费生活季”“寻味成都美食周”等系列活动，打造具有互动特色的消费节庆品牌。活动期间，采取政府补贴、商家让利的方式，促进消费增长。“春熙换季购物月”“生活家装饰12周年嘉年华”等促消费活动以春熙路商圈

2022年5月18日，锦江区举办的新能源汽车促消费活动（区商务局提供）

为主会场，联动王府井百货广场、群光广场、伊势丹广场、连卡佛百货广场、时代百盛广场等大型卖场和品牌专柜，消费让利1亿元。同时联动抖音等网络直播平台开展商城直播活动，以直播带货的方式促销，拉动消费。“文旅消费生活季”活动期间，分阶段发放价值300万元的住宿满减消费券和价值100万元的酒店促消费补贴，鼓励消费者通过OTA平台，在锦江区的宾馆酒店订房。同时发布“乐游锦江”研学品牌，拓展研、学、游资源。11月28日，在东门市井文旅街区启动“寻味成都美食周”活动，推出“非遗美食围炉夜宴”“啖三花茶饮集市”“暖冬汤锅节”三大主题活动。

【十二月市】锦江区深入挖掘“成都十二月市”文化底蕴，持续开展“十二月市”特色市集活动。6月，以“文玩书画”为主题，在时代百盛广场的户外空间开展“成都十二月市·扇市”活动。8月，以“天香国色”为主题，在成都晶融汇广场的户外空间开展“成都十二月市·香市”活动。

（刘道宏、陈俊）

## 服务业

【概况】2022年，锦江区开展“做优做强现代服务发展核心功能”课题调研，以培育新能源汽车产业和发展电商产业为抓手，推动服务业提档转型发展。同步稳固传统服务业，建设“川派餐饮创新发展先行区”。服务业增加值1170亿元，较2021年增长2.6%，高于成都市服务业增加值增速1.1个百分点。外贸进出口总额111.16亿元。离境退税定点商户128家，离境退税销售额、退税额占成都市比重达93%。市委授予锦江区“成都市1—3季度服务业工作先进区（市）县”称号。

【社区服务业发展】锦江区以建设“15分钟便民生活圈”为推手，推进社区便民服务体系建设，发展社区服务业，营造“推门就是美好生活”的便利消费体验场景。三圣街道喜树路社区“15分钟便民生活圈”被列入成都市国家级“15分钟便民生活圈”试点项目，入选“全国社区综合服务中心创新示范工程”“成都社区商业好项目”，获“成都市社区美空间”称号，被人民网，新华网等20家媒体报道。

【楼宇经济】锦江区发挥春熙路盐市口商圈、攀成钢商圈、东村商圈、交子公园商圈的聚合辐射能力，推动“中西部楼宇经济高质量发展标杆城区”建设。建成商业商务楼宇150幢，商务商业总面积1000万平方米。税收达1亿元楼宇有26幢，甲级写字楼有17幢。进驻楼宇的世界500强企业136家、国际知名品牌运营商659家、外资企业400家、全球服务机构12家、领事馆10家、外国签证中心12家。

【电子商务产业】锦江区推动电子商务产业发展，依托枫树园国家级广告产业园发展电商直播产业和关联产业，形成新兴产业聚集区。成都花娃网络科技有限公司获“2021—2022年四川电子商务领军平台”称号，成都甘食记餐饮有限公司入选“2021—2022年四川小而美网络品牌”。锦江区限额以上企业的互联网商品零售额占比达11.35%，较2021年增长6.3%。

（刘道宏、陈俊）

## 房地产业

【概况】2022年，锦江区取得商品房预（现）售许可证的楼盘25个，商品房成交面积123.36万平方米，同比增长22%，居成都市各区、市、县第二位，居成都市中心城区第一位。租赁房屋登记备案22779套，同比增长3.74%。

【房屋租赁备案】锦江区房屋租赁备案数31830件，同比增长83.83%，超额完成成都市下达的备案任务。

【商品房销售】锦江区商品住房成交面积763125平方米、办公用房成交面积70705平方米、商业用房成交面积196766平方米、车位成交面积203065平方米。成交面积排名前十的楼盘销售面积631118平方米，占商品房成交面积的51.15%。

表27　2022年成都市锦江区成交面积排名前十的楼盘交易情况表

| 序号 | 项目名称 | 开发企业 | 成交面积（平方米） | 占比 % |
|---|---|---|---|---|
| 1 | 东湖壹号 | 成都中港置业有限公司 | 145093 | 11.76 |

续表 27

| 序号 | 项目名称 | 开发企业 | 成交面积（平方米） | 占比 % |
|---|---|---|---|---|
| 2 | 白鹭锦城 | 四川蜀府顺通房地产开发有限公司 | 111126 | 9.00 |
| 3 | 滨江樾城 | 四川中化锦城置业有限公司 | 60281 | 4.88 |
| 4 | 白鹭湾壹号府邸 | 成都市景兴房地产有限责任公司 | 54815 | 4.44 |
| 5 | 建发养云 | 成都兆和璟房地产开发有限公司 | 53902 | 4.36 |
| 6 | 金茂府 | 成都隽茂置业有限公司 | 48458 | 3.92 |
| 7 | 壹心府 | 成都华锦联弘房地产开发有限公司 | 46293 | 3.75 |
| 8 | 章华雅苑 | 成都华枫锦业建设发展有限公司 | 45279 | 3.67 |
| 9 | 锦江悦府 | 成都润泽蓉锦房地产开发有限公司 | 34665 | 2.80 |
| 10 | 崇德雅苑 | 成都华锦焱弘实业有限公司 | 31206 | 2.52 |

（郝华）

## 建筑业

**【概况】** 2022 年，锦江区有资质以上建筑企业 200 家，建筑业总产值 780.7 亿元，较 2021 年增长 9.9%。建筑安装工程投资 219.3 亿元，同比增长 3.6%。排名前十的建筑安装业企业产值占建筑业总产值的 94%。办理建筑业资质审批、增项、注销、变更等业务和建筑行业安全生产行政许可业务 4411 件。

表 28　2022 年成都市锦江区产值排名前十的建筑业企业一览表

| 序号 | 企业名称 | 地址 |
|---|---|---|
| 1 | 中国五冶集团有限公司 | 成都市锦江区五冶路 9 号 |
| 2 | 成都建工第三建筑工程有限公司 | 成都市锦江区墨香路 87 号火炬动力港二期 9 幢 10 楼 |
| 3 | 成都建工第四建筑工程有限公司 | 成都市青羊区八宝街 111 号 |
| 4 | 四川能投建工集团有限公司 | 成都市锦江区下东大街 258 号西部国际金融中心 1 幢 17 层 01 单元 |
| 5 | 中冶成都勘察研究总院有限公司 | 成都市锦江区三色路 199 号五冶大厦 17 层 |
| 6 | 四川省蜀宇建筑工程有限公司 | 成都市新都区兴乐北路 1288 号 A 幢 B 座 3 层 |
| 7 | 中融国城建设有限公司 | 成都市高新区人民南路四段 48 号首座 C 座 21 层 |
| 8 | 四川大安建筑工程有限责任公司 | 成都市锦江区三色路 199 号五冶大厦 B 座 25 层 |
| 9 | 四川成安消防工程有限公司 | 成都市成华区昭觉寺南路 117 号 4 幢 1 单元 18 层 |
| 10 | 四川益鑫公路工程有限公司 | 成都市锦江区静沙南路 29 号 7 幢 24 层 2401 室 |

**【建筑行业行政审批】** 锦江区履行建筑行业行政许可审批职责，办理建筑业资质审批业务 7 件、资质增项业务 7 件、资质注销业务 33 件、资质变更业务 1773 件、资质证明遗失补办业务 47 件，办理建筑行业安全生产许可证审批 2544 件。

**【建筑结构评审】** 履行建筑工程质量管理职责，配合市住建局开展建筑结构评审工作。白鹭湾小镇建设项目、成都骨科医院改扩建工程、成都市公共卫生临床医疗中心三期建设项目、金像寺片区配套公共服务设施建设项目以及三圣街道幸福社区（原粉坊堰村六组、八组、九组、十一组）建设项目和粉坊堰社区 10 号地块建设项目通过成都市优质结构评审。

**【“绿色文明工地”创建】** 锦江区坚持参加成都市开展的“绿色文明

工地”评选活动，以活动为抓手，督促施工企业提高安全意识。公共卫生中心、三圣小学二期、洪柳东综合体、石榴街B段、大观公共服务设施、东湖中学、兴同缘、三圣喜雨养老院、潘家沟综合体、金像寺公共服务设施、白鹭湾市政二标段、白鹭湾小镇2号地块、锦江花园安置房等15个建筑工地创建为“成都市建设工程绿色文明工地”。

（郝华）

## 金融业

**【概况】** 2022年，锦江区引进金融服务类企业30家，金融机构及配套服务机构达800家。分布融资担保公司、小额贷款公司等地方金融机构40家。优化金融业发展政策，兑现扶持资金。持续实施普惠信贷工程，促进金融业多元化发展。开展金融风险排查整治工作，维护金融环境稳定。金融业增加值373.81亿元，占地区生产总值的28.66%。增速6.5%，在成都市5个中心城区排名第一。金融业全口径税收44.39亿元，较2021年增长0.19%；金融业区级税收13.41亿元，同比下降0.14%。

**【金融业机构和经济效益】** 锦江区持牌金融机构672家，金融业配套服务机构128家。配套服务机构主要从事金融安全、金融科技、金融配套服务等行业。金融业银行类税收9.97亿元，较2021年增加5752万元，增幅6.12%；保险类税收1.46亿元，同比减少451万元，降幅2.99%；证券类税收5013万元，降幅4.57%；期货类税收672万元，降幅10.7%；四川信托税收2810万元，降幅44.5%。区域内另分布小额贷款公司10家、融资担保公司3家、典当行16家、融资租赁公司5家、地方交易服务机构1家、商业保理公司1家。注册资本总额132亿元。其中小额贷款企业52.8亿元、融资担保企业61.6亿元、典当行3.8亿元、融资租赁企业9.8亿元、商业保理企业3亿元、成都文化产权交易所1亿元。小额贷款公司发放贷款43.98亿元，期末贷款余额45.1亿元。融资性担保公司担保金额38.44亿元，融资性在保余额72.81亿元。

**表29　2022年成都市锦江区银行分布情况表**

| 序号 | 银行名称 | 地址 | 所在街道 |
|---|---|---|---|
| 1 | 中国农业发展银行四川省分行 | 成都市均隆街61号 | 锦官驿街道 |
| 2 | 中国建设银行股份有限公司四川省分行 | 成都市提督街88号（四川建行大厦） | 春熙路街道 |
| 3 | 华夏银行股份有限公司成都分行 | 成都市锦江区永安路299号锦江之春大厦 | 柳江街道 |
| 4 | 中国光大银行股份有限公司成都分行 | 成都市锦江区大慈寺路79号 | 锦官驿街道 |
| 5 | 中国工商银行股份有限公司成都春熙支行 | 成都市锦江区总府路35号 | 书院街街道 |
| 6 | 中国工商银行股份有限公司成都滨江支行 | 成都市锦江区滨江西路12号 | 春熙路街道 |
| 7 | 中国建设银行股份有限公司成都岷江支行 | 成都市青羊区提督街8 8号 | 春熙路街道 |
| 8 | 中国工商银行股份有限公司成都芷泉支行 | 成都市一环路东五段103号 | 锦官驿街道 |
| 9 | 中国银行股份有限公司成都锦江支行 | 四川省成都市锦江区汇泉南路1号1层 | 沙河街道 |
| 10 | 中国邮政储蓄银行股份有限公司四川省分行直属支行 | 成都市锦江区署袜北一街25号 | 书院街街道 |
| 11 | 中国农业银行股份有限公司成都锦江支行 | 成都市滨江东路136号 | 锦官驿街道 |
| 12 | 中国工商银行股份有限公司成都东大支行 | 成都市武侯区一环路南一段57号 | 锦官驿街道 |
| 13 | 中国农业银行股份有限公司成都总府支行 | 成都市总府路31号 | 书院街街道 |
| 14 | 大连银行股份有限公司成都分行 | 成都市锦江区滨江西路8号 | 春熙路街道 |

续表 29

| 序号 | 银行名称 | 地址 | 所在街道 |
|---|---|---|---|
| 15 | 四川天府银行股份有限公司成都锦江支行 | 成都市锦江区东大街下东大街段258号1层 | 锦官驿街道 |
| 16 | 中国工商银行股份有限公司成都分行 | 成都市藩库街9号 | 书院街街道 |
| 17 | 中国建设银行股份有限公司成都第三支行 | 成都市红星路二段118号 | 书院街街道 |
| 18 | 中国农业银行股份有限公司成都蜀都支行 | 成都高新区盛华南路169号 | 春熙路街道 |
| 19 | 中国建设银行股份有限公司成都金河支行 | 成都市锦江区东御街66号 | 春熙路街道 |
| 20 | 中信银行股份有限公司成都银河王朝支行 | 成都市顺城大街88号 | 春熙路街道 |
| 21 | 中国工商银行股份有限公司四川省分行 | 成都市锦江区总府路45号 | 书院街街道 |
| 22 | 中国工商银行股份有限公司成都盐市口支行 | 四川省成都市锦江区锦兴路65号 | 锦官驿街道 |
| 23 | 成都银行股份有限公司锦江支行 | 成都市锦江区书院西街1–33号 | 书院街街道 |
| 24 | 招商银行股份有限公司成都锦江支行 | 成都市红照壁街27号 | 春熙路街道 |
| 25 | 贵阳银行股份有限公司成都分行 | 成都高新区天府大道北段1288号1幢1层 | 锦官驿街道 |
| 26 | 成都农村商业银行股份有限公司锦江支行 | 成都市锦江区通盈街302号 | 锦华路街道 |
| 27 | 天津银行股份有限公司成都分行 | 成都市高新区天府大道中段688号 | 春熙路街道 |
| 28 | 汇丰银行（中国）有限公司成都分行 | 成都市高新区交子大道177号1幢1层1号 | 春熙路街道 |
| 29 | 交通银行股份有限公司成都锦江支行 | 成都市锦江区东大街芷泉段210号 | 锦官驿街道 |
| 30 | 渣打银行（中国）有限公司成都分行 | 成都市锦江区红星路三段1号国际金融中心1号楼18楼单元 | 锦官驿街道 |
| 31 | 第一商业银行股份有限公司成都分行 | 成都市锦江区红星路三段1号国际金融中心1号办公楼16楼单元1、9、10号 | 锦官驿街道 |
| 32 | 重庆银行股份有限公司成都锦江支行 | 成都市锦江区锦华路一段79号附93号 | 东湖街道 |
| 33 | 中国建设银行股份有限公司成都第七支行 | 成都市锦江区东风路7号 | 锦官驿街道 |
| 34 | 华侨永亨银行(中国)有限公司成都分行 | 成都市锦江区红星路三段1号国际金融中心2号办公楼31层单元 | 锦官驿街道 |
| 35 | 恒生银行（中国）有限公司成都分行 | 成都市锦江区红星路3段1号国际金融中心1号办公楼28层单元 | 锦官驿街道 |
| 36 | 天津银行股份有限公司成都滨江支行 | 成都市锦江区滨江西路10号 | 春熙路街道 |
| 37 | 兴业银行股份有限公司成都新华大道支行 | 成都市锦江区华星路2号大陆玉沙生活广场 | 书院街街道 |
| 38 | 中国民生银行股份有限公司成都通源街支行 | 成都市锦江区通源街172号 | 沙河街道 |
| 39 | 泸州银行股份有限公司成都锦江支行 | 成都市锦江区汇聚路181号 | 沙河街道 |

表 30　2022 年成都市锦江区证券机构分布情况表

| 序号 | 机构名称 | 地址 | 所在街道 |
|---|---|---|---|
| 1 | 民生证券股份有限公司四川分公司 | 成都市武侯区航空路 1 号国航世纪中心 A 座 19 层 | 锦官驿街道 |
| 2 | 宏信证券有限责任公司 | 成都市锦江区人民南路二段 18 号川信大厦 | 春熙路街道 |
| 3 | 国金证券股份有限公司成都武成大街证券营业部 | 成都市锦江区武成大街 39 号 | 书院街街道 |
| 4 | 东莞证券股份有限公司四川分公司 | 成都市锦江区东大街紫东楼段 11 号东方广场商业中心 2 层 | 锦官驿街道 |
| 5 | 光大证券股份有限公司成都武成大街证券营业部 | 成都市锦江区红星路二段 70 号 | 书院街街道 |
| 6 | 中国国际金融股份有限公司成都滨江东路证券营业部 | 成都市锦江区滨江东路 9 号香格里拉办公楼 1602 室 | 锦官驿街道 |
| 7 | 宏信证券有限责任公司成都人民南路证券营业部 | 成都市人民南路二段 18 号川信大厦 3 层 | 春熙路街道 |
| 8 | 宏信证券有限责任公司成都一环路东五段证券营业部 | 成都市锦江区一环路东五段 46 号 1 幢 1 单元 17 层 | 牛市口街道 |

表 31　2022 年成都市锦江区保险机构分布情况表

| 序号 | 企业名称 | 地址 | 所在街道 |
|---|---|---|---|
| 1 | 中国人民财产保险股份有限公司四川省分公司 | 成都市东御街 57 号 13 层 | 春熙路街道 |
| 2 | 中国人民财产保险股份有限公司四川省分公司国际业务营业部 | 成都市锦江区东御街 57 号人保大厦 21 层 | 春熙路街道 |
| 3 | 大童保险销售服务有限公司四川分公司 | 四川省成都市锦江区人民南路二段 1 号 1 幢 1 单元 35 层 | 牛市口街道 |
| 4 | 泛华联兴保险销售股份公司四川省分公司 | 成都市锦江区盐道街 3 号财富支点大厦 | 春熙路街道 |
| 5 | 阳光财产保险股份有限公司成都中心支公司 | 四川省成都市锦江区东大街上东大街段 111 号阳光保险大厦 9 层 1 号 | 柳江街道 |
| 6 | 中国人民财产保险股份有限公司成都市锦江支公司 | 成都市惜字宫南街 5 号 | 书院街街道 |
| 7 | 中华联合人寿保险股份有限公司四川分公司 | 成都市锦江区滨江东路 9 号香格里拉办公楼 6 层 | 锦官驿街道 |
| 8 | 中国人民财产保险股份有限公司成都市蜀都支公司 | 成都市锦江区惜字宫南街 5 号 5 层 | 书院街街道 |
| 9 | 中国人民财产保险股份有限公司成都市高新支公司 | 成都市梓潼桥西街 39 号 | 书院街街道 |
| 10 | 长生人寿保险有限公司四川分公司 | 四川省成都市锦江区新光华街 7 号航天科技大厦 2806 室 | 春熙路街道 |

续表 31

| 序号 | 企业名称 | 地址 | 所在街道 |
|---|---|---|---|
| 11 | 永达理保险经纪有限公司四川分公司 | 四川省成都市锦江区东大街下东大街段 199 号 1 幢 2 单元 40 层 | 春熙路街道 |
| 12 | 华泰财产保险有限公司成都中心支公司 | 成都市锦江区滨江东路 9 号香格里拉办公楼 5 层 B 区 | 锦官驿街道 |
| 13 | 华安财产保险股份有限公司四川分公司 | 四川省成都市锦江区华兴东街 16 号 1 幢 18 层 1 号 | 春熙路街道 |

表 32　2022 年成都市锦江区小额贷款机构分布情况表

| 序号 | 单位名称 | 地址 | 所在街道 |
|---|---|---|---|
| 1 | 成都维仕小额贷款有限公司 | 锦江区总府路 2 号时代广场 A 座 1106 室 | 春熙路街道 |
| 2 | 成都市助邦小额贷款有限公司 | 成华区华盛路 58 号 55 幢 | 柳江街道 |
| 3 | 蜀道（四川）小额贷款有限公司 | 成都市高新区交子大道 499 号中海国际中心 H 座 8 层 | 柳江街道 |
| 4 | 四川发展国惠小额贷款有限公司 | 成都市高新区交子大道 177 号中海国际中心 A 座 905 室 | 东湖街道 |
| 5 | 四川瀚华小额贷款有限公司 | 锦江区盐道街 3 号财富支点大厦 1307 室 | 春熙路街道 |
| 6 | 成都市金控小额贷款股份有限公司 | 成都市高新区天府四街 300 号财智中心 2 幢 B 座 6 层 | 春熙路街道 |
| 7 | 成都普罗米斯小额贷款有限公司 | 成都市锦江区东大街紫东楼段 35 号明宇金融广场 18 层 1806 室 | 锦官驿街道 |
| 8 | 成都锦江区邦信小额贷款有限公司 | 成都市锦江区紫东楼路段 35 号明宇金融广场 1103 室 | 牛市口街道 |
| 9 | 美兴小额贷款（四川）有限责任公司 | 成都市锦江区下东大街 99 号平安金融中心 20 层 06 号 | 锦官驿街道 |
| 10 | 富登小额贷款（四川）有限公司 | 成都市锦江区人民东路 6 号东原中心 11 层 | 春熙路街道 |

表 33　2022 年成都市锦江区融资担保机构分布情况表

| 序号 | 单位名称 | 地址 | 所在街道 |
|---|---|---|---|
| 1 | 四川瀚华融资担保有限公司 | 成都市锦江区人民南路二段 1 号仁恒置地广场写字楼 20 层 | 春熙路街道 |
| 2 | 成都金控融资担保有限公司 | 成都市高新区天府四街 300 号财智中心 2 幢 A 座 4 层 | 春熙路街道 |
| 3 | 成都小企业融资担保有限公司 | 成都市高新区天晖中路 56 号曙光国际大厦 A 座 16 层 | 春熙路街道 |

【金融工作会议】5月31日，锦江区召开“稳经济、助投资、促消费、保主体”金融工作会议。会议表彰2021年贡献突出的金融机构，授予四川唯品富邦消费金融公司等16家金融企业“新兴金融发展先进单位”称号，授予工商银行成都分行等12家银行“交子普惠金融服务先进单位”称号，授予成都普罗米斯小额贷款有限公司等5家金融企业“地方金融发展先进单位”称号，授予工商银行成都春熙支行“金融教育示范基地建设先进单位”称号。

【金融业发展政策】锦江区持续加大金融业发展的政策支持力度，出台《关于构建“1+3+3”产业体系的金融服务政策》的实施细则。向“平安金服”“友邦人寿”“唯品富邦”等17家企业兑现扶持资金1227万元。

【普惠信贷工程】锦江区利用“交子普惠”线上金融服务平台，持续实施普惠信贷工程。通过优化普惠金融服务产品的方式增强用户友好度和体验感。有46家银行、保险公司、证券公司进驻平台，推出普惠金融产品154个，建成“金融智慧餐厅”。实现“金融机构上菜、中小微企业点菜”的预期目标。在“交子普惠”线上金融服务平台开辟复工复产专栏，向企业推送特色金融服务项目。企业通过平台与金融机构达成融资意向，意向融资额22.3亿元；实际融资20.67亿元。推广政策性金融产品，推出“锦易贷”普惠信贷产品，持续实施“蓉易贷”普惠工程，录入信用良好的“白名单”企业1735家，向2262家企业发放贷款33.2亿元。

【多层次资本市场服务】锦江区挖掘上市后备企业资源，设置三级拟上市企业培育梯度，重点42家扶持拟上市后备企业。加快区域性股权市场建设，协助17家企业挂牌上市。加快天府股交中心锦江分中心建设，开展挂牌托管、规范改制、融资融智、企业路演等功能性服务承载力建设。加强企业上市梯度培育服务，收集上市企业和上市后备企业诉求9个，召开企业上市培育服务协调会，帮助4家拟上市企业解决问题6个。支持企业开展战略投资引进、服务团队引入、股份制改造等工作，提供上市辅导、政务资源对接等服务。为企业建立上市全生命周期服务模式，引导企业合理规划资本市场路径和目标板块。组织企业参加“资汇锦江”重点企业股权融资项目路演、“专精特新成长通”锦江专场、多层次资本市场之路培训会等活动，服务企业60家。

【东大街金融业集聚发展】锦江区聚焦“一街一城”产业规划，推动东大街金融业聚集发展。开展投资促进活动10次，引进平台类项目5个，引进蜀道（四川）商业保理有限公司、成都交子科技投资有限公司、成都建信国集企业管理咨询有限公司、易才宏业保险经纪有限公司四川分公司、商云科汇（成都）科技有限公司等30家金融业配套服务机构。蜀道（四川）商业保理有限公司是锦江区第一家商业保理法人机构，注册资本金3亿元。

【金融风险防控】锦江区接待上访群众60批800人，依法处置群众上访反映的非法集资案、金融诈骗案。开展“守住钱袋子·护好幸福家”防范非法集资宣传活动，宣传《防范和处置非法集资条例》，提高群众防范意识，从源头防范金融风险。

【党建引领金融业发展】1月，锦江区联合工商银行春熙支行实施“党建教育阵地+5G+金融服务基地”党建创新项目。基地位于锦江区春熙路北口，总面积1353平方米，由金融教育5G智慧体验厅、金融历史文化馆、金融教育专家大讲堂和金融教育主题长廊共同构成“一厅、一馆、一堂、一廊”的总体布局，主要为金融系统党政人员、行业从业人员和群众提供党史学习教育、金融文化宣传、金融风险防范、智慧金融体验等综合服务。6月24日，联合市金融局、工商银行春熙支行举办“笃行不怠担使命，踔厉奋发新征程——主题党日”活动。7月1日，联合工商银行芷泉支行开展七一党建共建活动。

【金融业“建圈强链”沙龙】5月11日，举办东大街金融业“建圈强链”沙龙活动。区政府副区长周晓、成都市科技金融协会创始人蒋鲲出席活动。商云科汇（成都）科技有限公司等4家金融科技企业和汇丰银行成都分行、中国人保财险成都分公司、中国出口信保四川分公司、四川川棉国际贸易有限公司派出代表参加活动。参加活动的代表共同交流“政、科、金、产”闭环发展模式的可行性，为锦江区金融业“建圈强链”提出意见和建议。

【数字人民币推广】2月25日，锦江区以“线上+线下”相结合的方式开展跨时代出行数字人民币主题活动。市民在7日内行走7万步或到锦江区7个景点打卡即可参与抽奖。有130904人报名，总步数达

9.1 亿步。其中 15107 人完成步行任务，参与抽奖。3 月 7 日，在成都十二月市博物馆举行“数币锦江”直播抽奖仪式。4 月 28 日至 5 月 31 日，锦江区开展“活化焕新·千年交子”活动，发放“交子券”2 次。“交子券”使用范围覆盖企业 100 家、门店 100 家。5 月 5—20 日，锦江区以“数字人民币赋能爱情经济”为抓手，联合农行成都分行开展“浓情相伴·邂逅锦江”数字人民币主题活动。6—8 月，与“58 同城”“美团”“携程”“滴滴”“高德”等互联网平台合作，提升“交子券”购物打折功能。联合“高德打车”“曹操出行”“T3 出行”等网约车运营商开展“暑期游·交子券”活动，向市民派发打车券。“嗨购春熙十二月”新年消费季等促消费活动期间，锦江区向市民和外地游客发放“交子券”，可通过支付宝和银联卡使用。

（黄建东、梁嘉浩）

## 旅游业

【概况】2022 年，锦江区推动“潮购、潮游、潮玩、潮享”4 条文旅消费专线建设，实施项目 39 个，贯通成华区望平坊、武侯区音乐坊，带动相邻的 45 条街巷业态提升。营造夜间轰趴聚集地等消费场景，开展“花 YOUNG 生活”等特色活动，推动乡村田园旅游深度融合发展。截至 12 月，引进文旅企业 75 家、文旅高能级项目 4 个，引进锦秀绿道都市文旅产业带项目 51 个。包装策划都市文旅产业重点项目 51 个，总投资 200 亿元。文化旅游业投资 42.15 亿元。建成周末精品旅游场景 12 个、音乐主题类体验场景 2 个。举办音乐演艺活动 170 次。规模以上文化体育和娱乐业企业 45 家，营业收入 28.94 亿元。分布宾馆酒店 365 家。各景点接待游客 2200 万人，旅游综合收入 256.02 亿元。

锦江区华兴街特色街区文化墙　（摄于 2022 年 区文体旅局提供）

【宾馆酒店】锦江区分布五星级酒店 6 家、四星级酒店 5 家、三星级酒店 1 家、一星级和二星级酒店 12 家、其他宾馆酒店 341 家，客房 31749 间，床位 40024 个。限额以上住宿业企业 55 家，营业额 16.9 亿元。

【乡村旅游】锦江区按照中心城区建设标准，以绿道体系、游线体系串联三圣花乡等重要景点，推出农事实践、果蔬采摘、生鲜品尝等特色旅游项目，营造田园休闲场景。融合小店经济、网红经济、直播经济，开创“公园＋消费”模式，建设花艺美学生活馆，发展时尚网红体验店、夜间轰趴聚集地等户外消费新业态，营造时尚消费场景。挖掘天府文化底蕴，以三圣花乡为阵地，开展“浪漫花市”“芳香桂市”等“十二月市”活动，举办国潮蜀韵汉服秀、艺术沙龙等活动，开设文创市集，营造文化体验场景。“从五朵金花到锦绣之江——乡村旅游产业创新转型升级实践”入选“2022 全国高质量发展创新案例”“2022 全国产业创新转型升级优秀案例”。

【三圣花乡景区转型升级】锦江区明确“都市田园乡愁”的总体定位，撬动社会资金 9850 万元，推动三圣花乡转型升级。引进文创企业、民宿 93 家，新增“白泽”“青丘”“阿屋”等网红打卡地 22 个。组织 8 家企业和 16 种特色农产品参加“中国农民丰收节”活动，获市委办公厅、市政府办公厅表彰。参加第八届成都国际都市现代农业博览会，开展都市现代农业招商引资活动，获“最佳组织奖”。

【“天府旅游名县”创建】锦江区明确“都市精品型天府旅游名县”定位，作出“创新文旅业态，做强文旅消费，塑造特色品牌，提升服务品质”的部署，布局“一廊五线九景一地”全域旅游空间，提升区域文旅地标的显示度和影响力，形成以轴带片、以片带线、以线带点的文旅发展格局。即建设贯穿全域锦秀绿道国际文旅轴，作为旅游廊道，串联“川剧文化‘潮享’文旅专线”“大慈繁市‘潮购’文商专线”“琉璃古窑‘潮游’文博专线”“艺尚锦江‘潮玩’文数专线”“三圣花乡‘潮赏’文艺专线”，打造“大慈繁市”“东门胜景”“东湖艺苑”“塔山春晓”“劼人故居”“三圣花乡”“鹭湾湿地”“三色夜市”“交子公园”九大景圈，建设以东大街国际消费动力轴为主线的文旅消费目的地。持续实施“夜游锦江”文旅项目，沿4.4千米的河道打造夜游、夜市、夜展、夜秀等主题场景。兰桂坊等19个点位入选“夜成都示范街区”，春熙路大慈坊创建为“国家级夜间文化和旅游消费集聚区”。增设夜间旅游观光巴士、火锅主题巴士，推出特色旅游专线18条。结合城市有机更新，推动特色街区建设，完成华兴街民国风情街提档升级项目，建成青龙正街市井生活街区等特色街区。11月，锦江区入选第四批“天府旅游名县”。

（何彦、杨雪莺）

## 交通运输业

【概况】2022年，锦江区履行交通运输行业管理职能，管理道路运输场站、机动车维修企业、机动车停车场、网约汽车行业、客运机动车分时租赁行业、货运代理行业、物流业、公共交通行业，协调旅客运输、紧急客货运输、重要物资运输，推进交通运输行业绿色发展。截至12月，区域内有运输企业105家，货运车辆1139辆，从业人员1200人。另有小微型汽车租赁企业11家，营运车辆220辆，从业人员177人，网络预约出租汽车平台企业6家，平台内共注册营运驾驶员5449人，备案机动车维修企业166家。

【客货运输市场】锦江区新增货运企业36家、个体性质的货运市场主体6家，新增货运车辆112辆，有409辆货运车辆转籍，注销货运车辆440辆。有3家货运企业信誉评价达到AAA级，有10家货运企业信誉评价达到AA级，有2家货运企业信誉评价达到A级。新增客车租赁企业3家，新增网络预约出租汽车2119辆。10月，有1家从事网约车业务的企业经营不善，退出网约车营运市场。开展经营性停车场备案工作，新增经营性停车场23个、泊车位16809个。

【汽车维修行业】锦江区备案的一类机动车维修企业24家、二类机动车维修企业29家、三类机动车维修企业113家。开展机动车维修行业环境专项治理，对标《汽车维修企业绿色维修作业规范》，实施汽车维修行业挥发性有机物治理，督促企业规范操作。结合夏季臭氧防控、冬季“蓝天保卫战”等专项行动，检查企业170家，未发现露天喷涂等违规行为。另抽查14家有尾气治理资格的企业，未发现违规情况。落实《成都市交通运输局关于规范绿色钣喷汽车维修企业管理的通知》精神，为35家符合绿色钣喷条件的企业备案。组织34家企业开展2021年度质量信誉考核，获AAA级评价的企业21家，获AA级评价的企业13家。

（郝华）

## 文化创意产业

【概况】2022年，锦江区按照建圈强链的发展思路，发展文化产业市场主体，推动数字传媒业、文创产业发展。新增数字传媒类企业150家，数字传媒业营收260亿元。汇集阿来书房、牛市口戏场子等文创场景，规模以上文化企业91家。文创产业在库报表单位925家。花园岛文创产业园等3个文创产业园区入选“成都市文创产业园区”。推进出版业发展，开展印刷企业和书刊零售企业年检年报工作，推广正版软件，登记版权作品6500件。

【文创产业项目】锦江区拥有四川国际传播中心、封面数字艺术空间、潮立方5GXR体验中心等文创产业载体，策划成都文化遗产数字产业园项目，启动红砂网络文学产业园、成都每经中心等产业化文创项目建设，建成阿来书房、牛市口戏场子、一台好戏小剧场等文创场景项目。西部文化产业中心竣工投产。以天府文创大集市等活动为载体，活跃文创市场。花园岛文创产业园、德必川报易园、西部文化产业中心入选“成都市文创产业园区”，东门市井文旅街区获“成都市文创特色街区”称号。

【文创人才培养】锦江区借助成都许燎源现代设计艺术博物馆的专业优势和平台优势，开展文创人才培养工作。6月，成都许燎源现代设计艺术博物馆第七季“创造力发生器”艺术设计人才创作营开班，培训时间107天，培训文创产业人才50人。创造力发生器艺术人才培养创作营是研发、创作、设计、制作、宣传推广于一体的IP价值孵化中心。高等院校的博士生导师和数字艺术领域的专家组建导师团队，辅导参训学员，帮助文创项目落地。学员作品参加“未来概念设计100”数字艺术成果展。

【阿来书房开业】1月22日，进驻西部文化产业中心的阿来书房举行开业典礼，一并举办“探源中华文明，传承甲骨文脉”主题活动暨《马识途西南联大甲骨文笔记》新书发布会。中国作家协会副主席阿来和马识途外孙刘晓远应邀出席开业典礼。阿来书房融合书籍、文创、咖啡、展演发布、IP运营服务等功能。阿来说：“读书并不只为寻求知识，读书最大的目的是为我们大家寻找共同的未来。”

【天府文创大集市活动】6月25日，锦江区择东大街上段111号KBC欧韩馆外场地启动天府文创大集市·锦江集活动。现场布置绿色景观、打卡点、休息区，呈现“潮玩、潮购、潮享”文创消费场景。利用城市留白空间，以“1+6+3”为层级构架，多元展示文创活力，培育文化消费品牌，创造文化消费类型，满足不同群体的文化消费需求。“1+6+3”即开展集市活动1次，成都市6个中心城区联动开展集市活动，后续开展主题集市活动3次。12月31日，活动结束。

（杨洋、方倩）

2022年1月22日，阿来书房开业　（区委宣传部提供）

## 高新技术产业

【概况】2022年，锦江区编制高新技术企业培育方案、省级高新技术产业园区创建方案，落实高新技术企业奖补政策，以“建链补链”方式推动生物医药、智慧建筑、电子通信等领域的细分产业发展。创办微成长科技企业库、上市企业培育库，重点培育入库企业。区域内投入运营的科技型企业283家，科创主体数量较2021年增长87.5%。科技服务业营收80.92亿元，增速10.3%。技术合同交易额133.38亿元。

【高新技术企业选介】成都生物制品研究所有限责任公司于1958年建成，位于成都市锦江区柳江街道锦华路三段379号，是国务院国资委管理的世界500强企业、中国生物技术股份有限公司的全资子公司，获国家高新技术企业认定。业务涉及医学微生物学、免疫学和基因工程，研发和生产生物制品、诊断制品、基因重组药物。

中国电信科学技术第五研究所有限公司从事有线传输通信技术研究应用工作，是国际电信联盟电信标准组织的国内对口研究组组长单位、国家材料环境腐蚀野外试验台站建设单位。业务范围涉及模拟、数字、光纤通信技术。

四川发展中恒能环境科技有限公司由四川发展国润环境投资有限公司与青岛南方国能环境科技有限公司共同组建，主要从事生活污泥、生活垃圾、餐厨垃圾、畜禽养殖废弃物、农作物废弃物、高浓度有机废水等有机废弃物的资源化、无害化处理，为城乡环境治理提供规划、设计服务，参与环境治理项目的建设、投资、运营。

【梯度培育机制建设】锦江区构建“微成长、小升高、高壮大”梯度培育机制，创办微成长科技企业库、上市培育库，有380家企业被录入微成长科技企业库，“高漠生态”“生活家”2家科技服务业企业被录入上市企业培育库。入库企业中的成都生物制品研究所成为营收突破50亿元的生物医药龙头企业，核工业西南院成为营收突破30亿元的科技服务业龙头企业，中国电信五所成为营收突破10亿元的信息服务龙头企业。

【高新技术企业认定培训会】7月8日，锦江区与成都高新技术创业服务中心共同在新华之星大厦举办高新技术企业认定培训会。成都市高新技术创业服务中心企业服务部部长田竞应邀授课，讲解高新技术企业申报认定意义、优惠政策、认定标准、认定条件、申报流程以及认定中常见问题。

【科创主体培育】锦江区举办“校企双进”活动10次，促成校企合作项目落地。校企合作项目以公司形式运作，培育科创主体企业10家。新增抖音直播基地等创新创业载体

4个，建成省级招才引智基地、市级科技资源共享服务平台以及3个市级众创空间。依托科技项目，引进中高级职称人才150人、博士研究生110人。搭建高校院所与科技企业精准对接平台，引进创业型人才100人，带动50个高层次人才科技项目落地。帮助科创型企业争取贷款1.04亿元。向省市推荐科技项目200个，争取资金3158.95万元。建立企业快速高效服务机制，由区领导带队上门服务企业10次，解决企业发展难题50个。组织200家企业培训，帮助企业提高经营管理能力。落实高新技术企业奖补政策，兑付第二批高新技术企业奖补金685万元。截至12月，区域内投入运营的科技型企业283家。其中中小企业254家。科创型企业营收190亿元。

（魏荣昌、潘爽）

## 新经济产业

【概况】2022年，锦江区确定人工智能创新应用的主方向，创立新经济发展专家智库，编制新经济领域系列发展规划，出台扶持政策，建立产业培育和企业服务方面的工作机制，聚焦智慧金融、智慧医疗、智慧交通等领域，加快创新场景和产业载体建设，构建美好生活、智能生产、宜居生态、智慧治理四大城市场景体系，推动人工智能链式发展。实施锦江大道“U形空间”项目。结合锦江大道改扩建工程，同步实施车路协同试点项目。“58智慧园”投产。引进“比亚迪”“云天励飞”“中科星图”3家新经济500强企业，新增新经济企业29965家。新经济企业营收增速达到16.2%。

【新经济企业选介】新希望乳业股份有限公司是区域型乳制品供应商，主要从事乳制品及含乳饮料的研发、生产和销售业务。企业通过建设自有研发中心体系，推动产品研发和创新。同时与新西兰皇家农科院、中国科学院、四川大学、荷兰劳伦斯坦应用科技大学、瑞典查尔姆斯理工大学、江南大学等院校建立联合实验室。

万商云集（成都）科技股份有限公司于2011年在锦江区落户，是软件领域的高新技术企业、双软认证企业，通过市级企业技术中心认定，拥有商标专利、发明专利59项。公司专注于企业数字化服务领域，与成都电子科技大学联合建立院士（专家）创新工作站，拥有中小企业类客户10万家。入选“2020中国TOB行业新增长势力TOP榜50强”。公司产品“推小宝”获“易观之星数字化升级优秀案例奖”。

成都蓉奥科技有限公司创新型科技公司，成立于2010年，专业从事军工技术开发与应用推广业务。公司技术能力涵盖数字化战场、虚拟现实与可视化、训练仿真及图像处理等领域，业务关系涉及军事工业、航空航海、安全生产等行业。

【机会清单项目】锦江区列入城市机会清单的新场景和新产品信息258条，推出156项具有核心竞争力和商业化价值的服务项目。开展清单项目对接活动4次，对接成功的清单项目18个，涉及投资金额3.09亿元。成都生物制品研究所“基于人二倍体细胞高密度疫苗培养转产创新应用实验室项目”入选“成都市创新应用实验室”，万商云集公司“推小宝项目”和数字传媒公司“知信链”和“新版链”2个项目入选“成都市国家区块链创新应用试点项目”。

【发展规划和政策】锦江区联合“赛迪”“雨前”等顾问机构和成都新经济发展研究院构建新经济发展专家智库，为新经济产业“建圈强链”提供顶层设计服务。编制《锦江软件园产业发展规划》《新经济（人工智能）“十四五”规划》《加快推进成都国家人工智能创新应用先导区建设三年行动计划（2022—2024年）》，梳理重点产业链招商图谱及重点目标企业清单，出台《成都市锦江软件园关于推动高端软件产业高质量发展的若干扶持政策》，锚定细分产业，采取差异化方式推动新经济发展。

【产业培育】锦江区开展“濯锦江·新经济”企业家沙龙等活动8次，吸引120家新经济企业参加。采取“种子+双百+示范”的方式，培育新经济企业梯队。确定重点培育企业6家，获“成都市双百企业”称号的企业1家。同步建立专业服务机构合作机制，与种子基金、天使基金、风险投资基金、引导基金合作，举办融资对接会4次，帮助新经济企业拓展融资渠道。企业获风险投资32.98亿元。

【企业服务】锦江区根据高成长创业企业稳定税源工作方案，采取一对一方式，指定服务专员，为新经济企业提供服务。截至12月，服务新经济企业137家，企业满意度达95%。同时推动数字化新经济企业楼宇服务中心建设，启用汇融广场企业服务中心新华之星大厦企业服务中心，安装“天府容易办”“交子普惠”等数字化终端设备7台，为进驻楼宇的新经济企业提供政务、财务、投融资、人力资源方面的智能化服务。

【企业家沙龙活动】6月24日，锦江区在新华之星AI大厦路演厅举办“助企纾困·政策解读”企业家沙龙活动，解读《增强发展韧性稳住经济增长若干政策措施》《关于供场景给机会加快新经济发展的若干政策措施》《成都市促进大数据产业发展专项政策》，发送“助企纾困明白卡”。参加活动的企业代表参观新华之星大厦云端会客厅，了解锦江区“1+3+3”产业体系发展情况和白鹭湾新经济总部功能区“一道九园”产业规划情况。

【汇融广场企业服务中心成立】10月25日，锦江区举行白鹭湾·汇融广场企业服务中心成立暨共建授牌签约仪式。白鹭湾·汇融广场企业服务中心的运营宗旨是构建楼宇企业服务闭环生态链，建设新经济服务平台，会同专业化服务机构，为新经济企业服务的“最后一千米”提供服务。区新科局负责人向中国工商银行成都春熙支行授牌。

（魏荣昌、潘爽）

## 医养产业

【概况】2022年，锦江区践行《深入落实产业建圈强链行动推进产业高质量发展实施方案》，编制《智慧医疗产业规划》《医美产业发展方案》，以妇幼专科、遗传生殖、智慧医疗、医疗研发服务等领域为重点，引进国内外龙头企业，实施都市医养产业“建圈强链”行动，构建上下游关联度高、资源整合能力强的产业生态。

【产业培育】锦江区明确“资源高效聚集、上下游产业链协同、健康服务均衡覆盖”的思路，选择“锦欣医疗”“华西妇幼”2家龙头企业为“链主”，推动“强链、补链、延链、稳链、控链”工作。制订企业梯度培育计划，了解企业发展规划和投资走向，协调解决企业诉求18个。落实《贯彻落实成都市支持市场主体健康发展促进经济稳定增长政策措施的实施办法》等文件精神，指导企业申报政策资金。帮助成都西囡妇科医院、四川锦欣妇女儿童医院、四川友谊医院申请政策资金1965万元。成都“锦欣康养”与苏州“福星医养”2家机构开展战略合作，引进虚拟养老院信息平台，打造康养行业模范样板。

【项目建设】锦江区以项目为支撑，推动国际智慧康养产业园、四圣祠国际医美城等都市医养产业园建设。四圣祠国际医美城、德胜智慧医疗产业大厦等产业化载体项目建设按计划推进，会同四川大学华西第二医院、瀚博盖亚依托国际妇幼健康产业园实施妇幼健康全球创新中心项目，成都西囡妇科医院提档升级项目、成都爱团医院能力提升项目、锦欣爱天使托育中心改扩建项目完工，引进的知嘛健康旗舰店、铭依眼科门诊部、派壹特医美门诊部投入运营。11月，成都市第二人民医院医美中心竣工，建成国际妇幼康养活力街区。

（曾德勇、雷旸娴）

## 人力资源产业

【概况】2022年，锦江区按照产业“建圈强链”的要求，实施人力资源协同提效工程。筹备省级人力资源服务产业园项目，开展人力资源服务业全口径调查，发挥人力资源服务联盟、职业培训联盟等行业组织的平台优势，为企业纾危解困。人力资源市场主体达到402家。

【人力资源服务产业园建设】锦江区启动省级人力资源服务产业园项目筹备工作，开展园区建设可行性分析和调研，编制园区建设的初步方案，筹备成立园区运营主体成都市锦江区人才发展有限公司，研究成都市锦江区人力资源服务产业园高质量发展引导措施和园区管理办法，开展产业园筹备期间招商引资活动。

【人力资源服务业调查】锦江区开展人力资源服务业机构全口径调查活动，调查人力资源服务机构402家，编制细分领域企业名录和人力资源服务领域重点招商引企名录。

【人力资源市场主体】锦江区新增人力资源服务机构市场主体64家，增长18.94%。区域内人力资源市场主体402家。新增规模以上人力资源服务业企业3家，规模以上人力资源服务业企业11家。全行业全口径税收2.81亿元，同比增长34.98%。规模以上企业营收总额16.18亿元，同比增长31.87%。人力资源服务机构开展招聘活动145次，活跃度在成都市各区、市、县中排名第二。

【人力资源企业服务】锦江区走访四川贝诺人力资源管理有限公司、成都百兴世纪人力资源管理有限公司等人力资源企业，开展纾危解困、送政策上门等活动90次，印制政策清单500份，利用“区长咖啡”等特色活动为12家人力资源领域的企业解读政策，解决业务对接、资金周转、补贴申报等问题37个。

（谢斌、李小兵）

# 产业功能区·国有公司

## 春熙路时尚活力区

【概况】2022年，锦江区春熙路时尚活力区西起上南大街、人民南路，北抵华星路、蜀都大道，东至锦江大道，南到滨江路、龙舟路、金象寺路，覆盖春熙路、书院街、锦官驿、牛市口、沙河、狮子山、成龙路7个街道，覆盖面积23.7平方千米，是成都市58个产业功能区之一。功能区总规划面积10.7平方千米，产业用地面积618万平方米，可开发土地面积126.66万平方米。可上市商业用地4宗、住宅用地2宗，总面积8万平方米，主要集中在指挥街、一心桥等城市有机更新片区。功能区以主导产业为构架，构建产业体系，划分6个发展片区。引进龙头项目2个、市级平台项目2个，引进“专精特新”工业项目6个；引进企业124家，世界500强企业127家、新三板挂牌企业5家、主板上市企业6家、创业板上市企业1家，规模以上企业720家，电商高新技术企业171家。分布商场22家、大型超市6家，分布产业楼宇141幢。营收3284亿元，全口径税收144亿元，区级税收52亿元。

【产业体系】锦江区以时尚消费、国际商务、消费金融、数字文创四大主导产业为支撑，构建春熙路时尚活力区“4+11”产业体系。“11”即时尚品牌消费、时尚休闲消费、国际交往、总部办公、专业服务、资金服务、征信服务、支付服务、数字文创、游戏动漫、智慧媒体。

【六大片区】锦江区以东大街动力轴为产业发展轴，采取“营场景、塑空间、兴产业、建机制”的方式，结合不同区域发展特色和产业定位，划分春熙路时尚活力区六大发展片区。其中盐市口总部活力区的西面和北面与青羊区交界，南至锦江，东至大业路、红星路四段，面积1.1平方千米。重点发展体验商业、国际商贸业以及包括咨询评估、会议论坛、涉外服务等业态的现代服务业，建设国际社区。春熙路国际潮购城北至华星路，西至太升南路、大业路，南至滨江路，东至锦江，面积2.6平方千米。重点发展国际商务、高端商务、科技金融、都市文旅、人工智能等产业。牛王庙金融集聚区北邻蜀都大道，南沿顺江路，西至锦江，东至二环路，面积

春熙路西段　（区融媒体中心提供）

3.8平方千米。重点发展市井旅游、时尚消费、高端商务、科技金融、都市工业等业态，建设烟火社区。攀成钢艺术商务港北邻蜀都大道，南至净居寺路、静康路，西沿二环路，东至沙河，面积2.6平方千米。重点发展国际商务、高端商业、消费金融、都市休闲、人工智能等业态，建设高端社区。沙河铺生态人文湾北至成华区区界，西临沙河，南沿金象寺路，东临中环路，面积4.7平方千米。重点发展科技研发、创意设计、生态休闲、创新孵化、商业零售等业态，建设国际社区。468数字文创谷北邻驿都大道，南至成龙大道，西沿中环路，东至锦江大道、银木街，面积7.6平方千米。重点发展融合商业、数字传媒、文化创意、都市文旅、都市医养等产业，建设国际社区。

**【产业楼宇】** 锦江区春熙路时尚活力区分布产业楼宇141幢，总建筑面积430万平方米。其中超甲级写字楼8幢、甲级写字楼13幢、重点楼宇57幢、专业特色楼宇19幢。楼宇空置面积55万平方米，主要集

表34　2022年成都市锦江区在建产业楼宇一览表

| 序号 | 项目名称 | 地址 | 占地面积（万平方米） | 总投资（亿元） | 基本情况 |
|---|---|---|---|---|---|
| 1 | 祥宝环球贸易广场 | 成都市锦江区东大路328号 | 20.53 | 120 | 集高档商业中心、超甲级写字楼、五星级酒店、服务式公寓、高档住宅于一体的城市综合体 |
| 2 | 新希望东大街D10地块项目 | 成都市锦江区一环路以东，东大街以南 | 3.04 | 50 | 集精品商业和高端住宅于一体的商住综合体 |
| 3 | 天府茂业城 | 成都市锦江区人民东路61号 | 1.60 | 100 | 高端商业、商务于一体的商务商旅综合体 |
| 4 | 乐天广场 | 成都市锦江区东大街与二环路路口北侧 | 7.08 | 54 | 集住宅、购物中心、超市、娱乐中心、电影院、酒店、办公于一体的大型城市综合体 |
| 5 | 香港置地环球汇 | 成都市锦江区汇源北路99号 | 19.00 | 31.2 | 集甲级写字楼、五星级酒店、品牌专卖店、大型现代化商场于一体的城市综合体 |
| 6 | 恒锦红星路商业中心 | 成都市锦江区红星路二段157号 | 0.82 | 11.7 | 地铁3号线和4号线上盖物业，集高端商业商务于一体 |
| 7 | 中逸金融街 | 成都市锦江区暑袜北二街60号 | 0.50 | 10 | 集品牌商业、高端商务酒店、公寓式独立SOHO、高端商住楼于一体的现代服务业综合体 |
| 8 | 兴锦新同缘商业项目 | 成都市锦江区锦兴路与新开街交会路口 | 1.80 | 30.7 | 办公楼、公寓楼相互串联的商业街区 |
| 9 | 辉煌国际艺术中心 | 成都市锦江区一环路东四段79号 | 1.66 | 15 | 集商务、办公、文化娱乐产业于一体的商业综合体 |
| 10 | 明宇一心桥酒店 | 成都市锦江区一心桥街 | 0.80 | 5 | 高端酒店 |
| 11 | 锦发广场（成都市空压机厂地块项目） | 成都市锦江区东大街与二环路交会路口西侧 | 2.50 | 27 | 商务写字楼、商业空间及配套设施 |

中在中环广场、睿东中心、西部文化产业中心。另有 11 个产业化楼宇项目在建。

**【商圈指数发布会】** 12 月 12 日，锦江区和重庆市渝中区联合召开“活力商圈 · 渝加繁蓉——成渝双城核心商圈指数”发布会。从商圈带动力、商圈融合度、科技创新力、商圈互动性 4 个维度，发布商圈承载、商业表现、资源聚集、美学引力、文旅活力、数字消费、协同往来等 11 个方面的发展指数。媒体称：“发布会是双循环、新发展背景下，成都市和重庆市引领相向发展，共同打造巴蜀特色国际消费目的地的探索，是推进‘成渝双城经济圈’建设的创新实践。”

（刘瑾、李晓欢）

## 白鹭湾新经济总部功能区

**【概况】** 2022 年，锦江区白鹭湾新经济总部功能区东至芙蓉东街，南至大安园路，西至锦江，北至净居寺路，覆盖东湖、锦华路、柳江、三圣 4 个街道，面积 33 平方千米。功能区以“再建一个产业锦江”为目标，以建设锦江软件园为抓手，大力推进白鹭湾科技生态园、白鹭湾数字新经济科创园、成都 528 艺术东村等重点项目建设，建成新华之星大厦、银海芯座大厦等产业化楼宇，推动人工智能产业快速发展。成都市人工智能产业协会向新华之星大厦授牌，获批人工智能产业孵化基地。

**【规划引领】** 白鹭湾新经济总部功能区调整优化总体规划和产业规划，参与白鹭湾科技生态园片区、三圣乡驸马片区、林家坝 TOD 片区、琉璃厂片区的城市规划、控制性详细规划、专业规划的编制工作，审查白鹭湾科技生态园、中鼎国际二期、白鹭湾数字新经济科创园、锦江区都市工业国际创新港、三圣乡德胜商业项目等重点项目实施方案，提出意见和建议。

**【白鹭湾科技生态园建设】** 白鹭湾新经济总部功能区 3 个产业社区之一的白鹭湾科技生态园东沿成自泸高铁，南接绕城高速公路，西起锦阳大道，北至锦江大道。以绿色智能经济为主导产业，核心建设区域是锦江区三大百亿项目之一，携手深投控、成都产业集团战略合作伙伴共同打造高质量发展示范园区、未来生活美好园区；项目总投资约 200 亿元，规划建设 80 万平方米高品质产业空间、32 万平方米高品质住宅及相关生活配套。开工项目 11 个。其中产业项目 3 个、住宅项目 4 个、基础设施项目 4 个。开工面积 71.1 万平方米。其中产业面积 33.8 万平方米。引进的“蜀道资本”“凝思软件”2 家行业领先企业进驻园区。

**【锦江数智产业港建设】** 白鹭湾新经济总部功能区 3 个产业社区之一的锦江数智产业港以数字智能为主导产业，核心建设区域从工业集中区发展为以楼宇经济为载体、总部经济为引领的新兴产业集约集群发展区。制订数智产业港年度提档升级项目工作计划，召开专题会 12 次，完成一期三色路、五冶路、国华街、翠影路、火炬动力港广场一体化提升工程，修复路面 1.5 万平方米，拆除道路两侧 3 米至 10 米范围的违法建筑 2000 平方米，建成绿化景观 2000 平方米，整治围墙 800 米，新增主题空间 14 个，建成智慧生活互动体验广场 4400 平方米。提档升级项目二期工程进度达到 50%。创建为“四川省环保服务业示范园区”“四川省生态环境法治示范园区”“四川省优秀开发区”“成都国家广告产业园数字基地”“成都市模范劳动关系和谐园区”。

白鹭湾新经济总部功能区　（摄于 2022 年 白鹭湾新经济总部功能区管委会提供）

【智慧健康产业园建设】白鹭湾新经济总部功能区3个产业社区之一的智慧健康产业园以智慧医疗为主导产业，核心建设区域分布华西医院锦江院区、华西第二医院锦江院区、华西口腔医院锦江门诊部、成都锦江仁济康和盆底康复门诊部等医疗资源，实施智慧医疗产业大厦、国际康养综合体等产业化项目，利用5G、物联网、云计算、人工智能等新技术，促进都市医养产业数字化、网络化、智能化发展。

【人工智能产业】以“打造成都软件产业新增长极”为目标，编制锦江软件园产业规划，出台产业扶持政策，包装“锦江软件园”品牌。立“龙头企业+产业基金+领军人才+招商大使”模式，聚焦智慧金融、智慧医疗、智慧交通等领域，拓宽招商合作渠道，举办人工智能商业领域应用研讨会、数字化转型发展座谈会等招商活动13次，引进“云天励飞”人居生活总部、强联智创互联网医院、倍赛科技西南总部、凝思软件西南总部、暗物智能西部结算中心、川投大健康总部、四川省孤独症人工智能研究院等重点项目16个。

【重大项目建设】推动都市工业国际创新港、中鼎国际二期、中加国际二期、白鹭湾数字新经济科创园等20个重点项目加快建设，包装策划项目25个，总投资228.85亿元。其中7个项目被列入2022年政府性工程建设项目计划，总投资2.33亿元。开工项目3个，总投资1.13亿元；策划储备项目4个，总投资1.2亿元。5个社会投资产业项目被列入2022年项目包装策划目标任务分解方案，总投资41.4亿元。10个社会投资项目被列入“一道九园”项目，总投资100.67亿元。其中开工项目4个，总投资69.17亿元；策划储备项目6个，总投资31.5亿元。

【重要产业楼宇】锦江区白鹭湾新经济总部功能区建成新华之星大厦、银海芯座大厦等产业化楼宇。新华之星大厦位于成都市锦江区三色路238号，是集人工智能产业孵化平台、众创空间、企业加速器于一体的新经济总部产能服务平台，聚集人工智能产业高能级企业，发展大数据、脑机接口、5G等产业，创建为人工智能产业孵化基地。银海芯座大厦位于成都市锦江区三色路163号，总建筑面积10万平方米，配套员工餐厅、咖啡吧、全家超市、多功能会议室，进驻四川交投集团公司、久平安科技公司等企业，创建为成都市专业（特色）楼宇。博瑞·创意成都位于成都市锦江区三色路38号，总建筑面积9万平方米，配套岁月艺术馆、建设银行、星巴克、员工餐厅，进驻博瑞文化公司等企业，创建为成都市专业（特色）楼宇。捌楼八号设计师社区位于成都市锦江区毕昇路217号，占地面积8600平方米，建筑面积5200平方米，是在宏明印刷厂老旧厂房基础上设计建设的文化创意产业园区，集艺术、办公、生活功能于一体，创建为成都市专业（特色）楼宇。德必川报易园位于成都市锦江区桦彩路158号，建筑面积1.9万平方米，是在四川日报报业集团公司所属的联翔印刷厂旧厂房基础上涉及建设的文化创意园区，集创意设计、人工智能、影视游戏、文化传播、高端定制于一体，创建为成都市专业（特色）楼宇。华润广场位于成都市锦江区南二环路，进驻中国建筑一局公司西南区域公司等企业，创建为成都市专业（特色）楼宇。

【成都528艺术东村】成都528艺术东村地处锦江区三圣街道，位于成龙大道西段与银木街交会处。项目业主是四川华熙龙禧投资有限公司。项目占地35.2万平方米，计划总投资50亿元，建筑面积120万平方米。其中文博区18.3万平方米、住宅区57万平方米、公寓区6万平方米、商业区37万平方米。区域内分布国家画院西南创作基地、电影文化展示中心、中国传统文化与儿童艺术互动体验基地。建成文博、住宅、公寓3个区间，商业区间在建。

【华侨凤凰都市工业总部港】华侨凤凰都市工业总部港位于成都市锦江区金石路38号。项目业主是华侨凤凰集团股份有限公司。项目占地4.66万平方米，计划总投资20亿元，总建筑面积20万平方米。建筑形态是现代都市工业综合体，集技术研发、信息交流、成果展示、交易结算及综合配套功能于一体。主要引进智能制造、5G应用、数字经济等领域的创新型企业。

【白鹭湾数字新经济科创园】白鹭湾数字新经济科创园位于成都市锦江区三色路333号。项目业主是成都博瑞印务有限公司。项目占地2.66万平方米，计划总投资10亿元。园区以大数据产业创新为重点，以区块链、人工智能为特色，是博瑞公司投资开发的二期项目，建设数字型经济产业园区。总建筑面积14.7万平方米。

【中港中央公园】中港中央公园位于成都市锦江区二环路与琉璃路交

会处。项目业主是成都中港置业有限公司。项目占地16.33万平方米，计划总投资30亿元，总建筑面积114万平方米。其中住宅面积41.3万平方米、商业面积16万平方米、公寓和写字楼面积24万平方米、公建配套面积2万平方米、地下室及辅助空间26.3万平方米。建筑形态是大型现代城市商业综合体，集高端商业、特色商业街区、星级酒店、甲级写字楼于一体。

**【新希望中鼎国际二期】** 新希望中鼎国际二期项目位于成都市锦江区金石路366号。项目业主是四川华西国兴置业有限公司。项目占地57.33万平方米，总建筑面积14万平方米，由多层建筑和高层建筑组成，与一期项目的工业用房形成围合布局。主要引进高新技术产业的头部企业，构建企业总部聚落。

**【中加国际大厦】** 中加国际大厦位于成都市锦江区毕昇路256号。项目业主是四川中加时代投资有限公司。项目占地2.13万平方米，计划总投资8亿元，产业空间面积23万平方米。重点发展都市工业，引进软件服务、数字信息、人工智能应用开发类企业。

**【人工智能产业协会孵化基地授牌】** 5月17日，成都市人工智能产业协会孵化基地授牌仪式在新华之星大厦36楼云锦会议厅举行。活动由白鹭湾新经济总部功能区管委会、区新科局指导，成都市人工智能产业协会、成都迈空间科技有限公司、成都兴锦建设发展投资集团有限公司联合主办。锦江区推介白鹭湾科技生态园项目，阐述人工智能产业发展情况。

（魏荣昌、潘爽）

## 交子公园金融商务区锦江片区

**【概况】** 2022年，交子公园金融商务区锦江片区结合土地上市障碍情况，由北向南推动重点项目建设。同时遵循“市政及公服配套先行”原则，推动市政公服配套设施建设。在建项目7个，总投资100亿元。锦江绿道交子公园段等4个项目建成。

**【在建项目】** 交子公园金融商务区锦江片区在建项目7个。交子公园特色金融街项目开工。项目占地15.2万平方米，分别位于交子公园东区南侧和北侧。项目秉持“公园、街道、建筑一体化”理念，打造特色金融街区。涵盖50万平方米商务楼和16万平方米零售商业空间。项目总投资74亿元。金融梦工场四期项目位于交子公园金融商务区G04地块和H01地块，用地面积3.7万平方米，总建筑面积7.8万平方米，总投资7亿元，功能定位为金融科技总部集群办公及配套设施。河东小学项目用地面积2.27万平方米，总建筑面积4.9万平方米，总投资3.2亿元。包括教室、功能室、体育馆、学术厅、图书馆、食堂、地下车库。

2022年6月，锦江绿道交子公园段竣工（成都市交子公园金融商务区管委会提供）

河东中学项目用地面积2.98万平方米，总建筑面积6.7万平方米，总投资4.4亿元。包含教室、功能室、体育馆、学术厅、图书馆、食堂、地下车库。交子公园东区地下人防工程位于交子公园东区A、E地块，总投资3.35亿元，分布车位1250个，另配套商业空间。8月，锦尚大桥项目开工。桥梁长255米，宽34米至40米，连接科华南路与国华街，是区间内的骨架路网交通线，串联锦江东西岸产业。项目总投资4.2亿元。9月，交子人行桥项目开工。桥梁长300米，宽49米至83米，西起河西交子公园，跨越红星路南延线、锦江、经三路，与河东交子公园相连，为景观人行桥。项目总投资4亿元。

**【建成项目】** 交子公园金融商务区

锦江片区建成锦言大桥、锦江绿道交子公园段、截污干管、市政道路、招商展示中心等项目。2月，锦言大桥通车，成为连通锦江两岸的重要通道。桥梁长200米，宽30米。6月，锦江绿道交子公园段项目竣工。包括工程项目3个。其中滨河两带景观绿化工程占地16万平方米，截污干管工程总长度1.9千米，自行车专用道总长度1.9千米。12月，片区核心市政工程和招商展示中心竣工。核心市政工程包括市政道路10千米、综合管廊2.5千米、地下环形车道3.02千米、电力隧道2.3千米、景观桥梁45米。招商展示中心位于交子公园东区C地块，展示面积1200平方米，集对外展示、政务接待、招商引资、小型会议、咖啡茶歇等功能于一体。

（张继军）

## 国有公司

【概况】2022年，锦江区国有公司以锦发展集团公司为龙头，下设锦发展建投公司、锦发展生态公司、锦发展百年春熙公司，有员工1229人。国有公司业务范围涉及城市有机更新、片区综合开发、国际商圈运营三大板块，涉足新型基础设施建设、都市文旅、都市工业、康养医疗、人工智能、乡村振兴等领域。实施续建项目52个、新建项目109个。其中政府性项目140个、经营性项目21个。有56个项目施工，64个项目竣工，41个项目处于筹备阶段。

【锦发展集团公司】锦发展集团公司实施成都市空压机厂地块项目、白鹭湾A181地块项目、驸马B205地块“锦江赋”项目、川师大TOD北区项目。总投资32亿元的A08地块项目第一意向合作方确定，拟与香港皇权公司合作实施。与华润置地公司、广州华发公司签订B206地块项目投资合作协议，协议总投资60亿元。推进锦官驿街道社区养老服务综合体建设，加快实施三圣小学校二期工程、成都市第三中学校教学楼工程等15个教育设施建设项目，推进94个老旧院落改造和734个无物业小区物业全覆盖工作，完成4000套保障性租赁住房筹集任务，推动锦江花园安置房、潘家沟拆迁安置房和人才公寓建设。与“云天励飞”“锦欣康养”等企业股权合作、基金合作，协议股权投资1.48亿元，在谈基金投资18.06亿元，签约投资总额9500万元。与“云天励飞”合资成立云天锦发公司，开展“电子哨兵”迭代研发和铺设业务；与四川广视通联科技公司合资成立锦广兴智慧城市建设项目合资公司，推进智慧城市信息平台及大数据基础设施建设。参与智慧锦江应用场景体系建设，实施“交子空间”数字平台建设项目。实施锦江再生水综合利用工程，推动环城生态区锦城绿道公园拆迁交地工作，启动环城生态区保留区复垦复耕工作。截至12月，资产总额1248.33亿元，新增融资213.62亿元，项目总投资381.87亿元，年度产值74.77亿元，年度固定资产投资75.4亿元。截至12月，营业收入17.3亿元，利润总额2亿元，缴纳全口径税收10.3亿元。获AAA级主体信用等级认定和BBB–级国际信用主体认定。

【锦发展建投公司】锦发展建投公司具有房地产开发三级资质，从事基础设施、城市更新、土地整理等政府投资项目建设，开展城市开发建设、资产运营管理等业务。下属恒锦公司、城投公司、城更公司、统建公司、锦东公司、基金公司、中小企业担保公司，员工435人。持续推进四圣祠片区、东光片区等6个片区的城市更新项目，改造福字街等3个老旧街区。引进国药基因科技（四川）有限公司、成都竹云数字智能科技有限公司、成都联成科大信息技术有限责任公司等19家企业，招租面积40231.2平方米。为黄伞巷特色街区引进“金子清酒居酒屋”“晚巷·待日晞”“熊猫丸物”等25家网红潮玩品牌店铺，开展华兴街特色街区一期、一环路锦江段、均隆街等项目运营管理工作，建成酒市、花市、药市等“十二月市”场景。锦江首府项目入围中国第八届CREDAWARD地产设计大奖，入选“全国产品力十大高端作品”。锦江大院项目入选“2021年成都年度八大新生豪宅”。截至12月，新增融资103.45亿元，归还存量债务75.06亿元，整体债务平均融资成本由年初的每年5.45%降低至每年5.13%。项目总投资105.55亿元，实施项目90个，建成项目39个。经营收入12.18亿元。

【锦发展生态公司】锦发展生态公司下属全资子公司6家、控股公司2家、参股公司2家，员工281人。定位城市更新和片区开发专业运营商，实施便民设施、市政公用设施、医疗卫生设施、社区综合体等建设项目，推进环城生态区土地综合整治与生态修复工作，推动城市有机更新，营建“文化本底+生态价值+产业特色+消费场景”区域形态。实施重点项目68个。其中锦江区再生水综合利用工程是省重点项目，锦江三圣喜雨养老项目、潘家沟片区配套综合体、驸马片区配套社区综合体、椰树街配套农贸市场4个项目是市重点项目。百花园乡村酒店、高威酒店、锦阳社区综合体功能完善应急工程等25个项目竣工，在建项目19个。划拨拆迁整理和征后实施资金3.5亿元，与41家农户和127家企业以及1户购地建房户签署拆迁协议。统筹“锦城逸景”二期房源4002套，与1428户5061人签署住房安置协议。截至12月，资产总额456.92亿元，净资产147.02亿元，投入公益性项目建设资金3.99亿元、经营性项目建设资金15.56亿元。产值21.95亿元，营收3.29亿元。

锦发展建投公司实施的成都七中育才学校银杏校区二期工程

（摄于2022年 锦发展集团公司提供）

**【锦发展百年春熙公司】** 锦发展百年春熙公司下属二级子公司3家、三级子公司2家。二级子公司包括成都兴锦文化旅游投资有限公司、成都市百年春熙直管公房管理有限公司、成都树基教育发展有限公司，三级子公司包括成都锦江区树基教育培训学校有限公司、成都市百年春熙直管公房管理有限公司第一分公司。代管公司成都嘉乐物业管理有限公司、成都市锦江区锦顺置业中心。另参股管理成都九昱文化旅游发展有限公司。员工416人。主要负责春熙路步行街运营管理、区属直管公房经营管理、成都国家广告产业园等载体运营管理、塔子山公园运营管理、树基教育幼儿教育服务以及幼儿课外艺术教育培训等业务。按照实施“成都十二月市”活化焕新工程的安排，实施灯市、酒市等特色街巷建设，为黄伞巷、耿家巷等特色街区引进“元气咖喱”等企业40家。完成新华之星大厦B幢、煦华国际等商业楼宇招商任务，招商面积4.61万平方米。开展均隆街、华兴街永兴巷物业收储业务，收储面积3240.59平方米。推动春台市锦二期、“潮力方”等项目建设，完成射击场馆周边氛围营造工作。截至12月，资产总额7.01亿元，负债总额4.66亿元。融资1.6亿元，营收1.65亿元，税后利润585.67万元，缴纳税费5696.3万元。

（蒋利、黎磊）

## 锦发展集团公司通过BBB－国际信用主体评级

2022年，锦发展集团公司借力境外资本市场，推动融资模式转型，拓宽融资渠道，提升可持续化和多元化融资能力，稳步降低融资成本，在优化城市空间布局、推进新型基础设施建设、带动产业转型升级、扩大公共服务供给等领域加大投资，建设现代城市综合运营商，向惠誉国际信用评级有限公司提交BBB－国际信用主体评级申请。12月13日，锦发展集团公司通过BBB－国际信用主体评级认证，成为国际投资级别认证企业。锦江区进入高国际投资级别行政区名单。媒体评价，BBB－国际信用主体评级是国际权威评级机构对锦江区战略地位、经济发展能力的认同和对锦发展集团公司资产质量、产业布局、经营管理、盈利能力、风险把控、发展潜力等方面认可。

# 城市建设

## 规划

【概况】2022 年，锦江区研究重点片区规划，编制未来公园社区总体规划、攀成钢高线公园规划方案、“中生科创谷”策划规划一体化方案，启动白鹭湾科技生态园和地铁林家坝站城市设计、琉璃场片区城市设计，调整梅林东片区等区域的控制性规划，划定耕地和农田保护面积，明确城镇开发范围，办理建筑类建设项目用地预审与选址审批、用地规划许可审批、规划条件审批等行政审批事项 192 个，办理市政项目规划审批事项 125 个。

【控制性规划调整】锦江区结合土地上市、重点项目建设和配套设施建设，推动控制性规划调整工作。调整梅林东片区、白鹭湾科技生态园绿轴以南片区、林家坝片区、耿家巷至龙王庙正街小学地块、东光南站地块、博瑞印务地块、洪柳西保障房项目地块、成都市第二人民医院地块的控制性规划。

【空间规划】锦江区划定耕地保护面积 273.33 万平方米、基本农田保护面积 166.66 万平方米、城镇开发范围 4866.66 万平方米，为重大项目建设提供用地空间。

【规划审批】锦江区核发建设项目用地预审与选址意见书 24 份、“建设用地规划许可证”22 个、规划条件通知书 77 份、“建设工程规划许可证”43 个、建筑工程规划土地核实意见书 26 份。

【市政项目审批】锦江区配合市规自局编制《成都市城市规划管理技术规定（2022）市政分册》，核发合规性审查意见书 50 份、建设项目选址意见书 11 份，核准 47 个项目的规划条件，核发“建设用地规划许可证”13 个、“建设工程规划许可证”4 个。牵头开展地下管线普查成果更新工作，完成地下管线探测、核验、质检、整合检查和汇交入库任务。

（唐嵋、黄晓熠）

## 旧城改造

【概况】2022 年，锦江区根据业态更新和居住功能提升的需要，以四圣祠片区和东光片区为重点，采取改造老旧设施、优化空间形态、保护历史建筑、营造多元场景相结合的方式，实施建筑品质提升、环境景观提升、重要节点提升三大工程。实施包江桥、东光、一心桥 3 个片区的城市有机更新项目，启动净居寺、横九龙巷 2 个片区的搬迁腾退工作，策划农资市场、邮电学院、莲花六组、牛王庙公交场站、成都生物制品研究所 5 个片区的城市更新项目。活化利用“家门口”闲置空间和老旧公共空间，实施牛市口戏场子等社区微更新项目 15 个。持续推进“一环路市井生活圈”和“天府锦城”建设，完成 23 个点位的提升改造项目。整治纯阳观街、三倒拐街、慈惠堂街的沿街建筑外立面，美化围墙。根据产业发展布局，把城市更新项目与“四潮”专线建设、医美产业发展相结合，推动人、城、境、业融合。根据国际妇幼康养街区建设需要，改造紫檀街道路，实施道路两侧景观项目，调整沿街店铺业态。截至12月，改造老旧小区54个。

**【老旧小区片区综合改造】**锦江区建立"1+1+5"制度体系，推动老旧小区片区综合改造。第一个"1"指《锦江区老旧小区片区综合改造实施意见》。第二个"1"指《关于大力推进锦江区老旧小区改造工作的指导意见》。"5"即《锦江区老旧小区片区综合改造一体化规划实施方案（试行）》《锦江区老旧小区片区综合改造项目资金管理办法(试行)》《锦江区老旧小区片区综合改造民意征询办法（试行）》《关于进一步加强老旧小区改造工程建设组织管理工作的通知》《锦江区老旧小区改造负面清单（试行）》。根据实施意见，结合20个城市更新项目，策划一心桥片区配套基础设施项目、东光片区综合改造项目、春熙路街道配套基础设施项目、书院街综合改造项目等老旧片区综合改造项目18个。五福苑小区片区综合改造、福字街片区大片区融资改造、府河小区安置房改造等项目的运作方式入选成都市城市更新经验清单，东光片区"五院三街"改造等2个项目入选"成都市2022年老旧院落改造市级示范项目"，牛市口街道工农院街2号老旧小区改造项目入选"全国军队老旧小区改造试点项目"。

**【危旧房棚户区改造】**锦江区遵循民生和经济兼顾原则，以消除居住安全隐患、改善城市居住环境、提升城市品质为目标，实施四圣祠片区城市有机更新项目C8–2、C8–3、C11–1地块及九寨沟路与驿都大道交会处房屋搬迁项目等4个项目，签约464户，涉及改造面积4万平方米，涉及土地1.99万平方米。

表35　2022年成都市锦江区危旧房棚户区改造项目情况表

| 序号 | 项目名称 | 基本情况 | 进度 |
|---|---|---|---|
| 1 | 四圣祠片区城市有机更新项目 | 占地面积13.33万平方米，改造房屋面积35.31万平方米，涉及改造户3340户 | C8–2地块、C8–3地块、C11–1地块搬迁改造项目的签约工作完成 |
| 2 | 九寨沟路与驿都大道交会处搬迁项目 | 占地面积800平方米，改造房屋面积约788平方米，涉及改造户5户 | 签约、兑付、销户、房屋拆除、场地平整等工作完成 |

**【四大片区城市有机更新】**锦江区推进实施四圣祠、东光、老包江、一心桥四大片区城市有机更新项目。老包江片区应拆迁205户，签约203户。一心桥席草田片区搬迁腾退的民意征询工作启动。四圣祠、东光2个片区的城市有机更新项目被纳入住建部第一批城市更新试点项目。根据试点工作安排，优化四圣祠片区城市有机更新项目搬迁腾退专项推进组设置方案，列入四圣祠片区城市有机更新一期项目的华兴街特色街区项目、望福街特色街区项目、福字街特色街区项目、纯阳观片区风貌提升项目、红星157项目收尾。调整望福街底层业态，店招提档升级，街区植入福字文化。四圣祠街区的谢无量旧居和四圣祠北街历史遗留建筑的保护修缮工程竣工。完成东光片区"五院三街"老旧小区综合改造试点工作。"五院"指东怡街16号院、东怡街79号院、东怡街90号院、南二巷9号院、北顺西巷6号院。"三街"即东光街、东怡街、东光南一巷。

**【既有住宅增设电梯】**锦江区明确连片改造的实施方式，推进既有住宅自主增设电梯工作。为82个小区安装电梯加装165台，惠及家庭3000个。成立21个"蓉城先锋"既有住宅增设电梯党员志愿者服务站，接受群众咨询，帮助老旧小区解决电梯加装过程中的堵点和痛点问题。

**【"一环路市井生活圈"建设】**锦江区遵循"街道一体化设计"的思路，推动"一环路市井生活圈"建设，构建以"市井老东门、潮玩新锦江"为主题的"市井生活体验圈"。提升一环路东5段87号、万源大厦、水电五局大厦等23个点位的建筑风貌。其中西南机械大厦、中铁五局大楼采取政府主导、企业出资的模式，投资3000万元，更新建筑立面，加装夜间灯带，提升一环路的城市形象。

【"天府锦城"建设】锦江区按照"天府锦城"建设部署，采取置入多元业态、构建慢行环境、打造绿色生态景观的方式，以特色街区建设为抓手，推动"天府锦城"建设。华兴街民国风情街提档升级项目完工，建成天府锦城旅游线路9条，涉及中道街、福字街、玉成街等街巷。

锦江区北顺西巷6号院既有住宅增设电梯　（摄于2022年 区公园城市局提供）

【"四潮"场景营造】锦江区城市有机更新融入新消费场景，持续推动"潮享、潮购、潮玩、潮游"场景营造，启动青龙正街风貌整治、"潮力方"、大业路特色街区等项目36个。其中"潮力方"项目以商业为主，以功能型公共空间为辅，赋予"时尚、潮酷"标签，融合市井文化与潮流文化，具备购物、餐饮、休闲等功能，以青年客群为主要目标。青龙正街风貌整治范围覆盖水井街、双槐树街、金泉街，实施街巷景观建设、场景营造、文化元素植入等项目，营造"崇尚好学"的文化氛围，与水井坊博物馆呼应。

【青龙正街市井生活特色街区】锦江区结合一环路综合改造工程，遵循"连点成线、集线成片"原则，实施青龙正街片区风貌提升项目。青龙正街和青龙横街邻水井街历史文化街区，具有市井生活气息浓厚的特征。锦江区美化青龙正街和青龙横街老旧建筑外立面，拆除围墙，增加开敞空间，植入时尚生活服务业态；利用街边空地，植入水井坊历史文化雕塑，营造市井生活场景。

（朱文飞、马舒琳）

## 基础设施建设

【概况】2022年，锦江区实施经天片区等4个片区的道路建设工程，推动公共服务设施建设，整治破损路面。处理窨井盖缺失、破损等问题185个，更换、维修窨井盖1514个。办理占道和挖掘行政许可业务284件，收取占道费338.9万元。截至12月，区域内市政道路里程181.55千米，市政道路面积345万平方米；公路里程66.55千米，公路面积165万平方米。分布市政桥梁24座、公路桥梁26座。市政及公路基础设施覆盖率100%，基础设施完好率97%。

【道路建设与养护】锦江区推进驸马片区、金像寺片区、三圣花乡片区等42个市政道路建设项目，建成铃兰路A段、椰树街B段、桦树街B段、石榴街B段等12条道路。新建道路14759米，面积18.25万平方米，总投资27.61亿元，年度投资11.37亿元。对标《城镇道路养护技术规范》，开展市政道路、桥梁设施管养工作。投入2000万元，整治车行道破损路面3.91万平方米、人行道破损路面2.1万平方米。

【排水设施管理】锦江区使用专项经费9万元，安排工人疏掏公路边沟，清运淤泥。公路边沟疏掏长度6000米，清运淤泥685立方米。完成绕城高速公路范围内1166户住宅排水户管网治理任务。

【公共服务项目建设】锦江区根据"15分钟便民生活圈"建设需要，推动公共服务设施建设，建成洪柳东综合体、洪柳东小学等公共服务项目18个，覆盖教育、社区医疗、文化体育等领域。

表 36　2022 年成都市锦江区公共服务项目建设情况表

| 序号 | 项目名称 | 地址 | 项目类别 | 占地面积（平方米） |
|---|---|---|---|---|
| 1 | 洪柳东片区配套小学 | 洪柳东片区 | 小学 | 18008 |
| 2 | 洪柳西农贸市场 | 喜树街 | 农贸市场 | 5400 |
| 3 | | | 文化活动中心 | |
| 4 | | | 社区卫生服务中心 | |
| 5 | 洪柳西农贸市场 | 喜树街 | 农贸市场 | 5951 |
| 6 | | | 综合健身馆 | |
| 7 | | | 社区用房 | |
| 8 | | | 社区养老服务设施 | |
| 9 | | | 社区服务中心 | |
| 10 | | | 公厕 | |
| 11 | 洪柳东综合体 | 洪柳东片区 | 农贸市场 | 7666 |
| 12 | | | 社区服务中心 | |
| 13 | | | 文化活动中心 | |
| 14 | | | 社区卫生服务中心 | |
| 15 | | | 综合健身馆 | |
| 16 | | | 社区养老服务设施 | |
| 17 | | | 公厕 | |
| 18 | 白鹭湾一号配套公厕 | 皇经楼三街 | 公厕 | 120 |

（郝华）

## 养老服务智慧化发展

2022 年，锦江区提出“把品位锦江建设成果转化为人人可感可及、普遍受益的社会认同”的理念，以“幸福美好十大工程”为抓手，持续提升社会公共服务水平。养老领域，锦江区打破原有机制，变“政府主唱”为“多元参演”，以“提升 1 个智慧养老平台、优化 3 种有效供给、满足 3 类有效需求”的方式，构建“133”养老服务体系，探索新时代超大城市中心城区智慧养老新路径，推动养老需求从生存型向发展型转变。锦江区升级养老服务综合平台，构筑覆盖区、街道、社区的三级养老服务可视化管理调度体系。养老服务综合平台与智慧锦江城市运行中心对接，增设居家照护、社区照料、机构监管等功能性模块，采集老年人需求信息，形成平台派单、机构接单、服务跟踪、评价反馈于一体的闭环服务流程。同时联合西南交通大学老龄科学研究院，共建老龄数智社会实验室，采集和分析养老数据，作为政策调整、供给调整的依据，实现“精准对接、动态平衡”的目标。

# 生态环境建设

## 环境保护

【概况】2022年，锦江区持续推进“幸福美好生活”生态惠民示范工程，常态化开展水环境、大气环境、声环境监测和防治工作。区域声环境质量、水环境质量、大气环境质量达到国家环境质量标准。推动“成渝地区双城经济圈”生态共建工作，联合开展环保宣传活动，举办“世界环境日”宣传活动，发送宣传资料1300份，接待咨询群众300人。实施科技治气行动，11个街道建成小型空气标准站，委托第三方公司开展核心区域道路积尘负荷走航监测工作。接受省级生态环境保护督察，通过验收。

【大气环境】锦江区环境空气质量优良天数299天，较2021年减少4天。主要污染物是小于2.5微米的可吸入颗粒物，平均浓度39微克/立方米，同比下降4.9%。空气质量综合指数在成都市22个区、市、县中排18位，在成都市5个中心城区中排第2位。

【水环境】锦江区主河道有府河、南河、沙河，达到《地表水环境质量标准》（GB 3838—2002）规定的二类水质标准。府河水津桥断面的氨氮平均值0.32毫克/升，总磷平均值0.07毫克/升；沙河成仁桥断面的氨氮平均值0.3毫克/升，总磷平均值0.07毫克/升；锦江永安大桥断面的氨氮平均值0.31毫克/升，总磷平均值0.09毫克/升。依据《地表水环境质量标准》（GB 3838–2002），中小河渠中的洗瓦堰监测平均值达到三类水质标准，陡沟河监测平均值达到二类水质标准，东湖水质达到三类水质标准，梅香湖水质达到二类水标准。

【环保督察】锦江区编制《贯彻落实第二轮中央生态环境保护督察反馈意见整改实施方案》，区级领导对口联系街道，督导各街道落实中央和省级环保督察问题整改工作。各街道党工委和办事处的主要负责人总体负责各自区域的整改工作，区级部门主要负责人负责行业范围的整改工作，落实环境保护主体责任和行业监管责任。完成2022年第二轮中央和省级生态环境保护督察问题整改任务，有54件督察案件销号。截至12月，整改中央环保督察案件369件、省级督案件128件。

【建设项目环境管理】锦江区审批建设项目17个。其中承诺制项目2个。有202个建设项目被录入环境影响评价登记表，备案管理。公示建设项目信息40条。抽查竣工建设项目，监督企业落实环境保护主体责任。

【企业环境信用评价】锦江区持续推动环境信用体系建设，督促企业履行环境保护法定义务和社会责任。配合省市主管部门开展2022年度企业环境信用评价工作，完成省级8家企业和市级88家企业的环境信用等级评定任务。

【加油站环保管理】锦江区17个加油站安装环保在线监测软件，与生态环境部门监测平台链接。区域内15个加油站按规定安装油气处理装置，4家加油站入选成都市首批“绿色加油站”公示名单。

【扬尘治理】锦江区实施清洁降尘行动，推广装配式建筑，执行绿色建筑标准。取得施工许可的绿色建筑216.5万平方米，竣工验收的绿色建筑80.7万平方米；取得施工许可的装配式建筑210.9万平方米。落实“人盯源”制度，加强工地监管，从源头管控污染源。与33家施工单位约谈，检查建筑工地3.6万次，立案查处工地584个，处理扬尘投诉案件91件，罚款627万元。依法扣减185家企业的环保信用分。强化渣土运输监管，每季度开展建筑垃圾运输企业评定工作，考核7家企业的运渣车辆和作业情况，要求不符合规定的13辆运渣车停止作业。在主要道路设卡检查运渣车，查处车身不洁、未密闭运输、沿途撒漏等现象。查处违规运渣车75辆，罚款72.35万元。同时推广新能源运渣车，有2家渣土运输企业购买新能源运渣车60辆。

【工业环保管理】锦江区开展工业企业挥发性有机物源头管控工作，四川日报印务公司完成源头替代工作，替代率达到100%。12月15日，成都华侨新苑彩印包装有限公司按规定关停。开展工业领域综合执法行动，检查企业2100家，随机抽查污染源企业101家，立案查处环境违法单位25家，发出行政处罚决定书25份，下达责令整改通知书25份，罚款47.79万元。为35家汽修企业的绿色钣喷情况备案，登记管理喷涂作业企业38家、喷烤漆房63个。开展工业集中式污水处理设施排查整治工作，编制《高耗能高排放低水平项目专项排查工作实施方案》，成立排查工作专班，开展排查工作，未发现高耗能、高排放、低水平项目。

【餐饮业油烟污染治理】锦江区向餐饮业主宣传禁用燃煤政策法规，提高大气污染防治的知晓率和参与率。编制餐饮服务业油烟污染治理实施方案，督促餐饮商家安装油烟净化设备。检查餐饮商家2000家，责令未安装油烟净化设备的745家餐饮商家整改，查处违规使用燃煤的商家96家，罚款6.96万元。区域内85家大中型餐饮企业安装油烟在线监测设备，另有4142家餐饮商家按规定安装油烟净化设备。

【水污染防治工作部署】锦江区编制《水生态环境保护“十四五”规划（2022—2025年）》《水务发展“十四五”规划（2022—2025年）》《未达标水体限期达标规划（2021—2025年）》，印发《2022年水污染防治工作实施方案》《污水治理攻坚行动方案（2022—2024年）》，成立区委和区政府主要领导任组长的水务工作领导小组，召开总河长会议3次，压紧压实目标责任，推进各项措施落实。

【土壤污染防治】锦江区印发《2022年度土壤污染防治工作实施方案》，完成8个重点建设项目用地和地铁13号线、地铁30号线等13个地铁站点的土壤污染状况调查，完成成都富诚金属表面处理厂旧址污染地块和成都丽凯手性技术有限公司地块土壤污染状况详细调查与风险评估，转移危险废物249.42万千克。

【噪声污染防治】锦江区印发《2022年环境噪声污染防治工作行动方案》《2022年重点领域声环境质量改善方案》，撰写《噪声现状分析报告》5篇，分析噪声投诉点位、频次、时间、类别，发出风险预警。针对夜间和中高考等特殊时段开展社会生活噪声和建筑施工噪声整治行动。完善声环境质量自动监测网络，安装4套声环境质量自动监测设备和4套人口密集区噪声自动监测显示设备。

【噪声监测】锦江区设置区域声环境质量监测网格10个，常态化监测噪声情况。监测结果显示，区域环境噪声昼间噪声最高值58分贝，最低值46分贝，昼间平均值50分贝，与2021年持平。区域声环境质量达到《声环境质量标准》（GB 3096—2008）要求。

【水环境监测】锦江区依据《河（湖）断面考核办法（试行）》，根据地表水分布情况，在河道出入境、湖库、沟渠设置46个地表水监测断面。依据《成都市黄龙溪断面水质达标攻坚监测工作方案》，每月监测11个断面3次，收集监测数据1500个，为黄龙溪水质管理提供参考。针对新冠疫情，依据《四川省应对新冠肺炎疫情环境监管手册（2022版）》，监测成都市公共卫生临床医疗中心、成都市排水有限责任公司第九再生水厂、江家菜地污水处理站和隔离酒店的废水排放情况，监测废水的余氯含量，在线比对监测数据。同时指导涉疫情单位自行监测余氯，为隔离酒店安装余氯监测设备。

【燃煤整治】锦江区加强高污染燃料禁燃区监管，清查锅炉使用情况，无在用燃煤、木材、生物质锅炉，未发现新建燃煤、木材、生物质锅炉。利用环境监管网格，强化燃煤专项整治工作，防止燃煤现象反弹。持续推进燃煤居民户清洁能源改造工作，统计使用燃煤家庭600个，发放清洁能源补助金57.6万元。

【柴油车辆和移动机械尾气检测】锦江区检测柴油货车12364辆、非道路移动机械500台，查处尾气排放不合格柴油货车102辆、非道路移动机械1台。

【协同降碳行动】锦江区实施协同降碳行动，审核26家企业的锅炉提标和电能替代改造补贴申请资料，协助21家企业申报新能源汽车充电桩补贴1737.3万元。截至12月，新建公共充电站48个、新能源汽车充电桩3567个、其他充电设施1833个，创建“近零碳排放区”2个。

2022年6月5日，锦江区举办“共建清洁美丽世界”环保宣传活动

（锦江生态环境局提供）

【环保宣传教育】锦江区结合垃圾分类、生态惠民、省级生态环境保护督察等重点工作，开展环保宣传教育工作。联合新华网、“锦界”手机应用平台、“锦江发布”微信公众号等媒体，参加新华网举办的第八届“绿色论坛”活动，开展“生态为底、文化为魂，开辟生态价值转化新赛道”主题活动，展示环保成效。6月5日，锦江生态环境局联合锦官驿街道办事处、成都环保志愿服务联合会锦江分会举办“共建清洁美丽世界”宣传活动。与重庆市江北区共建线上宣传阵地，推动“成渝地区双城经济圈”生态共建工作。

（苟丹）

## 市容环境治理

【概况】2022年，锦江区推进智慧城管平台建设，建立网格化智慧治理体系，编制城市管理“1+4”行动方案，落实城市管理街长制，整治不文明顽疾。常态化推动垃圾分类工作，规范管理户外广告，清理违法小广告，优化共享单车停放秩序。开展“两拆一增”工作，拆除违法建筑、围墙，增加绿化面积和开敞空间。整治背街小巷，实施道路亮化工程，增加农贸市场周边和道路沿线的装饰性果屑箱1050个，改造17个农贸市场公厕，坚持清扫道路，制定商家外摆政策，提升城市整体风貌。

【数字化城管】锦江区推进智慧城管平台建设，建立“高位督查+数字监管+街面网格”的工作机制。数字化监管中心处理案件31.58万件，办理投诉案件7000件。案件减量50%，案件交办率100%，处置率100%。

【网格化智慧治理】锦江区按照成都市第十四次党代会“一网统管”的要求，在网格化智慧治理架构下划分基础网格669个、专属网格38个，采取“一格多员”方式，为基础网格配备网格员。采取“一格一员”方式，为各专属网格配备一名网格员。同时抽调93名在编综合执法人员和578名协管员兼任专职网格员，发动2752名志愿者任兼职网格员。编制住建领域巡查事项任务清单，明确网格员职责，赋予街道办事处指挥权和协调权，查处油烟、噪声、扬尘、垃圾等违法案件1512件。同时依托智慧城管平台，利用大数据、云计算、人工智能等新技术，搭建汇集智能感知、监督受理、协同办案、应急防控于一体的城市管理信息化平台，处置市容环境问题9259个。街道发现和处理城管案件数量较2021年增长20%，城市管理网络理政案件同比下降41.92%。

【城市管理街长制】锦江区构建城市管理街长制责任体系，提升城市管理问题发现能力、处置能力、社会动员能力。责任街长和群众街长每日坚持巡查责任路段，及时处理问题。锦江区通过街长制管理的街巷531条，处置问题3100个。

【垃圾分类】锦江区编制年度生活垃圾分类实施方案，增设垃圾分类点18个，建成垃圾分类标准化站点1600个、大件垃圾集散点11个。探索餐厨垃圾分类处理智慧化监管模式，录入1000家餐饮商家信息。加强垃圾分类宣传，在狮子山街道建成垃圾分类主题宣教绿廊，开展宣传活动200次。

**【户外广告管理】** 锦江区建立部门和专家联合评审制度，审批户外招牌982个、户外广告牌1个。排查户外招牌安全隐患，整治存在安全隐患的户外招牌36个。要求商家签订户外广告设置安全承诺保证书，定期维护检查。

**【违法小广告清理】** 锦江区针对主街干道、路口、高架桥、商业繁华区等重点区域开展违法小广告专项整治行动。执法人员出动8000次，收缴小卡片3万个，清除违法张贴、书写、喷涂的小广告2万处。

**【共享单车停放管理】** 锦江区建立部门监管、属地监督、企业主责的管理架构，要求共享单车运营企业分片包干、定人定岗管理停放秩序。同时运用考核机制，促使企业落实主体责任。截至12月，城管队员、志愿者出动32572次，规范乱停放共享单车932192辆，清理坏损车3158辆、未上牌车2856辆。

**【违法建设治理】** 锦江区印发《2022年违法建设综合治理工作要点》，编制集中攻坚行动实施方案，启动违法建设治理。区住建交局、区规自局和各街道办事处组建工作组，约请房地产开发企业、物业服务企业座谈，督促企业履职尽责，发现和制止违法建设现象。利用“微网实格”社区治理体系和智慧城管平台检查违法建设，消除监管盲区。建立存量违法建设清单、问题整改台账，实行挂号销账式管理。拆除违法建设335处20万平方米。开设社区专栏40个，召开坝坝会30次，提高居民法治意识，共同抵制违法建设行为。业主自行拆除违法建筑13处1100平方米。

**【背街小巷整治】** 锦江区联合市城管委第三下沉服务指导组，组建下沉工作组6个。按照“包责任、包队伍、包整治”的要求，排查农贸市场和社区、医院、交通场站周边500米范围的背街小巷170条，查找问题461个。其中基础设施类问题217个、动态管理类问题244个。采取“每日推送”的方式，发送工作提醒函4份、督办通知27份，通报问题3827个。督促责任部门、街道办事处整改问题，整改率100%。完成宏济新路、永兴巷、梓潼桥西街、水碾河南三街、紫东正街5条背街小巷提升整治任务和青龙正街底商店招升级项目。

**【铁路沿线环境治理】** 锦江区编制铁路枢纽环线（成都东站至成都南站锦江段）沿线环境整治提升工作方案和极端天气铁路沿线安全环境突出问题排查整治专项工作方案，遵循“排查在先、发现在先、整改在先”原则，在铁路沿线区域开展排查整治工作。执法人员出动3500次，排查建筑工地和闲置地块15个，清除彩钢棚、围挡110个。安全保护区范围增加绿化面积4600平方米。投资8216万元，在经天东路以东、三环路以北、琉三路以南区域实施铁路沿线环境品质提升工程，修建足球场、跑道、网球场、马术场、攀岩墙、绿化景观，优化面积达8万平方米。

**【“两拆一增”工作推进】** 锦江区坚持“政府引导、社会参与”的工作机制，实施商圈、社区、公园、河道周边的“两拆一增”项目。建成成龙路消防队游园等“两拆一增”点位80个，拆除违法建设1.34万平方米，拆除围墙11507米，增加绿化面积134057平方米，增加开敞空间142440平方米。

**【道路清洁】** 锦江区发动干部群众

2022年3月27日，锦江区开展“最靓箱柜”美化活动　　（区综合行政执法局提供）

开展“周末大扫除”专项行动，会同环卫工人清扫道路。截至12月，道路清扫面积达901万平方米，机械化清扫率达90%。平均每日收集和处理生活垃圾1100万千克，无害化处理率100%。

**【景观照明提升】** 锦江区结合“夜游锦江”文旅项目，按照发展夜间经济的安排，实施景观照明提升工程。完成“一环路市井生活圈”“中港CC”“绿地468云里”等8处亮化工程。蜀都大道锦江段景观照明集中控制平台接入市级平台。

**【临街商家外摆管理】** 锦江区出台《临街店铺和商贸企业（门店）临时外摆经营管理实施细则》，加强临时外摆经营管理。各街道办事处明确外摆区域和时间，用标线或围栏圈出外摆区。需要外摆的商家预先提出申请，由街道办事处店审批，录入管理清单，实行统一管理。

**【道路美化】** 锦江区在水碾河路路口等8个主干道路口设置44组一体式花箱，在人民南路、总府路等31条主干道和次干道安装果屑箱575个，为背街小巷安装果屑箱300个。实施配电箱美化项目，为17个农贸市场周边道路的196个配电箱绘图，增加配电箱的景观功能。

（余影、战婕）

## 水环境治理

**【概况】** 2022年，锦江区投资10亿元，实施潘家沟排洪渠改造工程、南支七渠防汛隐患应急整治工程等水环境治理项目7个，提升河道行洪能力、自净能力。实施红庙子排洪渠污水治理，为潘家沟和颜家沟清除淤泥1600立方米，红庙子排洪渠、何家冲排洪渠的黑臭水体整治达标。完成梅香湖水生态修复工程，启动东湖水生态修复工程，实施再生水综合利用工程。实施沙河水景观、石牛堰水文化公园等项目建设，提升河渠风貌。落实河长制，实施专项行动，河渠断面水质达标。

**【中小河渠污染源治理】** 锦江区按照“污水不下河”的要求，开展中小河渠污染源治理，整治红庙子排洪渠、潘家沟排洪渠的排水户。整治单位排水户200家，分类治理住宅类排水户1000家，普查非住宅类排水户900家，拆除70处临时截污设施。河渠断面水质达标。

**【河长制落实】** 锦江区遵循“问题导向、跟踪督办”的原则，落实河长制。三级河长巡河5000次，发现问题400个，整改率100%。

**【水岸建设】** 锦江区实施亲水休憩点、水岸景观、水文化公园建设，打造集水生态、水景观、水文化于一体的宜居水岸，提升河渠沿岸风貌。建成沙河水景观、石牛堰水文化公园。东湖水利风景区入选“四川省水利风景区”，锦江东风大桥至合江亭段入选“成都市最美河湖”。

（余影、战婕）

## 园林绿化

**【概况】** 2022年，锦江区按照成都大运会部署，遵循“保重点、美通道、造节点、共营造”原则，针对大运会比赛场馆中的猛追湾游泳馆、成都射击运动学校开展周边环境提升工作。按照“密织城市生态绿网”的要求，重构园林绿化管理体制机制，实施全域增绿工程，推动绿道、城市公园、小游园、微绿地建设，提高城市宜居度与舒适度，形成“连线成网、连网成片”的绿道网络体系。完成马家沟路、莲花北路等30条道路的行道树增量提质项目。区域内绿道总里程227千米，建成“金角银边”示范点位25个，新建小游园6个。

**【城市公园建设】** 锦江区实施“百个公园”示范工程，结合中小街道整治、人行道整治、道路建设，依据《更新利用城市剩余空间打造“金角银边”三年行动方案》，挖掘城市剩余空间潜能，利用桥下空间、街边空间等7类城市剩余空间新建6个小游园。分别是黄葛树街游园、海桐街社区公园、建发央玺绿地、静嘉路峡谷游园、锦阳大道夹角游园、白桦林路游园。区域内分布小游园25个。同步推进熊猫绿道锦江城市绿楔生态项目建设，建成锦星公园、大观堰公园等城市公园。

**【绿道建设】** 锦江区坚持“推门就是美好生活”的理念，按照“结网成链、筑景成园、场景成势”的思路，推进绿道建设。实施“回家的路、上班的路”社区绿道建设。在点将台街、牛王庙巷等50条道路建成“回家的路”和“上班的路”，总长度30千米。另打造天府绿道健身空间10个。分布区域、城区、社区三级绿道227千米。

**【行道树增量提质】** 锦江区实施行道树增量提质工程，为马家沟路、莲花北路等30条道路的人行道、分车带种植乔木697株，为9463株行道树修剪枝叶，美化树池3038个。参加成都市2022年第四季度园林绿化精细化管护考核，与青羊区并列第一名。

**【“最美”系列评选活动】** 锦江区参加成都市“最美阳台”评选活动，获“最美阳台奖”8个；参加成都市“公园城市·花惠万家”主体活动，获“社区花园奖”11个；选送活水公园提升改造项目参加成都市“公园城市荟·扮靓蓉城”活动，获“最美景观奖”；参加成都市第五届“天府迎春赏花节——春日限定·最美公园”评选活动，塔子山公园获“春日限定·最美公园”称号；参加成都市首届“最美公园”评选活动，活水公园、塔子山公园获“最美公园”称号；参加成都市“最美道路绿化景观”“最美金角银边”评选活动，天仙桥南路获“最美道路绿化景观”称号，“都是好人生活剧场”“牛市口戏场子”2个项目获“最美金角银边”称号；参加成都市“花漾蓉城成就梦想”花展，“品位锦江·幸福城区”主题展获金奖，另获“最佳效果金奖”“最佳匠心金奖”“最佳创意金奖”3个单项奖。

（朱文飞、马舒琳）

获“最美公园”称号的塔子山公园　　（区融媒体中心提供）

获“最美公园”称号的活水公园　　（区融媒体中心提供）

获“最美道路绿化景观”称号的天仙桥南路　　（区融媒体中心提供）

# 应急管理

## 应急能力建设

【概况】2022年，锦江区依据《应急救援能力提升行动实施方案（2020—2022年）》，完善应急物资库制度，开展应急演练，提高应急救灾物资使用效率和应急抢险能力。截至12月，库存应急物资3648件。通过119火警电话受理警情3074次。区应急局获“成都市2021年度应急管理担当作为先进集体”称号。

【应急培训】4月，锦江区组织区应急尖刀分队、街道应急队的94名成员开展集训2次，培训内容包括抗洪抢险、抗震救灾、事故救援。锦官驿街道应急队、柳江街道祝国寺社区应急分队、锦江蓝天救援队代表参加成都市第二届基层应急队技能比武大赛总决赛，获优良成绩。

【应急物资管理制度】锦江区制发《关于开展应急救灾物资前置分级储备的通知》，制定救灾物资出入库制度、物资库管理制度、每月救灾物资动态报告制度，更新应急资源管理平台数据和成都市救灾物资集散中管理平台数据。

【应急物资收储】锦江区应对“8·25”疫情，制发《关于下达紧急购买疫情防控物资的通知》，启动紧急采购工作。使用专项资金167.77万元，采购帐篷670个、折叠床2408个、四件套棉被950套、强光手电筒400个、雨衣6000件、雨靴70双、床上用品100套。调拨折叠床2944个、帐篷713个、四件套棉被945套、强光手电筒295个、雨衣4000件、雨靴50双、床上用品100套。截至12月，库存一体式救灾专用帐篷86个、铝合金三折床194个、场地照明设备2套、四件套棉被5套、强光手电筒341个、雨衣3000件、雨靴20双。

【街道应急救灾物资分配】锦江区各街道分配到救灾专用单帐篷684个，包括分体式帐篷100个、一体式帐篷584个；折叠床2814个，包括两折床504个、铝合金三折床1410个、两折行军床900个；强光手电筒54个，包括手提式电筒33个、手持式电筒21个。

【智慧韧性安全城市建设】锦江区持续推进智慧韧性安全城市建设，按时间节点推进应急指挥中心场地建设、应急管理综合应用平台建设、应急指挥会议电子调控设备建设、应急指挥专网建设、卫星移动通信网络建设，为各街道和15个应急委员会成员单位安装专网线路，配发卫星终端设备23部。

（杨建军、黄涛）

## 防灾救灾

【概况】2022年，锦江区开展第一次全国自然灾害综合风险普查“回头看”工作，建成自然灾害与减灾能力数据库，撰写风险评估报告，绘制灾害风险区划图、综合防治区划图，开展防灾减灾宣传活动，开展消防演练530次，常态化排查火灾隐患，开展汛期防范工作，从源头遏制火灾和洪灾。锦江区连续十九年未发生群死群伤火灾事故。

国槐社区创建为“全国综合减灾示范社区”。

【防灾减灾宣传活动】5月12日，锦江区开展“防灾减灾日”暨全国第一次责任灾害综合风险普查宣传活动。在喜树路社区开展“早预警、早行动”专题宣传活动，宣传防灾减灾知识，发放纪念品53625份，发送公益短信2877条，覆盖人群88530人。

【汛期防范】锦江区修订防汛总体预案，完善极端情况下停止集会、停课、停业等熔断措施；编制防汛物资储备补充方案，完善防汛物资储备、调拨、消耗机制。5月30日，开展应对极端暴雨洪涝灾害桌面推演。5月31日，开展极端暴雨洪涝灾害应急处置双盲演练。新建排洪渠，分流陡沟河大安桥段河水，提升陡沟河泄洪能力。排查内涝点位92个，完成45个点位的整治工作。采取一点一策的方式，制定另47个点位的防汛方案。8月4日，应对强降雨情况，实现安全度汛目标。

【火灾预防】锦江区实施消防安全专项整治三年行动，编制消防安全工作职责任务清单，推动燃气报警装置和独立式感烟报警装置安装工作。为各街道增配27名消防专业网格员，开展防火巡查和宣传工作。排查防火水源，解决成龙片区、柳江片区、三圣片区的3处水源缺失问题。开展市政消火栓普查，登记消火栓2836个。开展城市安全风险评估，排查重点行业领域的生产经营单位。登记486家单位信息，排查火灾风险点12348个。其中重大风险点40个、较大风险点346个、一般风险点3925个、低风险点8037个。履行公众聚集场所营业前消防安全检查职责，检查公众聚集场所238个。其中合格场所168个、不合格场所70个。5月20—23日，锦欣花乡老年公寓、万科金润华府小区、建发央玺131地块工地等点位接受国务院安全生产管理委员会综合检查第六组检查，通过防火项目验收。11月25日，组建5个检查小组，排查1614幢高层建筑的消防安全情况，发现问题1240个，整改问题1028个，跟踪112个隐患问题的整改工作。每周开展“双盲”演练，提升各消防中队的实战能力。截至12月，检查单位2538家，发现火灾隐患问题3499个，发出责令改正通知书1320份，督促整改火灾隐患问题2912个。发出行政处罚决定书181份、临时查封决定书53份，责令56家单位停产停业整改，罚款249.7万元，拘留3人。

2022年10月19日，锦江区在正熙国际大厦开展消防演练　　（区消防大队提供）

【消防救援】锦江区发生火灾事故670次，过火面积1118平方米，死亡2人，直接财产损失81.89万元。火灾事故较2021年上升39.71%，死伤亡人数持平，直接财产损失同比下降3.43%。其中火灾扑救670次，抢险救援915次，社会救助1487次。疏散被困群众67人，挽回财产损失600万元。12月，四川省消防总队授予区消防大队“四川省119消防先进集体”称号。

（杨建军、黄涛）

## 水域救援演练

6月16日，锦江区提出“为防大汛、抢大险、救大灾作准备”的要求，组织消防救援队员到东湖公园开展水域救援演练。演练内容包括抛绳救援、离心救援、翻船自救、舟艇编队行驶、手抬机动泵、浮艇泵操作、城市排涝等科目。

# 教育

## 教育事业促进

【概况】2022年，锦江区实施六大工程，编制《学科作业设计指南》，推动“双减”政策落实。优化教育质量综合监测指标，构建德、智、体、美、劳“五育并举”监测体系。持续开展教育资助工作，为经济困难的义务教育阶段学生、中等职业技术学校学生落实助学政策。明确“守好门、看住人、夯基础、强联动、勤整治、多演练”等措施，保障校园安全。清理义务教育阶段学科类培训机构，实现无证机构动态清零目标。开办“周末素质营”30次，设置寒暑假公益托管点20个。坚守“以美育人”理念，参加全国和省市举办的艺术表演活动，搭建音乐教师专业发展平台，推动学校艺术教育发展。校园美育课程覆盖率100%。承办成都市班主任技能大赛，获特等奖4个，一等奖2个，二等奖4个。区教育局获优秀组织奖。完成年度招生工作，幼儿园招生5200人，义务教育阶段学校招生19792人，高级中学阶段的普通高级中学校和职业学校招生5436人。

【教育资助】锦江区落实教育资助政策，实施学前资助、高校新生入学资助、宏志助学、蛋奶工程等助学项目，向义务教育阶段经济困难学生发放寄宿补助、生活补助，为经济困难的中等职业技术学校学生免除学费、住宿费。资助困难学生14262人，资助金额达2536.35万元。

【校园安全】锦江区落实校园安全责任制，划设校级、年级、班级三位一体安全管理网格2670个，形成校园安全管理“横到边、纵到底”的工作格局。配备安全教育教师1700人，开设“生命·安全”课程，各学校和幼儿园完成19256个课时，培训学生710104人。另组织教师和学生参加应急演练活动524次，演练内容涵盖疫情防控、火灾疏散、反恐防暴、突发事件应对、防汛抢险。组建督察组21个，开展防疫专项督查和校园安全督查11次，编发《平安校园周报》56期。

2022年1月21日，锦江区“叶德元教师基金”颁奖暨工作会在成都市七中育才学校汇源校区召开
（成都市七中育才学校汇源校区提供）

【教育队伍建设】锦江区考察任用8名校(园)级干部,调整4名校(园)级干部。持续开展“蓉漂”教育人才招聘工作,面向全国高校公开招聘教育人才253人。面向社会公开招聘教师25人。持续加强师德师风建设,收到师德师风学习总结材料150份。开展中小学有偿补课和教师违规收受礼品礼金问题专项整治,回应社会关切的师德师风问题。推进名师工作室建设,推荐的12名教师进入省级名师工作室。开设青年人才培训班,培训青年教师60人。开展未来教育家型校(园)长培训,第一批培训校长、园长16人。召开叶德元教师基金颁奖暨工作会,向91名教师颁奖。另有48名学校干部和教师获“成都市师德标兵”“成都市支教先进个人”等市级荣誉。

【招生】锦江区制定《2022年义务教育招生入学工作实施细则》,开展控辍保学工作,为新建学校划定招生范围,开展入学政策宣传工作,登记入学流动人员随迁子女2296人。公办幼儿园招收小班幼儿3400人,普惠性民办幼儿园招收小班幼儿1800人。小学招生11817人。其中流动人员随迁子女1254人。初级中学招生7975人。其中流动人员随迁子女1042人。普通高级中学招生3067人。其中公办普通高级中学招生2468人。职业学校招生2369人。

【学校建设】锦江区根据城市更新、人口变化等因素,优化学校布局。调整成都市龙王庙正街小学校异地建设项目的用地规划,调整梅林东片区配套小学校、林家坝TOD配套中学校规划面积。华兴片区配套中学校、成都市洪柳东小学校、华润片区配套幼儿园等12个新建和改扩建项目完工,新增学位9600个。成都市天涯石小学校逸景分校体育馆建设项目竣工,教室改造工程完工。完成成都市第三幼儿园百年学前教育文化陈列室建设项目等26个改造项目。

【教育信息化建设】锦江区实施智慧教育云平台升级项目,推进“锦江微学堂”“数字校园”建设,提升教育信息化水平。推进智慧教育学校示范创建工作,创建12家县域智慧教育学校。疫情期间,开展“停课不停学,祥云伴成长”线上教学,利用智慧教育云平台开课7300次。“基于教学改革、融合信息技术的新型教与学模式”等案例在成都市“国信区”案例评选中获一等奖9个。“国信区”即基于教学改革、融合信息技术的新型教与学模式的国家实验区市级先导区。教育部授予锦江区“2021年全国网络学习空间应用普及活动优秀区域”称号。区教育局获“成都市提升工程2.0优秀组织单位”称号。

【教育科研】锦江区结合德、智、体、美、劳“五育并举”办学思路,开展教育教学研究工作。向省教育厅申报年度课题,获准立项的重大课题2个。分别是“‘双减’背景下以大观念为内核的整合性教学实践研究”“‘双减’背景下学科综合育人导向的深度学习实践研究”。另有重点课题2个、一般课题2个、教育技术装备课题1个。参加省政府第七届普教教学成果奖评选,“县域义务教育‘二元协同’质量监测评价体系”“培根铸魂——百年小学融合育人模式创新”等16个课题的研究成果获奖。“县域义务教育二元协同质量监测评价体系”获2021年四川省基础教育教学成果奖特等奖。锦江区参加第六届成都教育EPC年度盛典的4个项目获“金梯奖”。区教育局全域推进幼小科学衔接入选“成都教育十大民生实事”,成都市盐道街小学校卓锦分校教师张颖秀等2名教师获“成都教育年度教师”称号,四月姐妹合唱团获“年度教育面孔”称号。

【督学】锦江区建立“督导、反馈、整改、回头看”闭环运行机制,推动督学工作。创建为“全国中小学校责任督学挂牌督导创新区”。按照“全国县域学前教育普及普惠区”创建要求,组织幼儿园责任督学开展专项督查4次。开展幼儿园普及普惠专项督导12次,组织107家幼儿园开展办园行为督导评估线上培训。确定“双减”工作督导指标,组织责任督学开展“双减”专项督导工作550次,组织20名公众责任督学到60家学校和幼儿园开展疫情防控专项督导工作。组织学校和幼儿园的责任督学培训6次,培训700人。

【德育工作推进】锦江区以“拓展育人路径,厚植立德树人土壤,提高德育水平”为目标,以提升德育课程实效性为抓手,推动习近平新时代中国特色社会主义思想课进课表课堂工作,挖掘《习近平新时代中国特色社会主义思想学生读本》等微课程资源40个。同步增强德育活动体验性,利用各校开学典礼和重要节日开展德育活动100次;以“全国文明城市”创建工作为契机,组织学生开展“小手拉大手·创建文明城”等德育活动500次。有21名教师获“成都市优秀班主任”称号,有9名教师获“成都市优秀德育工作者”称号。

**【劳动教育促进】**锦江区以赛促研，提升劳动教育师资力量。组织教师参加成都市劳动教师说课比赛，获初中组和小学组特等奖。参加成都市综合实践活动实施方案评选活动，获一等奖5个、二等奖10个、三等奖3个。征集优秀劳动教育案例37个，成都师范附属小学校“三全实践方式下的小学劳动教育探索”、成都市锦江实验学校“悦劳动越闪亮”、成都市三圣小学校“五育并举培育花样少年”、成都师范附属小学校慧源校区“爱劳动爱生活”、成都市天涯石小学校“聚焦城市劳动者培养的小学劳动教育实践体系”、区教育科学研究院附属中学“劳动教育的落地生根与推陈出新”、成都七中育才学校汇源校区“筑牢底色教育成就精彩人生”7个案例入选“成都市劳动教育优秀案例”。明确“一室多用、一地多用”的思路，鼓励学校建设劳动教育场所。校内固定劳动教育场所建成率94.4%。

**【艺术教育发展】**锦江区成立教师合唱团，筛选50名懂合唱、能指挥、会教学的教师加入。持续开展班级演奏会、校园新年音乐会等艺术活动，学生参与率100%。区域内学校各自聘请一名文艺工作者或非物质文化遗产代表性传承人担任艺术副校长。成都市第十七中学校、成都市娇子小学校、成都市田家炳中学校、成都市驸马小学校、成都市锦官驿小学校、成都市锦江外国语小学校、成都市盐道街小学校东区入选“成都市传统工艺百校联盟”。成都市七中育才学校水井坊校区戏曲节目《梨园拾趣》和成都市盐道街小学校卓锦分校金钱板节目《中国少年奋进明天》参加成都市中小学生戏曲成果现场展演，成都市盐道街小学校卓锦分校金钱板节目《车耀先》参加全国中小学生戏曲展演。有366名学生获国家级艺术类竞赛奖项，有783名学生获省级艺术类竞赛奖项，有3123名学生获市级艺术类竞赛奖项。

**【“教育故事分享荟”活动】**锦江区开展第四届“教育故事分享荟”暨原创作品征集活动，优胜者由叶德元教师基金奖励。各校（园）结合师德师风学习教育，开展“讲好锦江教育故事”活动，采取歌唱、舞蹈、音乐剧、朗诵等形式，宣传师德先进教师、支教教师、名优教师、党员模范教师的先进事迹。活动期间，征集故事作品52个，有146名参加活动的教师获叶德元教师基金奖励。

**【六大工程实施】**锦江区实施优质学校扩面工程，发挥名优学校引领和辐射作用，带动新优质学校培育工作，促使新建学校高起点办学；实施教育质量提升工程，建设“锦江好课堂”；实施教师素质赋能工程，构建全职业生涯周期教师专业成长体系，培育德艺双馨的教师队伍；实施教师关心关爱工程，增强教师职业荣誉感和幸福感，激发教师干事创业激情，弘扬尊师重教的风气；实施监测评价改革工程，优化区域教育质量监测体系，探索“以教育质量综合监测创新教育评价改革”新路径，促进学生德、智、体、美、劳全面发展；实施家校社协同共育工程，构建“有课程、有师资、有阵地”和“社区全域、学校全力、家庭全部、父母全程”的家、校、社“合伙人”服务体系，形成“家家有良训、户户飘书香、人人重教育”的氛围。

**【学生心理健康】**锦江区为中小学校配备专职心理教师105人，配备率131%，居成都市各区、市、县首位。选送267名教师参加成都市学校心理辅导员A证、B证、C证培训。其中2名教师参加A证培训，99名教师参加B证培训，166名教师参加C证培训。开展“脑与心理发展”赛课活动，有27项课例分获一、二、三等奖，推荐的5个课例获市级一等奖3个，市级二等奖2个。参加成都市中小学心理健康教育工作会，交流工作经验。

**【低碳节能主题教育】**锦江区启动“绿色低碳节能先行”主题教育活动，利用“世界地球日”“世界水日”“全国生态日”“全国节能宣传周”等节点开展“低碳知识进校园”活动，引导师生践行绿色发展理念。区教育局会同锦江生态环境局开展“生态惠民·焕彩锦江——我身边的生态惠民场景探寻”活动。组织学校申报“成都市‘蓉城智碳’生态环保科普教育创新项目”。区域内中小学校生活垃圾分类教育覆盖率100%，师生垃圾分类知识知晓率100%。成都市盐道街小学528校区、四川师范大学附属中学外国语学校获“2021年成都市垃圾分类示范校园”称号。

（杨岚、马鹤）

## 学前教育

【概况】2022年，锦江区坚持普惠优质发展思路，优化普惠性学前教育资源配置，构筑广覆盖、保基本、有质量的学前教育公共服务体系。采取分类登记备案方式管理营利型民办幼儿教育机构，登记民办幼儿园2家。新建公办幼儿园4家，认定普惠性民办幼儿园1家，增加学前教育学位2160个。公办园在园幼儿占比达51.84%，普惠性幼儿园覆盖率82.11%。新增省级示范园4家、成都市一级幼儿园5家，区域优质学前教育覆盖率98%。开展幼儿园和小学衔接试点工作，创建为“四川省幼小科学衔接实验区”。承办“四川省学前教育宣传月”活动启动仪式，创办学前教育博物馆，多维度宣传学前教育政策，展示学前教育成果。

【普惠优质发展】锦江区椰树幼儿园、学府幼儿园、驸马幼儿园、东润幼儿园建成投用，新增公办学前教育学位1890个。建成启迪幼儿园，获普惠性民办幼儿园认定，新增普惠性学位270个。4家幼儿园创建为省级示范园。包括成都市第二幼儿园、成都市第二幼儿园沙河园区、成都市第三幼儿园国际新城园区、成都市第一幼儿园卓锦园区。5家幼儿园获成都市一级幼儿园认定。分别是成都市第一幼儿园海棠园区、成都市第二幼儿园锦馨园区、成都市第三幼儿园汇泉园区、成都市锦江区树基福幼幼儿园、成都市锦江区学文锦城幼儿园。

【幼小衔接】锦江区出台《关于幼儿园“去小学化”的指导意见》《幼小科学衔接示范性幼儿园评估标准》，启动幼小衔接工作。承办“幼小衔接我们在行动”2022年四川省暨成都市学前教育宣传月启动仪式。参加四川省和成都市的幼小科学衔接工作推进会，交流幼小衔接工作经验。

【学前教育博物馆】锦江区发挥成都市第三幼儿园的资源优势，创办学前教育博物馆。5月，锦江区学前教育博物馆建成投用。采用史料展陈、场景复原、互动体验、多媒体技术等手段，再现中国学前教育发展历程，填补中国无学前教育博物馆的空白，成为全国幼儿园教师国家级培训基地。

（杨岚、马鹤）

2022年5月30日，“幼小衔接 我们在行动”2022年四川省暨成都市学前教育宣传月启动仪式在成都市第三幼儿园举行

（成都市第三幼儿园提供）

## 义务教育

【概况】2022年，锦江区以提升优质均衡发展水平和提升群众满意度为目标，提出“绘制优质教育新地图”的理念，推进义务教育高位优质均衡发展。在推动公办义务教育阶段学校建设的同时，遵循“一校一策”原则，促进民办义务教育发展。10月，通过“全国义务教育优质均衡发展区”省级督导评估。省政府教育督导委员会评价为“四川义务教育发展新的里程碑”。国家义务教育质量监测结果显示，锦江区的“国家认同度”“中华优秀文化”“创新意识”“科学学业”等指标普遍高于四川省和全国的平均水平。数学学业成绩、心理健康等四年级18项指标和八年级11项指标在全国所处等级为10星，达到最高等级。参照国家义务教育优质均衡校际差异系数标准，锦江区小学校的差异系数为0.14，初级中学校的差异系数为0.15，小学校的差异系数较国家标准低0.36，初级中学校的差异系数较国家标准低0.3。义务教育阶段的学生体质健康合格率达97%。

【优质学校创建】锦江区持续推进优质学校创建工作，选送锦江实验学校、成都市盐道街小学东湖分校、成都市和平街小学、锦江区银杏小学申报市级新优质学校。义务教育阶段学校的优质学校创建率100%，优质学校覆盖率100%。

表 37　2022 年成都市锦江区优质学校分布情况表

| 序号 | 学校名称 | 地址 |
|---|---|---|
| 1 | 锦江实验学校 | 成都市锦江区蝶花街 577 号 |
| 2 | 成都市盐道街小学校东湖分校 | 成都市锦江区锦丽路 270 号 |
| 3 | 成都市和平街小学校 | 成都市锦江区竹林巷 62 号 |
| 4 | 成都市锦江区银杏小学校 | 成都市锦江区杨树街 177 号 |
| 5 | 成都市七中育才学校学道分校 | 成都市锦江区滨江东路东南里 5 号 |
| 6 | 成都市锦江区教育科学研究院附属中学校 | 成都市锦江区楠丰路 77 号 |

【优质教育链】锦江区整合成都七中育才学校和四川师范大学附属中学等名校资源，创办初级中学 2 家。分别是成都市七中育才学校华兴分校、四川师范大学附属中学锦华分校。优质教育资源覆盖 11 个街道，优质教育链全覆盖。

表 38　2022 年成都市锦江区优质教育链学校分布情况表

| 序号 | 学校名称 | 地址 |
|---|---|---|
| 1 | 成都市七中育才学校水井坊校区 | 成都市锦江区双槐树街 54 号 |
| 2 | 成都市七中育才学校汇源校区 | 成都市锦江区汇泉南路 336 号 |
| 3 | 成都市七中育才学校银杏校区 | 成都市锦江区银木街 38 号 |
| 4 | 成都市七中育才学校学道分校 | 成都市锦江区滨江东路东南里 5 号 |
| 5 | 成都市七中育才学校华兴分校 | 成都市锦江区静祥路 150 号 |
| 6 | 四川师范大学附属中学 | 成都市锦江区海椒市街 103 号 |
| 7 | 四川师范大学附属中学锦华分校 | 成都市锦江区经天西路 69 号 |
| 8 | 四川师大附中外国语学校 | 成都市锦江区大观堰街 2 号 |

【小学德育】锦江区以宣传习近平新时代中国特色社会主义思想为目标，编印《悦读红色基因》等小学红色教育读本，构建以爱国主义、红色教育为主线的德育课程群。以“从小培养廉洁精神”为目的，开发“童心向廉”系列丛书，出版《以文化人童心向廉》《廉润童心，新时代校园廉洁教育经典案例》，编印《童心向廉》廉洁教育系列丛书。

（杨岚、马鹤）

## 普通高中教育

【概况】锦江区分布公办高中学校 5 家。其中，成都市盐道街中学是四川省一级示范性普通高中，田家炳中学是四川省二级示范性普通高中，成都市第十七中学、成都市第三中学是市级示范学校。另有四川师范大学附属中学。锦江区参加高考的学生中有 2230 人本科上线，较 2021 年增加 269 人。本科上线率 98.2%，上线人数在成都市各区、市、县中排名第一。

【省级示范性普通高中创建】锦江区按照《成都市教育局关于开展 2022 年四川省义务教育优质发展共同体领航学校和四川省示范性普通高中遴选工作的通知》的要求，开展四川省一级引领性示范普通高中和四川省二级示范性普通高中创建工作。四川师范大学附属中学校、成都市盐道街中学校、成都市嘉祥外国语高级中学校按规定申报“四川省一级引领性示范普通高中”。成都市第三中学校、成都市第十七中学校创建“四川省二级示范性普通高中”工作通过评估。

【师德师风阵地建设】锦江区以成都市七中育才学校、四川师范大学附属中学校为师德师风建设阵地，创办思政教育基地和学生发展中心。学生发展中心通过集体教学、专题讲座、生涯模拟等方式，培养学生生涯发展与规划的意识和能力，帮助学生了解兴趣爱好、能力倾向、个性特点与生涯发展的关系，帮助学生合理规划升学与就业目标。

（杨岚、马鹤）

## 职业教育

【概况】2022 年，锦江区坚持“产教融合、工学结合、校企联合”的思路，提升职业教育质量。组织成都市现代职业技术学校等职业教育机构参加省级“三名”工程，争创名校、名专业、名实训基地。鼓励职业教育学校的学生参加高考，改写职业教育领域高考本科零上线的历史。中等职业技术学校有 2629 名学生毕业，有 1571 名毕业生升入高级职业技术院校，有1005名毕业生就业，对口就业率95.43%。

【职业教育领域高考】锦江区明确“就业与升学并重”的发展思路，优化职业教育培养模式。成都市现代职业技术学校开设的本科冲刺班有358名学生参加高考，升学354人，录取率98.8%。其中7人本科上线。

【“三名”工程实施】锦江区按照省教育厅、省人社厅、省财政厅《关于实施四川省中等职业教育名校名专业名实训基地建设工程的通知》要求，启动“名校、名专业、名实训基地”评选工作，选送成都市现代职业技术学校参加省级“三名”工程，被确定为三星立项学校。成都市现代职业技术学校开设的幼儿保育、美发与形象设计2个专业入选省级“名专业”，学校儿童教育服务中心创建为省级“名实训基地”。成都市锦江区华大医药卫生中等职业技术学校与成都悦齿精工科技有限公司校企联合，对标“三名”工程，开展共建活动，实施校外口腔修复工艺专业实训基地提档升级项目。

【职业技能考试】锦江区鼓励职业技术学校优化专业配置，提升职业技能考试水平。成都市锦江区华大医药卫生中等职业技术学校开展试点工作，增加护理专业职业技能等级证书考试项目，有77人取得护理专业职业技能等级证书。组织学生参加职业院校技能大赛、中等职业学校师生技能大赛、美容美发专业技能大赛等技能竞赛，有9名学生获国家级奖励，有3名学生获省级奖励，有24名学生获市级奖励。

（杨岚、马鹤）

## 社区教育

【概况】2022年，锦江区明确“多角度、多方位、多渠道”的工作思路，针对青少年群体、老年人群体，持续推动社区教育工作。以政府名义启动青少年家庭教育和社区教育专项行动计划，成为全国第一个由政府实施的促“双减”政策落地专项行动。建立家校共育机制，提升家庭教育质量。采取增设老年教育学校、开发老年适龄课程、实施能力建设项目等方式提高老年教育质量，建成“老年教育网上学习圈”，各类老年教育培训班开课200次。参加全国和省市举办的社区教育评选活动，牛市口街道王珂皓获“全国百姓学习之星”称号，牛市口街道陈郁锟获“四川省社区教育最美志愿者”称号，成龙路街道国槐社区罗莉获“成都市社区教育先进工作者”称号，牛市口街道陈郁锟、成龙路街道姚德英获“成都市最美志愿者”称号，“‘锦小牛’教育暖‘新’服务品牌”入选“成都市社区教育终身学习品牌项目”，区社区教育学院获“成都市能者为师优秀组织奖”，书院街街道社区教育学校入选“成都市优秀成人继续教育院校”，联合国教科文组织批准区教育局为“城市社区学习中心（CLC）能力建设项目全国实验点”。

【家庭教育】锦江区开创“家庭教育宣传周”活动品牌，开展家庭教育宣传活动150次，服务家长20万人。开设第六期家庭教育指导员培训活动，培训学员300人。包括家庭教师124人、家长146人、社区干部30人。培训合格率100%。利用互联网“智慧家长”学习平台，开设“智慧家长云课堂”，邀请专家定期开课，培训家长20万人。创立“家传锦训”家风家训品牌，引导家庭重视家风家训教育。采取课题调研、培训、主题活动、评先评优等方式开展未成年人家庭教育，获省级奖项2个。其中“四川省五好家庭”1个、“四川省家庭工作先进个人”1人。另有1个家庭入选“四川省最美家庭”评选名单。

【老年教育】锦江区在锦官驿、牛市口、东湖、锦华路、成龙路、柳江6个街道增设老年教育学校，实际建成老年教育学校11家，实现老年教育机构全覆盖目标，提前一年完成市教育局部署的“所有街道建成老年教育学校”的工作任务。利用互联网提升老年教育质量，建设“老年教育网上学习圈”。锦江区“老年教育网上学习圈建设”入选教育部社区教育“能者为师”实践创新项目首批名单。

【“合伙人”服务体系】锦江区编制《青少年社区教育行动方案（2022—2024年）》，按照“三有、四全”的标准，构建家、校、社联动的“合伙人”服务体系。“三有”即有课程、有师资、有阵地。“四全”即社区全域、学校全力、家庭全部、父母全程。锦江区构建“合伙人”服务体系案例入选“亚洲教育论坛新时代家庭教育体系化建设十佳案例”。

【能力建设项目推进实施】锦江区秉承“以社区教育助推社区发展治

理”的理念，挖掘社区资源，联动企业，以社区教育为平台，以素质提升为抓手，以活动为纽带，在东湖街道翡翠城社区试点启动城市社区学习中心（CLC）能力建设项目。持续开展“智慧妈妈团”和“爸妈成长营”教育学堂活动，开展“陪伴夕阳·温馨相伴”社区教育实践活动，促进社区成员全龄段、全方位素质能力提升。

（杨岚、马鹤）

## 特殊教育

**【概况】** 2022年，锦江区以“提供更有质量的教育”为目标，构建集特殊教育学校、家庭、社区、医疗机构于一体的协作机制，开展常见障碍类型学生教育研究，安排76名通过入学条件评估的残疾儿童入学，优化教育课程，开展教师培训，推动特殊教育发展。

**【常见障碍类型学生教育研究】** 锦江区研究常见障碍类型学生群体的教育方法，完成课题“医教一体化下促注意缺陷多动障碍学生支持策略的实践”，获成都市教育科研课题阶段评审一等奖。

**【家长指导】** 锦江区编印《特殊儿童家长指南（小学篇）》，联合医院、学校、社区开展家长沙龙活动，以学校为单位开设家长工作坊，为家长提供咨询服务。指导家长管理小学阶段的特殊儿童，为智力障碍、孤独症谱系障碍、注意力缺陷多动障碍等不同类型的特殊学生成长助力。

**【学段服务拓展】** 锦江区开展融合教育试点工作的2家幼儿园拓展学段服务内容，采取课堂支持、个别干预、家校合作等方式开展幼儿教育、干预以及沟通家庭等工作，提升特殊幼儿的能力，帮助特殊儿童适应幼儿园生活。

**【融合教育教学】** 锦江区编制融合班级评价表、资源室教学评价表，评价教师教学设计、教师教学有效性、学生学习有效性、教师基本素养四个方面情况，促进融合教育教学规范发展。

**【培智职业高中班创办】** 锦江区根据教育部颁布的《中等职业学校设置标准》，向省教育厅提交中西面点、家政服务与管理、园林绿化3个专业的设置备案表。6月，省教育厅、省人社厅批准区特殊教育学校开设培智中职班。

（杨岚、马鹤）

2022年5月31日，锦江区在锦江教育资源云平台举办“童心向廉点心灯 清廉齐家育新人”庆“六一”暨第八届“童心向廉”展播活动，播出成都嘉祥外国语学校、成都师范附属小学等单位的选送节目，吸引10万人观看（区教育局提供）

# 文化·社会科学·体育

## 文化

【概况】2022年，锦江区以习近平新时代中国特色社会主义思想为指导，坚持社会主义先进文化导向，坚持“文艺为人民服务、为社会主义服务”原则，坚持“百花齐放、百家争鸣”工作方针，以提高人民幸福度和满意度为出发点，引导和鼓励文艺工作者创作弘扬时代主旋律的文艺作品，举办“喜迎二十大·奋进新征程”书法名家邀请展等文艺活动95次。以东湖街道、牛市口街道为试点，实施综合性文化服务中心提升打造项目，推动基层文化服务阵地标准化建设。建成作家协会、书法家协会、音乐家协会、摄影协会、诗词楹联学会、硬笔书法协会、美术家协会等社团组织7个，会员800人。市民学校开设非遗、书法、舞蹈等公益培训班5期。区文化馆获“成都市文化馆图书馆总分馆制建设组织实施先进单位”称号。举办“文化四季风”“走基层”等品牌文化活动46次，开展线上线下群众文化活动700次。参加全国、省、市举办的文艺比赛50次，获奖项30个。参加成都市举办的“百姓大舞台”群众文艺展演暨全民艺术普及培训成果展演活动，区文体旅局获组织工作奖。

【区文化馆建设】锦江区文化馆是公益一类事业单位，是文化和旅游部认定的“国家一级文化馆”。馆址位于成都市锦江区锦兴路91号，馆舍面积4500平方米。利用仁恒置地广场、百扬大厦、西部文化产业中心的“一楼文化”空间开展送春联、摄影展等活动10次，开设瑜伽、声乐、英语等公益培训课程。开展“成都文化四季风·民俗闹春”“我们的中国梦——文化进万家”“我们的节日”“非遗在社区”等文化活动90次，在东门市井、邂逅广场、庆龄码头等点位开展街头艺术展演40次，开展“从锦江出发旅游摄影作品展”等美术展览23次，开展线上文化活动300次。网络平台访问量达490万次，较2021年增加140万次。开设优秀文艺团队培训班，培训文艺爱好者1.2万人。

【区图书馆建设】锦江区图书馆是公益一类事业单位，是文化和旅游部认定的“国家一级图书馆”。馆址位于成都市锦江区锦兴路91号，馆舍面积4500平方米，设置阅览座席422个，365天免费开放，每周三下午闭馆。开放时间9时至20时30分。建成街道分馆11个、社区图书室76个、楼宇分馆6个、图书服务点15个。接待到馆读者129149人，外借图书209689册。总分馆之间流转图书4次6万册。

【基层文化业务培训】锦江区开设锦江大讲堂公益文化艺术讲座12期，组织街道文化专干、群众团队骨干培训。课程包括群众文化舞蹈专题讲座、庆七一红歌献给党合唱专题讲座、“爱成都·迎大运”公益文化艺术创作培训讲座。培训600人。另开展线上业务培训2次，培训图书管理员128人。

【一楼文化】锦江区坚持“将碎时光变成碎欣赏，积淀碎艺术”的思路，持续推动城市楼宇“一楼文化”建设。利用高端商务楼宇、写字楼、城市综合体的一楼公共空间和其他可利用"微空间"，整合社会资源，为楼宇内工作的人群提供碎片化文化服务。通过"一楼文化"现象，为楼宇植入人文关怀，让楼宇成为有质感、有生命、有温度的公共文化空间。区域内的博瑞创意成都大厦、时代8号大厦、仁恒置地广场、天府国际大厦、百扬大厦、西部文化产业中心、新希望中鼎国际大厦建成"一楼文化"空间，持续开展茶艺欣赏、吉他弹唱、古琴演奏、电音精品音乐会等主题活动。

**【全民阅读活动】** 锦江区开展全民阅读活动56次，包括"党史学习教育"阅读活动5次、"关爱老年人"公益讲座1次、"书香进军营"活动4次、"社会主义核心价值观"活动9次、"学在锦江"读书分享会4次、其他读书活动5次、线上阅读活动28次。参与线下读书活动的干部群众3413人，参与线上阅读活动的群众13350人。

**【"我们的节日"活动】** 锦江区发挥"我们的节日"品牌效应，挖掘元宵、清明、中秋、重阳等传统节日的文化内涵，举行"我们的节日"活动7次。2月15日，在华熙LIVE·528广场举办"我们的节日·元宵"文化惠民活动，开展舞狮、川剧等文艺表演，穿插元宵知识问答、游园会，现场设置"糖画""剪纸"等民俗摊点。4月1日，在成都市烈士陵园举办"我们的节日·清明"祭英烈活动，组织机关干部、志愿者、群众参加活动，合唱国歌，向先烈默哀。同步开展"清明节与清明精神"线上民俗文化讲座。6月2日，在成龙路街道国槐社区文体活动广场举办"我们的节日·端午"志愿服务活动，开展文艺演出、民俗展演、非遗体验等活动。8月3—4日，开展"我们的节日·七夕——蓉城艺夏"全民艺术普及月活动，利用区文化馆微信平台开展线上七夕答题送礼活动。9月9—25日，举办"我们的节日·中秋——万人赏月诵中秋"志愿服务活动，开展线上游园会、才艺大比拼等活动。10月4日，在三圣街道综合文化服务中心开展"我们的节日·重阳——天府文化传承"新时代文明实践志愿服务活动，开展古琴独奏、独唱、诗朗诵、广场舞表演等活动。

**【非物质文化遗产传承】** 锦江区开展"畅游成都·体验非遗""文化和自然遗产日""非遗进校园""非遗在社区"等活动18次。创作糖画吉祥物"糖糖"，作为"垃圾分类从我做起"的公益形象。"糖糖"形象的皮影戏宣传广告视频入选成都首届公益短视频大赛，被红星新闻等新媒体播出。拍摄锦江区非遗美食宣传短视频，包括张烤鸭、节节香肥肠粉、豆汤饭等9个美食节目。参加成都非遗抖音作品征集评选推广活动，区文体旅局获优秀组织工作奖，视频节目《张烤鸭》获最佳创作奖，视频节目《豆汤饭》和《青氏油茶》获优胜奖。参加"非遗在社区"新春晚会，区文体旅局获组织工作奖。

**【文艺创作】** 锦江区鼓励和引导文艺工作者创作中共二十大精神宣传、疫情防控、乡村振兴、文明城市创建等主题的文学作品57件、书法作品359件、美术作品156件、摄影作品612件、音乐作品1件。开展签约作家助力"天府旅游名县"创建活动，与区文联签约的6名作家创作反映锦江区历史、展示锦江区风貌的文学作品6件。人民网、新华网报道活动情况。《作家文摘》登载彭志强创作的《锦江，濯锦之江》。

**【文艺活动】** 锦江区以宣传中共二十大精神、弘扬战疫精神、展示锦江风采为主线，组织文艺社团、文艺骨干、文艺志愿者开展系列文艺活动。举办"喜迎二十大·奋进新征程"书法名家邀请展、"锦江艺术季"暨"礼赞新时代·奋进新征程"庆祝中共二十大书画展、"翰墨锦江·丹心颂党"学习宣传贯彻

2022年12月，"礼赞新时代 奋进新征程"成都市锦江区"诗琴画韵"大型晚会举办

（区文联提供）

中共二十大精神书法篆刻作品展、“大美锦江”摄影作品展、“诗琴画韵”大型晚会等文艺活动5次。明确“以艺抗疫”工作思路，以书法、摄影、诗词等形式弘扬战疫精神。举办抗疫文艺作品网络展播活动22期，市文联授予区文联“成都市疫情防控工作中表现突出的文艺组织”称号。提出“文艺助力品位锦江建设”的工作思路，举办“锦绣炉霍十年情·乡村振兴聚合力”主题书画摄影作品征集、“天府锦江·文脉流香”全国征文、“拥抱锦江·大运有我”主题创作摄影采风、“成都十二月市”采风、“品位锦江·幸福城区——锦江区的春天”摄影展、“李劼人文学作品中的成都”读书会、“异质同构”成都·卢布尔雅那当代版画交流展、“濯锦·春苗杯”少儿硬笔书法展。坚持“文化走基层”工作思路，开展文化惠民活动40次，举办“送春联、送万福”文化惠民活动20次。

【文博工作】锦江区联合成都市文物考古工作队锦江工作站开展点将台东街地块和交子金融商务区2个地块的文物考古工作，启动青莲下街城墙遗址回填保护工程和泰祥路明代墓葬搬迁保护项目，完成四圣祠西街36号附3号和附4号民居、龙王庙正街70号民居、广东会馆的保护修缮工作。区域内的成都市李劼人故居纪念馆是省级文物保护单位，位于成都市锦江区菱窠西路70号，占地3303平方米，展区面积411平方米，馆藏文物1204件。长年开展李劼人生平事迹展、李劼人珍藏书画及手稿仿品展。创建为“成都市廉洁文化教育示范点”“成都留学报国教育基地”“成都市干部教育培训现场教育基地”“成都市社科普及优秀基地”。纪念馆365天免费对外开放，开馆时间9时至17时。截至12月，接待游客6.2万人。

（何彦、杨雪莺）

## 地方志

【概况】2022年，锦江区依据市地方志编纂委员会办公室的年度工作要点，创新地方志工作机制，推进自身建设，深化地情文化开发利用，开展方志文化“七进”活动，启动街道（社区）志、文物志、对口支援志的编修工作，完成《锦江年鉴》2022卷编印出版任务。

【地方志人才队伍建设】锦江区采取专聘结合的方式，一体推进地方志人才队伍建设。聘用1名编辑和7名了解区域历史的地方志研究员，组织干部职工参加全国和省市地方志业务培训，整体提升修志编鉴和挖掘利用地情资源的专业能力。

【省市工作任务完成】锦江区按照省市地方志工作部门部署，优化《成都乡镇简志》涉及锦江区的内容。提交文稿4万字、图片50幅。践行地方志资料年报制度，向市地方志编纂委员会办公室报送锦江区年度资料2万字、图片60幅。按照省市年鉴社的征稿要求，完成《四川年鉴》2022卷和《成都年鉴》2022卷的组稿任务，报送文稿各4000字、图片各5幅。

【资政作用体现】锦江区发挥地方志“资政”的作用，在区域规划、城市更新、文旅项目建设、党史学习教育等重点工作中植入方志文化，为成都十二月市博物馆建设提供展陈所需的文字、照片、实物，为“天府旅游名县”创建工作提供历史人文资料，为四圣祠片区的城市有机更新挖掘文化元素。

【“精品年鉴品读季”活动】锦江区按照市地方志编纂委员会办公室部署，组织干部职工开展“精品年鉴品读季”活动，学习《成都年鉴》《北京朝阳年鉴》等中国精品年鉴。要求年鉴编纂人员对照精品年鉴的质量标准，创新编纂方式，丰富记述内容，坚持审校把关，提升《锦江年鉴（2022）》的编纂质量。

【街道（社区）志编纂】锦江区落实《四川省乡镇（街道）、村志编纂工作指导意见》精神和市地方志编纂委员会办公室《关于进一步做好名镇（街道）志、名村（社区）志和成都风土人文丛书编纂工作的通知》精神，按照《关于印发〈锦江区街道（社区）志编纂工作总体方案〉的通知》要求，推动街道（社区）志编修工作。各街道办事处成立编纂机构，明确分管领导，启动资料收集工作。其中三圣街道办事处以比选方式确定承编单位，启动框架设计工作。

【地情资源收集与利用】锦江区遵循“贴近时代、贴近群众”的理念，推动地情资源收集与利用工作。拓展资料征集范围和渠道，建立图文资料信息资源库。开展“方志锦江”微信公众号改版工作，定期推送图文资料，向机关、向社会宣传区史区情。推进方志文化“七进”活动，在区退役军人事务局、区委老干部局以及街道建成史志阅览室7个，配送《锦江区志》《锦江年鉴》《锦江街巷》《百年锦江光影》《锦江记忆》等书籍，为退役军人、离退休干部、社区居民了解锦江历史服务。

【方志馆建设】锦江区建成方志馆，内设观览区、阅览室、研究室等功能区间，展示区域历史人文和发展成就，向干部群众提供志鉴和地情资料查阅服务。锦江区方志馆位于成都市锦江区菱窠路260号档案馆大楼，分设2个区间。其中一层是展示区，面积150平方米；五层与区地方志办公室办公区融合，采取展板形式，利用办公区墙体展示一层空间未展示的历史文化，另设阅读、研讨、查询等功能区间。

【年鉴编纂出版】1月，锦江区按照省市地方志工作部门"一年一鉴"的要求，制发《锦江年鉴（2022）》编纂任务分解表和编纂规范。4月，完成征稿任务，收集75家区级部门和街道办事处的文稿。9月，形成初稿。同时采取公开招标方式，确定排版设计、印刷的供应商，与方志出版社签署出版协议。12月，完成出版发行工作。《锦江年鉴(2022)》设类目20个，出版文字69.7万字。前彩页部分增设《庆祝中国共产党成立100周年》《公园城市建设》等栏目，内文单设专记，记述对口支援情况。

（韩旭、龙倩妤）

## 档案

【概况】2022年，锦江区编制《档案事业发展"十四五"规划》，为推动"十四五"时期档案事业创新发展、转型发展、高质量发展提供遵循。持续推动机关单位和街道办事处的档案规范化建设，收集整理项目建设单位的工作档案，开展档案行政执法检查、文书立卷等工作。推动档案馆和数字档案馆建设，档案馆建设项目列入四川省数字档案馆建设试点单位名单。利用档案资源，向群众提供查询服务。开展"喜迎二十大·档案颂辉煌"等特色活动，宣传档案法规，普及档案知识。截至12月，区级立档单位归集永久保管期限档案13655件、30年保管期限档案7570件、10年保管期限档案4831件。

【档案工作会】10月，锦江区采用线上会议方式召开档案工作会暨业务培训会。会议传达四川省和成都市的档案工作会议精神，解析2022年区级档案工作目标、档案行政执法检查工作，明确归档文件整理规则，部署2022年档案工作。区级各部门、各街道、各功能区管委会、区属国有公司的分管负责人和档案工作人员参会。

【档案法规宣传】6月9日，锦江区开展"国际档案日——喜迎二十大·档案颂辉煌"主题宣传活动。在春熙路商圈的户外电子显示屏播放宣传广告，利用微信等新媒体平台发送档案知识，开设企业档案管理讲座、档案收集整理讲座，在区级部门、街道办事处以及社区、企业、学校张贴宣传宣传海报。开展"打卡我心中的档案馆"活动，邀请群众打卡留言，体验档案服务。参加四川省档案馆举办的"千人读档云"接力活动，利用红色档案资源拍摄读档视频节目，与中建八局西南公司合作制作微课视频。中国档案报、中国档案网等媒体上登载锦江区档案工作的专文6篇。

【档案行政执法检查】5月和9月，锦江区开展档案行政执法检查工作2次，检查区级部门和街道办事处29家，通报2022年档案行政执法检查情况。以督办通知、档案行政指导意见书的方式向受检单位反馈问题，提出整改要求。

【档案查询服务】锦江区接待查询档案群众14350人，为群众提供婚姻、工龄等方面的档案查询服务。查找档案23664卷，复印档案资料21512页，协助171人异地跨馆查询档案。6月，联通全国档案查询利用服务平台，形成档案信息资源共享利用联动机制，实现全国档案信息共享利用一网通办目标。

【特殊档案收集整理】锦江区将疫情防控档案归集工作列入目标考核，接收2020年疫情防控文书档案429件、照片165幅、光盘9个。整理党史学习教育档案1015件、照片60幅、光盘12个。

【重点项目档案管理】锦江区印发《关于开展2022年全区重点项目档案管理登记工作的通知》，要求各建档单位填报重点建设项目档案管理情况登记表，完成39个重大项目档案登记工作。12月，召开重点建设项目档案验收会。区发改局、区住建交局、区教育局、柳江街道办事处的档案工作人员组成验收组，验收锦江大道提升改造工程K0+000至K0+900标段项目、华润片区配套幼儿园项目、成都七中育才学校银杏校区二期项目的档案。

【"成渝地区"档案工作合作】2月，锦江区与重庆市渝中区建立档案工作合作关系。区档案馆与重庆市渝中区档案馆签署助力“成渝地区双城经济圈”建设合作协议，作出在档案资政、档案利用服务、档案宣传开发、档案资源建设、档案科技、档案理论研讨、学术交流等方面加强合作的约定。

（赵晖、雷大秀）

## 社会科学

**【概况】** 2022年，区社科联贯彻落实习近平总书记在促进哲学社会科学发展方面作出的重要论述精神，遵循“为人民服务、为社会主义服务”原则，按照市社科联工作安排，开展社科项目评选工作，推动社会科学研究工作和普及基地建设。联合省农科院、区委党校等单位开展2022年度成都市哲学社会科学规划项目申报工作，获准立项的成都市社科规划项目1个。联合成都许燎源现代设计艺术博物馆开展“成都学术沙龙”社科普及活动19次。

**【社会科学普及阵地建设】** 区社科联向成都许燎源现代设计艺术博物馆、李劼人故居纪念馆、方所书店转拨市社科联资助经费16.5万元，推进社会科学普及基地建设。挖掘社科资源，开展区级社会科学普及基地评选工作，建成“家学文化”等区级社会科学普及基地11个。阿来书房入选第五批“成都市社会科学普及基地”。成都许燎源现代设计艺术博物馆、方所书店通过成都市社科普及基地考核，获“良好”评价。成都许燎源现代设计艺术博物馆申报的“感性盛开”创造力艺术体验馆入选“成都市社科体验馆建设项目”。

**【社会科学研究课题申报】** 区社科联联合省农科院、区委党校等单位开展2022年度成都市哲学社会科学规划项目申报工作。申报课题5个。其中“公园城市都市现代农业高质量发展研究”入选成都市社会科学一般资助类项目。参加2022年度成都市社科规划重点项目申报工作，联合区残联、成都星空里文化发展有限公司申报课题“共建共治共享背景下社会企业参与社区治理的实践探索”，联合区委党校申报课题“成都人口发展战略研究”。

**【社会科学普及活动】** 区社科联依托成都许燎源现代设计艺术博物馆、方所书店参加“成都学术沙龙”活动，开展“设计的三个维度”“从观念到表达”等主题活动19次，获“成都学术沙龙”一等奖2个、二等奖3个、三等奖3个。

（王喜雪、杜祥）

## 体育

**【概况】** 2022年，锦江区持续完善“社区10分钟健身圈”，新建全民健身路径26处，安装健身器材151套，分布室外体育场地1524个、室内体育场地468个，开展健身活动260次。建成市级社区运动促进健康服务站11个，培训社会体育指导员200人。完成国民体质监测任务，监测5250人。推进“世界赛事名城”建设，筹备大运会锦江赛区工作。承办国际比赛2次、国内比赛1次，开展青少年体育竞赛，参加各级各类体育竞赛60次。区文体旅局获“四川省第十四届运动会突出贡献单位”称号。锦江区获成都市第九届全民健身运动会暨成都市第二届社区运动会优秀组织奖、最佳赛区奖。运动员叶沁媛加入四川省女子排球集训队，运动员缪珈瑜加入国家女子排球集训队。

**【体育设施建设】** 锦江区分布全民健身路径491处、乒乓球场254个、篮球场159个、步行道116条、羽毛球场97个、小运动场60个、网球场49个、游泳池39个，分布健身房246个、游泳馆51个、篮球馆26个、台球馆20个、羽毛球馆19个、乒乓球馆19个。建成室外标准化足球场125个。其中十一人制足球场22个、七人制足球场36个、五人制足球场67个。建成室内足球馆2个。

**【全民健身】** 锦江区推进锦江体育中心建设，实施文轩体育文化中心提档升级工程和中港综合健身馆等6个社区配套体育场馆提升项目，在东湖公园、晨辉体育公园、李劼人公园、琉璃公园、大观居民运动场建成社区运动角，新增全民健身场地10万平方米，市民体育场地平均面积达到每人2.4平方米。开展“锦江体育嘉年华”活动、楼宇体育季、“爱成都·迎大运”蓉漂体育季等全民健身活动260次。

**【青少年体育】** 锦江区深化进“体教融合”模式，推动学校体育与青少年体质健康协同发展。采取“线上+线下”方式开展“运动成都·健康锦江”青少年体育竞赛，参赛人数达1万人。开展“十大阳光体育”竞赛活动，发动青少年参加田径、游泳、足球、篮球、排球、乒乓球、网球、武术、棋类、模型的比赛，参赛学生超过20万人。组队参加成都市第二届青少年（学生）运动会，获团体总分一等奖。开展体育教师（教练员）培训5期，培训555人，考核优秀率97%。

**【竞技体育】** 锦江区构建竞技体育后备人才培养体系，推进“引育并重”的竞技体育发展模式，拓展后备人才培养渠道。实施体育人才发展战略，组织传统体育项目学校组建预备队26个，涉及足球、篮球、排球、田径、游泳、轮滑冰球、跆拳道、棒垒球、冰雪等项目。其中市级团队5个、区级团队21个。落实优秀运动员、裁判员入户政策，引进5名冰雪项目国家队主力运动员和1名冰球国际级教练员。选送运动员陈珈瑜参加全国跆拳道总决赛，获冠军。选送运动员雷浩瀚参加国际射联步手枪世锦赛，获男子10米气步枪团体青年组第二名和男子10米气步枪青年组第二名。选送运动员代表成都市参加四川省第十四届运动会，参与篮球、排球、足球、游泳、武术、花样游泳、体操等17个项目的比赛，获金牌、银牌、铜牌111枚。市委办公厅、市政府办公厅授予锦江区“成都市参加四川省第十四届运动会突出贡献单位”称号。

**【学校体育】** 锦江区坚持“每天一节体育课”的方式，以“有序+有法+有量+有度”为内容，推动体育课堂教学体系建设。学生体育考试成绩居成都市区、市、县第一。学生体质健康优良率70.07%，合格率98.41%，居成都市区、市、县第一。参加成都市中小学体育教学直播展评课活动，获一等奖3个。成都嘉祥外国语学校、成都市第十七中学校、成都市盐道街小学校入选“成都市学校高水平运动项目预备队建设重点支持单位”。明确“体教融合”的工作思路，联合各类体育俱乐部、体育协会培训体育教师1000人，学校覆盖率100%，学段覆盖率100%。开展“爱成都 迎大运”青少年体育比赛以及“锦江杯”系列联赛活动520次。组织学生参加各类体育竞赛，获国家级奖项的学生有82人，获省级奖项的学生有348人，获市级奖项的学生有2866人。推进“校园足球强区”建设，建成足球类名师工作室3个，中小学校足球课开课率100%。组队参加第二届四川省“贡嘎杯”足球赛，获亚军。

（何彦、杨雪莺）

2022年5月21日，锦江区举办“爱成都·迎大运”中小学生游泳比赛。活动由区文体旅局、区教育局联合主办，区业余体校、区青少年体育俱乐部、锦江海棠游泳运动中心承办。锦江区40所学校的400名中小学生分别参加高中组、初中组、小学甲组、小学乙组的比赛，角逐蛙泳、混合自由泳等参赛项目。（区融媒体中心提供）

# 卫生·计划生育

## 卫生

【概况】2022年，锦江区分布三级医疗机构9家、二级医疗机构7家、JCI认证医疗机构2家、社区卫生服务中心14家、AAAAA级预防接种门诊7家、诊所589家。执业医师和助理医师5970人、护士8653人。组建家庭医生团队105个，家庭医生签约服务率40.12%，重点人群签约服务率70.53%。推进电子健康档案的质量控制管理工作，有871883人建立居民健康档案，建档率96.55%。区属医疗卫生公共机构生活垃圾分类覆盖率100%。开展爱国卫生运动，实施“健康细胞工程”。创建星级卫生院落5个，星级卫生院落巩固合格率98%。市卫健委批准锦江区为“成都市基层卫生综合改革试点单位”。持续推动医联体建设，形成分级诊疗网络。莲新、龙舟路、锦官驿3家社区卫生服务中心达到“全国优质服务基层行”创建标准。开展居民健康素养监测工作，居民健康素养水平达32.07%。

**表39　2022年成都市锦江区社区卫生服务中心一览表**

| 序号 | 机构名称 | 地址 | 所属街道 | 面积（平方米） |
|---|---|---|---|---|
| 1 | 盐市口社区卫生服务中心 | 成都市锦江区新光华街35号 | 春熙路街道 | 1630 |
| 2 | 春熙社区卫生服务中心 | 成都市锦江区布后街22号 | | 3030 |
| 3 | 书院街社区卫生服务中心 | 成都市锦江区天涯石北街178号 | 书院街街道 | 1104 |
| 4 | 锦官驿社区卫生服务中心 | 成都市锦江区一环路东五段1号 | 锦官驿街道 | 3300 |
| 5 | 牛市口社区卫生服务中心 | 成都市锦江区水碾河南三街48号 | 牛市口街道 | 2013 |
| 6 | 莲新社区卫生服务中心 | 成都市锦江区海椒市街6号 | | 2769 |
| 7 | 龙舟路社区卫生服务中心 | 成都市锦江区锦华路一段115号 | 东湖街道 | 3933 |
| 8 | 双桂路五福社区卫生服务中心 | 成都市锦江区通盈街519号 | 沙河街道 | 3600 |
| 9 | 东大社区卫生服务中心 | 成都市锦江区通汇街26号 | | 4400 |
| 10 | 狮子山社区卫生服务中心 | 成都市锦江区劼人路159号 | 狮子山街道 | 1560 |
| 11 | 成龙路社区卫生服务中心 | 成都市锦江区经天路33号附2号 | 成龙路街道 | 2932 |
| 12 | 锦城逸景社区卫生服务中心 | 成都市锦江区锦逸路99号 | | 2500 |
| 13 | 锦华路社区卫生服务中心 | 成都市锦江区柳翠路199号 | 锦华路街道 | 2167 |
| 14 | 三圣社区卫生服务中心 | 成都市锦江区锦江大道877号 | 三圣街道 | 4400 |

【公共场所卫生监督】疫情期间，锦江区加强公共卫生监督力度，检查公共场所禁止吸烟警示标志、防控措施、信息公示情况，检查公共场所清洗、消毒、保洁情况，多渠道防止疫情扩散。落实《市政府办公厅关于贯彻落实〈国务院无证无照经营查处办法〉的实施意见》《市卫健委关于开展2022年公共场所无证无照经营专项整治的通知》精神，打击无证无照经营行为。排查271家餐饮娱乐业和住宿业商家，发现无证经营单位147家，下达行政指导文书147份，引导19家经营单位办理证照。截至12月，执行行政处罚案件29件。其中一般程序案件8件、简易程序案件21件。罚款88715元，没收违法所得5866元。

【饮用水检测】锦江区检测二次供水单位水样387个，水质达到合格标准。每季度检测12个供水管网末梢水监测点水质，合格率100%。制订生活饮用水抽检计划，每季度抽检现制现售水，检查现制现售水设备49台，抽检率20%。

【校园卫生检查】锦江区落实《四川省卫生健康综合行政执法总队关于开展2022年春季开学学校卫生监督检查工作的通知》精神，开展校园卫生专项检查行动。检查幼儿园78家、小学校35家、中学校21家、大专院校3家。在中考、高考、医师考试、成人自考等节点，检查考点饮用水卫生情况和防疫措施落实情况。

【医疗市场整治】锦江区依据《成都市2022年打击非法行医专项整治行动方案》，发动卫健、公安、市场监管等部门和街道办事处开展医疗市场整治行动。检查医疗机构18家、医疗美容机构2家，向商家宣传《中华人民共和国执业医师法》等法律法规，查处非法诊所1家。收缴违规宣传资料，没收非法药品和医疗器械，下达卫生监督意见书，要求涉事单位停止非法诊疗活动。疫情期间，检查医疗机构的防疫措施落实情况。开展门诊部、诊所检查行动20578次，开展医院检查行动490次，开展社区卫生服务中心检查行动238次，发现问题532个，整改问题497个。办理医疗机构行政处罚案件118件。其中一般程序案件15件、简易程序案件103件，罚款47.26万元。

【医疗废物监管】锦江区建立“互联网+医废监管”工作机制，监督医疗废物收集情况。通过互联网监管平台监控区域内12家二级以上医疗机构的医疗废物产生、流转、运输、暂存情况，实现“信息化动态监管全覆盖”目标。同时定期通报医疗废物在线申报情况。

【分级诊疗】锦江区推动网格化城市医联体试点工作，加快构建分级诊疗网络。成龙路、锦华路、狮子山、锦官驿4家社区卫生服务中心加入成都市第二人民医院网格化医联体，共同为网格内患者提供疾病诊疗、慢病管理、康复、养老等连续性服务。医联体龙头医院下沉社区卫生服务机构坐诊、查房、带教316次，社区卫生服务中心医务人员到三级医院学习、培训134次。医联体龙头医院远程诊疗25607人，医联体成员单位双向转诊2009次。锦江区城市医联体案例被国家卫健委医政医管局和卫生发展研究中心录入《医疗联合体建设案例集》。

【医疗人才队伍建设】锦江区以继续教育为抓手，推动医学领域学术交流。申报市级继续教育项目8个，有350名医护人员参加培训会。开设面授课6次，培训医护人员450人。协办第九届四川国际健康和养老产业博览会，布展面积2万平方米，有400家健康、医疗、养老领域的企业参展。开展岗位培训8次，有775名医护人员考核合格。其中医疗机构放射作业人员171人、抗菌药物临床应用的医护人员385人、病原微生物管理人员75人、麻醉和精神类药品应用管理人员144人。开展医师考核工作，发放合格证书1500个。

【爱国卫生运动】锦江区实施“健康细胞工程”，开展“四川省卫生单位”和“四川省无烟单位”创建活动。锦官驿街道创建为“成都市健康街道”，锦官驿街道大慈寺社区、合江亭社区、水井坊社区创建为“成都市健康社区”。另有5家单位获“成都市健康单位”称号，8家单位获“四川省卫生单位”称号，7家单位获“四川省无烟单位”称号。

【疫病防治】锦江区报告乙类、丙类法定传染病18种，报告发病数4882例，报告发病率528.18/10万。报告发病数较2021年增加1321例，报告发病率同比上升37.10%。报告发病数居前四位的病种依次是流行性感冒，有1366例；手足口病，有530例；感染性腹泻病，有502例；梅毒，有377例。占报告总数的80.13%。另报告乙类传染病例12种2415例，报告发病率261.27/10万。受疫情影响，报告发病数同比上升115.24%。报告死亡病例19例，同比上升26.67%，报告死亡率2.06/10万。

【疫苗接种】锦江区有17家预防接种门诊开展儿童预防接种工作，国家免疫规划疫苗接种率均达95%。其中乙肝疫苗全程接种率99.74%，乙肝疫苗首针及时接种率92.76%；脊灰疫苗基础免疫接种率98.29%，脊灰疫苗加强免疫接种率99.25%；百白破疫苗基础免疫接种率98.73%，百白破疫苗加强免疫接种率99.31%；含麻疫苗第一剂99.44%，含麻疫苗第二剂99.28%；甲肝疫苗接种率99.25%；A群流脑疫苗第一剂次接种率99.46%，A群流脑疫苗第二剂次接种率99.33%；A+C群流脑疫苗第一剂次接种率99.17%，A+C群流脑疫苗第二剂次接种率99.41%；乙脑疫苗基础免疫接种率99.22%，乙脑疫苗加强免疫接种率99.21%；白破疫苗接种率99.35%。免疫规划疫苗接种234212剂次，非免疫规划疫苗接种487161剂次。4月25日，开展“预防接种宣传日”活动，设宣传点位16个，张贴海报95幅，发放宣传手册1597份、宣传礼品1025份，举办“家长课堂”活动20次，播放宣传视频380次，在微信和微博发布宣传信息114条，发送手机短信202条，接听咨询电话390个。

【疾控中心建设】锦江区优化疾控中心编制，加强专业力量，提高公共卫生突发事件的应对能力。疾控中心公开招录12名在编专业技术人员，面向社会招聘10名专业技术人员，在岗人员116人，达到三级乙等标准。疾控中心拥有二级生物安全室5个、标准核酸实验室1个，拥有仪器240台。建成12月，召开疾控中心迁址工程推进会，研究项目地形、坐标方位、设计方案。

【传染病发病情况】锦江区常住人口法定传染病报告发病18种4882例，发病数较2021年上升37.10%。常住人口未发现甲类传染病发病情况，乙类传染病（急性传染病）报告发病率261.27/10万。

【犬伤门诊建设】锦江区6月，组织221名从事犬伤门诊业务的工作人员参加狂犬病防治暨预防接种及信息化上岗培训，考核合格率100%。8月，巩固“四川省规范化犬伤门诊示范区”创建成果，持续推动犬伤门诊建设。8月19日，四川友谊医院犬伤门诊营业。驻区犬伤门诊增至7家。12月，开展犬伤门诊年度督导工作，检查7家犬伤门诊的伤口冲洗一体化设备以及各项诊疗制度落实情况。各门诊平均得分93.95分。截至12月，犬伤门诊接诊的患者17991人，使用狂犬病疫苗的犬伤患者17893人，有2414人注射狂犬免疫球蛋白。常住人口无狂犬病病例及疑似病例报告，未发生一犬伤多人事件，未发生狂犬病疫情。

【狂犬病预防知识宣传】4至5月和9月28日，锦江区分别开展“文明养犬月”“世界狂犬病日”主题宣传活动。设置宣传点位7个，悬挂横幅9条，发布专文8篇，播放宣传视频1个，发放宣传资料1000份、宣传礼品600份，接受1300名群众咨询。

【艾滋病防治】锦江区落实艾滋病防治的政府主体责任，坚持一把手负责制，顶层推动艾滋病预防工作。区政府召开常务会研究艾滋病防控工作，区政府办公室印发《艾滋病防治工作重点任务的通知》。开展社区全覆盖联合督导2次，要求各街道办事处落实艾滋病防治职责，梳理失访、失治的艾滋病患者。承办成都市“世界艾滋病日”宣传活动，采取“线上宣传+现场调研”的方式开展“共抗艾滋·共享健康”主题宣传活动，覆盖40万人。调集公安、卫健等部门开展卖淫嫖娼专项打击行动57次，强制检测354名卖淫嫖娼人员的艾滋病抗体，未发现阳性病例。截至12月，抗病毒治疗覆盖率99.16%、成功率99.47%，病毒载量检测率98.76%。

【慢性病监测与管理】锦江区巩固“国家慢性病综合防控示范区”和“全国健康促进区”创建成果，坚持开展慢性病致死患者的死因监测、重点慢性病发病监测。监测病例涉及肿瘤、急性心脑血管疾病、高血压、糖尿病等慢性病。监测数据为制定慢性病综合防控政策提供依据。截至12月，登记管理的高血压患者44018人，基层规范管理服务率70.01%；登记管理的2型糖尿病患者17880人，基层规范管理服务率70.07%。

【结核病防控】锦江区结核病患者253人，报告结核病发病率35.32/10万。病原学阳性结核病病例149例，阳性率58.43%。组织311名病原学阳性患者密切接触者参加结核病筛查，筛查率100%。登记294名肺结核患者，治愈186人，治疗成功率99.32%。另有104人继续诊疗，有2人非结核原因死亡。开展“结核病防治百千万”志愿者传播、“结核病防治知识进高中”等宣传活动68次。设立重点人群结核筛查点3个，免费为群众检查。筛查37801人，发现病原学阳性肺结核和耐药结核的疑似患者15人。经定点医院诊断，15名疑似患者确诊为肺结核患者。针对42家学校开展专项督查工作，筛查入学新生35798人，筛查覆盖率100%。发现可疑症状者2人、结核菌素实验阳性1618人。处置结核病重点人群预警案件54件，现场处置校园结核病疫情16次，跨区域协查学生和教师疫情14次。

【寄生虫病和地方病防治】锦江区春季和秋季开展查灭钉螺工作，普查面积5.46万平方米，药物灭螺面积5100平方米。开展发热病人风险监测工作，检查血吸虫病患病情况，未发现患者。为775人检测血样，发现6人的疟疾抗体呈阳性。截至12月，报告疟疾病例18例，规范处置率100%，规范治疗率100%。

【健康宣传教育】锦江区推进全民健康生活方式行动，开展“全国肿瘤防治宣传周”“全国高血压日”“全民健康生活方式行动宣传月”等主题宣传活动8次，设宣传点123个，举办健康知识讲座21次，网络宣传121次。培训健康生活方式指导员210人，创建9类84个健康支持性环境。组织各街道办事处、区级部门、医疗卫生单位参加为期21天的全国第七届“万步有约”健走激励拓展赛。开展口腔健康教育活动，组织从事口腔健康业务的医疗和美容机构开展宣传活动20次。区域内36家小学校实施儿童口腔疾病综合干预项目，三年级学生口腔健康检查率95.81%。“锦江疾控”微信公众号发送健康知识信息418条，阅读量达198155次。联合成都市第二人民医院、锦江区妇幼保健院等医疗卫生机构开展“讲遍蓉城”健康素养培训5次，参与群众达4300人。组织医疗卫生机构的健康教育骨干开展技能竞赛，提高从业人员专业水平。

【职业健康管理】锦江区依据职业卫生监督协管工作方案，践行职业健康局际联席会议制度，落实日常监督监管职责，巡查汽车4S店、汽车修理厂、加油加气站、印刷厂、建筑施工企业，调查职业卫生工作情况，要求用人单位落实职业健康主体责任，保障职工健康。工矿和商贸企业的职业卫生基础建设达标率100%。线上线下开展职业病防治宣传活动，宣传《中华人民共和国职业病防治法》。开展用人单位培训，培训企业190家。

【中医药传承】锦江区巩固“全国基层中医药先进单位”创建成果，推进中医药传承创新发展。按照国家和省市中医药管理局“疫情防控中医药干预”的部署，为高风险人群、重点人群熬制药汤34.38万份。推进“百千万”中医专家下基层行动，采取专家坐诊、带教、讲座等方式，提升基层中医药服务能力。区域内65岁以上老年人中医药健康管理率70.01%，0岁至3岁儿童的中医药健康管理率77.04%，中医药服务率55.81%。按照国家、省、市中医重点专科建设要求，加强中医重点专科（专病）建设。成都肛肠专科医院“心裕·济川肛肠医学学派学术精华提升与凝练研究”“川派中医药学术传承和古籍文献整理”2个课题立项，启动“四川省名中医工作室”“全国名中医工作室”创建工作。成都骨科医院、成都锦欣中医医院通过成都市重点专科检查验收，申报省级和市级中医重点专科3个。成都师范附属小学校华润分校申报“成都市中医药文化传承基地”。推荐19人参加传统师承和医术确有专长考核，完成26人的师承备案工作。开展中医药文化宣传活动、义诊活动80次，开设讲座70次，发放宣传资料5000份，介绍中医药的基本知识、诊治原理，普及中医药防病治病知识。

（曾德勇、雷旸娴）

## 计划生育

【概况】2022年，锦江区更新四川省健康档案云平台数据信息，利用平台数据开展出生医学比对工作和死因监测比对工作。以创建“四川省优质服务托育机构”为抓手，推动托幼机构发展和规范化建设。设置免费避孕药具宣传发放点149个，发放避孕套、左炔诺孕酮炔雌醇片、壬苯醇醚栓、壬苯醇醚凝胶，壬苯醇醚膜等避孕药具。落实计划生育利益导向政策，奖励金、和扶助金发放率100%。持续推进孕前叶酸推广工作，为准夫妻提供婚前健康检查服务，为夫妻提供孕前优生检查服务，开展出生缺陷干预工作，宣传优生优育知识。推进宫颈癌综合防控试点工作，开展宫颈癌筛查，筛查1030人。为4917名适龄女性接种人类乳头瘤病毒疫苗。参加健康体检的儿童25765人，参检率98.14%。登记生育服务案例3928例，生育服务登记的办证率100%。锦城逸景社区卫生服务中心5A儿童保健规范化门诊通过市级复核，东大社区卫生服务中心创建为“成都市儿童早期发展示范基地”。复审9家母婴保健专项技术服务机构，合格率100%。四川大学华西第二医院锦江院区通过爱婴医院资格复审。

【人口监测数据质量管理】锦江区清理四川省健康档案云平台异常数据13788个，出生医学比对数据2066个，死因监测比对数据10502个，便民服务比对数据546个。全员人口覆盖率90%，全员人口信息准确率90%，便民服务登记数据与全员人口监测数据一致率90%。

【托育机构】锦江区托育机构47家，提供婴幼儿照护托位3098个，每千人口托位3.39个，超过成都市平均水平。申报省级普惠项目2个，增加普惠托位60个。其中优宝博文汇泉路社区托育中心提供托位20个，华西妇幼托育中心提供托位40个。持续开展示范性托育机构创建工作，指导“萌小窝”“萌玛象”2家托育机构创建“四川省优质服务托育机构”，审核“麦吉可”“奇奥德”“爱尔福”“凯睿奇”“爱贝比”5家托育机构备案信息，在国家托育机构备案信息平台备案。

【计生利益导向】锦江区组织街道、社区开展计划生育利益导向政策宣传活动，兑现奖扶金、独生子女奖励金、扶助金。符合政策的计划生育奖励对象和扶助对象6054人。其中国家特扶对象1878人、区级特扶对象10人、农村奖扶对象963人、城镇奖扶对象138人、独生子女奖励对象3065人。发放扶助金2022.32万元。

【托幼机构保健人员培训】锦江区开展保健知识培训、保健人员技能大赛等活动，提高托幼机构保健人员专业技术水平。开设直播课11次，培训35250人。培训内容包含儿童意外伤害急救、疫情防控措施、小儿推拿、儿童视力保健、儿童常见传染性疾病预防与治疗、儿童心理健康、儿童意外伤害救治。

【孕产妇网格化管理】锦江区户籍产妇3235人，驻区助产服务机构服务产妇27415人。践行孕产妇首诊负责制，建立网格化管理模式，分组分片落实管理责任。通过高危孕妇动态评估，实行分级管理，保障母婴安康。高危妊娠管理率100%，孕产妇死亡率为零，婴儿死亡率1.8‰。

【优生优育】锦江区服用叶酸的待孕妇女5890人，服用率92.89%；叶酸服用依从人数5225人，依从率88.71%；叶酸知晓人数3538人，知晓率96.12%。为1664对准夫妻提供婚前健康检查服务，婚检率87.92%。为1450对夫妻提供孕前优生检查服务，覆盖率98.64%。产妇住院分娩率100%。孕妇艾滋病检测率100%、梅毒检测率100%、乙肝表面抗原检测率100%。0岁至6岁儿童的健康管理率96.07%，5岁以下儿童死亡率3‰。举办出生缺陷优生优育健康知识宣传活动9次，参与者4872人。邀请专家开展一对一优生遗传咨询活动11次。

（曾德勇、雷旸娴）

四川锦欣妇女儿童医院位于成都市锦江区静秀路66号，按国际规范化标准建设，建筑面积9万平方米，三级甲等医院，通过国际JCI认证，提供一站式计划生育、健康保障等服务（区融媒体中心提供）

# 社会生活

## 基层治理

【概况】2022 年，锦江区构建“微网实格”社区治理方案体系，强化“评、奖、补、兑、换”评价激励机制，优化治理网格，开展示范社区、示范小区创建活动，发动志愿者参与微网格治理，工作经验在成都市党建引领“微网实格”治理示范建设会上交流。优化社工薪酬结构，推动社工人才队伍建设。新增社工 46 人，提升职业技术级别的社工 32 人。开展党建引领社区发展治理专题培训 10 次，培训社工 1000 人。发挥党建引领社区发展治理体系优势和组织动员优势，统筹推进“幸福美好生活十大工程”，实施示范社区建设，开展“爱成都·迎大运”社区行动等特色活动，为疫情防控、迎峰度夏节电保供、文明典范城市创建、“大运会”筹办等工作助力。

【省级街道服务管理创新试验区】锦江区按照省级街道服务管理创新试验区创建要求，以“街道呼部门应”工作为抓手，构建社区治理新格局。优化“街道呼部门应”服务基层运行机制，呼叫事项从 45 个增加到 121 个。处置各类呼叫事件 12 万个，办结率 100%。采取“四坚持四转变”的方式，推动老旧院落治理，破解老旧院落治理长期存在的“出行难、停车难、买菜难，问题多、意见多、投诉多”的困境。坚持以党建引领、片区改造、多元联动、人本理念，实现“我要拆”向“我愿改”转变、“单打一”向“组合拳”转变、“单体化”向“社会化”转变、“老旧差”向“优精美”转变。锦江区“街道呼部门应”工作入选“2022 年度全国县域社会治理经典案例”，通过首批省级街道服务管理创新试验区评估。以“四坚持四转变”破解老旧院落“三难三多”难题等 3 个项目入选“成都市城乡社区发展治理最佳创新案例”“成都市城乡社区发展治理优秀创新案例”。锦江区“小牛哥”党建引领快递物流行业融入基层治理项目入选“2022 年度全国社会治理创新案例”。

【“幸福美好生活十大工程”推进】锦江区召开“幸福美好生活十大工程”工作推进会 2 次，组织现场拉练活动 5 次。五福苑小区创建为成

2022 年 3 月，锦江区“我和春天有个约会”街头音乐节活动举办　（区委社治委提供）

都市“幸福美好生活十大工程”现场会观摩点位，得到市委和市政府的主要领导肯定。锦江区智慧养老服务项目入选“成都市‘幸福美好生活十大工程’2022年人民阅卷·十大市民点赞项目”。

**【示范社区建设】** 锦江区明确“示范引领、项目驱动、场景赋能、分类打造”的思路和“巩固提升一批、迭代升级一批、全新打造一批”的指导思想，以翡翠城、总府路、莲花等社区为样板，在22个社区和36个住宅小区开展示范建设。完成2021年度市级示范创建任务的社区12个、住宅小区12个。督院街社区等10个社区创建为市级示范社区，华熙528锦都小区等11个小区创建为市级示范小区。翡翠城社区获“成都市优秀示范社区”称号，喜树路、晨辉、华兴街、皇经楼、红砂、包江桥6个社区和五福苑小区、学道街42号院、汇锦云天小区B区三期、成功红树林小区、锦馨家园A区、绿地云玺小区五期入选“成都市百佳示范小区”。

**【国际化社区集群建设】** 锦江区整合成都爱思瑟国际学校、成都金苹果幼儿园等资源，开展新春游园会、儿童国际文化节、“我和春天有个约会”街头音乐节等活动65次，推动国际化社区集群建设，营造中外共融的社区文化氛围。

**【主题社区建设】** 锦江区根据社区特色，启动主题社区建设。喜树路社区创建为“文化创意社区”，华新、大安桥2个社区创建为“无黑恶、无毒害、无邪教、无命案、无重大安全事故、无群体性事件、无电信诈骗平安社区”，翡翠城社区创建为“老年友好型社区”，塔子山社区创建为“近零碳社区”，皇经楼社区创建为“运动健康社区”，双桂路、九眼桥2个社区创建为“国际化社区”，汇泉路社区创建为“儿童友好社区”。

**【智慧社区建设】** 锦江区依托“天府市民云”手机应用平台，推动社区智慧化建设。在“天府市民云”增设政务服务、公共空间预约、殡葬服务查询3项功能。依托“社智在线”平台建立区、街道、社区三级智慧管理体系，与智慧锦江平台对接，更新社区综合信息平台数据库的人口基础数据91万个，开通“社区疫情防控”“社区保障资金e管家”等服务项目。汇泉路、国槐、喜树路3个社区创建为智慧社区，学道街42号院、塔子山壹号小区等6个小区创建为智慧小区。

**【“微网实格”治理方案体系】** 锦江区持续推动党建引领社区治理，构建方案体系。编制《关于深化党建引领社区“微网实格”治理机制的实施方案》《党建引领社区“微网实格”治理示范建设工作方案》《党建引领社区“微网实格”治理专项经费保障方案》《关于加强网格党组织建设助推党建引领社区“微网实格”治理工作方案》《关于引领青年志愿者积极参与“微网实格”治理机制的工作方案》《关于组织退役军人参与党建引领社区“微网实格”治理工作实施方案》以及微网格员职责清单，制定《党建引领“微网实格”治理工作专班名单及职责规则》《微网实格划分指导规范（试行）》，制发《关于下沉部门资源做强网格责任的通知》《关于做好居民小组工作经费保障的通知》。

**【“七步工作法”实施】** 锦江区开创“七步工作法”，推动社区发展治理。“七步工作法”即“划网格、建组织、组队伍、找对象、明职责、定制度、强保障”，推动基层社会治理向精细化、扁平化转变，织密更加微小的基层微网格治理单元。

**【九要素模式】** 锦江区探索社区治理九要素模式，通过“1册3图1群4清单”，深化社区发展治理。“1册3图1群4清单”即操作手册、网格布局空间地图、网格体系结构图、网格处置流程图、微信群、微网格志愿者清单、特殊人群帮扶结对清单、平时和战时职责清单。

**【治理网格调整】** 锦江区遵循“优治理”理念，采取“划细划小”的方式，以3小时内网格力量基本完成入户排查任务和宣传组织动员的工作量为参考，考虑街区、道路、历史沿革等因素，调整一般网格1000个、专属网格589个，优化一般网格的微网格4239个。

**【网格党组织全覆盖】** 锦江区采取“三建一管”的方式推动党建引领社区发展治理。即符合条件的网格单独建，只有一个党组织的网格转化建，有多个党组织的网格联合建，不符合党组织组建条件的选派党建指导员管理。在一般网格建立938个党支部、党小组，实现网格党组织全覆盖目标。

**【社区物业党建联建项目实施】** 锦江区实施“一主导三服务”社区物业党建联建项目。党委政府引领主导、物业机构靠前服务、社会组织补充服务、国有企业兜底服务的“一主导三服务”社区物业党建联建项目获第三届中国幸福社区范例奖。

**【社区生活空间】** 锦江区在成龙路街道粮丰社区建成 R29 社区生活空间。成龙路街道党工委联合成都市兴东置业有限公司，在 1500 平方米空间内设置党务、政务、便民服务、生活服务、企业服务等场景。同时整合共青团、工会、妇联等群团组织，提供民政、计生、残联、劳动保障、住房保障、教育统计等 11 类 145 个便民服务项目。10 月，开通线上预约功能。居民可线上预约 R29 社区生活空间的服务项目。

**【社工人才薪酬提升】** 锦江区制定《社区专职工作者职业化管理实施细则（试行）》《社区专职工作者职业化岗位薪酬管理实施细则（试行）》，提升社区专职工作者薪酬待遇 2 次，为获疫情防控专项表彰（表扬）的社区专职工作者晋升基本工资，向参与疫情防控的社区工作者发放防疫补助。

**【社区志愿服务】** 锦江区修订《城乡环境综合治理社会力量发动工作考评细则》，考评 11 个街道的社区宣传、志愿服务等工作情况。启动“爱成都·迎大运”社区行动，发动居民和志愿者开展“大运知识进社区”公益宣讲、社区运动会、“天府绿道健康行”等活动。马明宇、黄美佳、缪琴在成都市“大运有我”活动中当选“市民推广大使”，曾和陶入选“成都市 2022 年社区志愿服务十大感动人物”，刘祚华获“蓉城好邻居”称号，楼子树社区和善孃孃志愿服务队、东光聋人之家获“邻里好组织”称号，“慈孝公益大集市·邻里友好服务日”等 3 个活动获“邻里好活动”称号。

**【民主协商示范社区建设】** 锦江区作出“写好街道行政区划调整和社区体制机制改革后半篇文章”的安排，以小区和院落为抓手，开展民主协商试点工作，推进 11 个示范社区建设，提升街道的基层工作统筹能力。创设街道干部、社区干部、居民、志愿者、社工、行业精英共同参与的协商平台，采取“线上 + 线下”方式，帮助群众解决急、难、愁、盼问题。督院街 42 号院入选“成都市小区院落民主协商提能增效试点院落”。

锦江区 R29 社区生活空间　　（摄于 2022 年 区委社治委提供）

**【“蓉城幸福家·水井市井情”项目】** 锦江区锦官驿街道水井坊社区实施“蓉城幸福家·水井市井情”项目，参加成都市首届社区教育服务公园城市示范区建设优秀创新项目评选活动，入选“优秀创新项目”。

**【导游志愿服务站】** 锦江区书院街道福字街社区建成导游志愿服务站，注册志愿者 50 人。每天固定有 1 名社区志愿者值守，开展导览服务，让更多人深度了解街区。导游志愿服务站项目入选“成都社区生活服务好项目”。

**【“和善孃孃”志愿服务团队】** 锦江区柳江街道楼子树社区“和善孃孃”志愿服务团队成立于 2021 年，由 80 名平均年龄 60 岁的女性老年人组成。以“和于家善于行，帮扶是爱温暖是情”为服务宗旨，以志愿服务方式参与社区治理，开启“熟人社区治理”模式。团队入选“成都市十佳社区社会组织”，获成都市社区保障资金优秀项目二等奖。

**【聚力企业社会服务中心】** 锦江区聚力企业社会服务中心成立于 2018 年 4 月，职工 6 人。区总工会为业务主管部门。2022 年，创建为锦江区 AAAA 级社会组织。以“整合社会资源、服务职工需求、促进社会和谐”为宗旨，服务经济发展。建成企业工会一站式服务平台。开展的“四川省成都市新就业形态劳动者关爱行动”入选“2022 年全国工会联系引导社会组织服务职工优秀项目”“第二届四川省劳动领域社会组织公益创投项目”。实施的春熙路时尚活力区“职工之家”管理运营项目入选“第二届四川省劳动领域社会组织公益创投项目”“成都市工惠好项目”。

（郭清平、李建华）

## 社会慈善与救助

【概况】2022年，锦江区探索“审管分离、端口前移”路径，向街道下放最低生活保障审核确认权和特困人员救助供养审核确认权，发放最低生活保障金和特困人员救助金216.8万元。按照新时期对慈善工作的要求，发动公益慈善组织和社会各界开展慈善活动。锦江区社会组织发展基金会、锦江区慈善会募集资金2225.29万元，实施慈善项目242个。沙河街道牛沙路社区、成龙路街道枫树社区申报“成都市慈善示范社区”，创建工作通过评估。四川省民政厅在锦江区锦官驿街道实施的引导慈善力量参与基层治理试点项目通过评估，形成慈善力量参与基层治理的新模式。

【特困人员救助】锦江区印发《特困人员救助供养审核确认权限下放工作操作规程（试行）》，向街道下放特困人员救助供养审核确认权。各街道办事处按照“应保尽保”的要求，综合考虑收支差额，适当降低财产认定标准，确保“不漏一户、不落一人”。确认特困人员45人，发放救助金7.22万元。

【最低生活保障】锦江区探索“审管分离、端口前移”路径，向街道下放最低生活保障审核确认权。参照成都市2022年1月1日制定标准，落实最低生活保障政策。按每人每月870元标准，发放最低生活保障金。每人每月较2021年增加25.96元。截至12月，确定低保人员2373人，发放最低生活保障金209.58万元；向最低生活保障人员发放水、电、燃气“三项返还款”17.42万元。

表40　2022年成都市锦江区各街道最低生活保障人员情况表

| 序号 | 街道 | 最低生活保障人员（人） | 增减（人） | 最低生活保障金（万元） |
|---|---|---|---|---|
| 1 | 春熙路街道 | 175 | −3 | 15.86 |
| 2 | 书院街街道 | 246 | −1 | 21.95 |
| 3 | 锦官驿街道 | 305 | 2 | 27.47 |
| 4 | 牛市口街道 | 466 | 1 | 41.37 |
| 5 | 东湖街道 | 337 | 0 | 29.12 |
| 6 | 沙河街道 | 180 | −2 | 15.60 |
| 7 | 狮子山街道 | 65 | −1 | 6.07 |
| 8 | 锦华路街道 | 193 | 0 | 16.68 |
| 9 | 柳江街道 | 29 | 1 | 2.55 |
| 10 | 成龙路街道 | 350 | 0 | 30.38 |
| 11 | 三圣街道 | 27 | 0 | 2.53 |

【慈善组织活动】锦江区社会组织发展基金会、锦江区慈善会向社会募集资金，开展慈善救助活动。锦江区社会组织发展基金会收入1974.14万元，支出1453.72万元，实施慈善项目230个。锦江区慈善会募集资金251.15万元，支出161.24万元，实施慈善项目12个。疫情期间，锦江区社会组织发展基金会募集价值23万元防疫物资，成都市锦江区慈善会募集价值72万元防疫物资。

【社会关爱援助】锦江区实施社会关爱援助中心提档升级工程，针对因突发情况致贫的特殊群体开展关爱援助工作。区和街道两级关爱援助中心募集资金68.58万元，帮扶803人。

【慈善宣传活动】9月，锦江区按照市民政局部署，开展“慈善文化月”系列活动，举办“99公益日·一块做好事”等活动，弘扬慈善文化。开展“喜迎二十大·益步益行为爱出发”慈善体育活动，在塔子山公园铺设“慈善跑道”，引导市民捐赠步数，传播“多运动就是多献爱心”的理念。

（何婉霞、刘丽娜）

## 残疾人事务

【概况】2022年，锦江区汇聚民政、教育、人社、工会、红十字会、工商联、残联等单位合力，发动社会力量，推动残疾人权益保障体系建设。开展残疾儿童康复救助定点服务机构从业人员职业素养提升培训、家长融合知识培训等活动，提高专业机构和家长的照护能力。开展“公园城市感知行”活动7次，帮助残疾人感受公园城市建设带来的城市美。持续开展康复救助、教育帮扶、就业帮扶、生活救助等工作，优化残疾人生存环境。根据残疾类别，组织残疾人参加全民阅读、共融音乐会、马拉松比赛等文体活动，丰富残疾人精神文化生活。

【残疾人情况】 锦江区有持证残疾人 8448 人。其中肢体类残疾人 3304 人、视力类残疾人 1492 人、听力类残疾人 1303 人、言语类残疾人 91 人、精神类残疾人 1198 人、智力类残疾人 677 人、多重类残疾人 383 人。

【区残联第八次代表大会】 11 月 1 日，锦江区召开残联第八次代表大会。市残联党组书记、理事长胡小东，区委副书记、区政府区长缪晓波，区政协党组书记、主席潘雪松，区委常委、区总工会主席杨世映，区人大常委会副主任邹燕，区政府副区长万科出席会议。区残联理事长陈兰主持会议。参会代表 103 人。会议总结和部署残疾人工作，选举产生区残联第八届主席团和出席市残联第八次代表大会的代表，审议通过区残联第八届执行理事会和专门协会主席、副主席，推荐产生锦江区出席市残联第八次代表大会主席团委员候选人。

【残疾人权益保障体系建设】 锦江区开展关爱残疾人志愿服务活动 72 次，服务残疾人 1052 人，发放慰问金 13 万元，赠送价值 11 万元的慰问品。发动社会力量开展“庆六一献爱心”公益活动，向 30 名听力障碍与言语发育迟缓的残疾儿童捐赠特殊读物，向心智障碍残疾人捐赠图书 300 册。新华保险四川分公司、第一太平戴维斯等机构参加活动。四川达民律师事务所为残疾人提供法律咨询、法律救助服务。

【残疾少年儿童康复救助】 锦江区使用专项资金 813.2 万元，组织 418 名残疾儿童参加康复训练，配备辅助器具，发放手术补贴。使用专项资金 54.04 万元，向 349 名精神残疾人和 119 名精神障碍患者发放服药补贴、阳光住院生活补贴。使用专项资金 10 万元，向 107 名患者发放白内障复明手术补贴。向 9 名 7 岁至 14 岁的残疾儿童、残疾少年提供“送康上门”服务。华西第二附属医院、成都市第一人民医院等 6 家医疗机构向区域内残疾儿童提供诊疗合作服务，为 400 名孤独症儿童提供康复服务。区残联与重庆市巴南区残联等 16 家单位联合开展“星愿·2022 成渝地区”孤独症儿童智能康复助残公益活动，向 100 名孤独症患儿提供免费脑健康检查服务。

【残疾少年儿童教育帮扶】 锦江区实施“锦程圆梦”残疾儿童学前融入性训练项目，开展家长融合知识培训 3 次，开设残疾儿童室内融合集体课程 40 次，完成一对一社会融合训练和个案指导 60 次，服务残疾少年儿童 900 人。

【残疾人就业帮扶】 锦江区开展残疾人就业大调研活动，各机关单位、事业单位、国有企业带头参与，形成《区残联关于机关、事业单位、国有企业带头安排残疾人就业的调研报告》等调研报告。春节期间，开展“就业援助月”活动，向残疾人提供工作信息，审核用人单位申请安排残疾人就业的信息 1600 条。“星空里”辅助性就业基地开展残疾人就业培训 116 次，培育就业辅导员 15 人，帮助 5 名残疾人到社会企业就业。帮助 30 名心智障碍残疾人灵活就业，向 24 名残疾人发放灵活就业补贴 2.88 万元。在沙河街道汇泉路社区举办首届“星星集市”活动和第二届残健共融市集活动，设置展销点位 20 个，销售残疾人策划制作的文创产品。

【残疾人生活救助】 锦江区使用专项资金 27 万元，为 8400 名残疾人购买团体人身意外伤害保险。资助 349 名重度残疾人购买城镇职工基本养老保险，资助 7 名重度残疾人购买城乡居民基本养老保险，资助金额 208 万元。资助 2603 名残疾人和残疾人家庭的儿童参加城乡居民

2022 年 11 月 9 日，锦江区举办“星星集市”活动　（区残联提供）

基本医疗保险、大病医疗互助补充保险，资助金额179.66万元。春节期间，慰问残疾人1230人，发放慰问金24.6万元。端午节、中秋节期间，慰问“阳光家园”的残疾学员78人。截至12月，为2229个残疾人家庭实施“敲门行动”，提供上门助残服务。开展助残志愿服务1105次，向364个困难残疾人家庭提供资金和物资帮扶。为170个残疾人家庭实施居家无障碍改造项目，向38名贫困残疾人发放临时救助金和特殊慰问金17.86万元，向3名残疾人发放驾照补贴4500元，向89名残疾人发放机动轮椅车燃油补贴3.2万元，向911名残疾人发放居家安养补贴107.34万元，向34名低保重度残疾人提供寄宿型托养服务，向34名精神类残疾人和智力类残疾人提供日间照料服务。

【残疾人文体活动】 锦江区组织残疾人参加全民阅读活动，向残疾人发放《习近平谈治国理政》100册、《梁家河》165册。开展“阅世界”读书活动22次，服务残疾人840人。开设手机摄影班等培训班3个，培训残疾人332人。组织残疾人参加例跑活动25次，参加其他体育比赛12次。组织9名视障残疾人参加2022年成都马拉松比赛。“全国助残日”期间，开展“光明影院”无障碍观影活动，《人民日报》予以专题报道。

【榜样激励】 锦江区以榜样力量激励残疾人就业创业。在“全国助残日”期间开展残疾人就业创业表彰活动，向3名就业创业的残疾人颁发“锦粲就业、创业之星”证书，以榜样力量激励残疾人就业创业。残疾人敖章徐参加“成渝双城”残疾人创业先锋评选活动，获自强类银奖。

（赵庆华、肖莉莉）

## 婚姻家庭

【概况】 2022年，锦江区发挥“合江亭最美婚姻登记所”影响力，开展“婚姻家庭辅导进社区”“锦遇良缘”等特色活动，推动“四川省婚俗改革实验区”建设。为10022对居民和140对涉外人士、涉港澳台人士办理婚姻登记手续。举办第二届“锦遇良缘 浓情相伴”集体婚礼暨颁证仪式。

【婚姻登记】 锦江区分布婚姻登记处2处。分别是合江亭婚姻登记处、民政局婚姻登记处。为7330对新人办理结婚登记手续，为1916对夫妻办理离婚登记手续。

【最美婚姻登记处】 锦江区合江亭婚姻登记处位于成都市锦江区天仙桥南路1号，西邻听涛坊，面向合江公园和兰桂坊，距合江亭100米，地处以“爱情、浪漫”为主题的“1314爱情专线”范围。内设结婚登记区、等候区、颁证区、婚姻辅导服务区，配备集指纹录入、人脸识别、身份证读取等功能于一体的智能机。并以生态价值转化为导向，推动生态场景与婚姻场景同向互动。婚姻登记环境从“办公程序化”向“生态美学化”转变，向市民提供智能化、便捷化、人性化的婚姻登记体验，被誉为“最美婚姻登记处”。

【“婚姻家庭辅导进社区”活动】 锦江区在沙河街道汇泉路社区、锦官驿街道点将台社区设置点位，开展“婚姻家庭辅导进社区”活动。开展婚姻辅导宣讲活动5次，发放宣传资料2000份。

（何婉霞、刘丽娜）

## 殡葬服务

【概况】 2022年，锦江区开展“线上线下”结合的方式，宣传节地葬和文明祭扫，无燃烧香烛纸钱现象。发放惠民殡葬补贴293.1万元。

2022年5月20日，锦江区举办第二届“锦遇良缘 浓情相伴”活动　（区民政局提供）

【文明祭扫】锦江区印发宣传海报、宣传手册4000份，倡导绿色文明祭扫方式。清明节期间，金沙陵园举办第八届生态礼葬集体树葬活动，竹望山公墓举办“保护环境，将生命融入到自然中”清明生态花葬活动。到墓园祭扫的群众27万人。

【惠民殡葬补贴】锦江区依据《关于进一步优化惠民殡葬政策实施办法的通知》，向3676名逝者的家属发放基本殡葬服务补贴245.3万元，向216名逝者的家属发放节地生态葬奖补金47.8万元。

【成都东郊殡仪馆】成都市东郊殡仪馆始建于1963年，是成都市最早从事殡仪和火化业务的机构，提供遗体接运、停放、守灵、火化及骨灰寄存等服务。服务范围涵盖成都市主城区及周边区县，平均每年火化遗体18000具。馆址位于成都市锦江区大安桥路639号，占地面积6.6万平方米。

（何婉霞、刘丽娜）

## 就业创业

【概况】2022年，锦江区建立就业困难人员实名制管理制度和就业创业一站式服务机制、筹岗机制，兑现就业创业补贴政策、创业贷款担保政策，创办就业超市，创建市级创业孵化基地，举办“百日万企”“成渝双城人才荟”“蓉漂人才荟”等招聘活动180次，依托规模以上人力资源机构，解决群众就业难、企业用工难的问题。以大师工作室创建工作为抓手，提升职业技能培训水平。开展职业技能培训，培训20389人；开展劳务培训，培训694人；开展创业培训，培训1898人。发放创业补贴66万元，为17家小微企业申请创业担保贷款2987万元。城镇新增就业16346人，失业人员再就业5083人，就业困难人员就业1058人。就业困难人员就业率92.37%，城镇登记失业率小于3%。到锦江区创业就业的高校毕业生5415人，离校未就业高校毕业生就业率100%。

【直播带岗活动】6月28日，锦江区在银石广场24层智联招聘直播间开展“万企同行 职等你来——百日万企”高校毕业生直播带岗活动。现场发布知识产权顾问、专利代理人、市场主管、网络信息管理员、前厅主管等岗位49个。在线观众3617人，有136人现场投递简历。

【就业困难人员实名制管理】锦江区实行就业困难人员实名制管理，分别建立求职登记台账和失业登记台账。各街道办事处加强日常调查，动态更新就业困难人员台账信息。依托街道公共就业服务平台，掌握就业困难人员的就业状况、政策保障情况、就业能力、就业愿望，为针对性提供就业援助夯实基础。截至12月，新增就业困难人员440人。就业困难人员台账动态管理率100%。有53家单位录用就业困难人员3432人。

【就业创业补贴】锦江区发放稳岗补贴6046.51万元，惠及企业和个体工商户2.2万家；发放困难行业稳岗补贴2071.23万元，惠及企业8086家；发放一次性扩岗补助71.7万元，惠及企业253家；发放社保岗位补贴844.94万元，惠及企业310家、企业员工7280人；发放职业培训补贴2460.76万元，惠及求职人员2万人；发放灵活就业社保补贴327.73万元，惠及3033人；发放技能提升补贴368.65万元，惠及2186人；发放失业保险金9459万元，惠及60480人；发放失业补

2022年6月28日，“万企同行 职等你来”锦江区2022年百日万企高校毕业生直播带岗活动举办

（区人社局提供）

助金 172.76 万元，惠及 8638 人。

【职业指导】锦江区针对慢就业、缓就业的高校毕业生开展就业指导工作，帮助高校毕业生树立正确的职业观和职业平等、劳动光荣的观念。在四川师范大学开展“公共就业服务进校园”活动，鼓励高校毕业生参加职业提升培训，增加就业机会。向高校毕业生提供职业指导服务 145 次，服务大学生 500 人。

【就业培训】锦江区依托 OST 传媒孵化基地，采取市、区共建方式，建设成都市“春熙达人”直播产业技能人才评价基地，提升直播领域的职业技能培训水平。建立政府、企业、院校合作机制，与四川舞东风超市有限公司等 4 家企业共建“金牌店长”“锦城管家”2 个技能人才实训空间，一体化推进职业教育、就业促进、产业发展。开创“品牌定制 + 职业标准 + 单项技能 + 考核评价”四位一体培训模式，精准对接市场需求，开展品牌定制培训，培育“春熙达人”技能培训品牌。落实“成都市助企健康发展 30 条”的政策和举措，支持 32 家文旅企业开展酒店服务、综合运营师等项目制培训，培训 4244 人。建立培训需求调查信息动态发布机制，发布培训班开班信息 122 条，开展职业技能培训 87 期。另培训有创业意愿的高校毕业生 186 人。

【创业载体建设】锦江区以锦江·四川高校大学生创业基地、四川师范大学科技园、成都国家广告产业园艺哈大学生创业孵化基地为载体，探索“政府主导 + 市场主体”的公共创业孵化模式。为进驻 3 个园区的创业者申请创业补贴，提供创业提升培训、创业政策咨询等服务，营造“近者悦、远者来”的创新创业环境。桉树林创客空间创业孵化基地、红星路 35 号企业孵化器申报市级创业孵化基地，四川师范大学科技园入选省级创业孵化基地。

锦江就业超市　（摄于2022年 区人社局提供）

【筹岗机制建立】锦江区针对高校毕业生就业问题，探索岗位供给新路径，建立“市场主体 + 公益托底”筹岗机制，通过就业超市、青年人才服务中心、人力资源市场、街道、社区筹集就业岗位。筹集平面设计、三维动画设计、软件开发、信息技术应用等岗位 22651 个，另筹集基层服务类岗位 608 个、社会实践类岗位 578 个、托底安置类岗位 247 个。人力资源市场安置就业 2 人，有 257 家小微企业和社会组织录用高校毕业生 3848 人。

【大师工作室建设】锦江区引导高新技术服务业、现代金融服务业、文化创意产业的高职院校参与市级高技能人才培训基地创建工作，引导行业技能带头人创办大师工作室。四川邮电职业技术学院、四川时代花木职业学校申报市级技能竞赛集训基地，成都市林波焊工技能大师工作室、成都市彭慧茶艺技能大师工作室、成都市肖志林中式烹调技能大师工作室申报市级技能大师工作室，创办成都市胡勇刚汽车维修工首席技师工作室。

【就业超市】锦江区采取政府主导、市场运作的模式创办就业超市。针对高校毕业生、被征地人员、退役军人、城市困难群众 4 类群体，创办互联网总店 1 家，创办社区连锁店、超市旗舰店、产业特色店、创新创业店、机构市场店各一家，形成“1+5”体系。互联网就业超市总店与省市就业平台数据链接，收集市场主体、政府单位的用人信息以及公益性岗位信息。同时根据求职信息自动匹配岗位，每周向求职者推送岗位 3 个，供求职者选择。社区连锁店覆盖 36 个社区，服务延伸至小区院落。社区连锁店开展“就业服务进院落·就业岗位就地选”招聘活动，向小区院落投放二维码，鼓励群众扫码了解供岗信息。社区连锁店设服务网点，推出手工编织等居家灵活创业项目。锦江区公共创业孵化空间提供创业工位、创业指导、创业培训、创业孵化等服务，扶持各类群体创业就业。建成喜树路社区高质量就业创业指导中心、国槐社区培训驿站，引导社区连锁店标准化建设。产业特色店以锦江区六大产业为依托，开展企业人才需求调查。调查企业200家，掌握企业的人才匹配度和供给需求。安排35名人力资源服务专员一对一联系企业，为企业提供用工保障。"1+5"就业超市通过信息交互、智能感知、识别管理，为重点群体就业提供精准匹配、定向推送、跟踪监测等服务。截至12月，互联网就业超市总店注册企业会员单位535家，注册求职人员21321人。提供就业岗位20961个，供岗信息量较2021年增长54%。在线投递求职简历的人数达到9677人。

（黄洁、吉健）

## 社会保险

**【概况】** 2022年，锦江区开展社保基金"管理提升年"行动，开展社保法规宣传教育活动9次，采取日常核查与重点排查相结合的方式监管社保关系转移、社保费补缴、视同缴费年限认定、提前退休审批等工作，提高社保业务经办能力。持续开展社保稽核工作，查处存疑信息149条。完成成都天府国际机场高速公路建设项目涉及的658名被征地人员的社保建档和划账工作。持续推动社保精准扩面工作，鼓励特殊行业从业人员参加养老保险。落实养老金调整政策，提高退休人员的养老金待遇。截至12月，企业职工基本养老保险参保人数632178人，较2021年增长22.7%；城乡居民养老保险参保人数3158人，较2021年增长20.76%；机关事业单位养老保险参保人数16101人，较2021年增长1.6%。

**【在职人员和失业人员社保】** 锦江区在职人员参加社会保险人数579628人，较2021年增长24.41%；失业保险参保人数352357人，较2021年增长7.45%。

**【工伤保险】** 锦江区实施《工伤保险医疗费审核实施办法（试行）》，编印《社保基金管理制度汇编》，采取专家会审和三级审核的方式审查工伤医疗保险报销资料，确保工伤保险支付准确。按照市人社局、市财政局制发的《关于印发〈成都市公务员工伤保险实施办法〉的通知》要求，为公务员、参公事业单位工作人员办理工伤保险登记和缴费手续。公务员、参公事业单位工作人员的工伤保险参保时间从2018年1月计算，参保率100%。截至12月，工伤保险参保人数377847人，较2021年增长13.73%。

**【社保基金"管理提升年"行动】** 锦江区按照省人社厅和市人社局部署，明确"强保障、健机制、夯基础、优措施"的工作思路，实施社保基金"管理提升年"行动。利用《锦江要讯》和微信公众号"锦界"宣传《社会保险基金行政监督办法》，开展自查工作，填报社保基金"管理提升年"行动落实情况评估表，处理部省、市反馈的社保基金预警信息1326条。社保基金"管理提升年"各项工作通过市人社局纪检组验收。

**【社保经办能力建设】** 锦江区以四川省社会保险信息平台（共建版）上线运行为契机，制定《切换上线全省社会保险信息系统（共建版）实施细则》《切换上线共建版系统应急处置方案》，开展业务培训。要求社保经办窗口的工作人员每个工作日8时40分到岗，8时50分开始办理业务。同时安排专人，采取轮岗轮值方式，帮助指导在自助服务区办理业务的群众操作智能设备。开通11个企业经办QQ群，安排专人管理，为企业提供咨询服务。

**【社保稽核】** 锦江区持续开展社保稽核工作，查处重复领取养老金信息8条，追回社保基金11.27万元（含2021年度追回的社保基金5.37万元）；查处服刑人员违规领取待遇信息27条，追回社保基金9.37万元；查处死亡人员冒领养老待遇信息4条，追回社保基金7.36万元。另查处居民身份证号码或姓名不符合校验规则的信息6条、违规参保缴费信息10条、身份状态异常信息1条、生存状态异常信息68条、冒名领取信息1条、补发养老金超标信息23条、其他信息1条。核查社保基金网络监督预警信息352条。受理社保权益举报案件972件，追回社保基金98.03万元。

**【养老金调整】** 锦江区根据省人社厅、省财政厅制发的《关于2022年调整退休人员基本养老金的通知》规定，调整企业退休人员和机关事业单位工作人员基本养老金。7月31日，完成调整工作。涉及企业退休人员48827人，补发2022年1—7月的养老金3431.89万元，平均每人增资100.41元；涉及机关和事业单位退休人员6700人，补发2022

年1—7月的养老金791.6万元。按每人每月增加5元的标准，提高城乡居民基础养老金补贴，从2022年1月1日开始计算。同时按照四川省规定，在每人每月增加5元的基础上，每人每月再增加5元，从2022年7月1日开始计算。

**【机关和事业单位人员退休补贴】** 锦江区印发《机关事业单位一次性退休补贴兑现工作流程》，采取分批兑现的方式，启动退休人员一次性退休补贴发放工作。2014年10月至2015年12月退休的机关和事业单位人员111人领取一次性退休补贴。

**【医院退休人员养老保险】** 锦江区落实省政府制发的《关于妥善处理我省原机关事业单位养老保险试点有关问题的通知》精神，依据《区政府七届二十四次常务会会议纪要》，开展改制医院养老保险并轨工作。为应该并轨的623名医院退休人员重算养老保险待遇，并入企业养老保险。

**【社保费代缴】** 锦江区组织民政、残联等单位召开缴费困难群体社保代缴工作会，安排困难群体社保代缴工作。为1727名符合条件的困难人员的代缴费158.71万元。

**【社保精准扩面】** 锦江区编制全民参保工作方案，明确企业扩大增量、个体优化存量、城居养老待遇全覆盖以及新经济、新业态从业人员参保扩面的实施办法，完成1364家企业的社保数据清理、纳税状态比对等工作。新增参保企业448家，新增企业参保人员3713人。梳理21205名暂停领取养老保险人员，安排社保、卫健、公安等部门比对优化存量数据，为符合待遇领取条件的164人办理待领取手续，为76名年满60岁、缴费120个月至180个月的暂停领取养老保险人员预审档案。因户籍超龄未领取养老保险人员全部纳入领取范畴。持续推动特殊行业养老保险扩面工作，尘肺病重点行业从业人员参保率达到100%。

（张明瑶、谭静）

## 医疗保险

**【概况】** 2022年，锦江区主动适应常态化疫情防控新形势，落实医疗保险政策，实施“五医一体化”行动方案，优化医疗保险经办模式，维护医疗保险基金安全。参加基本医疗保险的城镇职工和城乡居民64.79万人，参加生育保险的城镇职工和城乡居民34.29万人。开展4～7批药品集中采购工作，采购药品358种，为群众减少药费1375万元。区域内医保定点医疗机构具备基本医疗保险、大病保险、医疗救助一站式联网结算能力，结算2956次，拨付医疗救助金403.82万元。市医保局授予区医保局“2022年度成都市医保公共服务先进集体”“成都市城镇职工医疗（生育）保险参保征缴工作先进单位”称号。

**【城镇职工基本医疗保险】** 锦江区参加基本医疗保险的城镇职工46.16万人，较2021年增长9.7%。结算基本医疗保险住院医疗费用的城镇职工4.3万人，基金报销3.69亿元。结算门诊特殊疾病医疗费用的城镇职工27.87万人，统筹基金报销2亿元，个人账户支出6.35亿元。

**【城乡居民基本医疗保险】** 锦江区参加基本医疗保险的城乡居民18.63万人，较2021年增长2%。结算基本医疗保险住院医疗费用的城乡居民1.51万人，统筹基金报销0.89亿元。结算门诊特殊疾病医疗费用的城乡居民2.15万人，统筹基金报销800万元。

**【生育保险】** 锦江区参加生育保险的城镇职工和城乡居民34.29万人，较2021年增长4.2%。向5700人支付生育保险津贴8100万元。向1.02万人支付生育保险费4100万元。

**【医疗保障基金管理】** 锦江区开展打击骗取医疗保障基金专项行动。区纪委、区医保局等9家单位建立工作联席会议制度，构建联合部署、联合检查、联合惩戒的工作机制。8月19日，区政府副区长万科牵头召开第一次联席会议，明确联席会议成员单位职责，研判基金监管的安全形势，研究联合执法存在的问题，作出“一案多查、一案多移、一案多处”的部署。实施“春风”行动，构建日常稽核，专项检查、联合检查相结合的常态化监管机制。检查定点医疗机构823家，查处违规单位724家，曝光违规单位509家，暂时终止24家违规单位的医保协议，与4家严重违规单位解除医保协议。追回违规使用医保资金136.02万元，罚款202.97万元。各医疗单位通过自查自纠，退回医保基金295.58万元。

**【“五医一体化”行动】** 锦江区实施“五医一体化”行动。立足“品位锦江·幸福城区”目标定位，以构建优质均衡、协同联动的医疗、医保、医药、医养、医惠一体化医疗卫生健康服务体系为发展思路，以缓解“看病难、看病贵、就医慢”问题为导向，落实布局优化、质量提升、服务改善、医疗保障、药品监管、医养结合等具体举措，以重点项目为抓手，解决群众就医、医保报销、药品保障等方面的问题。

（杨培彦、杨双权）

## 养老服务

【概况】锦江区年满60岁的老年人有16.21万人，占常住人口的17.95%。年满65岁的老年人有11.71万人，占常住人口的12.97%。锦江区以国家智能社会治理实验特色基地建设为契机，探索养老事业发展路径。开展老龄人口预测，健全养老服务体系，推动养老事业和养老产业协调发展。建成社区养老服务综合体4个，分布养老服务机构17家。兑付养老金3365.2万元，惠及老年人6.4万人；发放高龄津贴2413万元，惠及老年人2.1万人。

【老龄人口预测】锦江区面对人口老龄化趋势，开展老龄人口预测。预测结果显示，锦江区到2025年有年满60岁的常住人口19.05万人，占常住人口的19.61%；年满65岁的常住人口13.49万人，占常住人口的13.89%。区域高龄老年人失能失智的风险提升，养老保障压力逐年增加。

【养老服务机构发展】锦江区探索“国有企业+民营企业”多元投资机制和“社区企业+民营企业”合作模式，引导养老事业市场化、专业化发展。区域内分布民办养老机构17家，提供床位2910个。其中护理型床位1757个。区域内养老服务机构的护理型床位占比达60.37%。

表41　2022年成都市锦江区民办养老服务机构一览表

| 序号 | 名称 | 床位（个） | 地址 |
|---|---|---|---|
| 1 | 锦江区静颐养老助残中心 | 65 | 成都市锦江区净居寺西街184号 |
| 2 | 锦江区桦林养老助残中心 | 200 | 成都市锦江区经天二街231号 |
| 3 | 锦江区暖巢人家照料护理中心 | 48 | 成都市锦江区东光南二巷70号 |
| 4 | 成都美好家园孝慈苑 | 403 | 成都市锦江区经天二街336号 |
| 5 | 成都晚霞养老服务中心 | 36 | 成都市锦江区柳翠路179号3楼 |
| 6 | 成都益民关怀养老服务中心 | 118 | 成都市锦江区皇经楼社区七组85号 |
| 7 | 锦江区益民养老服务中心 | 116 | 成都市锦江区经天路33号 |
| 8 | 锦江区长者乐生东光苑 | 135 | 成都市锦江区观音桥西路 |
| 9 | 成都春色康养成龙养老服务中心院 | 110 | 成都市锦江区皇经楼一街66号 |
| 10 | 成都福邻康护养老服务有限公司 | 139 | 成都市锦江区东华门正街42号 |
| 11 | 成都锦欣花乡老年公寓 | 411 | 成都市锦江区成龙大道一段2603号 |
| 12 | 成都锦欣九九乐龄康养中心 | 206 | 成都市锦江区锦丰一路69号 |
| 13 | 成都椿萱茂老年公寓 | 242 | 成都市锦江区锦丰一路39号 |
| 14 | 成都市锦江区康源美宏书院街长者屋 | 52 | 成都市锦江区天涯石北街156号 |
| 15 | 成都锦欣沙河堡康养中心 | 100 | 成都市锦江区佳宏路29号 |
| 16 | 川投舒适之家·颐康养老中心 | 201 | 成都市锦江区佳宏南路10号 |
| 17 | 成都医投美邸大观舒养之家 | 328 | 成都市锦江区海桐街79号 |

位于大塘坎街58号的春熙路街道盐道街社区助餐点　（摄于2022年 区民政局提供）

【老年群体关爱】锦江区采取政府购买服务方式，投入68.58万元，向736名生活困难的老年人提供上门养老服务。投入300万元，为有居家护理需求的600名失能、半失能的生活困难老年人改造家庭照护床位。投入286万元，为2200个独居老年人家庭安装智能报警设施，实现全覆盖目标。持续推动居家适老化改造工作，惠及26名特殊困难老年人。截至12月，完成居家适老化改造的老年人家庭26个，实现“应改尽改”目标。

【老年人助餐服务】锦江区开创“邻里食堂+共享餐厅+老年餐桌+院落助餐点”综合助餐服务模式，以春熙路、狮子山、成龙路3个街道为试点，新增和改造老年人助餐点21个。截至12月，区域内运营的老年人助餐点53个。到助餐点用餐的老年人使用政府购买居家养老服务补贴抵扣餐费。

【智慧养老服务】锦江区以“提升1个平台，提供3类供给，满足3种需求”为内容，构建“133”智慧养老服务体系。“1个平台”即智慧养老服务平台，“3类供给”即政府兜底方式供给、政企合作方式供给、市场运营方式供给，“3种需求”即居家养老需求、社区养老需求、机构养老需求。锦江区依托智慧养老服务平台，营造“养老一件事”智慧服务场景，实施智慧家庭照护床位建设项目，提供居家养老服务、养老补贴发放、养老机构监管、巡访关爱、老年人居家安全等服务，建成颐康养老中心等智慧养老院4家。《四川改革》《成都改革》专版登载《锦江区构建133智慧养老服务体系》，智慧养老服务场景入选“成都市人民阅卷·十大市民点赞项目”。

牛市口街道社区养老服务综合体　（摄于2022年 区民政局提供）

【养老服务综合体建设】锦江区锦官驿、牛市口、沙河、狮子山4个街道分别建成社区养老服务综合体，为老年人群体提供老年助餐、日间照料、老年教育、文化娱乐、家庭医生评估、辅具展示与租赁等服务。锦官驿街道社区养老服务综合体位于滨江东路166号，建筑面积1500平方米，使用面积547平方米，内设日间照料、医养驿站、智慧养老、老年助餐等功能区。牛市口街道社区养老服务综合体位于宏济巷136号，建筑面积1344平方米，使用面积1344平方米，内设日间照料、文化娱乐、医养驿站、老年教育等功能区。沙河街道社区养老服务综合体位于大凉山路与安宁河路交会处西北侧，建筑面积5200平方米，使用面积2117平方米，内设日托、全托、老年助餐、康复护理、老年教育等功能区。狮子山街道社区养老服务综合体位于佳宏南路10号，建筑面积2200平方米，使用面积2200平方米，内设长寿食堂、社区照料、医养结合等功能区。

【老年友好社会建设】锦江区探索建立医疗和养老有机结合的新型养老模式，推动基层医疗卫生机构与社区养老服务机构无缝对接，形成医养结合格局。分布医养结合机构8家，满足1500名失能和半失能老人的照护需要。医疗机构与养老机构签约合作率100%。开展医养结合机构服务质量提升行动，提升老年人满意率。成都锦欣老年病医院入选“四川省医养结合示范机构”。持续推进安宁疗护服务工作，向疾病末期的老年人患者提供疼痛及其他症状控制、舒适照护等服务。区域内的成都锦欣老年病医院、成都老年康疗院、成都锦欣沙河铺医院是市级安宁疗护服务定点机构，收治老年人200人。开展“成都市示范性老年友好型社区”创建工作，东湖街道翡翠城社区通过验收。推进“四川省老年友善医疗机构”创建工作，成都锦欣老年病医院等11家医疗机构通过验收。开展“健康敲门”行动，年满65岁的失能老年人提供免费上门健康检查和中药健康管理服务。服务内容包括生活方式和健康状况评估、体格检查、中医体质辨识、保健指导。在“健康敲门”行动中受益的老年人占全区老年人的18%。开展打击养老诈骗专项行动，联合医疗机构、医养结合机构开展宣传活动，发放宣传折页3000份。排查8家医养结合机构，清查无资质医疗机构及人员违法诊疗现象。开展“温暖重阳敬老月”慰问活动，慰问百岁老人77人、困难老人62人。

（何婉霞、刘丽娜）

## 退役军人事务

【概况】2022年，锦江区学习贯彻习近平总书记在退役军人工作方面的重要论述精神，落实退役军人就业安置政策、优待抚恤政策，保障退役军人合法权益。建立退役军人宣传队伍、志愿者队伍，为退役军人参与社会治理搭建平台。市委退役军人事务工作领导小组办公室授予区退役军人局“中共二十大期间退役军人事务领域信访稳定工作突出单位”称号，市双拥工作领导小组授予区退役军人局“成都市情系国防好家庭学习宣传活动最佳组织奖”。有5个志愿服务团队和10名志愿者获市退役军人事务局表彰。郑华获“成都市最美退役军人”称号，龚怡、李国均获“最美拥军人物”称号，姜茜家庭获“成都市情系国防好家庭”称号。

【就业安置】锦江区完成军队离退休干部、自主就业退役士兵接收工作，为退役士兵、退出消防员和计划分配的军队转业干部安排工作。建成退役军人就业创业基地，联系35家企业，与25家企业签署退役军人就业合作协议。成立退役军人就业创业企业联谊会，开展“戎才沙龙”“促就业双访”等活动，举办专场招聘会7次，提供岗位5300个。组织退役军人参加免费技能培训。成都金房物业集团公司获“2022年成都市促进退役军人就业示范单位”称号，有2名退役军人获“成都市退役军人就业创业之星”称号。

【优待抚恤】锦江区落实优待抚恤政策，接收伤残退役军人、参战退役军人等重点优抚对象75人，发放优待抚恤金2653万元。5月27日，举行优待证首发仪式。截至12月，办理优待证1.8万个。

【拥军氛围营造】锦江区慰问驻区部队11家，慰问重点优抚对象和现役军人家属，慰问边海防官兵家庭、泸定地震期间的抗震救灾军队人员家庭。建成双拥文化广场，向105名立功受奖军人家庭发送喜报，配合省、市开展向人民英雄敬献花篮仪式，印制“光荣之家”主题挂历2.3万份，营造拥军氛围。

【“四美”人物学习宣传活动】锦江区开展“四美”人物学习宣传活动，评选锦江区“最美退役军人”“最美拥军人物”“最美军嫂”“情系国防好家庭”。评选产生“四美人物”12人、“四美家庭”2个。有3人获“成都市四美人物”称号，有1个家庭获“成都市四美家庭”称号。

2022年5月27日，锦江区优待证首发暨为立功受奖军人家庭集体送喜报仪式

（区退役军人局提供）

【退役军人宣讲员队伍建设】锦江区建成红色老兵宣讲团等退役军人宣讲员队伍，激励退役军人成为红色精神的传承者、宣传者、践行者。退役军人宣讲员在“七一”、建军节、国庆节等重要时点开展“红色宣讲进机关、进学校、进社区”活动10次。

【“兵支书”队伍建设】锦江区发挥退役军人中的基层党组织书记的带动效应，推动“兵支书”队伍建设，助力基层治理，提升退役军人参与社会治理的影响力。同时宣扬退役军人在基层治理、乡村振兴中的典型事迹，联合媒体推出“兵支书”系列报道3期。有2名“兵支书”入选“蓉城先锋·新时代担当作为好支书”。

【退役军人志愿服务队伍建设】锦江区以“服务站+志愿队”的方式，推动退役军人志愿服务工作。组建“战旗红”志愿服务团队，招募志愿者。发动退役军人担任“兵网格员”，参与社区网格治理，为“微网实格”工作助力。发动退役军人志愿者参与应急救援、疫情防控、文明实践等工作，开展志愿服务活动100次，锦华路街道、沙河街道、三圣街道、金房物业集团有限责任公司、区退役军人服务中心的“战旗红”志愿服务队和邓勇、冯万林、何黎策、李荣昆、汤兴伟、柳林、王磊、文静、吴洪军、肖贵军10名志愿者获市退役军人事务局表彰。

（李璞、李波）

# 街道

## 春熙路街道

【概况】2022年，春熙路街道东至红星路三段、红星路四段，与锦官驿街道毗邻；南至锦江南堤岸水涯线，与武侯区玉林街道隔河相望；西至天府广场，与青羊区西御河街道交界；北至红照壁街、人民东路、总府路，与书院街街道相连。面积2.45平方千米。辖总府路、盐道街、盐市口、督院街4个社区，分布老旧院落117个、无物管院落8个、专业物管小区院落17个，户籍人口37672人，常住人口30974人。区域内建成道路69条，南北向城市主干道之一的蜀都大道过境，开通地铁1号线。分布四川省第四人民医院，四川锦欣妇产科医院、成都口腔医院、成都市锦江区盐市口社区卫生服务中心等医疗卫生机构，分布中学校2家、小学校2家、幼儿园5家。成都师范附属小学校、成都市盐道街小学校和中学校拥有百年传承。区域内有历史形成的盐市口商圈和春熙路商圈，自明代形成的四川省政治中心位于督院街片区，有政商融合的特色。街道持续推动党建引领基层治理工作，开展“支部植根”活动，实施“春熙·楼小助”项目，发展“两新”组织党组织，发挥“春熙孃孃”党建服务品牌引领作用，开展文明劝导、党建指导、政策宣传等活动350次，服务群众10万人。春熙路商圈获“四川省两新组织党建示范商圈”称号。打造“运动春熙”“活力春熙”等群众文化活动品牌，开展全民健身活动58次、大型文体活动7次、公益培训75次。依托春盐商圈，引进“日本茑屋”“京东新百货”等品牌，以首店、首秀、首展为抓手，营造沉浸式、体验式消费场景，促进文商旅融合发展。春熙路入选“国家级旅游休闲街区”。街道所辖4个社区获“四川省绿色社区”称号，盐市口国际化社区创建为“国际化示范社区”，总府路社区在全国学雷锋志愿服务“四个100”先进典型名单中列为“最美志愿服务社区”。市委组织部授予街道党工委“在近期疫情防控斗争中担当作为的先进基层党组织”称号。街道办事处在第三届“成都市模范劳动关系和谐单位”评价中获AAAAA级评价，获“成都市四级网络示范社工站（室）”称号。春熙路街道社会工作服务站在四川省社会工作服务体系建设试点工作绩效评价中获优。

【智慧小区建设】春熙路街道以建设“智慧共享、和睦共治的数字社区”为目标，搭建小区智慧平台，撬动70万元企业资金，在学道街42号院建设智慧运用场景，包括疫情防控、车辆监测预警、电动车起火预警、垃圾点位满溢散落监测等10个细分场景。

【“有盐有味办好食”项目】春熙路街道实施“有盐有味办好食”项目，打造“老年食堂”。引进成都多善瑞庆餐饮管理有限公司，盘活大塘坎街58号零星地块，建成占地500平方米的盐道街邻里生活空间，为老年人提供助餐服务。内设餐位36个、套间5个，平均每日供应套餐300份。平均每份套餐16元，年满65岁的老年人可享受5折优惠。项目入选“成都社区生活服务好项目”。

【未来公园社区建设】春熙路街道对接上市公司，在光华街片区建设“未来公园社区”，探索中心城区老旧院落“文、产、住”融合有机更新路径，吸引年轻人创业、消费、居住。项目位于光华街1号，包括4幢70年代建成的住房，属于老旧街区。街道办事处建立长效运营机制，基于老成都文化、春熙商圈文化、社区文化、创意文化营造场景，导入业态，激活社区商业价值，重塑兼容现代业态和老旧居民区的新街区形象，改善该社区面貌，提高居民幸福度。

【“春熙新院子”项目】春熙路街道整合“春熙新院子”城市形态更新项目，按照“一院一特色”思路实施老旧院落改造。整合的城市形态更新项目包括老旧院落改造项目2个、社区微更新项目1个、电梯增设项目29个。实施过程中，综合考虑老旧院落位置、房屋建筑风格、历史积淀、民俗风情、区域业态等因素，体现院落文化。

【“春熙·楼小助”项目】春熙路街道在百扬大厦、仁恒置地广场、SAC东原中心、时代广场、航天科技大厦、中环广场、茂业天地、物资大厦、阳光金融大厦9幢商务楼宇打造“春熙·楼小助”流动式红色服务驿站，每幢楼宇安排1名街道党工委班子成员担任“楼长”，安排5名党员干部骨干担任速办队员，建立“一长五员”服务团队，常态化提供工会互助保障计划办理、政策咨询等11类40项服务。同时结合企业职工的个性化需求，与区级部门、重点企业、“两新”组织党组织联动，开展楼宇问需恳谈会、“楼宇政务服务直通车”、金融专场服务、税务答疑培训、文明风尚宣传等活动。“春熙·楼小助”项目入选“非公有制企业党建2022年度100个两新党建创新案例”，中国共产党新闻网、人民数字联播网、四川观察、红星新闻、封面新闻、今日头条等媒体予以报道。

（刘勇、袁子钧）

## 书院街街道

【概况】2022年，书院街街道东、北以府河为界，由东风大桥沿河至红星桥与成华区猛追湾街道隔河相望；西沿红星路一段、新华大道玉沙路、东玉龙街、冻青树街、暑袜北一街、暑袜北二街，与青羊区相邻；南由东风大桥沿蜀都大道至暑袜街，与春熙路街道相邻。区域面积1.8平方千米。辖福字街、庆云、五昭路、华兴街4个社区。建成道路50条，分布老旧院落214个、物管院落26个、军管院落9个，户籍人口70081人，常住人口52223人。区域内有百年传承的成都市第二人民医院，是实施四圣祠片区城市有机更新项目的历史底蕴。贯彻“打造特色街区，发展产业载体，壮大楼宇经济”的发展思路，遵循保留、改造、建设相结合的理念，策划“华兴记忆”“锦江漫步”“望福寻游”“四圣访贤”“五昭赏味”“岳府览胜”6个特色片区，实施川剧艺术中心改扩建、福字街片区更新等重点项目，通过人才生态营造、营商环境优化、街巷有机更新、社区发展治理等手段，建设凸显市井烟火特色的“锦江漫生活先导区”，提升“近悦远来·玩转书院”城市深度旅游品牌显示度。在春节、元宵节、清明节、端午节等传统节日期间开展群众文化活动30次，举办“爱成都·迎大运”社区运动节等体育活动13次，建成社区运动促进健康服务站、社区养老15分钟服务圈。引入社会力量，探索社区集体经济发展路径，每个社区年度增收10万元。

【“微网实格”工作链】书院街街道建成指挥调度中心，设置城管、综治、民生服务、党群、网络理政等席位，建立上下联动工作链，推动“微网实格”基层治理工作。向下形成科室制单、平台派单、网格接单的任务传递链，向上形成网格传单、平台派单、科室接单的民意诉求反馈链。

2022年5月，时代广场的“春熙·楼小助”团队联动工商银行开展金融咨询服务活动

（春熙路街道办事处提供）

**【社区养老 15 分钟服务圈】** 书院街街道争取省级专项建设资金，改造 2400 平方米社区养老服务综合体。采取公建民营方式，引入成都锦欣居家养老服务公司，串联“康源美宏”等 7 家定点养老服务机构，提供专业化养老服务，形成 15 分钟资源共享式社区养老服务闭环。

**【特色街区建设】** 书院街街道的望福街片区邻太古里，具有商业开发价值。采取引入城市合伙人的方式，利用街区低效空间，营造潮流消费场景，推动“书院街品牌经济融合体验区”建设。整治纯阳观街、暑袜北一街等 5 条街巷风貌，聚集以川派美食为主题的业态，培育商圈潮购、街巷漫游、文艺展演、美食品鉴等消费场景，推动“华兴街川味步游区”建设。

**【老旧院落活化焕新】** 书院街街道明确“宜居宜业”的思路，实施老旧院落活化焕新项目。福字街 18 号等 3 个相邻老旧院落贯穿“老街巷里、咖啡店旁、创业青年向往”的理念，建成宜居院落。采取“回租改造 + 委托运营”模式，引入社会企业，投资改造北顺城街 57~83 号 D 级危房，改造为商业空间，植入社区便民消费场景。

2022 年 2 月 8 日，华兴街特色街区纯阳市集开市　　（书院街街道办事处提供）

**【社区集体经济路径探索】** 书院街街道的各社区创办社会企业，以在地资源为依托，引进社会力量，采取租赁、参股、联营等方式，开展养老托幼、物业管理、生活服务、公共空间运营等业务，激活社区自我造血功能。福字街社区引入专业营运企业，组建社区控股合资企业，承接城市更新项目运营业务；五昭路社区成立物业公司，与成都锦欣集团公司合作，承接社区养老服务综合体运营业务；庆云社区利用区间人流量资源，引入社会企业，承接生活消费服务业务。

（刘永平、张恩峰）

## 锦官驿街道

**【概况】** 2022 年，锦官驿街道东至一环路东四段、一环路东五段，与牛市口街道毗邻；南至滨江东路，与武侯区望江街道交界；西至红星路三段、红星路四段，与春熙路街道接壤；北至大慈寺路、东风路，与书院街街道、成华区猛追湾街道相连。面积 2.2 平方千米。辖合江亭、大慈寺、崇德里、水井坊、交子、点将台 6 个社区，建成道路 80 条，分布小区院落 191 个。户籍人口 50046 人，常住人口 65659 人。区域内有省发改委、省文旅厅、省民政厅等机关单位 13 家，有成都七中育才水井坊校区、成都七中育才学道分校等中小学校 6 家，另有幼儿园 2 家。区域内的合江亭地处郫、流二江汇合之处，始建于唐代，曾是成都史上第一个市政公园，在明代发展成为外滩经济区。水井街酒坊遗址曾列入“全国十大考古发现”，拥有 600 年历史传承。大慈寺与太古里商业街区并存，再现宋代“庙市合一”盛景。交子社区申报“金融产业示范社区”，实施“交子有爱”党建服务品牌创建项目，推动特色街区建设，开创商圈楼宇治理服务平台，探索党建引领、企业服务、工会活动融合模式，激发商圈楼宇发展活力。培育税收达 1 亿元楼宇 7 幢、税收 5000 万元品牌单店 5 家。镗钯街获“成都秋季最美街道”称号，天仙桥南路获“成都市最美道路绿化景观”称号，锦江东风大桥至合江桥段入选“成都幸福河湖”。

**【耿家巷历史文化街区建设】** 锦官驿街道挖掘利用邱家祠、润居等历史文化资源，推进耿家巷历史文化街区建设。耿家巷历史文化街区地处成都市锦江区大慈寺南片区，区间内的尹昌衡公馆是省级文物保护单位，邱家祠堂、龙王庙正街70号、润居是市级文物保护单位。项目核心区修缮改造面积7780平方米，投入资金8000万元。润居修缮改造工程竣工，邱家祠堂、龙王庙正街70号的修缮项目按计划推进。

东门码头 （摄于2022年 锦官驿街道办事处提供）

【沿河经济】锦官驿街道提出“水清、河畅、岸绿、景美”的要求，依托“夜游锦江”项目，提升东门码头文创市集、“1314”爱情专线、成都十二月市博物馆等网红打卡地的聚集效应。持续推进水井坊博物馆片区建设、兰桂坊提升改造、一环路市井生活圈建设，营造十二月市之酒市、药市氛围。同时建设“四潮专线＋十二月市＋交子券”消费体系，引导商家参与“十二月市”主题促消费活动，支持商家合理合规适度外摆，加快消费回暖。

（姚晋、石楚娟）

## 牛市口街道

【概况】2022年，牛市口街道东至二环路东四段，与沙河街道毗邻；南至龙舟路、锦江南堤岸，与武侯区望江街道隔河相望；西至一环路东四段、一环路东五段，与锦官驿街道接壤；北至水碾河路，与成华区双桥子街道相连。面积3.14平方千米。辖水碾河路南、华成路、九眼桥、莲桂西路、得胜街、一心桥、莲花、锦东、紫东、龙舟10个社区，分布现代化小区41个、老旧院落181个，户籍人口90391人，常住人口63131人。区域内建成道路56条，城市主要交通环线中的一环路、二环路过境，开通地铁2号线、地铁6号线。分布医疗卫生机构5家、中学校3家、小学校3家、幼儿园8家。建成文化广场8个、文化活动中心2家、社区文化活动室13个。分布商务楼宇5幢、寄递网点45个、酒店和招待所33家、歌舞娱乐场所5处、大型洗浴场所5处、茶楼17家。引进重大项目9个，“潮立方”和牛市口戏场子2个特色项目投入运营。限额以上社会消费品零售总额增幅达到10.9%，营利性服务业增速达到13%。以军地共建老旧小区改造试点工作为抓手，推动老旧院落整治。区域内建成院落党支部142个、“两新”组织党支部41个、企业党组织12个，实现党组织全覆盖目标。

【招大引强】牛市口街道引进“建信国集”“来也伯特”“中南成林”3个市级认定重大项目和“中优利康”“金名能源”“永爱睦家”3个专精特新项目，“中海国竹”“蜀道保理”“中天之世”3家中央国企的平台项目落地。成都市空压机厂地块项目开工，嘉佰道公寓停建缓建项目重启。

【老旧院落整治】牛市口街道以工农院街2号院为载体，开展军地共建老旧小区改造试点工作。实施海椒市街12号、锦东路356号院等老旧院落改造5个，推进工农院街2号院军地共建老旧小区改造试点建设，自主增设电梯20部，打通宏顺街延伸线断头路；盘活原成都无缝钢管厂的厂区闲置用房1600平方米。

【潮立方】牛市口街道的“潮立方”项目位于成都市锦江区锦东路1号，地处一环路与东大街交会处，钢结构。东区3层，面积3837.43平方米；

西区 2 层，面积 3382.8 平方米。业态设定为智能潮流电竞。

【牛市口戏场子】牛市口街道盘活成都无缝钢管厂闲置用房 1600 平方米，实施“国潮新空间，演艺新地标——牛市口戏场子”项目。项目位于成都市锦江区牛市口路 99 号，因历史、权属、管理等原因，荒废三年。周边环境脏、乱、差。牛市口街道得胜街社区确定“繁荣社区文化，赋能社区治理”的思路，向社区居民征求意见，活化牛市口路 99 号闲置空间，打造实施社区微更新，社区美空间，建设“牛市口戏场子”。项目入选“成都市微更新竞赛项目”，获“成都市最美金角银边”称号。

（曹钰佳、贾静）

位于成都市锦江区牛市口路 99 号的牛市口戏场子　（摄于 2022 年 牛市口街道办事处提供）

## 东湖街道

【概况】2022 年，东湖街道东至龙舟路、净居寺路，与沙河街道毗邻；南至沙河南堤岸水涯线，与锦华路街道隔河相望；西至二环路内锦江西堤岸水涯线、二环路外锦江中心线以及顺江路与龙舟路交会处，与武侯区望江路街道隔河相望；北至三官堂街与龙舟路交会处，与牛市口街道接壤。面积 3.4 平方千米。辖锦华、永兴、东怡、河滨、观音桥、翡翠城、石牛堰 7 个社区，建成道路 37 条，地铁 6 号线、地铁 8 号线途经辖区，地铁 13 号线在建。区域内东光片区主要分布 20 世纪 90 年代修建的拆迁安置房、单位宿舍、老旧院落，基础设施、公建配套、交通状况和城市风貌较差；东湖片区以 2010 年以后修建的商品房为主，城市风貌较时尚、生活配套设施较健全。区域内分布小区院落 100 个，户籍人口 79565 人、流动人口 56216 人，常住人口 109395 人。区域内党政机关单位 5 家、医疗机构 4 家、小学校 4 家、幼儿园 11 家、农贸市场 3 个、商业综合体 3 个。“四路两带一湖”在成都市向东向南发展战略规划中具有桥梁和载体的重要作用。即净居寺路、锦华路、老成仁路、二环路，滨河风光带、沙河风景带，东湖市政公园。分布域上和美先锋剧场、红美术馆等文创产业地标，新经济企业营收增速达到 22.04%，商务商业楼宇进驻率 95.78%，培育税收达 1 亿元楼宇 1 幢。新建社区运动角 1 个，增设全民健身设施 5 套，组建文体团队 21 个，开展体育活动 23 次。参加“成都文化四季风”惠民演出、社区文化节等活动，获二等奖 3 个、三等奖 1 个、优秀奖 1 个、组织工作奖 2 个。石牛堰社区、东怡社区获“四川省绿色示范社区”称号，翡翠城社区获“2021 年度成都市党建引领城乡社区发展治理示范小区”“2021 年成都市学习型（示范）社区”称号，河滨社区、永兴社区北顺西巷 6 号院获“2021 年度成都市党建引领城乡社区发展治理示范小区”称号。

【发展布局】东湖街道划分发展片区 2 个。即东光片区、东湖片区。东光片区及锦华路沿线以转向引导为主，明确“保留老成都味道”的发展思路，调整四川棉纺印染厂区域业态，发挥观音桥社区乡愁记忆馆等文化载体的引领作用，引导产业逐步转型。东湖周边及华润路片区按照“生态、高端、文创”的理念建设产业圈。以锦江公园建设为抓手，实施华润路特色街区建设、东湖文化艺术特色街区建设。

【华润路特色街区建设】华润路临东湖公园，东起锦华路，至锦江河畔，沿锦江至二环路，全长 2.3 千米。道路两侧分布翡翠城林语湖畔、翡翠城汇景云天、东湖国际一期等小区和翡翠城农贸市场、成都师范附属小学华润分校等配套设施，存在华润路周边缺少音乐主题特色、区域文态薄弱、水景区域安全隐患较大、公园缺少户外休闲座椅等公共设施、人行道破旧等问题。东湖街道依据《成都市“中优”规划优化方案》，实施华润路特色街区建设，打造自然体验和音乐文化韵味互动式特色街区。以音乐元素为主题，分设成都师范附属小学华润校区、华润路琉璃路交叉口、翡翠城社区、汇锦云天水池、华润路与河滨路交叉口、域上和美剧场6个节点，更新人行道，增加具有设计感的雕塑、艺术小品、休闲座椅，整体建设承载文化记忆、富有时代特色的历史文化街区。

【东湖文化艺术特色街区建设】东湖街道落实习近平总书记到四川视察期间的“突出公园城市特点”的重要讲话精神，以域上和美集团公司为实施主体，实施东湖文化艺术特色街区项目。项目位于东湖当代都市艺术群落核心区域，总面积4000平方米。其中桥洞部分长260米，面积1300平方米；域上和美先锋剧场入口处广场面积2700平方米。采取当代艺术表达方式，以长廊的建筑形态，连接东湖公园北入口广场与域上和美先锋剧场，利用城市空间，整合艺术资源，植入艺术符号，展示天府文化，彰显新时代成都城市精神。

（张兴略、韩锐）

## 沙河街道

【概况】2022年，沙河街道北至双桂路、迎晖路，与成华区保和街道毗邻；东至静康路，与狮子山街道交界；南至净居寺路，与东湖街道接壤；西至二环路东四段，与牛市口街道相连。面积4.66平方千米。辖牛沙路、五福桥、汇泉路、双桂路、沙河、静康、塔子山7个社区，分布小区院落51个，户籍人口72573人，常住人口25099人。区域内建成道路55条，主城区环线之一的二环路和东出成都的主干道东大路过境，开通地铁2号线、地铁8号线、地铁13号线。驻扎四川省农业科学院、四川省畜牧科学研究院、四川省农业机械研究设计院、四川省林业科学院，分布成都市第十人民医院、四川友谊医院、东大社区卫生服务中心等医疗机构7家，分布成都师范附属小学慧源校区，成都市盐道街小学通桂校区、成都市盐道街小学汇泉校区、成都市马家沟小学、成都市沙河铺小学、成都七中育才学校汇源校区、成都市第一幼儿园、成都市第三幼儿园国际新城园区、成都市第三幼儿园双桥园区、成都市第三幼儿园汇泉园区、成都市第二幼儿园沙河园区、成都市第二幼儿园望江园区、成都市锦江区塔子山幼儿园、成都市爱心幼儿园、成都市博雅幼稚园、成都市蒙田森·蒙特梭利幼儿园、成都市菲力幼儿园、四川省农业科学院幼儿园。区域内的成都市射击运动学校是“大运会”的射击比赛场馆。另有军管单位4家，坐拥塔子山生态公园。区域内建成望江宾馆、乐天酒店、泰合大酒店等五星级宾馆5家，分布甲级写字楼7幢，建成和在建的商业街区7个，商务商业面积150万平方米。开展“玩转沙河·最in我家”“十二月市沙河消费季”“520网络购物节”等促消费活动，激发消费活力。举办“商圈茶叙”活动3期，宣传助企纾困政策，为望江宾馆等企业申报产业

塔子山公园　（摄于2022年 沙河街道办事处提供）

扶持资金和纾困资金 500 万元。区域限额以上社会消费品零售总额增幅达到 71.37%，规模以上营利性服务业增幅达到 30.19%。形成以东大路为轴线的新兴城市级商圈，成为攀成钢商圈核心区域。街道和社区合力推动党建引领社区发展治理，采取一社区一品牌的方式推动主题社区建设，构筑共建、共治、共享的社会氛围。分别开展“文化四季风·民俗闹春”“音乐消夏”“欢歌庆秋”“劲舞暖冬”“星耀沙河·童星闹春”等群众文化活动，依托成都社区（伽地）音乐厅开展社区公益音乐会、音乐课堂等活动，开展“书香锦江”活动，丰富群众精神文化生活。持续打造“朱哥调解工作室”等人民调解品牌，发挥“群众工作之家”的平台作用，化解矛盾纠纷，维护社会和谐。街道办事处获“成都市信访工作示范街道”称号，街道司法所获“成都市个性化司法所”称号。

**【塔子山生态公园】**沙河街道有占地 27.3 万平方米的塔子山生态公园，前身是民国时期的岷江林场。公园正门位于迎晖路 220 号。20 世纪 50 年代，四川省农业科学院择岷江林场设苗木基地。20 世纪 80 年代，修建塔子山生态公园，位于成都市锦江区下沙河铺街 43 号，东邻五桂桥汽车总站和成都市东客站，西临沙河，占地面积 260775 平方米。园内浅丘起伏，有观赏林木、花卉 65 万株。九天楼是塔子山生态公园的标志性景点，始建于 1995 年，于 1997 年建成开放，分设 13 层，高 70 米，仿古塔式风貌，得名于李白《上皇西巡南京歌十首》“九天开出一成都”的诗句。

**【一社区一品牌】**沙河街道按照“一社区一品牌”的思路，推动社区发展治理。五福桥社区创建“民主法治示范社区”，塔子山社区创建“近零碳排放社区”，静康社区创建“最美花园社区”，牛沙路社区和五福苑小区、塔子山壹号小区开展示范引社区、示范小区创建活动，静康、沙河、塔子山 3 个社区打造“爱成都迎大运最美阳台”。汇泉路社区获“国家级充分就业社区”称号，五福桥社区创建“全国民主法治示范社区”工作通过复核验收，五福苑小区获“成都市最佳老旧小区改造奖”。

**【小区市域社会微治理】**沙河街道探索建立小区市域社会微治理模式，以“五聚工作法”为抓手，以“五彩志愿活动”为载体，破解五福苑小区“停车难、买菜难、出行难，问题多、意见多、投诉多”的问题，提升居民安全感。受到省委和市委领导的肯定。静康社区创建为省级平安社区。“五聚工作法”指群众聚合力，搭建“五福夜话”平台，让居民从我要拆迁转变到我愿意改造；共建聚英才，孵化一家社会企业、一家社会组织，居民自发组织 6 个自治小组，参与小区治理；撬动社区资金，聚集文化共识，针对小区不同年龄段的居民组织各式各样的活动，形成“新时代新五福”文化风尚；党建聚初心，举办“五彩志愿活动”。即橙色童真年代、绿色我爱我家、红色闪闪红心、蓝色乐动青春、金色乐活夕阳 5 个活动。

（郭凯荣、李胤）

## 狮子山街道

**【概况】**2022 年，狮子山街道东至成昆铁路北侧，隔铁路与成龙路街道相望；南至静缘路、静平路（规划待建），与锦华路街道交界；西至沙河，与东湖街道隔河相望；北至驿都大道静康路、静明路，与成华区保和街道相连。面积 3.8 平方千米。辖四川师大、万科城花、佳宏路、菱窠、花果、金像寺 6 个社区，分布小区院落 36 个，户籍人口 45651 人、常住人口 83864 人。区域内建成道路 22 条，开通地铁 7 号线，地铁 13 号线在建。区域内有四川师范大学、四川省邮电职业技术学院、四川省农业科学院，分布中学校 3 家、小学校 4 家、幼儿园 8 家，有成都市李劼人故居纪念馆和以纪念馆为底蕴的东门市井特色街区。农业高新技术产品市场是省级重点市场，另有四川师范大学科技园。根据“人文狮子山”发展定位，推动党的建设、社会建设、经济建设。金像寺社区获“成都市示范社区”称号。

**【静康路南片区有机更新筹备工作】**狮子山街道按照成都“十四五”规划的“中优”部署，推动静康路南片区有机更新。邮电学院教师宿舍二区 8 幢外立面改造，邮电学院搬迁、农资市场更新、李劼人故居文化街区建设、明珠园改造等项目纳入工作计划。明珠园一期和二期改造项目的意见征集工作启动，面向小区住户征集意见。

**【“小狮妹”党建品牌】**狮子山街道加强党建引领社区发展治理示范

建设，打造“小狮妹”党建品牌。联动四川师范大学组建理论宣讲团，到社区、机关、学校开展中共二十大精神和省市党代会精神宣讲活动。加强党建引领社区发展治理示范建设，金像寺社区获“成都市示范社区”称号。实施“小狮妹党员先锋引领，校地院企融合共赢”基层党建工作示范项目，以区域化党建融合共赢为抓手，发挥“小狮妹”党员志愿服务队伍主导作用，联动驻区单位、直联部门，开展理论宣讲、疫情防控、助老扶幼等志愿服务活动。

（张涛、曾治华）

## 锦华路街道

**【概况】** 2022 年，锦华路街道东至静平路、经天东路，与成龙街道、狮子山街道毗邻；南至南三环路二段、南三环路三段，与柳江街道交界；西至锦江中心线，与高新区桂溪街道隔河相望；北至沙河南堤岸水涯线，与东湖街道隔河相望。面积 4.8 平方千米。辖金象花园、经天、皇经、晨辉、凯天、柳江、琉璃 7 个社区，分布小区院落 61 个，户籍人口 43235 人，常住人口有 95409 人。建成道路 67 条，中环路锦绣大道、锦华路、琉璃路等干道过境，开通地铁 6 号线、地铁 7 号线。盘活地奥集团闲置厂区，建设新能源汽车交付中心。限额以上社会消费品零售总额增幅达到 63.1%，新经济企业营收增速达到 25.54%。推进金像寺片区配套公共服务设施建设，启动金象花园社区配套服务设施项目，整治皇经楼片区保障性租赁住房地块和农贸市场地块的周边环境，梳理“城中村”国有土地和集体土地存量旧房问题。拆除违章搭建 1.23 万平方米，新增绿地 1105 平方米。按照一社区一特色的思路实施特色社区建设，晨辉、柳江 2 个社区获市级荣誉，爱乐园项目获成都市社区微更新项目评选活动一等奖，街道社工站获“四川省优秀站点”“成都市示范社会工作服务站”称号。

**【小区院落治理】** 锦华路街道以府河小区为试点，探索“四有四力”红色物业模式，推动小区院落治理。“四有四力”即有组织，党建引领组织力提升；有平台，阵地建设支持力提升；有机制，制度建设支撑力提升；有服务，场景营造影响力提升。府河小区一期改造项目受到市委常委、组织部部长邓涛表扬。

**【书香社区】** 锦华路街道柳江社区活动中心图书室面积 80 平方米，图书总量达 5000 册，藏书涵盖文化、科学、生活百科、教育等方面。另有报刊 10 种。图书分类上架，方便居民查找。图书室设阅览区。活动中心以图书室为载体，开展各类讲座和读书分享会活动，引导居民传美德、树家风，帮助居民树立社会主义核心价值观。柳江社区获“成都市书香社区”称号。

**【示范社区】** 锦华路街道探索“发展中促治理、治理中强发展”路径，以晨辉社区为载体，推动示范社区建设。利用低效闲置空间打造“金角银边”点位，呈现“爱乐园”、网红菜市、“成都记忆”等品质空间。成立社会企业，盘活闲置资源，解决 400 人就业，自我造血能力达到每年 300 万元。引入低偿及有偿服务机构，提供公益服务 80 次。以项目链接资源，成立 42 家“校企商居”联盟，组建校商企社联合党支部，以事聚人，聚人成事。提供 9 类 32 项服务，发展社会组织 31 家，开展社区治理项目 50 个。以儿童群体为切入点，带动家庭参与社区自治。链接物业资金 42 万元，建成主题空间 5 个，培育自治组织 12 家，形成“校企商居”共融共治模式。晨辉社区获“成都市双百佳示范社区”称号。

**【示范院落】** 锦华路街道以府河小区为试点，结合“微网实格”治理机制，构筑“红色网格”，建立社区党组织、网格党支部、楼栋党小组、党员中心户四级联动机制，采取联席会、坝坝会、入户走访等方式征

2022 年 6 月 1 日，锦华路街道“友好参与，快乐成长”项目启动仪式举行

（锦华路街道办事处提供）

集群众意见 450 条，确定重点改造项目 15 个。坚持党员带动，36 名党员认领小区公共事务，带头领建 5 类居民自组织，发掘培养 17 名社区自治带头人，开展集中培训 4 次、外出参观 2 次，强化自治动力。政府出资，实施屋顶防水、排水、消防、门禁等整治项目。引导居民参与小区改造，足额缴存 19.4 万元专项维修资金。引入社会资金 20 万元，完成 3 个非机动车车库智能化改造项目。挖掘乡愁，梳理琉璃场的历史故事，开创“与邻为善、以邻为伴”邻里文化品牌，常态化开展“微更新·美环境”“微治理·成大治”“微协商·化矛盾”“微心愿·圆梦想”“微活动·聚人心”5 个行动，新增院落会客厅、议事亭等公共空间 1000 平方米，增加停车位 20 个、休憩凉亭 5 个。改造全龄活动广场，打造“府河景观”、琉璃文化墙。府河小区入选成都市示范院落点位。

【儿童友好社区】锦华路街道以晨辉社区为试点，发挥党建引领作用，整合共驻共建单位资源，实施机制建设、阵地建设、体系建设，探索可持续发展儿童友好社区模式。坚持以立德树人为根本，坚持儿童优先发展，从儿童视角出发，以儿童需求为导向，以儿童更好成长为目标，完善儿童政策体系，优化儿童公共服务，加强儿童权利保障，拓展儿童成长空间，改善儿童发展环境。晨辉社区新时代文明实践站和关心下一代工作小组在爱乐园开展“喜迎二十大·同心护未来”主题活动，举行“友好参与，快乐成长”项目启动仪式，将儿童友好理念融入社区整体发展规划，依托爱乐园全龄友好生活馆，为儿童提供活动机会，营造“友好参与，快乐成长”的氛围，建成社区儿童“半小时自然体验圈”。

（王玲玲、李竞）

## 柳江街道

【概况】2022 年，柳江街道为涉农街道，位于白鹭湾新经济总部功能区范围。东至椿子树、皇经楼、江家堰 3 个社区的区划调整勘界线，与成龙路街道、三圣街道接壤；南至锦江区与高新区区界，与中和街道相邻；西至锦江中心线，与高新区划河为界；北至南三环路二段、南三环路三段，与锦华路街道相连。面积 12 平方千米。辖锦馨、包江桥、祝国寺、锦阳、椿子树、锦逸 6 个社区，分布小区院落 22 个，户籍人口 23392 人，常住人口 28282 人、流动人口 36282 人。建成道路 34 条，锦江大道横向过境，锦华路、成自泸高速公路纵向过境，开通地铁 6 号线、地铁 9 号线，地铁 20 号线和地铁 30 号线在建。驻扎成都警备区、四川省森林消防总队等单位。区域内的中国五冶集团公司是规模达到千亿级的企业，永辉超市是规模达到百亿级的结算总部企业，成都生物制品研究所是规模达到十亿级的效益型科研机构，另有艺尚锦江园区、58 新经济产业园、电力储能产业园、新华之星大厦等产业化载体，驻扎能投物产集团西南贸易总部、华熙生物科技股份有限公司西南总部、川发展新能源总部等总部型企业。区域内商务楼宇 22 幢，税收达到 1 亿元的楼宇 7 幢。分布规模以上企业 146 家，纳税企业 2000 家。“文轩体育文化”入选“最成都生活美学新场景”。开设舞蹈、书法、绘画、声乐、太极拳的培训课，举办群众文化活动 80 次，举办“运动成都·健康锦江”等全民健身活动 27 次。以党建引领社区发展治理，开创社区治理融合发展模式。椿子树社区、锦城尚苑小区、锦馨家园 B 区争创示范社区和小区，包江桥社区创建为“成都市百佳社区”，锦馨家园 A 区创建为“成都市百佳小区”。

【重大项目建设】柳江街道引进深圳云天励飞技术股份有限公司等 10 家高新技术企业和蜀道交通集团公司等行业头部企业，四川辰宇投资集团公司投资建设丰田汽车品牌产

2022 年 6 月 24 日，“社企融合发展新模式 构建多元共治和谐社区”企业恳谈会在柳江街道锦逸社区召开 （柳江街道办事处提供）

业化基地，华侨凤凰都市工业国际创新港、博瑞都市工业园、中鼎国际二期、梦工场等6个产业化载体项目加快建设，实施白鹭湾新经济总部小镇等4个住宅项目。德必川报易园获“成都市都市文创产业园区”称号。

【社区治理融合发展模式】柳江街道总结锦馨社区“农转居”共同体构建经验，推进楼子树社区“和善家”治理、包江桥社区“产业+生活”、锦城逸景社区“社区+汽车产业”的融合发展路径。楼子树社区针对社区“结构多元、需求多样、认同多面、群体多化”等问题，结合转型发展实际，以党建引领为主干，探索过渡型社区治理体系，明确“和居家，善建树”理念，完善“和善家”社区发展治理品牌，实现社区共治共建共享目标。锦城逸景社区联动学校、汽车销售公司、康养服务机构，建立“社区+行业”党建联盟，促使汽车销售、教育、医疗等行业在社区党建和社会事务中发挥作用，构建社企融合发展新模式。

（吴胜强、乐美键）

## 成龙路街道

【概况】2022年，成龙路街道东至驿都大道静明路，与龙泉驿区大面街道毗邻；南至银木街、锦江大道，与三圣街道喜树路社区、栀子街社区、幸福社区交界；西至经天东路以及楼子树社区、皇经楼社区、江家堰社区的勘界线，与柳江街道相连；北至成绵乐高速铁路北侧，与狮子山街道隔铁路相望。面积8.24平方千米。辖华新、水杉、卓锦城、国槐、香樟、皇经楼、蓝谷地、粮丰、枫树9个社区，分布小区院落71个，户籍人口107556人，常住人口224134人。区域内建成道路61条，成龙大道由西北向东南过境，开通地铁2号线，地铁13号线和30号线在建。分布中小学校12家、幼儿园19家、医疗卫生机构3家。驻扎党政机关和企事业单位32家。成都国家广告产业园数字传媒园位于区域内，上海绿地468蜀峰大厦、四川大学华西医院锦江院区、成都市公卫中心三期、中建西南·映锦江等重大产业化项目在建。建成仁德、兴城2个足球公园。开设舞蹈、声乐、科普、美术的公益培训课20次，开展文化惠民活动135次，惠及群众18350人。获“成都文化四季风·欢歌庆秋”群众歌咏比赛二等奖、“成都文化四季风·劲舞暖冬”舞蹈比赛三等奖。新华网第八届绿色发展论坛暨绿水青山就是金山银山实践成果展授予成龙路街道办事处“2022优化政务（投资）环境先进单位”称号。国家减灾委员会、应急管理部、中国气象局、中国地震局授予国槐社区“2021年度全国综合减灾示范社区”称号。

2022年12月26日，“成都梦 兴城造”主题活动在R29社区生活空间举办

（成龙路街道办事处提供）

【发展定位】成龙路街道依托东大街国际消费动力轴、锦秀绿道都市文旅活力轴和体育公园富集的资源优势，提出“以绿为脉、以体为魂、以商为基”的总体发展思路，划分发展三大片区。有机更新区位于三环路内侧、成龙大道以东区域，以节点改造为重点，逐步优化片区功能；品质提升区位于三环路外侧、成龙大道以东区域，以动线串联为抓手，发挥地铁站点的枢纽作用，建设智慧体育公园，推动人气集聚；产城融合区位于成龙大道以西区域，从北向南分为三期开发，梯次推进。

【应急科普文创中心】成龙路街道应急科普文创中心位于国槐社区，使用面积1000平方米，内设自然灾害馆、安全生活馆，采取科普知识陈列和互动体验方式宣传科普知识，开展“科普大篷车”“科技之春”“科普萌芽”等主题活动。

【党建阵地群】成龙路街道以党建带动社会力量，构建“一领N联N融合”党建引领基层治理格局。“一领N联N融合”指党建引领，组织联建、活动联办、困难联帮、资源联营以及党建融合、队伍融合、文化融合。与“OST传媒”、成都卷烟厂、“云公益”等企业合作，建成29度社区生活空间、OST党群服务站、“山上文明里”等示范点位，与卓锦城社区知识共享站、香樟社区共享茶铺等服务阵地共同构成基层党建阵地群。在29度社区生活空间举办“成都梦、兴城造”等主题活动。

（张睿、饶翠萍）

## 三圣街道

2022年4月，三圣街道在幸福梅林景区开展“最美人间四月天，我在三圣献良策——花乡坝坝茶”活动

（三圣街道办事处提供）

【概况】2022年，三圣街道东至驿都大道，与龙泉驿区大面街道接壤；南至大安桥社区边界，与天府新区新兴街道毗邻；西至锦阳大道，与柳江街道和高新区中和街道接壤；北至锦江大道，与成龙路街道交界。面积15.65平方千米。其中环城生态区面积13.8平方千米，占总面积的88%，占成都市环城生态区面积的7.4%。辖喜树路、栀子街、海棠路、白桦林路4个城市社区和红砂、幸福、万福、江家堰、大安桥6个涉农社区，户籍人口58121人。区域内分布横向的锦江大道、成都绕城高速公路和纵向的成龙大道、成资渝高速公路。地铁13号线在建。分布三圣社区卫生服务中心等、四川大学华西附属第二医院锦江院区、四川大学华西口腔医院锦江门诊部等医疗机构，分布幼儿园10家、小学校5家、中学校1家，建成综合文化服务中心和综合文化服务分中心2个、社区综合文化服务室10个，新增文体类社会组织5家，开展群众文体活动106次。区域内的三圣花乡是国家AAAA级旅游景区，中高端餐饮商家聚集，有成都许燎源现代设计艺术博物馆等文创地标。引进“国能运通”“有巢公寓”2个高能级项目，引进全国首店和西南首店4家。营利性服务业增幅达到72.53%，社会消费品零售总额增幅达到34.69%。开展“传承红色基因，推动乡村振兴”主题活动，建设花乡农居党建主题公园，创办沉浸式红色教育体验馆，入选人民网第六届“基层党建创新典型优秀展示案例”。以“花乡坝坝茶”模式深化“我为群众办实事”实践活动，回应群众关切。以党建引领社区发展治理，《人民日报》报道喜树路社区“15分钟便民生活圈”情况，栀子街社区获“成都市儿童友好社区”称号。省司法厅授予三圣街道司法所“四川省枫桥式司法所”称号，市委组织部授予街道党工委“在近期疫情防控斗争中担当作为的先进基层党组织”称号，市退役军人事务局、市精神文明建设办公室授予三圣街道办事处“成都市退役军人战旗红志愿服务队优秀组织单位”称号，三圣街道市人社局授予三圣街道办事处“成都市模范劳动关系和谐单位”称号。

【三圣花乡】三圣街道的三圣花乡距市中心12千米，地处成都市东南部的环城生态带，面积5.7平方千米，是国家AAAA级旅游景区，曾有东篱菊园、荷塘月色、幸福梅林、花乡农居、江家菜地“五朵金花”，被誉为“中国花木之乡”。同时是中国乡村旅游发源地，以“农家乐”集群发展为特色。提档升级后的三圣花乡成为集生态旅游、休闲度假、餐饮娱乐、文化创意于一体的乡村旅游休闲度假景区。

【花乡坝坝茶】三圣街道开创“花乡坝坝茶”模式，以传统民俗方式听取群众意见和建议，推动“我为群众办实事”实践活动。通过“花乡坝坝茶”模式，喜树路社区解决小游园公厕问题，海棠路社区解决电车充电难问题，幸福社区解决景区停车难问题。通过“花乡坝坝茶”模式，为群众解决急、难、愁、盼的问题156个。

【红色教育体验馆】三圣街道秉持“场景营造+剧本体验+价值引导”的思路，建设红色主题沉浸式剧本体验基地。2月，在红砂社区党群服务中心建成红色教育体验馆，面积300平方米。创作《遗孤》《你不知道的事》等6个剧本，内容涵盖中国共产党的发展历程。到体验馆参观学习的党员群众1500人。

（钟勇、孙依蕾）

# 锦江荣誉榜·2022

## 2022年成都市锦江区获集体荣誉情况

**一、全球荣誉**

8月，联合国教科文组织驻华代表处、中国教科文全委会秘书处、中国成人教育协会将锦江区列为“联合国教科文组织城市社区学习中心（CLC）项目试验点”。

11月，亚洲教育论坛年会家庭教育分论坛将锦江区选送的“推进家庭教育工作的公因式”列入“新时代家庭教育体系化建设50例”，列为“十佳案例”之一。

**二、国家级荣誉**

1月，国家中医药管理局授予锦江区“全国基层中医药工作先进单位”称号。

3月，国家市场监督管理总局、国家发展和改革委员会、财政部将区政府选送的“成都市锦江区基本公共服务标准化专项试点”列入“基本公共服务标准化专项试点项目”。

4月，教育部批准锦江区为“全国义务教育优质均衡先行创建区”。

4月，教育部职业教育与成人教育司将区政府选送的“老年教育网上学习圈”列入“社区教育‘能者为师’实践创新项目”。

6月，共青团中央办公厅将锦江区列为“县域共青团基层组织改革试点地区”。

7月，人民日报社主办的人民网宣布“四川成都市锦江区：以‘小牛哥’党建之钥开启快递物流业融入基层治理之门”入选第六届“基层党建创新典型案例之新兴领域党建案例”。

9月，中央纪委、国家监委新闻传播中心记者站授予区纪委、区监委“2022年度宣传工作优秀集体”称号。

9月，人民网宣布“四川成都市锦江区：探索‘一主导三服务’模式 强化社区物业党建联建入选第六届“基层党建创新典型案例之城市基层党建案例”。

10月，教育部授予锦江区“2021年度网络学习空间应用普及活动优秀区域”称号。

10月，人民日报社主办的人民网宣布“四川成都市锦江区：践行绿色发展理念 探索‘党建+公园’生态价值转化新路径”入选第六届“基层党建创新典型案例之农村基层党建案例”，宣布“四川成都市锦江区：探索红色物业温暖万家灯火推动党建引领物业服务融入社区发展治理”入选第六届“基层党建创新典型案例之城市基层党建案例”，宣布“四川成都市锦江区：‘春熙·楼小助’做实‘四个一线’担当“五个角色”探索商圈楼宇党建新模式”入选第六届“基层党建创新典型案例之—非公经济组织和社会组织党建案例”。

11月，新华网第九届·文化和旅游融合与创新论坛授予锦江区“2022·文化和旅游·质量先进单位”称号。

11月，新华网第八届绿色发展论坛将锦江区“践行新发展理念打造生态公园+现代化都市圈”列入“2022绿水青山就是金山银山实践典型”，授予“2022绿色发展实践创新开发区”称号。

11 月，新华网第八届绿色发展论坛将锦江区“探索生态价值的创造性转化奋力打造公园社区美好生活新场景”列入“2022 绿水青山就是金山银山实践典型”，授予“2022 乡村振兴绿色实践优秀城市”称号。

11 月，新华网第八届绿色发展论坛将锦江区“聚焦产业建圈强链持续优化投资环境”列入“2022 绿水青山就是金山银山实践典型”，授予“2022 优化政务（投资）环境优秀城市”称号。

11 月，新华网 2022 中国城市产业发展论坛将锦江区“积极构建‘1+3+3’现代产业体系，打造科技创新新高地”列入“2022 高质量发展创新案例”，授予“2022 产业高质量发展标杆城市”称号。

12 月，中国科协办公厅授予区委“2022 年全国科普日优秀组织单位”称号。12 月 22 日，中国科协授予锦江区“2022 年全国科普日活动优秀组织单位”称号。

12 月，工信部批准锦江区为“数字化转型与人工智能产业人才基地”。

12 月，人民日报社主办的人民网授予锦江区“网上群众工作民心汇聚单位”称号。

12 月，商务部宣布锦江区春熙路商圈委为“全国示范智慧商圈”，宣布成都国际金融中心为“全国示范智慧商店”。

## 三、省级荣誉

1 月，省政府办公厅授予区政府“2021 年度四川省政务信息工作先进单位”称号。

11 月，省委、省政府发文，表扬锦江区获“四川省全国百强县百强区”。

11 月 8 日，省委、省政府制发《关于命名第四批天府旅游名县的决定》，授予锦江区“天府旅游名县”称号。

11 月 23 日，省委、省政府制发《关于表扬 2021 年度四川省县域经济发展先进县和全国百强县百强区的通报》，通报锦江区入选“四川省全国百强区”。

## 四、市级荣誉

4 月，市委办公厅、市政府办公厅授予锦江区喜树路、晨辉、华兴街、皇经楼、红砂、包江桥 6 个社区“成都市百佳示范社区”称号。

4 月，市委办公厅、市政府办公厅授予锦江区沙河社区五福苑、督院街社区学道街 42 号院、翡翠城社区汇锦云天小区 B 区三期、晨辉社区成功 · 红树林小区、锦馨社区锦馨家园 A 区、香樟社区绿地云玺小区五期 6 个小区“成都市百佳示范小区”称号。

7 月，市委办公厅授予锦江区“2021 年成都市档案工作先进区（市）县”称号。

7 月，市委办公厅、市政府办公厅授予锦江区“食品安全党政同责先进单位”“耕地保护党政同责先进单位”称号。

9 月，市委办公厅授予锦江区“2021 年度向市委报送信息先进单位”称号。

11 月，市委办公厅、市政府办公厅授予锦江区“2021 年国家卫生城市复审工作担当作为先进集体”称号。

11 月，市委授予锦江区“成都市 1—3 季度服务业工作先进区（市）县”称号。

11 月，市委办公厅、市政府办公厅授予锦江区“成都市国际消费中心城市建设先进区（市）县”“推进市场采购贸易方式试点工作先进区（市）县”“项目招引促建先进区（市）县”称号。

11 月，市委、市政府授予锦江区“重点项目工作先进区（市）县”“服务业工作先进区（市）县”称号。

12 月，市委办公厅、市政府办公厅授予锦江区“‘平安中国’建设示范市”“蝉联‘长安杯’工作担当作为先进集体”称号。

12 月，市政府办公厅授予锦江区“成都市 2021 年度应急管理、安全生产和消防安全工作担当作为先进集体”称号。

12 月，市政府、成都警备区授予区政府“2021 年度成都市征兵工作先进单位”称号。

（韩旭）

## 春熙路商圈创建为“全国示范智慧商圈”

春熙路商圈位于成都市锦江区，是成都市核心商圈。锦江区按照商务部实施智慧商圈建设要求，以国际消费中心城市建设为指引，打造彰显品位、诠释时尚、服务多元群体的国际消费目的地。已建成裸眼 3D、5G 示范街区、智慧家居店、无人值守酒店等场景，移动支付覆盖率 100%。2002 年 12 月，春熙路商圈创建为“全国示范智慧商圈”。

# 2022年成都市锦江区获成都市以上表彰和一等功、二等功的退役军人

【杨思远】中共党员，原成都军区政治部战旗文工团国家一级演员，技术五级、文职二级。历任原成都军区政治部战旗歌舞团唱队分队长、副教导员、教导员、队长、副团长，荣立三等功2次。退休后发挥个人特长，为锦江区实施退役军人红色文化建设出谋献策，带领有文艺爱好军休干部组建军休干部文化团。获“全国先进军休干部”称号。

【郑　华】中共党员，1996年12月入伍，曾服役西部战区空军部队，荣立三等功2次。退役后致力在地文化、礼仪文化、家学文化、非遗传承文化研究和传承，任全国民办博物馆联合会宣传部长、成都百家堂姓氏文化博物馆馆长、成都市博物馆协会副会长。获“中华新乡贤”“成都市最美退役军人”“成都市退役军人就业创业之星”等称号。

【陈建中】中共党员，服役期间获“全军优秀士官人才奖”二等奖2次，荣立三等功1次。退役后任锦江区东湖街道石牛堰社区党委书记、居委会主任，为120名退役军人提供就业指导和政策咨询服务，组织退役军人参加招聘会，帮助50名退役军人就业。获“优秀党委书记”“成都市退役军人就业创业之星”称号。

【冯万林】中共党员，退役后任锦江区狮子山街道花果社区党委书记。带病坚守防疫一线，参与秩序维护、信息录入、核酸采集、医护人员接送、物资发放、物业单位协调等工作，获“成都市战旗红志愿服务先进个人”称号。

（李璞、李波）

表42　2022年成都市锦江区获一等功和二等功的退役军人一览表

| 序号 | 姓名 | 性别 | 立功奖项 |
|---|---|---|---|
| 1 | 郑国远 | 男 | 一等功 |
| 2 | 肖家喜 | 男 | 一等功 |
| 3 | 何晓东 | 男 | 一等功 |
| 4 | 刘方军 | 男 | 一等功 |
| 5 | 刘九林 | 男 | 一等功 |
| 6 | 王　林 | 男 | 一等功 |
| 7 | 龙树明 | 男 | 一等功 |
| 8 | 孙　建 | 男 | 一等功 |
| 9 | 张星远 | 男 | 一等功 |
| 10 | 孔令仕 | 男 | 一等功 |
| 11 | 肖　鑫 | 女性 | 一等功 |
| 12 | 刘汇海 | 男 | 一等功 |
| 13 | 杜昱伯 | 男 | 二等功 |
| 14 | 屈仕玉 | 男 | 二等功 |
| 15 | 袁　军 | 男 | 二等功 |
| 16 | 孙继斌 | 男 | 二等功 |

续表 42

| 序号 | 姓名 | 性别 | 立功奖项 |
|---|---|---|---|
| 17 | 陶启新 | 男 | 二等功 |
| 18 | 李平林 | 男 | 二等功 |
| 19 | 郭泰富 | 男 | 二等功 |
| 20 | 张清联 | 男 | 二等功 |
| 21 | 何茂生 | 男 | 二等功 |
| 22 | 陈家元 | 男 | 二等功 |
| 23 | 尹大春 | 男 | 二等功 |
| 24 | 李明海 | 男 | 二等功 |
| 25 | 李伯华 | 男 | 二等功 |
| 26 | 彭文忠 | 男 | 二等功 |
| 27 | 杜　琼 | 男性 | 二等功 |
| 28 | 廖品成 | 男性 | 二等功 |
| 29 | 刘正元 | 男性 | 二等功 |
| 30 | 尹进新 | 男性 | 二等功 |
| 31 | 张义全 | 男性 | 二等功 |
| 32 | 谢荣禄 | 男性 | 二等功 |
| 33 | 刘清信 | 男性 | 二等功 |
| 34 | 代俊时 | 男性 | 二等功 |
| 35 | 袁　辉 | 男 | 二等功 |
| 36 | 晏茂渊 | 男 | 二等功 |
| 37 | 郑　林 | 男 | 二等功 |
| 38 | 陈举光 | 男 | 二等功 |
| 39 | 龙培荣 | 男 | 二等功 |
| 40 | 常忠成 | 男 | 二等功 |
| 41 | 吴文孝 | 男 | 二等功 |
| 42 | 樊志清 | 男 | 二等功 |
| 43 | 周光禄 | 男 | 二等功 |
| 44 | 李　勇 | 男 | 二等功 |
| 45 | 范　涛 | 男 | 二等功 |
| 46 | 高善庄 | 男 | 二等功 |
| 47 | 夏　常 | 男 | 二等功 |
| 48 | 朱佑富 | 男 | 二等功 |
| 49 | 陶恒美 | 男 | 二等功 |
| 50 | 娄　方 | 男 | 二等功 |
| 51 | 王晓晨 | 女 | 二等功 |
| 52 | 王千军 | 男 | 二等功 |

续表 42

| 序号 | 姓名 | 性别 | 立功奖项 |
|---|---|---|---|
| 53 | 李梓源 | 男 | 二等功 |
| 54 | 林　强 | 男 | 二等功 |
| 55 | 涂兴国 | 男 | 二等功 |
| 56 | 陈传波 | 男 | 二等功 |
| 57 | 朱建章 | 男 | 二等功 |
| 58 | 贾建都 | 男 | 二等功 |
| 59 | 徐茂松 | 男 | 二等功 |
| 60 | 杜西羚 | 男 | 二等功 |
| 61 | 王成波 | 男 | 二等功 |
| 62 | 李建卿 | 男 | 二等功 |
| 63 | 李树平 | 男 | 二等功 |
| 64 | 廖祖伟 | 男 | 二等功 |
| 65 | 杨　建 | 男 | 二等功 |
| 66 | 屈登荣 | 男 | 二等功 |
| 67 | 李东平 | 男 | 二等功 |
| 68 | 王国民 | 男 | 二等功 |
| 69 | 刘少林 | 男 | 二等功 |
| 70 | 邓金忠 | 男 | 二等功 |
| 71 | 郝锡彪 | 男 | 二等功 |
| 72 | 耿亚伟 | 女 | 二等功 |
| 73 | 李　亮 | 男 | 二等功 |
| 74 | 焦振中 | 男 | 二等功 |
| 75 | 陈栋樑 | 男 | 二等功 |
| 76 | 杨仲明 | 男 | 二等功 |
| 77 | 丁荣桥 | 男 | 二等功 |
| 78 | 张　静 | 男 | 二等功 |
| 79 | 邹纲军 | 男 | 二等功 |
| 80 | 李臣文 | 男 | 二等功 |
| 81 | 焦　俊 | 男 | 二等功 |
| 82 | 黎昌忠 | 男 | 二等功 |
| 83 | 余怀本 | 男 | 二等功 |
| 84 | 王西华 | 男 | 二等功 |
| 85 | 李志萍 | 女 | 二等功 |
| 86 | 宋　伦 | 男 | 二等功 |
| 87 | 蒋　勇 | 男 | 二等功 |
| 88 | 寇平福 | 男 | 二等功 |

续表 42

| 序号 | 姓名 | 性别 | 立功奖项 |
|---|---|---|---|
| 89 | 宋保兵 | 男 | 二等功 |
| 90 | 唐亚明 | 男 | 二等功 |
| 91 | 杨洪振 | 男 | 二等功 |
| 92 | 雷建成 | 男 | 二等功 |
| 93 | 王小平 | 男 | 二等功 |
| 94 | 杨　明 | 男 | 二等功 |
| 95 | 刘家鹏 | 男 | 二等功 |
| 96 | 王　清 | 男 | 二等功 |
| 97 | 刘志成 | 男 | 二等功 |
| 98 | 李泽文 | 男 | 二等功 |
| 99 | 李　广 | 男 | 二等功 |
| 100 | 颜　兵 | 男 | 二等功 |
| 101 | 林　静 | 男 | 二等功 |
| 102 | 杨　强 | 男 | 二等功 |
| 103 | 沈惠琴 | 女 | 二等功 |
| 104 | 覃　健 | 男 | 二等功 |
| 105 | 杨　耀 | 男 | 二等功 |
| 106 | 唐艺耘 | 男 | 二等功 |
| 107 | 潘　霞 | 女 | 二等功 |
| 108 | 吴　爽 | 男 | 二等功 |
| 109 | 蓝建中 | 男 | 二等功 |
| 110 | 杨　强 | 男 | 二等功 |
| 111 | 李肇基 | 男 | 二等功 |
| 112 | 邓克林 | 男 | 二等功 |
| 113 | 李　继 | 男 | 二等功 |
| 114 | 孙仁国 | 男 | 二等功 |
| 115 | 胡美玲 | 女 | 二等功 |
| 116 | 姜昌顺 | 男 | 二等功 |
| 117 | 卞　曙 | 女 | 二等功 |
| 118 | 彭　凯 | 男 | 二等功 |
| 119 | 肖家高 | 男 | 二等功 |
| 120 | 黄　锐 | 男 | 二等功 |
| 121 | 覃才德 | 男 | 二等功 |
| 122 | 李小平 | 男 | 二等功 |
| 123 | 杨　萍 | 女 | 二等功 |
| 124 | 张新渠 | 男 | 二等功 |

续表 42

| 序号 | 姓名 | 性别 | 立功奖项 |
| --- | --- | --- | --- |
| 125 | 谢　斌 | 男 | 二等功 |
| 126 | 但唐盛 | 男 | 二等功 |
| 127 | 彭泰宗 | 男 | 二等功 |
| 128 | 丁如涛 | 男 | 二等功 |
| 129 | 赵　剑 | 男 | 二等功 |
| 130 | 邬前德 | 男 | 二等功 |
| 131 | 马明光 | 男 | 二等功 |
| 132 | 谢海银 | 男 | 二等功 |
| 133 | 许　兵 | 男 | 二等功 |
| 134 | 江俊锋 | 男 | 二等功 |
| 135 | 马建国 | 男 | 二等功 |
| 136 | 褚玉凤 | 女 | 二等功 |
| 137 | 金　涛 | 男 | 二等功 |
| 138 | 周　岷 | 男 | 二等功 |
| 139 | 易德才 | 男 | 二等功 |
| 140 | 周黎亮 | 男 | 二等功 |
| 141 | 李春华 | 男 | 二等功 |
| 142 | 宋宝荣 | 男 | 二等功 |
| 143 | 韩　高 | 男 | 二等功 |
| 144 | 粟　庆 | 男 | 二等功 |
| 145 | 王志明 | 男 | 二等功 |
| 146 | 罗永福 | 男 | 二等功 |
| 147 | 程　茂 | 男 | 二等功 |
| 148 | 燕红强 | 男 | 二等功 |
| 149 | 孙　龙 | 男 | 二等功 |
| 150 | 王昌权 | 男 | 二等功 |
| 151 | 谢　斌 | 男 | 二等功 |
| 152 | 谢　勇 | 男 | 二等功 |
| 153 | 蒲志伟 | 男 | 二等功 |
| 154 | 高永华 | 男 | 二等功 |
| 155 | 李中新 | 男 | 二等功 |
| 156 | 王顺利 | 男 | 二等功 |
| 157 | 黄全炳 | 男性 | 二等功 |
| 158 | 张　磊 | 男性 | 二等功 |
| 159 | 高勇君 | 男性 | 二等功 |
| 160 | 邓永发 | 男性 | 二等功 |

续表 42

| 序号 | 姓名 | 性别 | 立功奖项 |
|---|---|---|---|
| 161 | 吴学忠 | 男 | 二等功 |
| 162 | 张书林 | 男 | 二等功 |
| 163 | 陈茂章 | 男 | 二等功 |
| 164 | 封金剑 | 男 | 二等功 |
| 165 | 贾太平 | 男 | 二等功 |
| 166 | 王　涛 | 男 | 二等功 |
| 167 | 王　涛 | 男 | 二等功 |
| 168 | 伍乾友 | 男 | 二等功 |
| 169 | 谯茂芝 | 男 | 二等功 |
| 170 | 刘小艺 | 男 | 二等功 |
| 171 | 邱小华 | 男性 | 二等功 |
| 172 | 方建波 | 男性 | 二等功 |
| 173 | 郑智清 | 男性 | 二等功 |
| 174 | 黄再军 | 男性 | 二等功 |
| 175 | 陈　东 | 男性 | 二等功 |
| 176 | 黄玉斌 | 男性 | 二等功 |
| 177 | 王明锡 | 男性 | 二等功 |
| 178 | 罗　荣 | 男性 | 二等功 |
| 179 | 齐　辉 | 男性 | 二等功 |
| 180 | 王　东 | 男性 | 二等功 |
| 181 | 万金利 | 男性 | 二等功 |
| 182 | 潘自贵 | 男性 | 二等功 |
| 183 | 刘　卫 | 男性 | 二等功 |
| 184 | 李长锋 | 男性 | 二等功 |
| 185 | 李保泉 | 男性 | 二等功 |
| 186 | 高　兵 | 男性 | 二等功 |
| 187 | 罗国华 | 男 | 二等功 |
| 188 | 秦建明 | 男 | 二等功 |
| 189 | 赵　海 | 男 | 二等功 |
| 190 | 韩兴林 | 男 | 二等功 |
| 191 | 伍小平 | 男 | 二等功 |
| 192 | 邓宗元 | 男 | 二等功 |
| 193 | 张　静 | 男 | 二等功 |
| 194 | 肖　飞 | 男 | 二等功 |
| 195 | 孙玉江 | 男 | 二等功 |
| 196 | 罗秀文 | 男 | 二等功 |

续表 42

| 序号 | 姓名 | 性别 | 立功奖项 |
| --- | --- | --- | --- |
| 197 | 蒋小辉 | 男 | 二等功 |
| 198 | 石　利 | 男 | 二等功 |
| 199 | 张文凯 | 男 | 二等功 |
| 200 | 张培远 | 男 | 二等功 |
| 201 | 何希武 | 男 | 二等功 |
| 202 | 章永昆 | 男 | 二等功 |
| 203 | 周　飞 | 男 | 二等功 |
| 204 | 高联富 | 男 | 二等功 |
| 205 | 杨柏林 | 男 | 二等功 |
| 206 | 胡宝森 | 男 | 二等功 |
| 207 | 彭　斌 | 男 | 二等功 |
| 208 | 蒋治宇 | 男 | 二等功 |
| 209 | 康爱平 | 男 | 二等功 |

（李璞、李波）

## 锦江区获“文化和旅游高质量先进单位”称号

11月5日，新华网主办的第九届文旅融合与创新论坛活动揭幕。锦江区“建设都市精品型天府旅游名县，推动经济社会高质量发展”入选“2022文化和旅游新发展典型案例”。锦江区获“2022文化和旅游高质量先进单位”称号。参加论坛交流的锦江区代表介绍，锦江区结合巴蜀文化元素荟萃和国际时尚元素富集的特点，从提升发展定位、规划发展主轴、打造文旅地标三个方面优化空间布局，探索特大城市核心区建设精品型旅游目的地的新路径。并以文化建设为引领，提出旅游营城的理念，推动文旅赋能。

“夜游锦江”廊桥点位　　（摄于2022年　区融媒体中心提供）

# 统计公报

## 2022年成都市锦江区国民经济和社会发展统计公报

2022年，锦江区贯彻中共二十大精神和习近平总书记指示四川及成都工作的重要精神，落实中共中央、国务院和省委、省政府、市委、市政府的决策部署，明确“疫情要防住、经济要稳住、发展要安全”的思路，实施系列抓项目、稳投资、促消费措施，推动经济社会持续稳定健康发展。

### 一、综合

（一）地区生产总值

根据成都市区（市）县地区生产总值统一初步核算结果，锦江区地区生产总值1304.19亿元。按可比价格计算，较2021年增长2.8%。

分产业看，第一产业增加值0.37亿元，同比增长0.8%；第二产业增加值133.84亿元，同比增长4.1%；第三产业增加值1169.97亿元，同比增长2.6%。三次产业结构比为0.03 ∶ 10.26 ∶ 89.71。

按常住人口计算，人均地区生产总值143058元，同比增长2.1%。

民营经济增加值616.54亿元，同比增长1.3%，占地区生产总值的47.3%。

（二）财政税收

2022年，区级一般公共预算收入94.29亿元，扣除留抵退税因素后增长5.4%。其中税收79.97亿元，扣除留抵退税因素后增长6.9%。区级一般公共预算支出71.1亿元，同比增长18.8%。

（三）固定资产投资

2022年，固定资产投资同比增长7.6%。分产业看，第二产业投资比上年增长15.4%。其中工业投资同比增长3.9%，第三产业投资同比增长6.7 %。分经济类型看，民间投资同比增长11.5%，基础设施投资同比增长7.9 %。民间投资占固定资产投资的比重为29.0%。

（四）人口

2022年末，锦江区常住人口91.44万人，同比增加0.55万人，增长0.6%。常住人口城镇化率100%。年末户籍人口67.47万人，同比增加1.62万人。人口自然增长率2.25‰。

### 二、国民经济各行业

（一）农林牧渔业

2022年，锦江区农业总产值0.6亿元，按可比价格计算，同比增长0.3%。化肥施用量900万千克，同比下降50%；农药施用量448千克，同比下降18.5%。农业增加值0.37亿元，同比增长0.8%。

（二）工业和建筑业

2022年，锦江区规模以上工业增加值同比增长0.1%。其中计算机、通信和其他电子设备制造同比增长21.7%。规模以上工业产值同比下降1.0%。规模以上工业企业产品产销率81.2%。

建筑业增加值同比增长5.3%。年末有总承包或专业承包资质的建筑业法人企业205家，房屋施工面积6490.68万平方米。其中新开工面积1696.01万平方米。

（三）房地产业

锦江区房地产开发投资额同比增长10.9%；商品房销售面积123.5万平方米，同比增长17.7%。

（四）批发零售业和住宿餐饮业

锦江区社会消费品零售总额1314.08亿元，同比下降0.8%。按消费形态统计，餐饮收入195.31亿元，同比下降11.3%；商品零售额1118.77亿元，同比增长1.3%。限额以上单位通过互联网实现商品零售额、餐饮收入分别增长131.5%、9.9%。

16大类限额以上单位商品零售额中，6个大类增长。其中石油及制品类增长16.8%、通讯器材类增长13.3%、粮油食品类增长10.1%。

## 三、对外经济

锦江区外贸进出口总额111.16亿元。产业化项目实际到位内资198.65亿元，外商投资实际到位36.56亿元，签约引进产业化重大项目20个，产业化重大项目注册率100%。引进世界500强企业1家，世界500强企业达139家。

## 四、人民生活和民生保障

（一）居民收入

锦江区城镇居民人均可支配收入57629元，同比增长4.1%。其中工资性收入增长6.39%，经营净收入增长3.0%，财产净收入增长2.0%，转移净收入增长0.92%。

（二）社会就业

城镇新增就业1.63万人，城镇登记失业率控制在3%以内。

（三）社会保障

锦江区企业职工基本养老保险参保人数63.21万人，为28626人发放低保金2527.75万元，发放特困人员救助供养费97.1万元。临时救助140人，救助费27.05万元。区关爱援助中心登记困难群众537人，建立个人档案181份，组织19家爱心企业、6家社会组织、7家区级部门、327名爱心个人参与关爱援助活动，募集资金67.8万元，帮扶特殊困难群众2652人。

推进4个省级民生实事社区养老服务综合体项目和德圆之家、三圣喜雨养老项目建设；探索构建“邻里食堂+共享餐厅+老年餐桌+院落助餐点”综合助餐服务模式，新增和改造提升老年人助餐点21个；为21634名80岁以上老人发放高龄津贴2413万元，为736名困难老年人发放基本养老服务补贴68.58万元，为5.76万名老年人发放养老服务金3374.3万元，为有居家护理需求的600户失能和半失能特殊困难老年人建设家庭照护床位，完成26户困难老年人家庭适老化改造，推动2200户空巢独居老人家庭安装智能报警设施，特殊困难老年人周探访率100%。

登记社会组织1217家。其中登记类社会组织414家、备案类社会组织803家。

## 五、社会事业

（一）教育

锦江区区属小学校37家、普通中学校17家、职业高中2家、特殊教育中心1家。其中四川省一级示范性高中3家、四川省二级示范性高中1家、纳入省二级示范校进行招生和管理的市级示范校2家。注册登记幼儿园108家。在校学生人数125241人。其中幼儿园25707人、小学61584人、初中21768人、高中8296人、职高7780人、特教中心106人。另有国际学生45人。

（二）科学技术

锦江区高新技术企业283家，高新技术产业主营业务收入195亿元。创新创业企业64家，国家和省市级孵化器企业20家，重点实验室、工程技术研究中心、产学研联合实验室、科技资源共享平台等市级以上科技创新平台21个。新增新经济500强企业3家，市级新经济梯度培育入库企业新增种子企业6家。

（三）文化

锦江区完成东湖街道、牛市口街道2个综合性文化服务中心示范点提升打造任务，开展“文化四季风”活动6次、“走基层”文化惠民活动40次，开展线上线下文化活动700次，完成市级民生目标任务；市民学校开设公益培训班5期1000次，内容涵盖非遗、书法、舞蹈、戏曲等21个项目，培训3万人；参加全国、省、市各级各类文艺比赛50次，获国家、省、市奖项30个。原创舞蹈《环卫天使》入围全国群星奖。区图书馆获“成都市文化馆图书馆总分馆制建设组织实施先进单位”称号。

（四）卫生健康

锦江区分布医院35家、社区卫生服务中心14家，拥有床位11868个、专业卫生技术人员16688人。

（五）体育

锦江区新建全民健身路径26条，健身器材151件，开展各类全民健身活动260次。分布成都市社区运动促进健康服务站11个，培训社会体育指导员200人，完成5250人国民体质监测目标任务。承办国际体育赛事2次、国内赛事1个，开展青少年体育竞赛和“十大阳光体育活动”30次，参加全国、省、市各级各类体育竞赛60次。

（六）旅游

锦江区接待游客2200.5万人，旅游综合收入256.03亿元。文化和旅游部授予锦江区春熙路“国家级旅游休闲街区”称号。锦江区入选“天府旅游名县”。分布宾馆酒店365家，客房数量31749间，床位40024个。其中星级酒店12家、五星级酒店6家、四星级酒店5家、三星级酒店1家。

## 六、城市建设和环境保护

（一）基础设施

2022年，锦江区新建天府绿道健身空间10个、社区绿道50条，社区绿道建成长度30千米。新建“小游园”6个，建设锦江大道沿线绿化景观提升改造点位8个。推进公园品质提升，活水公园、塔子山公园入选“成都最美公园”。实施城市有机更新工程项目4个，打造特色街区2个，实施既有建筑风貌提升项目1个，修缮历史建筑7处，完成大运会风貌综合提升整治项目23个。实施四圣祠片区城市有机更新项目3个地块及九寨沟路与驿都大道交会处房屋搬迁项目4个，签约463户。改造老旧小区54个，既有住宅自主增设电梯165台。

（二）环境保护

锦江区单位国民生产总值能耗下降2.2%，单位工业增加值能耗增长9.5%。空气质量优良天数279天（扣除高温天气影响，299天），同比减少24天（扣除高温天气影响，减少4天）。主要污染物直径小于2.5微米的可吸入颗粒物和直径小于10微信的可吸入颗粒物以及二氧化碳平均浓度分别为39微克/立方米、60微克/立方米、32微克/立方米，同比分别下降4.9%、3.2%、23.8%。空气质量综合指数4.23，同比下降3.4%。危险废物关联单位申报登记257家，规范化环境管理评估47家，转移危险废物1710家；安装4套声环境质量自动监测设备和4套人口密集区噪声自动监测显示设施。推进生态文明创建，在第八届“绿色论坛”活动中，“生态为底、文化为魂——锦江开辟生态价值转化新赛道”入选“2022绿水青山就是金山银山实践典型”。受理各类环境信访投诉案件473件，办结率和回复率100%。

**注释：**

1. 公报中各项数据为初步统计数。部分数据因四舍五入的原因，存在总计与分项合计不等的情况。
2. 公报中地区生产总值及增加值绝对数按当年价格计算，增长速度按可比价格计算。
3. 公报中财政、农业、对外经济、科学技术、教育、卫生、文化、体育、旅游、城市建设、环境保护、人口、社会保障等数据来源于锦江区区级部门。

## 茑屋西南首店开业

2022年，享有“森林图书馆”美誉的茑屋书店落户锦江区，选址成都仁恒置地广场开设西南首店。8月31日，茑屋西南首店试营业。9月30日，正式开业。茑屋西南首店利用空间特性打造不同功能区域，专设儿童区。店内藏书4.5万册，展陈和销售手工、玩具、文具、包袋、服饰、杯盏等商品，提供简餐、咖啡。茑屋书店诞生于1983年，由增田宗昭在日本大阪创立，经营理念是通过书籍、电影、音乐向青年群体传递生活提案。

2022年9月30日，落户锦江区成都仁恒置地广场的茑屋西南首店开业（区融媒体中心提供）

# 附录

## 2022 年成都市锦江区领导干部任职情况

### 中国共产党成都市锦江区委员会

书　记　陈志勇

副书记　缪晓波

　　　　吴　斌

常　委　刘刚毅

　　　　彭洪泽

　　　　陈　蓉（2022 年 12 月任）

　　　　余家洪

　　　　杨世映

　　　　黄　婉

　　　　唐　勇

　　　　罗明俊

　　　　刘嘉聪（任至 2022 年 12 月）

### 成都市锦江区人大常委会

党组书记　王　昕（2022 年 5 月任）

　　　　王宏斌（任至 2022 年 5 月）

主　任　王　昕（2022 年 11 月任）

　　　　王宏斌（任至 2022 年 5 月）

副主任　邹　燕

　　　　刘　平

　　　　吴文辉

　　　　张卫东

　　　　唐高原

### 成都市锦江区人民政府

党组书记、区　长　缪晓波

副区长　黄　婉

　　　　游　锦

　　　　郑　麟

　　　　周　晓

　　　　万　科

　　　　兰华娟

### 政协第八届成都市锦江区委员会

党组书记、主席　潘雪松

党组副书记　唐　勇

　　　　朱　波

副主席　刘　琳

　　　　宋宗铭

　　　　张晓惠

　　　　杨小明

　　　　杨　洪

### 成都市锦江区人民法院、成都市锦江区人民检察院

区法院

党组书记、院长　李　科

区检察院

党组书记、检察长　赵　峰

### 其他区级领导

区级干部　张　松

副区级干部

　　李香贵

　　魏　彬

　　李大江

　　赵万松

　　昌荣珍（2022 年 10 月退休）

　　余　平（2022 年 9 月退休）

　　何凌云（2022 年 9 月提前退休）

# 2022 年成都市锦江区各部门和街道领导干部任职情况

### 区委办公室

主任　罗仕明（2022 年 8 月任）
　　　唐高原（任至 2022 年 8 月）
机关党委书记　李江涛
副主任　温常军
　　　　李　翔
　　　　刘　港（2022 年 2 月任）
　　　　李承才（任至 2022 年 2 月）
　　　　王　寅（2022 年 8 月兼任）
督查专员　陈春林

### 区委外事办公室

主　任　文　军

### 保密办、保密局

局　长　李江涛

### 区档案馆

馆　长　李承才（2022 年 2 月任）
副馆长　周　波
　　　　赵　晖（2021 年 11 月任）
　　　　郭凯荣（任至 2022 年 7 月）

### 区外事服务中心

主　任　玉　露（2022 年 2 月任）

## 区人大常委会机关

### 办公室

主　任　罗培民
副主任　邹　峰
　　　　鲁　泓
机关党委书记　鲁　泓

### 人事代表工作委员会

主　任　李志国
副主任　石丽娟

### 研究室

主　任　伍文芳
副主任　洪立媛

### 信访办公室

主　任　邓佳利
人大常委　王　敏

### 区人大专门委员会

### 法制和监察委员会

主任委员　赵　媛
副主任委员　张红旗
　　　　　　何志恒

### 经济委员会

主任委员　荀志强
副主任委员　李　琰
　　　　　　陈继志

### 教科文卫和民宗侨外委员会

主任委员　周　兵
副主任委员　邱　蓉

### 城乡建设与环境保护委员会

主任委员　张　力
副主任委员　罗　勇　张龙刚

### 社会建设委员会

主任委员　伍　华
副主任委员　罗　坤
　　　　　　冯　惠

### 预算委员会

主任委员　魏宇光
副主任委员　叶世兴

### 街道人大工作委员会

春熙路街道人大工委主任　王　文
书院街街道人大工委主任　蔡永瑞
锦官驿街道人大工委主任　胡　军
牛市口街道人大工委主任　苟旭红
东湖街道人大工委主任　张全胜
沙河街道人大工委主任　郑　立
狮子山街道人大工委主任　杨　芳
锦华路街道人大工委主任　刘静敏
柳江街道人大工委主任　毕　天
成龙路街道人大工委主任　梁　永
三圣街道人大工委主任　张光勇

## 区政府办公室

主任　王　欣（2022 年 8 月任）
　　　孙　涛（任至 2022 年 8 月）
副主任　张旭东（兼）
　　　　钟书建
　　　　白文俊
　　　　苏　洋
　　　　温　霞（2022 年 4 月任）
督查专员　杨志超

### 区地方志办公室

主　任　蹇一萍
副主任　赵正飞

### 区高质量发展中心

主　任　郭瑞锋（2022 年 2 月任）
　　　　温　霞（任至 2022 年 2 月）

## 区政协机关

秘书长　李小松
副秘书长　陈雪松
　　　　　黄晓玲（兼）

### 办公室

主　任　陈雪松
机关党委书记　邹棹霞
副主任　唐　鹏

### 政策研究室

主　任　张　珩
副主任　丁　元

### 委员联络和政协街道工作办公室

主　任　岳　雄
副主任　唐　镭
区政协常委　周　红

### 区政协专门委员会

### 提案委员会

主　任　黄忠才
副主任　龚　立（任至 2022 年 7 月）

### 经济委员会

主　任　黄晓玲
副主任　王　迪

### 城市建设和人口资源环境委员会

主　任　方　宏
副主任　冯　宇

### 科教医卫体委员会

主　任　邓梅君

### 文化和文史资料委员会

主　任　张　文

副主任　隆坚成

### 社会法制和民族宗教委员会

主　任　张　竞

副主任　刘　燕

## 区纪委

书　记　陈　蓉（2022年12月任）

刘嘉聪（任至2022年12月）

副书记　淳　茂

卢炳忠（2022年10月任）

龚仁勇（任至2022年10月）

纪委常委　祝　勋

李　直

马　伊

罗月敏

胡　颖（挂职）

## 区监委

主　任　刘嘉聪（任至2022年12月）

副主任　淳　茂

卢炳忠（2022年10月任）

龚仁勇（任至2022年10月）

委　员　祝　勋

李　直

唐联科

周　婧

### 区纪委监委内设机构

办公室主任　贡　茜

组织部部长

田媛瑗（2022年2月任）

宣传部部长

何　锦（2022年2月任）

案件监督管理室主任

薛荣金（2022年2月任）

党风政风监督室主任

李　智

纪检监察干部监督室

陈　寒（2022年2月任）

信访室主任

刘　刚（2022年7月任）

龙会光（任至2022年7月）

第二纪检监察室主任

蒋　江（2022年2月任）

第三纪检监察室主任

唐联科（任至2022年2月）

第四纪检监察室主任

姜杨新（2022年7月任）

徐　锐（任至2022年7月）

第五纪检监察室主任

韩　毅

案件审理室主任　周　婧

### 派驻纪检监察组

驻区委办公室纪检监察组组长

郎永峰（2022年7月任）

李文清（任至2022年2月）

驻区人大常委会机关纪检监察组组长

张　林

驻区政府办公室纪检监察组组长

龚波龙

驻区政协机关纪检监察组组长

沈　汉（任至2022年10月）

驻区委组织部纪检监察组组长

尤　涛（2022年7月任）

驻区委宣传部纪检监察组组长

王万芬

驻区委统战部纪检监察组组长

龙会光（2022年7月任）

郎永峰（任至2022年7月）

驻区委政法委纪检监察组组长

向明洪

驻区发改局（区粮食储备局）纪检监察组组长

徐　锐（2022年7月任）

李颜延（任至2022年5月）

驻区经信局纪检监察组组长

张前恩

驻区教育局纪检监察组组长

刘贤莉（任至2022年10月）

驻区民政局纪检监察组组长

黄　利

驻区财政局（区国资局）纪检监察组组长

季　玫

驻区人社局纪检监察组组长

何　静（2022年7月任）

沙　征（任至2022年7月）

驻区住建和交通局（区人民防空办公室）纪检监察组组长

夏桂荣

驻区公园城市局（区农业农村局）纪检监察组组长

刘　华

驻区卫健局纪检监察组组长

徐　敏

驻区市场监管局纪检监察组组长

王金伟

驻区行政审批局（区网络理政办公室）纪检监察组组长

刘　冬

驻区综合执法局（区城管局）纪检监察组组长

胡　海

## 区委组织部

部　长　余家洪

常务副部长

郭夏明（2022年2月任）

李凌云（任至2022年2月）

副部长　陈晓阳（2022年2月任）

李凌云（2022年2月兼任）

刘　鹏（兼）

李　婷（2022年2月兼任）

谭　烜（任至2022年7月）

温　萍（兼任至2022年2月）

罗晓东（兼任至2022年2月）

机关党委书记　张　粤

部务委员　贺新郎

任元波（2022年2月任）

### 区直机关工委

书　记　余家洪

### 区委党史研究室

主　任　陈晓阳（2022年2月任）

谭　烜（任至2022年2月）

副主任　王　东

### 区委“两新”工委
副书记　李顺平

## 区委党校（区行政学校）
区委党校校长　余家洪
区行政学校校长　余家洪
常务副校长
　　余　姣（2022年7月任）
　　雷伟春（任至2022年7月）
副校长　吴雅洁
　　刘　涵（2022年2月任）

## 区委宣传部
部　长　彭洪泽
常务副部长　汪　宏
副部长　许　波（兼）
　　王喜雪
　　赵　怡
　　李德军
　　王　欣（任至2022年8月）

### 区新闻出版局（区版权局）
局　长　许　波

### 区互联网信息中心
主　任　白晓丰

### 区文化创意产业促进中心
主　任　佟　强

### 区文联
主　席　赵　怡
常务副主席　董　均

### 区社科联
主　席　王喜雪
副主席　田仕琴

### 区融媒体中心
副主任　张红波
副主任　陈　丽
　　陈　敏（2022年2月任）

### 区精神文明建设办公室
主　任　李德军（2022年8月兼任）

### 区委网络信息办公室
主　任　汪　宏（2022年7月兼任）
副主任　王　寅（2022年7月兼任）
　　叶　凌（2022年7月兼任）
　　何　林（2022年7月兼任）

### 区委对外宣传办公室（区政府新闻办公室）
主　任　田仕琴（2022年7月兼任）

## 区委统战部
部　长　唐　勇
常务副部长　王耀军
副部长　彭华苹
　　侯　滔
　　魏巍爱（2022年7月兼任）
　　古　斌
　　姚艳洪(兼任至2022年7月)

### 区民宗局
局　长　王耀军
副局长　李玉晶（2022年2月任）
　　李　璞（任至2022年2月）

### 区台联
常务副会长　段蓓蓓

## 区委政法委
书　记　刘刚毅
常务副书记　蔡承尧
副书记　林　红
　　程润林
　　王　寅（2022年2月任）
　　丁　夏（任至2022年2月）
　　王　政(兼任至2022年11月)

## 区委政研室
主　任　李　润
副主任　张　勇
　　石　波（2022年2月任）
　　刘沈镭（任至2022年7月）

## 区委社治委
主　任　余家洪（兼）
常务副主任　王延松
副主任　李林辉（2022年2月任）
　　谢　川（2022年7月任）
　　陈晓阳（任至2022年2月）
　　卢　佳（任至2022年7月）

### 社会管理信息服务中心
主　任　郭清平

## 区委编办公室
主　任　刘　鹏
副主任　陈　楠
　　尤　涛（任至2022年7月）

### 机构编制信息中心
主　任　董继涛

## 区委巡察办公室
主任　陈　蓉（2022年12月任）
　　刘嘉聪（2022年3月–12月）
　　何江东（任至2022年3月）
常务副主任
　　何江东（2022年3月任）
副主任　彭良虎

### 第一巡察组
组　长　郭　伟
副组长　张昌文

### 第二巡察组
组　长　李文清（2022年2月任）
副组长　段　伟
　　张防振

### 第三巡察组
组　长　魏　明
副组长　曾爱平（任至2022年7月）
巡察专员　万　雪（2022年2月任）

## 区委老干部局
局　长　李　婷（2022年2月任）
　　温　萍（任至2022年2月）
副局长　刘　浣
　　李　婷（任至2022年2月）

### 区老干部活动中心
主　任　张　灵

## 区法院
院　长　李　科
副院长　陈　康
　　易　文
　　王发广
　　冯　雪

机关党委书记　冉雪瑛
政治处主任　周　路
执行局局长　李　俊

**区检察院**

检察长　赵　峰
副检察长　钟燕玲
　　果晓峰
　　李薇薇
机关党委书记　陈　俊
政治处主任　孙　洋
检察委员会专职委员　詹　曦
　　余小俐

**区发改局**

局　长　周方齐（2022 年 8 月任）
　　罗仕明（任至 2022 年 8 月）
党委书记　吴　畏
副局长　马国虎
　　陈　丹
　　李良锋（2022 年 2 月任）
　　文亚军（2022 年 7 月挂职）
　　谢　菲（任至 2022 年 2 月）
　　郑智峰（挂职至 2022 年 12 月）

*投资项目评审中心*

主　任　张　康

*项目促建服务中心*

主　任　马思齐（2022 年 2 月任）

**区经信局**

局长　王　严（2022 年 2 月任）
　　张官友（任至 2022 年 2 月）
机关党委书记
　　李静怡（2022 年 2 月任）
副局长　张力弋

*都市工业投资服务中心*

主任　王　康

**区教育局**

局　长　吴海乐
党委书记　赵万华
副局长　刘国良
　　杨　岚
　　刘　瑛（2022 年 8 月任）
　　秦　梅（任至 2022 年 7 月）

**区民政局**

局长　唐海燕（2022 年 2 月任）
　　朱文飞（任至 2022 年 2 月）
党委书记　何婉霞
副局长　文　海
　　何　文

*区养老服务指导中心*

主　任　杨丽娜

*区殡葬服务中心（东郊殡仪馆）*

主任（馆长）　李卫东

**区司法局**

局　长　罗　伟
机关党委书记
　　徐　颖（2022 年 7 月任）
副局长　杨　莉
　　王红克（2022 年 2 月任）

**区财政局（区国资局）**

局　长　张红宇
副局长　常　娟
　　龙　建
　　王　琳
　　张　凯（2022 年 7 月挂职）
　　雷　骥（挂职至 2022 年 12 月）
总会计师　郑万喜

*支付中心*

主　任　吴　静

**区人社局**

局长　李凌云（2022 年 2 月任）
　　罗晓东（任至 2022 年 2 月）
机关党委书记
　　丁　璐（2022 年 7 月任）
副局长　李海洋
　　于　川（2022 年 7 月任）
　　丁　璐（任至 2022 年 7 月）

*区社保局*

局　长　乔　苓

*区就业局*

局　长　赖　兵

**区住建和交通局（区人民防空办公室）**

局长（主任）　蒋卫权
机关党委书记
　　于　轩（2022 年 2 月任）
副局长　张灵玲
　　杨　浪
　　常　平（2022 年 2 月任）
总工程师　梁彦超（2022 年 2 月任）

**区公园城市局（区农业农村局）**

局　长　朱文飞（2022 年 2 月任）
机关党委书记
　　游　健（2022 年 7 月任）
　　毕　天（任至 2022 年 7 月）
副局长　陈　磊
　　苏　非
　　岳渝军（2022 年 2 月任）
　　吴成昆（任至 2022 年 2 月）
党组成员
　　陈细辉（任至 2022 年 7 月）

*城市有机更新事务中心（公园城市建设服务中心）*

主　任　赵　兵
副主任　梅　静
　　何允强
　　练　虎（2022 年 7 月任）

**区商务局**

局　长、供销联社主任（兼）
　　杨建华（2022 年 8 月任）
　　付尤宏（任至 2022 年 7 月）
机关党委书记
　　陈　莹（2022 年 2 月任）
　　鄢　宇（任至 2022 年 2 月）
副局长　董　华
　　余宁洁（2022 年 2 月任）
　　徐基权（2022 年 7 月任）

陈　莹（任至 2022 年 2 月）
赵　印（任至 2022 年 7 月）

服务业投资服务中心

主　任　夏秀火

## 区投促局

局长　张　进（2022 年 2 月任）
兰华娟（任至 2022 年 2 月）

机关党委书记
袁方军（2022 年 7 月任）

副局长　曹　华
刘　蓉
严永航（任至 2022 年 2 月）
袁方军（任至 2022 年 7 月）

投资服务中心

主　任　谭　乔

副主任　刘子君（2022 年 7 月任）
薛　敏（2022 年 2 月 –7 月）

投资服务第二中心

主　任　王　峥

投资服务第三中心

主　任　王　康（任至 2022 年 2 月）

投资服务第四中心

主　任　薛　敏（任至 2022 年 2 月）

## 区文体旅局（区广电局、区文物局）

局　长　许　波

党委书记　陈　彤

副局长　王祥勇
王岩华（2022 年 2 月任）
孙英航（任至 2022 年 2 月）
徐基权（任至 2022 年 7 月）

## 区卫健局

局　长　胡文虎（2022 年 2 月任）
万　科（任至 2022 年 2 月）

党委书记　曾德勇

副局长　王　磊
陈思权
李拥军

疾控中心

主　任　曹誉龄

## 区退役军人局

局　长　肖福明

党委书记　邱　强

副局长　孙红松
李　璞（2022 年 2 月任）
陈　柳（2022 年 8 月兼任）
余　影（任至 2022 年 2 月）

退役军人服务中心

主　任　刘红宇

## 区应急局

党委书记　张大伟（2022 年 2 月任）
刘家根（任至 2022 年 2 月）

局　长　张大伟

机关党委书记
吴立均（2022 年 7 月任）

副局长　左　超
杨建军
陈细辉（2022 年 7 月任）
陈　磊（2022 年 8 月兼任）

## 区审计局

局　长　文　军

党委书记　李廷斌

副局长　肖　筠
李　瑛

总审计师　王　平（2022 年 2 月任）
方吉军（任至 2022 年 2 月）

## 区市场监管局

局　长　魏　晖

党委书记　王芝忠

副局长　方　涛
李朝阳
肖　平

市场和质量监管综合执法大队

大队长　魏　晖

副大队长　赵　琨

## 区统计局

局　长　游嘉庆

机关党委书记
鄢　宇（2022 年 2 月任）

副局长　白　敏
张志群

党组成员　韩曙光

## 区机关事务局

局　长　鲁　彬

副局长　杨　和

机关服务中心

主　任　陈　裕

采购中心

主　任　罗　硕

## 区信访局

局　长　张旭东

机关党委书记
廖华俊（2022 年 2 月任）

副局长　张运飞
王宏章（2022 年 2 月任）
廖华俊（任至 2022 年 2 月）

区信访调处服务中心

主　任　阳运平

## 区金融局

局　长　林渠丰

机关党委书记　罗志蓉

副局长　刘晓鹏
白　珂（2022 年 2 月任）
杨丽娟（任至 2022 年 2 月）

## 区新经济和科技局

局　长　凌　刚

机关党委书记
李斯思（2022 年 2 月任）

副局长　张其川
王继强（2022 年 2 月任）
李斯思（任至 2022 年 2 月）

党组成员　刘　文
宋　英
魏荣昌（2022 年 2 月任）

## 区医保局

局　长　付尤宏（2022年7月任）
机关党委书记　冯志灵
副局长　向　杨（2022年7月任）

### 医疗保障事务中心

主　任　郑　敏

## 区行政审批局（区网络理政办公室）

局　长　黄　勤
机关党委书记
　　谢　川（2022年2月任）
副局长　黄　飞
　　张艳阳
　　李晓琦（2022年2月任）
　　谢　川（任至2022年2月）

### 区政务服务中心

主　任　彭　云
副主任　李　峰

### 大数据和智慧城市建设中心

主　任　叶　凌（2022年2月任）

## 区综合执法局（区城管局）

局　长　杨永红
机关党委书记
　　余　影（2022年2月任）
　　覃　兵（任至2022年2月）
副局长　苏　健
　　王　刚（2022年2月任）
　　雷仁君（任至2022年2月）
　　游　健（任至2022年7月）

### 城市管理数字化监督管理中心

主　任　高玲玲（2022年2月任）
　　王　刚（任至2022年2月）

## 区规划和自然资源局

局　长　李骐莉
副局长　牟克武
　　陶　谦
　　王彦景

### 征地事务中心

主　任　袁　莉

## 区公安分局

局　长　郑　麟
政　委　马　曦（2022年1月任）
　　郑雅丽（任至2022年1月）
副分局长　陈　进
　　吴　杰
　　邓　宇
　　何　林（2022年8月任）
　　杨钰嶙（2022年7月任）
　　龙晓卫（2022年2月任）
　　王　政（任至2022年11月）
　　李佩弦（任至2022年1月）
政治处主任
　　陈　丰（2022年8月任）
　　刘建林（任至2022年8月）

### 政治安全保卫大队

大队长　李晓林
政治委员　刘学智（2022年4月任）

### 户政管理大队

政治委员　张　俊

### 刑警大队

大队长　王　俊（2022年4月任）
政治委员　何　愚

## 区税务局

局　长　罗辉龙
副局长　杨茂涛
　　熊文静（2022年5月任）
　　张　明
　　陈　梅
纪检组组长
　　曾宇平（2022年5月任）
　　黄　娅（任至2022年5月）
总会计师　薛鑫泉（2022年2月任）
总经济师　汪小卉

## 锦江生态环境局

局　长　徐　洋
副局长　赵　刚
　　何　敏
锦江支队副支队长　张永刚

## 春熙路时尚活力区功能区管委会

党工委书记　唐　勇
主　任　杨小明
党工委副书记、纪工委书记
　　叶时文
副主任　吴　杰（2022年2月任）
　　乐兆峰（2022年7月任）
　　刘　港（任至2022年2月）

## 白鹭湾新经济总部功能区管委会

党工委书记
　　杨世映（2022年3月兼任）
主　任　凌　刚
党工委副书记、纪工委书记
　　魏荣昌（2022年2月任）
副主任　刘　文
　　宋　英

## 春熙路街道

党工委书记
　　孙　涛（2022年8月任）
　　杨建华（任至2022年8月）
党工委副书记、办事处主任
　　严永航（2022年2月任）
　　龚晓兰（任至2022年2月）
党工委委员、人大工委主任
　　王　文
党工委副书记　魏　捷
党工委副书记、政法委员
　　曹　欣
党工委委员、纪工委书记、监察办公室主任
　　王植平
党工委委员、办事处副主任
　　陈红斌
　　陈小兵
　　叶其界
　　闵宁俊
党工委委员
　　徐　晖

党工委委员、便民中心主任
刘　勇
党工委委员、组织员
余　晋（2022年2月任）

## 书院街街道

党工委书记　辜金山
党工委副书记、办事处主任
赵　雷
党工委委员、人大工委主任
蔡永瑞
党工委副书记
王　辉
党工委副书记、政法委员
曾　阳
党工委委员、纪工委书记、监察办公室主任
唐　瑞
党工委委员、办事处副主任
刘永平
邱文韬
党工委委员
廖祥文
党工委委员、便民中心主任
余　戟
党工委委员、组织员
李丽媛

## 锦官驿街道

党工委书记
张骁勇
党工委副书记、办事处主任
廖明友（2022年2月任）
党工委委员、人大工委主任
胡　军
党工委副书记
胡晓东
李静怡（任至2022年2月）
党工委副书记、政法委员
付贤柱
党工委委员、纪工委书记、监察办公室主任　董小玲

党工委委员、办事处副主任
刘朝辉
唐　华
卢　佳（2022年7月任）
钟　涛（任至2022年7月）
党工委委员
唐　旭
党工委委员、便民中心主任
姚　晋
党工委委员、组织员
刘　涵（任至2022年2月）

## 牛市口街道

党工委书记
邓姗姗（2022年7月任）
魏巍爱（任至2022年7月）
党工委副书记、办事处主任
彭　超
党工委委员、人大工委主任
苟旭红
党工委副书记
钟　涛（2022年7月任）
廖明友（任至2022年2月）
吴正茂（任至2022年7月）
党工委委员、政法委员
严　朗（2022年7月任）
吴正茂（任至2022年7月）
党工委委员、纪工委书记、监察办公室主任
张添文
党工委委员、办事处副主任
叶　亮
郑砚文
胡　丁（2022年2月任）
叶　伟（任至2022年2月）
党工委委员
王志凯（2022年2月任）
党工委委员、便民中心主任
李佳奇（2022年7月任）
党工委委员、组织员
彭　涛（2022年2月任）

## 东湖街道

党工委书记　叶云虎
党工委副书记、办事处主任
周　净
党工委委员、人大工委主任
张全胜
党工委副书记
赵　印（2022年7月任）
肖建光（任至2022年2月）
党工委副书记、政法委员
曾　阳
党工委委员、纪工委书记、监察办公室主任
林文莉
党工委委员、办事处副主任
朱　鹏
周　军（任至2022年7月）
党工委委员
张兴略（2022年7月任）
杨振英（任至2022年7月）
党工委委员、便民中心主任
陈　龙
党工委委员、组织员
廖秀学

## 沙河街道

党工委书记
罗晓东（2022年2月任）
郭夏明（任至2022年2月）
党工委副书记、办事处主任
谭　烜（2022年7月任）
邓姗姗（任至2022年7月）
党工委委员、人大工委主任
郑　立
党工委副书记
郭凯荣（2022年7月任）
罗　乐（2022年7月挂职）
吴　杰（任至2022年2月）
杨　书（任至2022年2月）
党工委副书记、政法委员　唐　隽
党工委委员、纪工委书记、监察办公室主任
钟　军

党工委委员、办事处副主任
欧　萍
卢金岩（2022 年 7 月任）
罗　乐（2022 年 7 月挂职）
吴立均（任至 2022 年 7 月）
办事处副主任　陈静萍
党工委委员
王　峰
党工委委员、便民中心主任
张晓霞

## 狮子山街道

党工委书记
魏鹏飞（2022 年 8 月任）
周方齐（任至 2022 年 8 月）
党工委副书记、办事处主任
肖建光（2022 年 2 月任）
胡文虎（任至 2022 年 2 月）
党工委委员、人大工委主任
杨　芳
党工委副书记
余　姣（任至 2022 年 7 月）
党工委委员、政法委员　石思平
党工委委员、纪工委书记、监察办公室主任
左益民
党工委委员、办事处副主任
王　炜
刘小源（2022 年 2 月任）
李林辉（任至 2022 年 2 月）
党工委委员
刘太富
党工委委员、便民中心主任
邹纲军
党工委委员、组织员
吴金成

## 锦华路街道

党工委书记
龚晓兰（2022 年 2 月任）
张　进（任至 2022 年 2 月）
党工委副书记、办事处主任
丁　夏（2022 年 2 月任）
包贵云（任至 2022 年 2 月）
党工委委员、人大工委主任
刘静敏
党工委副书记、政法委员
黄　明
党工委副书记　梁益莉
党工委委员、纪工委书记、监察办公室主任
贾兴满
党工委委员、办事处副主任
应　亮（2022 年 2 月任）
刘　艺（2022 年 7 月任）
彭　川（任至 2022 年 7 月）
党工委委员
郭富伟（2022 年 2 月任）
应　亮（任至 2022 年 2 月）
党工委委员、便民中心主任
马　治
党工委委员、组织员　黄　辉

## 柳江街道

党工委书记　伍　勇
党工委副书记、办事处主任
张治康
党工委委员、人大工委主任
毕　天
党工委副书记　张　倩
党工委委员、政法委员　刘博文
党工委委员、纪工委书记、监察办公室主任
刘志栋（2022 年 7 月任）
何　静（任至 2022 年 7 月）
党工委委员、办事处副主任
青　成
岳金凤
胡小庆
党工委委员　刘　嘉
党工委委员、便民中心主任
李　理（2022 年 2 月任）

## 成龙路街道

党工委书记
张官友（2022 年 2 月任）
李小松（任至 2022 年 2 月）
党工委副书记、办事处主任
魏鹏飞（任至 2022 年 8 月）
党工委委员、人大工委主任
梁　永
党工委副书记
刘静敏（2022 年 9 月任）
罗　培
党工委委员、政法委员
洪　江
党工委委员、纪工委书记、监察办公室主任
祖海波
党工委委员、办事处副主任
王　宏
严　枫
黄上师
刘　域（2022 年 7 月任）
吴　刚（任至 2022 年 7 月）
党工委委员
谢定平
党工委委员、便民中心主任
杜雪松

## 三圣街道

党工委书记　李　峰
党工委副书记、办事处主任
雷伟春（2022 年 7 月任）
叶志伟（任至 2022 年 7 月）
党工委委员、人大工委主任
张光勇
党工委副书记
刘沈镭（2022 年 7 月任）
党工委委员、政法委员
吴红伟
党工委委员、纪工委书记、监察办公室主任
文邦军（2022 年 2 月任）
郝　忠（任至 2022 年 2 月）

党工委委员、办事处副主任
冉　晟
钟　武
党工委委员
肖　凯
党工委委员、便民中心主任
杨青松（2022 年 7 月任）
党工委委员、组织员
彭薇薇

### 三圣花乡景区管理局

局　长
雷伟春（2022 年 7 月任）
叶志伟（任至 2022 年 7 月）
副局长
胡小平
刘显锋（2022 年 2 月任）

## 区总工会

主　席　杨世映
常务副主席
温　萍（2022 年 2 月任）
王　严（任至 2022 年 2 月）
副主席
曾　刚
刘　丽
李　婷（挂职至 2022 年 2 月）

## 团区委

书　记
关宏明（2022 年 7 月任）
徐　颖（任至 2022 年 7 月）
副书记　蔡垚曦
付丽洁
冉　晟（挂职）

## 区妇联

主　席　杨　书（2022 年 2 月任）
唐海燕（任至 2022 年 2 月）
副主席　陶　菓
杨丽娟（2022 年 2 月任）
成　文（挂职）

## 区科协

主　席　汪艳菊
副主席　李　亮
乐兆峰（任至 2022 年 7 月）

## 区工商联（区民间商会）

党组书记、副主席（副会长）
魏巍爱（2022 年 7 月任）
姚艳洪（任至 2022 年 7 月）
主　席（会长）
秦　梅（2022 年 7 月任）
杨　洪（任至 2022 年 3 月）
副主席（副会长）　刘世英
秘书长　葛　亮（2022 年 2 月任）
毛运涛（任至 2022 年 2 月）

## 区侨联

主　席　李胜冰
副主席　何　彦
副主席　杨振英（2022 年 7 月任）

## 区残联

理事长　陈　兰
副理事长
冯　涛
赵庆华
温　霞（2022 年 11 月挂职）
陈　裕（挂职至 2022 年 11 月）

## 区红十字会

会　长　万　科
常务副会长　张　笛
副会长　沈定武

## 锦发展集团公司

董事长　皮红跃（顶岗）
总经理　夏　勇
专职党委副书记　蒋　利
纪委书记　蒋　利
副总经理　李　毅
黄　安
周劲松（顶岗）

### 投资风控部

部　长　薛　敏（2022 年 7 月任）
副部长　黄　密

### 资产运营管理部

部　长　王文旭

### 建设管理部

副部长　赵若朋

### 综合管理部

部　长　李　华（2022 年 11 月任）
副部长　李　华（任至 2022 年 11 月）

### 审计监察法务部

部　长　蒋　利（兼）
副部长　贾　超（2022 年 7 月顶岗）

### 人力资源部

副部长　柯谨旖（任至 2022 年 12 月）

### 财务融资部

部　长　唐　平（2022 年 11 月任）
副部长　唐　平（任至 2022 年 11 月）

## 锦发展建投公司

总经理　刘　移
副总经理
封正辉
廖　宁（2022 年 7 月任）
姜晓波（顶岗至 2022 年 4 月）
王文旭（任至 2022 年 7 月）
纪检监察专员
伍小平（任至 2022 年 6 月）

## 锦发展生态公司

执行董事　袁　治（2022 年 7 月任）
副总经理　李　剑
余可俭（2022 年 9 月任）
刘志伟（任至 2022 年 7 月）

## 锦发展百年春熙公司

董事长　李　毅（任至 2022 年 7 月）
副总经理
王文旭（2022 年 7 月任）
陈慧琦（2022 年 5 月任）
刘志伟（2022 年 7 月任）

纪检监察专员

王　凉（任至2022年4月）

纪检监察专员

贾　超（任至2022年7月）

**成都市树基教育发展有限公司**

执行董事　张学勇（2022年7月任）

总经理　张学勇

**成都兴锦文化旅游投资有限公司**

执行董事、总经理

张学勇（2022年7月任）

副总经理

薛　敏（挂职至2022年7月）

邓德昌（顶岗至2022年12月）

**国投公司**

董事长　黄　安

**成都兴锦股权投资基金管理有限公司**

党委书记、董事长　黄　安

党委副书记

廖　宁（任至2022年7月）

**兴锦贸易公司**

董事长　刘　移（2022年7月任）

2022年12月14日，锦江区在红星路步行商业街广场承办“成都时装周”活动。活动分设“天府之魅”“传承之美”等5个主题，举办12场设计师作品秀

（区融媒体中心提供）

12月18日，“成都时装周”闭幕。活动期间，举办成都时尚产业论坛，召开项目对接会，举行品牌发布活动，吸引46家时尚品牌商家参与，全网关注度达到1.2亿人

（区融媒体中心提供）

# 2022年成都市锦江区充电站和通信业务网点分布情况

表43　2022年成都市锦江区充电站分布情况表

| 序号 | 充电站名称 | 充电站地址 | 专用站 | 交流终端（套） | 直流终端（套） |
|---|---|---|---|---|---|
| 1 | 成都海桐三期充电站 | 成都市锦江区国槐路698号 | 公共站 | 10 | 0 |
| 2 | 成都佑君汽车中心充电站 | 成都市锦江区锦华路二段662号 | 公共站 | 4 | 1 |
| 3 | 成都银杏森林二期充电站 | 成都市锦江区琉三路16号 | 公共站 | 8 | 2 |
| 4 | 成都礼顿酒店充电站 | 成都市锦江区红星路一段39号 | 公共站 | 12 | 4 |
| 5 | 四川省国税局充电站 | 成都市锦江区滨江东路266号 | 驻地站 | 1 | 1 |
| 6 | 成都JK幸福里充电站 | 成都市锦江区幸福联和四组338号 | 公共站 | 6 | 4 |
| 7 | 成都长缘汽车园区充电站 | 成都市锦江区皇经楼路229号 | 公共站 | 12 | 8 |
| 8 | 成都启阳汽车锦江店充电站 | 成都市锦江区三圣汽车产业园279号 | 公共站 | 4 | 4 |
| 9 | 成都市海棠佳苑充电站 | 成都市锦江区红豆树路77号 | 公共站 | 10 | 0 |
| 10 | 成都汇融国际广场充电站 | 成都市锦江区毕升路3号 | 公共站 | 0 | 8 |
| 11 | 成都娇子立交通能加气充电站 | 成都市锦江区南三环路二段辅路娇子立交通能加气站 | 公共站 | 0 | 3 |
| 12 | 成都蜀仙园充电站 | 成都市锦江区成龙大道一段2408号 | 公共站 | 0 | 12 |
| 13 | 成都银海芯座充电站 | 成都市锦江区三色路163号 | 公共站 | 2 | 4 |
| 14 | 成都公交成仁公交站充电站 | 成都市锦江区三官堂街33号 | 专用站 | 0 | 24 |
| 15 | 成都公交牛王庙公交站充电站 | 成都市锦江区一环路东五段58号 | 专用站 | 0 | 24 |

表44　2022年成都市锦江区中国电信营业网点分布情况表

| 序号 | 名称 | 地址 |
|---|---|---|
| 1 | 一环路东四段营业厅 | 成都市锦江区一环路东四段87号附13号 |
| 2 | 东风路营业厅 | 成都市锦江区东风路31号 |
| 3 | 蓉上坊服务站 | 成都市锦江区牛王庙巷66号蓉上坊二期6号楼1单元 |
| 4 | 蜀都花园服务站 | 成都市锦江区蜀都花园大门侧 |
| 5 | 紫东楼段社区厅 | 成都市锦江区紫东楼段168号附1号 |
| 6 | 大田坎街社区厅 | 成都市锦江区大田坎街107号 |
| 7 | 海椒市营业厅 | 成都市锦江区海椒市13号 |
| 8 | 莲桂西路营业厅 | 成都市锦江区莲桂西路1号 |
| 9 | 三官堂服务站 | 成都市锦江区三官堂街16号 |
| 10 | 钢管厂一区服务站 | 成都市锦江区钢管厂一区46幢附1号 |
| 11 | 龙舟路社区厅 | 成都市锦江区龙舟路60号附16号 |
| 12 | 莲桂南路专营店 | 成都市锦江区莲桂南路199号附2号 |

续表 44

| 序号 | 名称 | 地址 |
|---|---|---|
| 13 | 莲桂南路三星专营店 | 成都市锦江区莲桂南路 199 号附 1 号 |
| 14 | 莲花新区社区厅 | 成都市锦江区莲花新区北二巷 4 号 2 幢 1 单元 102 号 |
| 15 | 橡树林专营店 | 成都市锦江区橡树林三期五幢 1 层商铺 1 号 |
| 16 | 莲桂西路专营店 | 成都市锦江区莲桂南路 201 号 |
| 17 | 莲桂南路专营店 | 成都市锦江区莲桂南路 199 号 |
| 18 | 宏济中路专营店 | 成都市锦江区宏济中路 24 号 |
| 19 | 新桂村四五街服务站 | 成都市锦江区新桂村西五街 18 号 |
| 20 | 莲花西路服务站 | 成都市锦江区莲花西路 150 号 |
| 21 | 莲桂南路二专营店 | 成都市锦江区莲桂南路 199 号附 4 号 |
| 22 | 工农院街社区厅 | 成都市锦江区工农院街 10 号附 3 号 |
| 23 | 东大街专营店 | 成都市锦江区下东大街 26 号 |
| 24 | 青莲上街服务站 | 成都市锦江区青莲上街 24 号 |
| 25 | 金府花园服务站 | 成都市锦江区天仙桥北路 10 号 |
| 26 | 下莲池街社区厅 | 成都市锦江区下莲池街 4 号附 2 号 |
| 27 | 万达精品专营店 | 成都市锦江区三官堂街 33 号附 2 号 |
| 28 | 翡翠城服务站 | 成都市锦江区翡翠城四期 |
| 29 | 翡翠城一期服务站 | 成都市锦江区翡翠城一期 |
| 30 | 琉璃路专营店 | 成都市锦江区琉璃路 566 号附 2 号 |
| 31 | 翡翠城三期专营店 | 成都市锦江区翡翠城三期 |
| 32 | 走马街服务站 | 成都市锦江区走马街 18 号 |
| 33 | 锦兴路服务站 | 成都市锦江区锦兴路 34 号附 3 号 |
| 34 | 南府街社区厅 | 成都市锦江区南府街 50 号 |
| 35 | 东安北路社区厅 | 成都市锦江区东安北路 20 号 |
| 36 | 翠风苑服务站 | 成都市锦江区北顺城街 38 号附 7 号 |
| 37 | 五世同堂专营店 | 成都市锦江区五世同堂街 1 号附 1 号 |
| 38 | 四圣祠街服务站 | 成都市锦江区四圣祠南街 8 号附 11 号 |
| 39 | 茂业天地三星专区 | 成都市锦江区东御街 19 号南一层 |

表 45　2022 年成都市锦江区中国移动营业网点分布情况表

| 序号 | 名称 | 地址 |
|---|---|---|
| 1 | 中国移动成报业营业厅 | 成都市锦江区红星路二段 70 号 |
| 2 | 中国移动成龙营业厅 | 成都市锦江区净居寺路 255 号 |
| 3 | 中国移动成仁营业厅 | 成都市锦江区三官堂街 33 号附 6 号 |
| 4 | 中国移动大业路营业厅 | 成都市锦江区大业路 67 号 |

续表 45

| 序号 | 名称 | 地址 |
| --- | --- | --- |
| 5 | 中国移动东光营业厅 | 成都市锦江区东光小区东怡街 56 号金茂苑 4 号楼 |
| 6 | 中国移动汇泉南路营业厅 | 成都市锦江区通盈街 23 号 |
| 7 | 中国移动佳海通信橡树林加盟连锁店 | 成都市锦江区橡树林路 138 号 |
| 8 | 中国移动金融谷营业厅 | 成都市锦江区东大街下东大街 66 号 |
| 9 | 中国移动锦东路营业厅 | 成都市锦江区锦东路 608 号 |
| 10 | 中国移动静祥路营业厅 | 成都市锦江区静祥路 58 号 |
| 11 | 中国移动莲桂营业厅 | 成都市锦江区宏济新路 258 号 |
| 12 | 中国移动琉璃营业厅 | 成都市锦江区经天路 2 号附 15 号 |
| 13 | 中国移动龙洋通信大观加盟连锁店 | 成都市锦江区国槐街 746 号海桐综合农贸市场 |
| 14 | 中国移动赛格营业厅 | 成都市锦江区太升南路 222 号赛格广场一层 |
| 15 | 中国移动水碾河营业厅 | 成都市锦江区一环路东四段 87 号附 2 号 |
| 16 | 中国移动天仙桥营业厅 | 成都市锦江区天仙桥北街 7 号 |
| 17 | 中国移动武成大街营业厅 | 成都市锦江区武成大街 60 号 |
| 18 | 中国移动印象通信提督街加盟连锁店 | 成都市锦江区提督街 1 号 |

表 46　2022 年成都市锦江区中国联通营业网点分布情况表

| 序号 | 名称 | 地址 |
| --- | --- | --- |
| 1 | 静康路营业厅 | 成都市锦江区静康路 180 号 |
| 2 | 锦华路二段营业厅 | 成都市锦江区锦华路二段 388 号 |
| 3 | 三圣菱安路营业厅 | 成都市锦江区菱安路 266 号华润幸福里二期 5 幢 |
| 4 | 橡树林营业厅 | 成都市锦江橡树林路 35 号 |
| 5 | 宏济路营业厅 | 成都市锦江宏济中路 34 号 |
| 6 | 锦华路营业厅 | 成都市锦江锦华路一段 112 号 |
| 7 | 翡翠天地营业厅 | 成都市锦江区翡翠城五期 12 幢 1 层 10 号 |
| 8 | 天仙桥南路营业厅 | 成都市锦江区天仙桥南路 8 号附 4 号 |
| 9 | 北红星路二段营业厅 | 成都市锦江区红星路二段 122 号附 1 号 |
| 10 | 蓉上坊营业厅 | 成都市锦江区一环路东四段 43 号 |

## 锦江区“锦上添花·川味暖冬”市井文化节

12 月 9 日，锦江区在东门市井特色街区举办“锦上添花·川味暖冬”市井文化节，开设“晒太阳啖三花”茶饮集市，开展暖冬汤锅节活动。茶饮行业的品牌运营商举办品鉴会，线上开展直播带货活动；经营简阳羊肉汤、乐山翘脚牛肉、北京涮羊肉的商家应邀到活动现场摆设摊点。12 月 16 日，活动闭幕。

# 索引

## 说 明

一、本索引为《锦江年鉴（2023）》的内容分析索引。通过本索引所选词条，可以对具有独立检索意义的完整资料进行检索。

二、本索引采用分析索引法，按拼音字母（同声字按声调）顺序排列。数字表示词条所在页码，数字后拼音字母表示栏别（从左到右）。

三、未对内文中的大事记以及随文照片作索引。特载、锦江荣誉榜·2022、统计公报、附录作主题索引。

### A


阿来书房开业 144a
艾滋病防治 181b
爱国卫生运动 180c
安全管理培训 130c
安全生产督导考核 130c
安全生产专项整治三年行动 131c
安全事故 130c
安置帮教 114b
案件审判 112a
案件审判与执行改革 36a
暗访检查 130c


### B


白鹭湾科技生态园建设 149b
白鹭湾数字新经济科创园 150c
百年金街春熙路 29c
“百企兴百村”行动 13a
办案机制探索 90a
办证中心规范化建设 109c
榜样激励 189a
保密法规宣传 55b
保密培训 55b
背街小巷整治 161b
便民服务“三化”试点工作 78c
宾馆酒店 142b
兵员征集 116a
“兵支书”队伍建设 196c


### C


财源和税源稳定 124a
财政监督 125a
财政审计 126c
财政运行监督 61b
财政制度改革 35c
参政议政人才队伍建设 92a
餐饮业油烟污染治理 159b
残疾人就业帮扶 188c
残疾人情况 188a
残疾人权益保障体系建设 188a
残疾人生活救助 188c
残疾人文体活动 189a
残疾少年儿童教育帮扶 188b
残疾少年儿童康复救助 188b
柴油车辆和移动机械尾气检测 160a
产业工人队伍建设改革 36b
产业经济质效提升 31c

产业楼宇 148c
产业培育 145c、 146a
产业人才工作促进 58a
产业体系 147b
常见障碍类型学生教育研究 172b
常委会会议协商 83b
“畅耍夏夜”活动 134b
潮立方 200c
成都528艺术东村 150c
成都第一座市政公园合江亭 31a
成都东郊殡仪馆 190a
成都天一阁赍园书库 31b
成都现代商业发源地 30b
“成渝地区”档案工作合作 176c
城市公园建设 162c
城市管理街长制 160c
城市品质提升工作监督 62a
城乡居民基本医疗保险 193c
城镇职工基本医疗保险 193b
抽样调查 127b
筹岗机制建立 191b
出入境管理 109b
川戏窝子悦来茶园 31a
传达学习中共二十大精神大会 42a
传染病发病情况 181b
创建工作监督 61c
创业载体建设 191a
“春熙·楼小助”项目 198a
春熙路商圈建设 133c
“春熙新院子”项目 198a
慈善宣传活动 187b
慈善组织活动 187b

## D

大气环境 158a
大师工作室建设 191b
大运会锦江赛区誓师大会 41a
党管武装 115a
党建工作述职评议 47a
党建引领教育创新 38a
党建引领金融业发展 141c
党建引领政务服务 78c
党建阵地群 206c
党内政治生活 47a
党史编修与研究 48c
党史宣传 48c
党史学习教育总结会 40c
党外干部培养 52c
党员代表会议 39a
党员发展 47b
党员教育 47b
党政干部培训 57a
档案查询服务 176c
档案法规宣传 176b
档案工作会 176b
档案行政执法检查 176c
导游志愿服务站 186c
道路建设与养护 156c
道路美化 162a
道路清洁 161c
得名由来 29b
德育工作推进 167c
地方志工作机制创新 37c
地方志人才队伍建设 175b
地理经济优化提升 32a
地理位置 28a
地情资源收集与利用 175c
地形地貌 28a
低碳节能主题教育 168c
低效用地盘活项目 132c
第二轮巡察 58c
第三次全国国土调查数据发布 130a
第一轮巡察 58c
电子商务产业 135c
调研 53c
调研资政 86b、 92a、 93a、93c、 96a、 96c
东大街金融业集聚发展 141b
东湖文化艺术特色街区建设 202a
都市工业空间布局调整 133a
都市工业投资服务中心成立 54c
督查督办 75c
督学 167c
读书活动 87c
对口协商 84a
对口支援工作助力 93a、 94a、 95c、 97a
对外贸易 133b
多层次资本市场服务 141b

## E

儿童友好社区 205a
儿童友好义集主题活动 103a
儿童友好专项基金 102c

## F

发展布局 201c
发展定位 206b
发展规划和政策 145c
法官与法警队伍建设 112c
法律风险防范 112b
法律顾问制度落实 107a
法律援助服务 113c
“法润锦江”惠民工程 107b
“法治锦江”建设 106c
法治文化阵地建设 107b
返贫救助机制建立 11a
方志馆建设 176a
防疫工作助力 93a、 94a、 95a、 95b、 97a
防灾减灾宣传活动 165a
房屋租赁备案 135c
“飞地+众筹”模式创新 11c
“非凡十年”专题活动 51c
非税收入 125b
非税收入促进 124b
非物质文化遗产传承 174b
分级诊疗 180b
服务民营经济发展 98a
服务社会 104c
腐败和作风问题专项治理工作部署会 89a
妇联组织发展 102b

附录 220
妇女儿童发展纲要编制工作会 102a
妇女儿童服务阵地建设 102b
妇女儿童维权 102b
妇女就业创业 102c
富民产业发展援助 12a

## G

干部考核 49a
干部培训 49c
干部任免工作监督 62c
港澳台同胞和侨胞侨属政策落实 53b
高校毕业生就业见习 58a
高新技术企业认定培训会 144c
高新技术企业选介 144b
耕地保护 130a
耿家巷历史文化街区建设 199c
工伤保险 192b
工业环保管理 159a
工资管理 79c
公安队伍建设 110a
公共场所卫生监督 180a
公共服务水平提升 33c
公共服务项目建设 156c
公民思想道德建设 35a
公务车辆管理 80c
公务接待 42c
公益诉讼 111a
公园城市示范区建设 33a
公证服务 113b
共青团重要会议 101c
共享单车停放管理 161a
固定资产投资审计 127a
关心下一代工作机构和职责调整 54c
光彩事业促进 97c
“光荣在党 50 年”纪念章颁发 56a
广电市场监管 129a
规划审批 154b
规划引领 149a
国际化社区集群建设 185a
国有企业改革 36b
国有资产管理监督 61b

## H

海外华侨华人社团大会 104c
合法性审查 107a
“合伙人”服务体系 171c
“和善孃孃”志愿服务团队 186c
和谐城市民族关系构建 53b
河长制落实 162b
红色教育体验馆 207c
红色主题沉浸式剧本体验基地 102a
红十字基层组织建设 105a
红十字培训 105c
红十字文化宣传 105b
红十字知识和技能竞赛 105c
互动协商 83b
互联网涉密检查 55b
户外广告管理 161a
花乡坝坝茶 207c
华侨凤凰都市工业总部港 150c
华润路特色街区建设 201c
环保督察 158b
环保宣传教育 160a
换届选举和党员发展 92a
汇融广场企业服务中心成立 146a
惠民殡葬补贴 190a
婚姻登记 189b
“婚姻家庭辅导进社区”活动 189c
火灾预防 165a

## J

机关党建 48b
机关和事业单位人员退休补贴 193a
机会清单项目 145b
基本单位名录库动态维护 127c
基层文化业务培训 173c
基层治理提升行动实施 11b
基础设施援建 12a
疾控中心建设 181a
集体经济组织管理 132a
计生利益导向 183b
纪念张澜诞辰 150 周年活动 92b
技能等级考试 79b
技能培训与竞赛 100b
既有住宅增设电梯 155b
寄生虫病和地方病防治 182a
加油站环保管理 158c
家庭教育 171b
家长指导 172b
检察队伍建设 111b
检察工作创新 37a
检察文化建设 111c
建成项目 151c
“建圈强链”产业人才引进 58b
建设项目环境管理 158c
建议和提案办理 75c
建置沿革 21a
建筑结构评审 136b
建筑行业行政审批 136a
健康宣传教育 182a
交流学习 93a
交通运输市场管理 129a
教育队伍建设 167a
“教育故事分享荟”活动 168b
教育科研 167b
教育评价改革 36c
教育信息化建设 167b
教育资助 166b
街道（社区）志编纂 175c
街道赋权政策出台 54a
街道应急救灾物资分配 164b
节假日和重要节点安全防控 131a
“节能型机关”建设 81a
“节约型机关”创建 81a
结核病防控 181c
解决纠纷零成本 101a
金秋消费季活动 134c
金融风险防控 141b
金融工作会议 141a
金融业“建圈强链”沙龙 141c

金融业发展政策 141a
金融业机构和经济效益 137b
锦发展百年春熙公司 153a
锦发展集团公司 152a
锦发展建投公司 152b
锦发展生态公司 152c
锦江荣誉榜·2022 208
锦江数智产业港建设 149c
锦炉爱心防返贫基金 11b
“锦上添花”促消费活动 134c
“劲爽五月”消费季活动 134b
经济案件侦破 109a
经济大数据平台 127b
经济发展环境监督 61a
经济发展监督 84b
经济发展韧性提升 32b
经济社会发展助力 94c
“精品年鉴品读季”活动 175c
精神文明建设委员会会议 34b
景观照明提升 162a
警报管理 116c
警示教育大会 88c
警务督察 110a
警务宣传 109c
竞技体育 178a
静康路南片区有机更新筹备工作 203c
九大执法行动 128b
九要素模式 185c
就业安置 196a
就业帮扶 12c
就业超市 191c
就业创业补贴 190c
就业促进 100b
就业服务机制创新 37b
就业困难人员实名制管理 190b
就业培训 191a
聚力企业社会服务中心 186c
军事干部思想政治建设 115b

## K

考学、评学、述学机制 50a
“科创中国”试点城市建设 104a
科创主体培育 144c
科级干部管理 50b
科普队伍建设 103c
科普活动 103c
科普阵地建设 103c
科协组织建设 103b
客货运输市场 143b
课题调研 50c
空间规划 154b
控申检察 111a
控制性规划调整 154a
狂犬病预防知识宣传 181b
困难群体帮扶 94b

## L

垃圾分类 160c
劳动教育促进 168a
劳模关怀 100b
老干部登记管理 56a
老干部文体活动 56a
老旧小区片区综合改造 155a
老旧院落活化焕新 199b
老旧院落整治 200c
老龄人口预测 194a
老年教育 171c
老年群体关爱 195a
老年人助餐服务 195a
老年友好社会建设 195b
离退休干部党支部建设 56a
理论学习 51a
立法工作监督 62b
廉洁文化建设 90c
“两拆一增”工作推进 161c
“两新组织”党建 48a
临街商家外摆管理 162a
领导班子建设 49a
六大工程实施 168b
六大片区 147b
楼宇经济 135b
楼宇经济标杆城区建设 32c
律师行业发展 113b
“律司行”法律服务平台 114c
绿道建设 162c
“绿色文明工地”创建 136c

## M

慢性病监测与管理 181c
媒体采风活动 51c
媒体融合发展 52a
媒体宣传 51b
民兵队伍建设 115c
“民建之家”建设 93c
民生审计 127a
民生政策落实工作监督 62a
民营经济代表人士参政议政 97c
民营经济代表人士政治权利落实 53a
民营企业家理想信念培育 97c
民主党派帮扶 13b
民主党派人士学习教育 52c
民主协商示范社区建设 186b
民族结构 29a
民族宗教人士爱国爱教活动 53b
民族宗教政策法规宣传 53a
目标管理 42b

## N

能力建设项目推进实施 171c
年鉴编纂出版 176a
年龄结构 29a
牛市口戏场子 201a
农村集体土地征地拆迁 130b
农牧产业发展援助 10b
农业展会活动 132b
女职工劳动维权联合调解中心 103a

## P

排水设施管理 156c
培智职业高中班创办 172c
“平安锦江”建设 106b

普惠信贷工程 141a
普惠优质发展 169a

Q

“七步工作法”实施 185c
企业服务 145c
企业服务保障 132a
企业环境信用评价 158c
企业家沙龙活动 146a
企业年金宣传和办理 80a
气候 28b
汽车维修行业 143b
侨益维护 104c
青龙正街市井生活特色街区 156a
青年创新创业 101c
青年干部和后备干部培养 50b
青年企业家商会 98c
青少年体育 177c
区八届纪委第二次全体会议 88a
区八届人大第二次会议 60a
区残联第八次代表大会 188a
区工商联第七次代表大会 97b
区红十字会第五次会员代表大会 105a
区级单位办公用房管理 80c
区级单位国有资产管理 80c
区科协第四次代表大会 103b
区人大常委会会议 60c
区图书馆建设 173c
区委八届二次全体会议 39b
区委八届三次全体会议 40a
区委常委会会议 40b
区委工作会 42a
区委人才工作会 41b
区委人大工作会议 40c
区委审计委员会会议 126c
区委政法工作会议 41a
区文化馆建设 173b
区政府八届二次全体会议 74b
区政府八届一次全体会议 74a
区政府常务会议 75a
区政协八届二次会议 82a
区政协常委会会议 82b
区总工会四届六次全委会议 99b
“全国科技工作者日”活动 104a
全国文明城市创建 34b
全国文明校园创建 35a
全民国防教育 115a
全民健身 177c
全民阅读活动 174a
全体会议协商 83a
全域帮扶 10a
犬伤门诊建设 181b
群团联席会议 101a

R

燃煤整治 159c
人才工作机制创新 37c
人才计划实施 57b
人才培训工程实施 11a
人大代表风采宣传 63c
人大代表工作机制建设 62c
人大代表履职平台建设 63a
人大代表票决民生实事项目 62c
人大代表意见建议办理 63c
人大代表在行动主题活动 63b
人大代表专业小组成立 63a
人道主义援助 105b
人防工程管理 116b
人工智能产业 150a
人工智能产业协会孵化基地授牌 151a
人口变动 29a
人口监测数据质量管理 183a
人口数量与分布 28c
人力资源服务产业园建设 146c
人力资源服务业调查 146c
人力资源企业服务 146c
人力资源市场监管 129b
人力资源市场主体 146c
人民调解 114a
人民防空专业队伍建设 116c
人事信息管理平台开通 79c
人事制度改革 35b
日常监督 90b
“蓉城幸福家·水井市井情”项目 186c
“蓉姐对你说”示范点位 103a
“蓉漂”党员人才合力凝聚 58a
融合教育教学 172c

S

“三八红旗手”评选 102c
“三查三化三优”专项行动 114b
“三公”经费管理 124c
“三名”工程实施 171a
三圣花乡 207b
三圣花乡景区转型升级 142c
商贸立区 29b
商品房销售 135c
商圈指数发布会 149a
商业载体 133c
社保费代缴 193a
社保基金“管理提升年”行动 192b
社保稽核 192c
社保经办能力建设 192c
社保精准扩面 193a
社工人才薪酬提升 186a
社会保障能力提升 33b
社会关爱援助 187b
社会科学普及活动 177b
社会科学普及阵地建设 177a
社会科学研究课题申报 177b
社会事业发展监督 84c
社会事业发展援助 11a
社会稳定维护 106a
社会治理智慧化程度提升 33c
社会组织培训 57a
社情民意 86a
社区党建 47c
社区服务业发展 135b
社区集体经济路径探索 199a
社区矫正 114a
社区青春行动 101c

社区设置 22b
社区生活空间 186a
社区物业党建联建项目实施 185c
社区养老 15 分钟服务圈 199a
社区志愿服务 186a
社区治理融合发展模式 206a
涉港澳活动 59c
涉外活动 59b
审计监督 61c
审计执法监督 127a
审判监督 112c
生活待遇落实 56b
生态环境监督 62a
生育保险 193c
省级街道服务管理创新试验区 184a
省级示范性普通高中创建 170c
省市工作任务完成 175b
师德师风阵地建设 170c
十二月市 135a
食品市场监管 128c
示范社区 204c
示范社区建设 185a
示范院落 204c
世界纸币始祖交子 30c
市政项目审批 154b
事业单位岗位设置 79b
事业单位管理 55a
事业单位人员管理 79b
事业单位招聘 79b
书画院聘任仪式暨书画展活动 87a
书香社区 204b
蜀中首街东大街 30a
数字化城管 160b
数字化电子发票推广 126b
数字人民币推广 141c
“双助”专项活动 86b
水岸建设 162b
水环境 158b
水环境监测 159c
水污染防治工作部署 159b
水系 28b
税费支持政策落实 125b
税收风险管理 125c
税收精细化管理 125b
税务服务 126a
税务宣传 126a
税务执法 126b
司法建议 112c
司法联动 111b
司法行政机构 113b
“四潮”场景营造 156a
四大片区城市有机更新 155a
“四美”人物学习宣传活动 196b
诉讼监督 110c

## T

塔子山生态公园 203a
特困人员救助 187a
特色街区建设 199a
特色提案办理工作促进 85b
特殊档案收集整理 176c
特载 1
特种设备管理 129b
梯度培育机制建设 144c
提案征集与立案办理 85a
体育设施建设 177c
“天府锦城”建设 156a
“天府科技云”服务平台建设 104a
“天府旅游名县”创建 142c
天府文创大集市活动 144b
铁路沿线环境治理 161b
“同心桑梓·锦绣阳光”携手行动 12c
统计法规宣传 128a
统计公报 217
统计执法监督 128a
投资服务机构调整 54c
土地出让 130a
土地利用监管 130a
土地执法 130b
土壤污染防治 159b
托幼机构保健人员培训 183b
托育机构 183a

## W

外商引进 118a
网格党组织全覆盖 185c
网格化智慧治理 160c
网上信访 80a
危旧房棚户区改造 155c
微党课特色课程 56c
“微网实格”工作链 198c
“微网实格”治理方案体系 185b
违法建设治理 161a
违法小广告清理 161a
委员讲堂活动 87a
为侨服务平台建设 104c
为群众办实事 90b
未成年人救助保护中心挂牌 55a
未来公园社区建设 198a
文博工作 175a
文创产业项目 143c
文创人才培养 143c
文化赋能乡村振兴 11c
文化旅游产业发展援助 12a
文化市场监管 128c
文件制发 42c、75c
文明祭扫 190a
文明实践志愿服务 35b
文史资料《锦江这十年》编印 86a
文艺创作 174c
文艺活动 174c
“我们的节日”活动 174a
无党派人士调查 53a
五届侨联七次全委会 104b
“五医一体化”行动 193c

## X

乡村旅游 142b
项目建设 146b
项目情况 119b
消防救援 165c
消费者权益保护 129c
小区市域社会微治理 203b
小区院落治理 204b

“小狮妹”党建品牌 203c
小微协商 84a
小学德育 170a
校园安全 166b
校园警务 109b
校园卫生检查 180a
协同降碳行动 160b
新的社会阶层人士联谊会 53a
新经济企业选介 145b
新就业形态劳动者建会入会 100c
新录用人员管理 50b
新年消费季活动 134a
新希望中鼎国际二期 151a
信访平台建设 80b
信访制度建设 80b
信息工作 42c、 75b
刑事案件侦破 109a
刑事检察 110b
行道树增量提质 162c
行业管理职责优化 54c
行业培训 128a
行政复议 107a
行政复议机构和职责明确 54c
行政审批制度改革 35c
行政应诉 107a
行政应诉制度建设 112b
行政执法与司法衔接 111a
“幸福美好生活十大工程”推进 184c
宣传活动 95a
学段服务拓展 172b
学前教育博物馆 169b
学生心理健康 168c
学习教育 91b
学校安全工作机构明确 55a
学校建设 167a
学校结对帮扶 12c
学校体育 178b
“学在锦江”计划启动 50a
汛期防范 165a

## Y

烟花爆竹安全监管 131b
沿河经济 200a
扬尘治理 159a
养老服务机构发展 194a
养老服务综合体建设 195b
养老金调整 192c
药品市场监管 128c
“一环路市井生活圈”建设 155c
一楼文化 173c
一社区一品牌 203b
医疗保障基金管理 193c
医疗废物监管 180b
医疗人才队伍建设 180c
医疗市场整治 180a
医疗卫生体制改革 36c
医院退休人员养老保险 193a
依法治区工作监督 62a
艺术教育发展 168a
疫病防治 180c
疫苗产业发展 133a
疫苗接种 181a
意识形态工作 51a
饮用水检测 180a
应急科普文创中心 206c
应急培训 164a
应急物资管理制度 164a
应急物资收储 164b
应用型智库成立 85c
拥军氛围营造 196b
优待抚恤 196b
优化营商环境专项监督工作会 89a
优生优育 183c
优质教育链 170a
优质学校创建 169c
“有盐有味办好食”项目 197c
幼小衔接 169b
孕产妇网格化管理 183b

## Z

在建项目 151b
在职人员和失业人员社保 192b
噪声监测 159c
噪声污染防治 159b
债务风险防范 125a
长期护理保险体制改革 37a
招商机制创新 37a
招生 167a
震旦第一丛林大慈寺 30c
正风肃纪 89c
政府采购 75b
政区勘界 22a
政务服务标准化体系建设 79a
政治待遇落实 56b
政治监督 89c
支出结构优化 124b
知识产权保护 129c
执行案件办理 112b
直播带岗活动 190b
职工服务阵地建设 100a
职工关爱 100c
职工教育 100a
职工民主管理 99c
职业技能考试 171a
职业健康管理 182b
职业教育领域高考 171a
职业指导 191a
制度建设 105a
质量和计量标准化管理 129c
治安案件查处 109a
治理网格调整 185c
智慧城市建设机构和职责优化 54b
智慧化管理 55a
智慧健康产业园建设 150a
智慧韧性安全城市建设 164c
智慧社区建设 185b
智慧小区建设 197c
智慧养老服务 195a
中港中央公园 150c
中国白酒第一坊 30b
中加国际大厦 151a
中小河渠污染源治理 162b
中医药传承 182b
重大产业化项目签约 118b

重大项目建设 150a、205c
重大项目评审 119c
重点项目档案管理 176c
重点行业领域专项整治 131a
重要产业楼宇 150b
主题教育活动 96b
主题社区建设 185a
专题协商 83b
“追寻红色足迹传承革命精神”培训 55c
“濯锦工匠”命名大会 99c
资金筹集 119c
资政作用体现 175b
综合行政执法体制改革 36a
最低生活保障 187a
“最靓箱柜”评选 101b
“最美”系列评选活动 163a
最美婚姻登记处 189b